中国社会科学院创新工程学术出版资助项目

企业、外交与近代化
近代中国的准条约

侯中军◎著

中国社会科学出版社

图书在版编目(CIP)数据

企业、外交与近代化：近代中国的准条约/侯中军著. —北京：中国社会科学出版社，2016.7
ISBN 978-7-5161-7853-9

Ⅰ.①企… Ⅱ.①侯… Ⅲ.①外交史—条约—研究—中国—近代 Ⅳ.①D829.15

中国版本图书馆 CIP 数据核字(2016)第 063199 号

出 版 人	赵剑英
责任编辑	刘志兵
责任校对	张依婧
责任印制	李寡寡

出　　版	中国社会科学出版社
社　　址	北京鼓楼西大街甲 158 号
邮　　编	100720
网　　址	http://www.csspw.cn
发 行 部	010-84083685
门 市 部	010-84029450
经　　销	新华书店及其他书店
印刷装订	三河市君旺印务有限公司
版　　次	2016 年 7 月第 1 版
印　　次	2016 年 7 月第 1 次印刷
开　　本	710×1000　1/16
印　　张	19.25
插　　页	2
字　　数	339 千字
定　　价	66.00 元

凡购买中国社会科学出版社图书，如有质量问题请与本社营销中心联系调换
电话：010-84083683
版权所有　侵权必究

目 录

导言 ……………………………………………………………（1）

第一章 准条约研究中的理论问题 ………………………（8）
 一 准条约的概念 ……………………………………………（8）
 二 近代中国准条约的缔结双方 …………………………（11）
  （一）作为准条约缔结一方的中国国家 ………………（11）
  （二）来华公司或法人的不同状况 ……………………（14）
 三 非条约与准条约的区别 ………………………………（25）
  （一）非条约与准条约的区别 …………………………（25）
  （二）非条约的性质判定 ………………………………（27）
 四 国家继承问题与准条约 ………………………………（29）
  （一）国家继承 …………………………………………（29）
  （二）政府继承 …………………………………………（31）
 五 准条约研究过程中涉及的其他问题 …………………（35）
  （一）准条约研究与官督商办 …………………………（35）
  （二）企业社会责任概念 ………………………………（39）
  （三）企业外交 …………………………………………（41）
  （四）近代中国企业外交与企业社会责任的关系 ……（43）

第二章 近代中国电信事业的兴起：洋务运动与近代中国
    第一批准条约 ……………………………………（47）
 一 洋务运动的兴起与中国近代化的起步：电信业兴起的背景 ……（48）
  （一）洋务运动的兴起 …………………………………（48）

（二）民用工业的组织形式与轮船招商局 …………………（51）
　（三）电信业应时而生 ……………………………………（54）
二　中国电报总局的设立及晚清"局"的性质 …………………（59）
　（一）晚清"局"的出现 ……………………………………（59）
　（二）中国电报局的设立 …………………………………（61）
三　近代中国第一批准条约 …………………………………（66）
　（一）大北公司 ……………………………………………（66）
　（二）大东公司与《上海至香港电报办法合同》………………（69）
　（三）比较中的审视：中国电报局与电信条约 ………………（74）
四　近代中国第一批准条约的意义及评价 …………………（77）
　（一）企业外交的早期形式 ………………………………（77）
　（二）近代中国企业社会责任的早期形式 …………………（80）
　（三）江南制造局与中国近代早期的企业社会责任 …………（85）

第三章　甲午战后准条约的初步发展：国家借款的开始 ……（94）
一　甲午战争与晚清准条约的变化 …………………………（94）
　（一）准条约性质的政治类贷款 ……………………………（96）
　（二）战争进行期间的贷款筹划 ……………………………（99）
二　战败赔偿借款类准条约的出现 …………………………（105）
　（一）《四厘借款合同》……………………………………（105）
　（二）英德借款 ……………………………………………（108）
　（三）英德续借款 …………………………………………（116）
三　准条约类政治借款意义及影响 …………………………（122）

第四章　中国铁路主权的丧失与准条约范围的扩大 …………（125）
一　中国近代铁路的肇始与开平铁路公司 …………………（125）
　（一）最初的试探 …………………………………………（126）
　（二）铁路成为条约特权 …………………………………（127）
　（三）开平铁路公司 ………………………………………（129）
　（四）台湾铁路 ……………………………………………（132）
二　铁路、矿务类准条约的出现 ……………………………（134）
　（一）铁路总公司的设立 …………………………………（134）

（二）龙州至镇南关铁路合同 …………………………………… (137)
　　（三）卢汉铁路借款合同及后续合同 …………………………… (138)
　　（四）铁路总公司与粤汉铁路 …………………………………… (141)
　　（五）矿务类准条约及铁路矿务总局 …………………………… (144)
　三　东省铁路公司与晚清中俄关系 ………………………………… (148)
　　（一）俄国对远东铁路的筹划 …………………………………… (148)
　　（二）《合办东省铁路公司合同章程》及其后续合同 ………… (151)
　四　晚清铁路类准条约的出现与近代企业社会责任的发展 ……… (153)

第五章　《辛丑条约》以后准条约发展的新趋势 ……………… (155)
　一　晚清十年准条约所处的背景 …………………………………… (155)
　二　庚子赔款的偿付方式：列强关于政治类贷款与外债的
　　　讨论 ……………………………………………………………… (157)
　　（一）庚辛议和与不再借款：赫德之筹划及英、德之协作 …… (157)
　　（二）抵押方式：清政府内部的不同声音及最终之确定 ……… (165)
　　（三）庚子赔款偿付方式之评价 ………………………………… (169)
　三　商部建立前后准条约的变化 …………………………………… (171)
　　（一）甲午战前的矿务政策 ……………………………………… (172)
　　（二）商部的成立与铁路类准条约 ……………………………… (178)
　四　准条约的弱化趋势与邮传部、农工商部的成立 ……………… (182)
　　（一）铁路政策的调整与邮传部时期的铁路类准条约 ………… (184)
　　（二）收回路权的准条约 ………………………………………… (187)
　五　邮传部成立前后的晚清电信类财政类等准条约 ……………… (190)
　六　经济管理专门化与近代企业社会责任的演化：晚清十年
　　　准条约的特点 …………………………………………………… (196)
　　（一）准条约的弱化趋势 ………………………………………… (196)
　　（二）国民外交运动 ……………………………………………… (196)

第六章　中华民国成立初期的准条约问题 ……………………… (204)
　一　民国肇造与政府继承问题 ……………………………………… (204)
　　（一）辛亥革命中的政府继承 …………………………………… (205)
　　（二）承认中华民国与条约、准条约的继承 …………………… (208)

（三）中华民国准条约继承的主要内容及相关探讨 …………… (213)
二 民国初年准条约的扩展与变化 ……………………………… (216)
（一）军事类准条约的发展 …………………………………… (216)
（二）财政借款类准条约 ……………………………………… (217)
（三）民国初年的铁路类准条约 ……………………………… (222)
（四）民政类准条约 …………………………………………… (226)
（五）矿务类准条约的发展：美孚公司来华 ………………… (227)
三 发展中的乱象：民初准条约的历史考察 …………………… (229)

第七章 第一次世界大战及战后中国的准条约 …………………… (233)
一 参战前的准条约状况 ………………………………………… (233)
二 参战与准条约 ………………………………………………… (237)
（一）华工赴欧 ………………………………………………… (237)
（二）参战与借款：与日本的接触 …………………………… (238)
（三）日军侵占胶济铁路及围绕胶济路的论争 ……………… (246)
（四）对德奥宣战及对准条约的影响 ………………………… (253)
三 巴黎和会及20世纪20年代民国北京政府时期准条约 …… (255)
（一）巴黎和会与准条约 ……………………………………… (255)
（二）华盛顿会议与准条约 …………………………………… (258)
（三）"凡尔赛—华盛顿体系"建立前后新订立的准条约 … (261)
（四）修约运动对准条约的影响及对旧俄条约权益的清理 … (268)
四 国民外交运动的发展 ………………………………………… (271)

第八章 尾声及结论 …………………………………………………… (280)
一 近代中国准条约的尾声：南京国民政府时期 ……………… (280)
（一）准条约项目下现代电信技术的继续引进 ……………… (280)
（二）外债清理与准条约之处置 ……………………………… (282)
（三）抗战废约与准条约的尾声 ……………………………… (289)
二 准条约的发展脉络及对中国近代化的启示 ………………… (293)

参考文献 ……………………………………………………………… (297)

导　言

一

准条约是中外条约研究领域中的一个重要范畴。在近代，中外之间签订的各种书面文件，除了正式条约之外，还有大量合同、章程、协定等，有的是地方官与外国领事所订，有的是中央政府或地方政府与外国公司所订。这些合同、章程的内容虽多属投资、借款之类，但亦构成对中国主权尤其是经济主权的侵害，且与正式条约有密切关系。长期以来，研究者主要关注的是正式条约，对正式条约之外的章程、合同关注不够。[①]

准条约不是一个新提出的概念，作为一个具有交叉学科性质的研究课题，学界目前对其进行的研究限于外债史、铁路史或电信史等专门性极强的领域之内。如果从这个意义上而言，准条约的实体研究内容并不陌生，大体包括路、矿、债务、电信等。在各自的领域之内，无论是铁路还是外债，均已经发表了数量众多的研究成果，如果研究者循着专门史的路径继续深入，会发现其实留给后来者研究的余地似乎已经不多。但从另一个方面而言，这些专门性的深入研究，为从准条约角度切入这样一个领域提供了极好的基础。先前的研究虽然基本上是在帝国主义侵华史的框架内加以叙述，但具体史实的深入挖掘足可为准条约研究提供借鉴。

准条约具有条约的特征，即缔结一方属于国际法主体或具有缔约的资格，但准条约又不是真正的条约，因为其缔结的另一方不是国际法主体，不具有缔结条约的资格。在近代中国，准条约可以分为两类：一是中国国家与外国公司、银行订立的具有国家背景的章程合同；二是中国国家与外

[①] 参见李育民《近代中外条约相关概念和理论述略》，《近代史研究》2011年第5期。

国公司、银行订立的不具有国家背景的章程、合同。①

准条约也可以称为国家契约，国际法学界对其认识虽然存在分歧，但核心内容是相同的。李浩培的观点比较具有代表性，他认为，这种契约是国家同外国的私法人在法律平等的基础上订立的，按照契约的条款，它不得由作为缔约一方的国家单方废止，以此点而言，类似于条约。由于该类条约界限的模糊性，即使是在当今的国际法学界，这仍是一个亟须加强研究的问题，时任中华人民共和国外交部条约司司长刘振民也曾专门就准条约的范畴进行界定，指出准条约文件包括三类，其中所提的两类文件与研究近代中国的准条约问题相关。第一类是非官方贷款协定，对方是非政府机构，而我方为政府机构；第二类是为执行有关贷款协定而签订的项目协定，对方是国际组织，我方是政府或法人。在法理学和法制史领域，准条约的探讨一直在继续，这些探讨为研究近代中国的准条约问题提供了有益的借鉴。现有的研究表明，近代中国曾签订了种类繁多的准条约，深入研究这些准条约，必将丰富国际法学界对准条约的研究。

随着史学界对不平等条约研究的深入进展，准条约研究的条件日益成熟。经过历代学者的不懈努力，学界对不平等条约的概念界定、不平等条约制度的特权构成、近代中国废除不平等条约的历程均已有比较成熟的研究成果。这些成果的推出，使得人们对近代中国的不平等条约有了比较准确的认识。然而，在此基础上做进一步研究时，学者们会发现，在众多的中外旧约章中，存在大量的界限模糊、性质含混的条约类文件，出于精细化研究的要求，很难将这类文件一概视为条约文件。这类文件的数量及影响如此之大，以至于其在历史中的表现甚至多于某些真正的条约。在《近代中国的条约制度》一书中，李育民较早引入了准条约的概念。在分析列强在中国行使"准统治权"的条约制度时，明确指出其范围并不限于中外间所订立的正式条约，而是一个以条约为主干的体系，其中除正式条约之外还有大量的合同、章程、协定等。这些合同、章程、协定的内容多属投资、借款之类，虽不是正式的国际条约，但对中国仍有约束力。在新近的研究成果《中国废约史》中，李育民明确提出，准条约主要是体现资本输出的路、矿及工业投资特权制度。

近代中国不平等条约的数目及评判标准是一个重大的学术问题，虽然

---

① 参见侯中军《近代中国不平等条约研究中的准条约问题》，《史学月刊》2009年第2期。

已有相当多的文章和专著关注这样一个基础性课题，但关于评判标准问题仍需要继续讨论。条约的缔结者必须是国际法的主体，这已经是一个众所周知的国际法概念，但在具体运用过程中会面临各种可能的情形，远非简单套用理论就可应对。问题的难度不仅在于去找出近代中国究竟签订了多少个条约文件，也不仅仅在于究竟什么样的条款属于侵犯中国的主权的条款，更为关键的是需要尽力从理论上弄清，究竟什么样的文件不属于条约的范畴。正是基于这样的思考，在条分缕析众多近代中国约章的基础上提出了准条约问题。

准条约主要是关系国计民生的贷款、铁路和邮电等类别的合同，这些合同的背后所附带的对中国主权的限制往往超越合同的本身。王铁崖在编纂《中外旧约章汇编》时，把这些合同辑入在内，正是因为这些合同侵犯了中国的主权，认为在当时特定的历史背景下，这些章程、合同、协定与正式的条约没有区别，都对中国政府构成条约义务。系统研究近代中国的准条约无疑将促进不平等条约问题的整体进展，亦将更为准确地认识以废除不平等条约为主要内容之一的近代外交史。

二

本书明确提出了准条约这样一个问题，并将其置于近代中国不平等条约研究的大历史背景之下，探究其背后所具有的学术价值和意义。近代中国的准条约是一个较少被学术界注意到的学术问题，以往学界即使涉及这样一个概念，也未系统展开论述。以条约法的相关概念界定准条约是否存在于近代中国，这是本书的立题所在，也是本书的基本内容之一。作为本书的理论准备，首先明确的是，准条约在国际法发展史上的地位和现状，弄清楚该概念的内涵和外延，并小心处理其适用于近代中国的特殊情形。作为近代中国的准条约与条约相比有何特征，二者之间有何关联。为了提出准条约概念，先期系统考察近代中国的约章是一项必须提前完成的任务。只有完成先期调查工作，才可以小心地提出对准条约的认识。本课题的研究是建立在对《中外旧约章汇编》所辑录的章程、合同进行全面考察基础之上的。

在具体的研究过程中，本项研究注意探讨准条约与中国近代化的关系，准条约与近代外交的互动等较为前沿的学术领域。对于涉及的电信、铁路、借款等领域的问题在借鉴学界已经存在的较为成熟的研究成果基础上，以准条约的角度切入，提出以往并未被注意到的问题，典型的如企业外交的问题，以及作为企业外交研究延伸领域之一的企业社会责任问题。

晚清时期，准条约视角下所论述的企业外交行为不同于民国时期出现的商人外交或民间外交。这种不同，根源于企业所具有的特殊身份。以中国电报局为例，其身兼国家职能部门和具体企业经营部门的双重身份，使其对外交涉往往不属于上述单纯的两种行为之一，而是一种复合的行为，这种复合行为的本身源自其自身机构性质的复合性。电报局的对外交往属于涉外经济关系，其所拥有的管理者和经营者的双重身份是进行理论分析的出发点之一。企业社会责任的概念虽然起源于欧美，但是就研究的实质内容而言，在近代中国亦存在类似的企业行为。以中国电报局的企业行为作为分析的出发点，由于其具有电信管理部门的身份，因而使其原始的社会责任表现形式更多地让人看到的是"国家责任"或"政府责任"。企业是官办或官督商办，在这样的组织形式下，股东利益最大化的合理性无疑会被国家利益最大化的合理性所抵消。电报局是清政府应国防需要而设立，虽因资金不足和招股商办，但"商办"仅是资金不足而已，清政府对电报局经营活动的关切远超一般政府意义上的监管，这一点在电报局成立后的历史活动中是显而易见的。电报局与大东公司、大北公司的电信合同虽然体现了公司的经营行为，但也贯彻了清政府的意志，如果这些合同还有公司自身经营的特点，与朝鲜的电信条约则纯属于国家行为，是为清政府的整体外交政策服务的。

准条约缔结双方一方为中国国家，这是一个国际法主体，另一方是非国际法主体的外国的法人或自然人。近代中国国家政权的更迭当然会影响到其作为国际法主体的地位，不同的政权之间在签订准条约时面临着不同的社会历史背景，而新政权对上一届政权所订立准条约的继承问题当属理论研究中的重点之一。晚清政府缔结准条约主要是为了解决何项问题，出于一种什么样的考虑，从第一批准条约开始，中国缔结的准条约有何发展和变化，其背后是什么样的原因在起作用。上述问题都在本研究中得到探讨。对中国国家这样一个国际法主体的研究是认识近代中国准条约问题所必须完成的科目，相比较而言，由于外国法人和自然人的不固定性，前者尚属档案材料比较集中的研究对象。对于准条约缔结者的法人或自然人而言，重点在于阐述其具有何种国际法上的身份。

本书囊括了近代准条约的主要类别，按其出现的先后顺序，分别探讨了电信类、铁路类、借款类、矿务类、军事类等不同类别，有助于认识准条约发展历程的全貌。准条约是在洋务运动过程中出现的，伴随着中国近代化而蕴含于近代中国的条约体系之中。如果抛除其侵犯中国主权的政治性质，其主要特征是具有近代特质的路、矿、电信等实业。其最初的形式，是通过有线电报合同展现出来的。虽然清政府最初同意创办电信并非为民生，而是出于国防需要，但客观上的效果绝非当时执政者所能预料。近代中国电信事业的兴起，对于促进中国社会经济的近代化是一项基础性工程，影响深远。从19世纪70年代起，直至20世纪40年代，都可以在中国的条约体系中找到电信类条约的身影，在某些历史阶段，甚至构成最主要的准条约类别。中国电信事业，从有线电报到无线电报，从有线电话到无线电话，大部分重要文件，多以准条约的形式出现，国外公司的身影总是伴随左右。

本书全面勾画了准条约的发展脉络，指出准条约在近代中国的发展受多种形势的影响，走过了一条曲折的路线，总体上自甲午战后呈现出弱化的趋势。甲午战争改变了准条约的发展方向，此后准条约的发展与政治形势紧密相关，随着经济管理专门化的发展，准条约出现了一种弱化的趋势。伴随着划分势力范围，各国在华掀起了争夺路、矿特权的高潮，为了应对新的政治和外交形势，清政府尝试着进行了一些变革。义和团运动、官制改革等一系列政治事件对晚清社会经济的影响是直接而深刻的。晚清的经济发展与近代工矿业的引进存在着密切关系，虽然准条约范畴内的工矿、路、电信合同并不是晚清经济发展的全部内容，但显然是主要内容，其对经济现代化的影响是显而易见的。此一时期，准条约的发展集中于路、矿等类别。在原有发展的基础上，电信类准条约随着国有政策的实施，仍然有所发展。在清王朝的最后时刻，签订了一系列财政借款类准条约，包括币制借款和军事借款。

本书特别论证了清末民初过渡时期准条约研究的一些基本理论问题。民国成立后，全面继承了晚清政府遗留下来的条约和外债，并宣布对所有外国人既得利权一体保护，准条约当然在此范围之内。在民国政府寻求列强承认的过程中，就列强所提承认条件而言，准条约特权的继续维持是主要内容之一。然而双方在此问题上存在一定分歧，民国政府为了获得承认，基本上全盘接受了列强所开具的承认条件。民国初年的准条约在原有基础上出现了军事类、民政类等新的内容，而借款问题则和铁路问题成为主要内容。财政窘迫的民国政府为取得列强借款，曾作出过积极努力，几经周折的《善后借款合同》最终得以订立。该合同所借款项并未用于近代化的实业建设，而主要是行政费用。从民国成立到第一次世界大战爆发，短短的3年之中，民国政府订立的准条约并未有明显的改变，在订立新的种类的准条约应对形势的同时，原有的类别并未因政府的更迭而有所变化。日本借第一次世界大战之机，力图称霸东亚，独占中国。相比于此后的武力侵占，日本曾推出西原借款等经济侵华的方式，这些借款有些具有准条约的性质，而有些则属于商业性质的借贷，其在中国近代化进程中所起的作用甚微。第一次世界大战后期，准条约的弱化趋势突然加剧，除无线电类准条约一枝独秀外，其他类别的准条约逐渐消失。这种状况一直维持到南京国民政府的最后时刻。

外交史研究一度是国内史学界的主要研究内容之一，吸引了大批顶尖学者参与。那时的外交史研究受到了时代的限制，在新中国成立初期很长的一段时间内，帝国主义侵华史是主要的研究内容，后来逐渐扩展至双边关系史。自21世纪以来，学者们提出要研究外交与内政的互动，研究外交史的学者应关注外交与内政的互动，同样的，研究政治史的学者要关注内政与外交的互动，而不是简单的互为背景参考。[①]

外交与内政本就是不可分割的一个整体，独立进行的研究，主要是为了方便掌握相对单一领域内的某个问题的全貌。当这一问题初具规模后，精深的研究需要全方位的探讨。事实上，很多外交案例仍然缺乏深入的探讨，甚至很多史实也不是很清楚。在外交档案缺乏的情形下，研究者曾经从内政的角度切入外交，强调内政之于外交的影响。这样的趋势早已存在，且具有历史的合理性。民初，在袁世凯总统府任秘书的张一麐说："八国联军之后，一切内政无不牵及外交。"[②] 时人的认识，从另一个角度验证了内政与外交之间的密切互动关系。

兼顾内政与外交固然重要，但两个方面的独立研究仍然是不可或缺的。从理论上而言，很多外交机关之间的具体事务层面的活动并不一定牵

---

① 参见金光耀《中国近代外交史研究的新生机与新希望》（http://jds.cass.cn/Item/22715.aspx）。

② 张一麐：《古红梅阁笔记》，上海书店出版社1998年版，第56页。

扯内政，即使该活动有内政大背景的影响，但在具体操作上仍局限于专业部门内部。外交部与驻外使领之间的政策调研或许是由国内政治机关决定的，但调研过程则是独立的行为。还有另外一个需要密切注意的问题，即内政的范围需要拓宽，不应仅仅限于政治斗争。经济问题、社会问题同属内政，且与政治问题存有密切关系。如果将外交与内政的互动范围不局限于政治问题，则能在外交史研究上呈现出不同的图景。作为一种对上述思考的实践，笔者在论述近代中国准条约的过程中，尽可能将思维的方向扩散开来，由准条约联系到其涉及的企业外交、国民外交等相关领域的概念。将中国的近代化历程，通过准条约的展现，给人们一种不一样的思考。

第一章 准条约研究中的理论问题

一 准条约的概念

准条约概念属于国际法的范畴，主要是相对于条约和非条约而言的。准条约兼具了二者的部分特征，具有特殊的性质。在具体分析准条约概念前，有必要先行就条约和非条约进行概要性介绍，以便将其与准条约进行比较。国际法发展至今天，其对条约概念的定义已经相当详尽而清晰，虽然不同的著作在表述条约这样一个概念时措辞和方式略有差异，但核心要素是相同的。国际法学界一般皆以1969年《维也纳条约法公约》的第二条规定视为定义条约的圭臬，即"'条约'意指国家间所缔结并受国际法支配的国际书面协定，不论其载于一项单独文书或两项以上相互有关的文书内，也不论其特定的名称是什么"。① 在国内国际法学界，对条约的认识基本上以国际通行的定义为准。正如李浩培所言，这个规定只是指出了条约所应具有的意义，不能认为是条约的定义。② 正因为该项规定只具有条约的意义，所以才有了不同国际法著作对条约所下定义的区别。王铁崖将条约称为"约定"，甚至认为"约定"一词从来没有得到令人满意的精确性。③ 在可以看到的著作内，《维也纳条约法公约》的定义仍被奉为原则。安东尼·奥斯特（Anthony Aust）在其新近的著作《现代条约法及其实践》（*Modern Treaty Law and Practice*）中，仍然将维也纳条约法的定义视为其研究的基础，认为该公约极具弹性，完全可以解释各种脱离正常实践的条约

---

① 李浩培：《条约法概论》附录一，法律出版社2003年版，第570页。
② 参见李浩培《条约法概论》绪论，第3页。
③ 参见王铁崖《中国与国际法——历史与当代》，邓正来编《王铁崖文选》，中国政法大学出版社1993年版，第376页。

案例。① 在条约法的基本方面，中国与国际学界的交流是建立在基本共识之上的。李浩培所著《条约法》一书自2003年再版以来，国内相关领域的研究仍然以其为探讨的基础，虽然在个别案例上有所变动，但基本的规则和视角并无变化。

李浩培认为，条约可以定义为：至少两个国际法主体意在原则上按照国际法产生、改变或废止相互间权利义务的意思表示的一致。这样的一个定义虽然读起来稍微拗口，但却表达了条约所应具备的基本要素。李浩培进一步指出了该定义所包括的条约要素：(1) 条约的主体，即条约的当事国，必须是国际法主体；(2) 这些当事者必须至少有两个；(3) 这些当事者必须有一致的意思表示；(4) 这些一致的意思表示必须意在产生、改变或废止在原则上按照国际法的相互权利义务。在上述诸要素的基础上，许多国际法著作强调条约应该是国际书面协议。② 总结国际法学界的现有研究成果，可以认为，条约应该包含三个要素：(1) 条约的主体必须是国际法主体，即主权国家或国际组织，且当事者至少必须两个；(2) 条约的客体是依据国际法创设缔约国之间的权利与义务关系；(3) 条约应该是书面协议。③

在条约应该具备的要素之中，其与准条约概念关联最密切的应是国际法主体资格的具备。在李浩培看来，如果某项涉外文件并非由国际法主体之间缔结，而是国际法主体同非国际法主体，如自然人、私法人之间缔结，那么此类文件可以称为国家契约。虽然李浩培并未明确强调国家契约即属准条约，但他引用菲德罗斯和西马的观点，指出因为这种契约是国家同外国的私法人在法律平等的基础上订立的，按照契约的条款，它不得由作为缔约一方的国家单方废止，从而类似于条约，因此可以称为"准条约"。④

可以认为，准条约的缔结一方必须具备国际法主体的资格，从而具备缔结条约的能力，但其缔结的另一方一定不能是国际法主体，必须是自然

---

① Anthnoy Aust, *Modern Treaty Law and Practice*, Cambridge University Press 2007 (Second Edition), p.16. 作者曾为英国外交部资深法律顾问，在国际法学界享有广泛影响。

② 万鄂湘、慕亚平等当代国际法学者均持此意见。参见万鄂湘《国际条约》，武汉大学出版社1998年版，第3页；慕亚平等编《当代国际法论》，法律出版社1998年版，第470页。

③ 参见侯中军《近代中国不平等条约研究的理论问题之一——条约概念与近代中国的实践》，《人文杂志》2006年第6期。

④ 参见李浩培《条约法概论》，第10—12页。

人或法人。如果缔结的另一方同样是国际法主体，则显然属于条约的范围。如果缔结的双方均属自然人或法人，不具备国际法主体资格，则所缔结的文件则与准条约无关。笔者在先前的研究中曾指出："准条约具有条约的特征，即缔结一方属于国际法主体或具有相当权利的缔结条约的资格；但准条约又不是真正的条约，因为其缔结的另一方不是国际法主体，不具有缔结条约的资格。"①

准条约不只是一个历史问题，也是一个日益重要的现实问题。2004年，时任中华人民共和国外交部条约司司长的刘振民曾指出，准条约是当今需要加强研究的十大国际法问题之一，并专门就准条约的范畴进行界定，"准条约"文件包括三类："第一类是非官方贷款协定，对方是非政府机构，而我方为政府机构；第二类是为执行有关贷款协定而签订的项目协定，对方是国际组织，我方是政府或法人；第三类是友好城市协议，有几百个。"② 应如何管理和规范这类文件，中国的实践仍然缺少规范与理论。中国当代所面临的这三大类准条约，其中的前两类均可在近代中国的历史中寻找到案例。

《中外旧约章汇编》收集了1182个约章和合同，其中相当一部分并不具有条约的性质。作为汇编的编辑者，王铁崖对近代中国的约章性质及类别有自己的理解。在编纂该汇编时，他曾指出："这样的章程或合同本来不属于国际条约范围之内，但是，在过去，帝国主义侵略中国往往采取这种章程或合同的形式，这种章程或合同是研究帝国主义侵略中国所必须涉及的资料。"③ 本研究所涉及的约章、合同，主要来源于《中外旧约章汇编》所收集的约章和合同。在该汇编之外，仍有一些准条约文件，笔者也尽可能地进行了收集，但限于个人精力和能力，仍有一部分约章未能纳入研究的视野。

王铁崖并未明确提出准条约的概念，但已经将近代中国准条约的基本状况进行了简要的说明。他在梳理近代中国与国际法的关系时提出："我国政府与外国私人间或私人公司所订立的契约通常称为合同，一般条约汇编也都包括这些合同。但是'合同'并不专用于国家与外国私人所订立的

---

① 侯中军：《近代中国不平等条约研究中的准条约问题》，《史学月刊》2009年第2期。
② 刘振民：《有待加强研究的若干国际法问题》，《法学研究》2004年第2期。
③ 王铁崖编：《中外旧约章汇编》第1册，三联书店1957年版，编辑说明。

契约","有涉及国家之间的合同是指国家间的合同,并不包括国家与外国私人间的合同"。① 虽然准条约一般皆以合同来命名,但并非所有合同都是准条约。有些合同是国家之间订立的,是国家合同,具有条约的性质;还有一些合同是法人之间订立的,属于私法上的合同,并不具备准条约的要素。

近代中国的准条约主要是体现资本输出的路、矿及工业投资特权制度。② 在处理近代中国纷繁的合同时,划分类别主要是以其实体内容加以考虑的。比如,同样是借款合同,因其存在修路与开矿的不同用途,而将其分别划归铁路类与矿务类,而不是借款类。借款类准条约主要是指那些非实业借款,涉及的是金融事项或贷款事项。

二 近代中国准条约的缔结双方

(一) 作为准条约缔结一方的中国国家

近代中国的准条约,是指中国政府作为国际法主体与外国自然人或法人订立或授权订立的半条约类文件,其具体表现就是中国国家与国外的公司或银行订立的各种合同或章程。还需要指出的是,在理论和实践上都有这样一种可能,即有一部分文件属于近代中国的自然人或法人与其他国际法主体订立的文件,这些文件是否也属于近代中国准条约的范围呢?笔者以为,同样是国际法主体与自然人或法人订立的文件,这些文件具备准条约的特征,因而属于准条约,但其属于他国的准条约,而不是中国的准条约,并非本文关注的重点。近代中国的国际法主体资格是通过不同政权之间的更迭而得以维持和传递的,而政府之间的更替与条约及债务继承有密切的关系,前政府的债务及条约是否继承,采取何种政策,这些问题均会影响到准条约。

结合百年中国的历史变迁,就中国的国际法主体资格而言,近代中国的准条约缔结者主要是晚清政府、民国北京政府和南京国民政府。晚清政府是近代中国准条约的缔结主体之一,是近代中国准条约的主要签订者。

近代中国国家是准条约的缔结主体,就理论层面而言,不应存在过多

---

① 邓正来编:《王铁崖文选》,第636页。
② 参见李育民《中国废约史》,第12页。

的分歧。但是，如果探究因条约种类的不同而出现的状况差异，仍然有一些问题需要研究者加以说明，比如，作为近代化的实业借款与作为战争赔偿的政治借款，在这两种借款中，国家主体的身份是有区别的。由于政治及国际关系的复杂状况，即使是同一个实业借款，在不同的政府看来，仍有不同的性质。

中国国家订立电报合同，是国家行为，还是商业行为？或许存在不同的解释。实际上，"什么是'商业活动'，什么是'私法行为'，什么是'事务行为'，其意义是极为含糊的"。① 持限制学说者认为，这类行为与国家作为统治者的统治行为是不同的，属于普通私人也能做的行为。陈体强反驳限制学说者分离出统治行为和商业行为，并列举出不同法院对同一案例完全不同的结论加以反驳。比如，一个意大利法院认为订立购买军队用鞋的合同是私法行为，而美国法院却认为是最高的主权职能。陈体强教授曾这样引用其他国际法学者的观点来表述该问题。②

老特派特曾得出结论：现在一般地不再接受这样的看法，即国家的经济活动，如国营工业、国家买进或卖出，必然是单纯属于"私法性质"，是"事务行为"，国家从事这种行为是私人行事的。老特派特认为，即使国家从事的行为与政治或行政无关，"国家仍然是作为一个公人格者为全社会的一般目的而行事"；"在真正的意义上讲，一切'事务行为'都是'统治行为'"；"至少在现在条件下，区别'事务行为'与'统治行为'，没有坚实的逻辑基础"。

当然，国际上依然存在不同的声音。1923年，曾任国联国际常设法庭法官的魏斯提出一种区分标准。他提出，只有国家所能做的行为是统治行为，一般私人所能做的行为是事务行为，以行为的性质而不以其目的作为区分标准。陈体强明确反对这样的观点，提出如果以此划分，难道国家订立购买军舰的合同，可以由私人来完成？

陈体强为了说明该问题，曾举出美国最高法院1926年在"贝利齐兄弟诉庇沙罗号案"中的判词：当一只船为公共目的由国家控制和使用，当一个国家为了增进它的人民的贸易或为了替国库收入而取得船只、配备人

---

① 陈体强：《国家主权豁免与国际法——评湖广铁路债券案》，《国际法论文集》，1985年，第304页。

② 同上书，第305页。

员并经管船只从事运输业务,这种船只是和军舰在同一意义上的一艘公有船只。我们不知道有什么国际惯例,认为在和平时期维持和增进一国人民的经济福利,作为一个公共目的,比维持和训练一支海军部队,有任何逊色之处。①

　　国家从事商业活动,并不能改变主权者的性质和职能,国家更多地参与经济活动,只能认为更多的经济事务变成了国家公务,不能说国家从事经济活动就不再是执行国家公务。经济活动的性质变了,而不是国家职能的性质变了。国家作为国际法主体的性质并没有变。②笔者以为,陈体强关于统治行为与商业行为的分析,可以很好地适用于本文的准条约研究。该分析为准条约研究厘清了一个基本的理论问题:中国国家所从事的商业行为,实即统治行为,是代表国家做出的。因此,从理论上而言,将中国国家订立电信合同的行为视为单纯商业活动,是行不通的。在中国国际法学界,一般认为其具有统治行为。这样的一种判定,为中国近代国家合同的准条约性质奠定了更为坚实的基础。

　　以上所作的分析属于总体的情况,属于理论框架。事实上,为了确定某些文件是否属于准条约的范围,有无必要把近代中国的国家合同或契约划分为商业行为还是统治行为,在国际法学界仍然存在争论。条约法过多地关注了缔约者的国际法主体身份,将国家与私法人订立的合同归入国家契约之后,深入的探讨尚难以发现。

　　近代中国的第一批准条约,主要是以中国电报局为主体与国际电信企业订立的电信类合同。中国电报局是否代表中国国家?电报局的缔约行为是否是晚清政府的缔约行为?该问题如不能解决,将影响到如何定位近代中国第一批准条约的出现时间,亦会影响到第一批准条约的内容。中国电报局成立时的身份是相当特殊的。从其职能上而言,它不仅是电信经营部门,也属于代表清政府管理电政的职能部门,其订约行为无疑具有国家行为的性质。但在后期,中国电报局的身份有所转变,清政府成立邮传部,试图将中国电报局的行政职能予以剥离。这种行政职能的转变,无疑是晚清中国近代化的表现之一。此时中国电报局是否仍具有代表政府行为的资

---

　　① 参见陈体强《国家主权豁免与国际法——评湖广铁路债券案》,《国际法论文集》,第305页。

　　② 同上书,第310—311页。

格，不能一概而论，如果没有获得授权，则其与国外公司所订立的合同，就不具有准条约的性质。

铁路总公司成立初期在职能上与电报局初期是相似的，即政府职能与经济职能合二为一。甲午战后，中国的国内形势及所面临的国际形势变化剧烈，铁路总公司未能如电报局那样取得较为平稳的发展，在内外各种压力面前，铁路总公司不但难以行使政府职能，且其经营亦颇为困难。很多铁路的建造，铁路总公司难以预闻。各国划分势力范围之后，铁路总公司的经营状况更为困难。开矿的问题亦面临同样的情形。为解决这种问题，清政府不断尝试推出新的管理和经营机构，力图统管全国的路矿建设。铁路矿务总局、商部、农工商部、邮传部等机构在较短的时期内出现了。

在近代中国的准条约中，政府直接出面订立的仅占据很少的类别。可能这种状况与准条约的内容有直接的关系：大部分准条约为电信、路矿及借款合同。这些具有经济行为的合同，中央政府不直接出面缔结，而一般由相关的职能部门来签订，或者授权公司直接签订。甲午战后，清政府开始进行政治贷款，以偿还日本所勒索的战败赔偿，这些借款中有法俄借款、英德借款及英德续借款。甲午战后的政治类借款准条约与此前出现的电信类准条约相比，是一个另类。电信合同是中国近代化的产物，暂不论其侵权程度若何，积极意义仍是值得肯定的。清政府直接出面缔结的这些政治贷款，不具有近代化的性质，消极意义明显。本节开头曾提及，在涉及政治借款与实业借款时，政府身份是有区别的。晚清时期，政治借款多为中央政府直接出面，实业借款往往由地方政府或部门获得授权后加以签订。

划分政府的企业职能与管理职能，对中国人而言是一个世纪课题了，至少从晚清中国近代化起步之初，该问题就已经产生。官督商办与官商合办等经营形式的争论，或许就是近代中国最早的关于政企职能分离的论争，是转变政府职能的原始形态。铁路与电信行业等与国家主权存在密切关系的行业尤其如此。并非是21世纪的中国所要解决的新课题。

（二）来华公司或法人的不同状况

帝国主义侵华往往是通过合同和章程来实现的，他们为各自的资本集团或垄断组织取得各种经济特权，并以国家为后盾强迫中国接受苛刻的条件。有的资本集团或垄断组织完全是在国家的支持下成立的，政府高级官员身兼公司的领导职务,公司成立的目的就是要成为帝国主义国家在华进行经济侵略的代言人。但是这些特殊的条件能否作为一种根据,以便借以说明公司所签订的合同属于国家间的条约,国际法上找不到这样的根据。以往的研究没有深入探讨这个问题,在涉及该种情况时,一般把其视为国家间的条约。问题的关键在于公司的身份,也就是说公司是否是该国的缔约代表,公司行为是否就是国家行为。为了说明该类公司的身份,可首先择取具有国家背景的公司、银行,以分析其是否具有国际法主体的地位。

1. 具有国家背景的公司、银行

有一些特别的公司和银行,这些公司、银行具有政府背景,甚至可以称得上半个政府机构,其中如满铁、东省铁路公司。

(1) 南满洲铁道株式会社

光绪三十二年(1906)四月十四日,日皇以第一四二号敕令,公布建立南满洲铁路株式会社。通过该会社成立的条文,我们可以看出该会社的组织性质。第九条规定"社长副社长经敕裁,由政府任命之,其任期为五年;理事由有五十股以上之股东中由政府任命";第十条规定"政府关于会社之事业得发监督上必要之命令;关东军司令官对于会社之业务有关军事者,得为必要之指示"。[①] 日本政府任命参谋总长儿玉源太郎为设立委员长,后又以陆军大臣寺内正毅继任。一个如此规模的公司,其国家背景显而易见,但背景毕竟不具有法律根据,并不能影响到它在国际法上的地位。满铁本身不是一个纯政府的机构,丁名楠等前辈学者早已注意到这一点,"关东都督府和满铁公司的性质、地位、职权等是不相同的,但两者又紧密关联,相辅相成,构成了日本帝国主义对我国东北地区直接进行侵略和掠夺的整套机器上的两个主轮",其中关东都督府是"日本的一个政府机构,是对旅大租借地实行殖民统治的中枢",满铁公司是"一个企业组织,名义上为民营",但有"浓厚的官办色彩"。[②]

国民政府资源委员会在1934年的调查报告中这样表述满铁:"南满洲铁道株式会社,日方简称谓满铁,创立于日俄战后之一九零六年六月七日,资本最弱仅二万日元,日政府与民间各认其半……在表面上固为一官商合办之股份有限公司性质,本限于南满洲铁道之经营,然实际之营业范

---

① 王芸生:《六十年来中国与日本》第5卷,三联书店1980年版,第18—19页。
② 丁名楠、张振鹍等:《帝国主义侵华史》第2卷,第233页。

围并不限于铁道一门,更广泛经营文化、经济之各种工商事业,且拥有政治权力,除掌握铁路附属地之行政权外,更可协同关东厅知照关东军司令官调遣军队相机处理满洲一切事件,实为日本帝国主义之东印度公司,即日本政府之驻满机关耳。"① 报告注意到公司系"官商合办之股份有限公司"这一事实,同样注意到公司无所不包的经营范围。满铁这样一种特殊身份,增加了判断其订立合同是否具有条约性质的难度。

作为"半政府"机构,满铁担负着为日本殖民东北进行开拓道路的任务,虽然满铁可以独立制订自己的发展计划,但是作为日本整个侵华战略的一个组成部分,满铁不可能违反日本整个对华侵略方针,不可能同日本政府的外交政策背道而驰。另外,虽然日本政府可以决定满铁的经营范围,任命满铁的主要管理者,但是日本政府并不是满铁的直接责任人,满铁不是日本政府的组成机构,在对外关系上满铁不能代表日本政府。

考虑到南满洲铁道株式会社的国家背景,以及该会社在中国东北进行的种种超越普通公司业务范围的侵略活动,把中国政府与南满洲铁道株式会社订立的合同和章程作为条约是否适当?笔者以为能否把中国政府与南满洲铁路株式会社订立的合同和章程划归到条约里面,存在国际法上的解释问题。对旧中国政府来讲,这些章程和合同在重要性以及能否单方废止方面同正式条约没有区别,中国政府一直把其作为"条约义务"来遵守。但是由于南满洲铁道株式会社毕竟不是日本政府,因此这些合同、章程不会对日本政府构成直接的义务。基于此,这些合同、章程并不属于严格意义的日本政府的对外条约。因此可以暂时把与南满洲铁道株式会社订立的章程和合同划归到准条约里面。当然,如果坚持把这些合同、章程划归到正式的中外条约里面,也并非不可。在把南满洲铁道株式会社的身份弄清楚之后,至于如何划分它所签订的章程与合同,纯粹属于个人的解释问题。在国际法学界这也是仍然存在争议的问题。笔者认为,决定一个组织是否具有缔结条约资格的关键不是其经营内容与范围,而是其是否具有缔结条约的资格,具体来说,就是其是否是国际法主体或得到具有相当权力机构的授权。满铁不是一个单独的国际法主体,也不是日本政府的代表,因此满铁同中国政府或别的国际组织签订的章程或合同并非必然是条约,

---

① 中国第二历史档案馆编:《中华民国史档案资料汇编》第五辑第一编,外交(二),第937页。

除非满铁得到了日本政府缔结条约的授权。

（2）华俄道胜银行与东省铁路公司

俄国华俄道胜银行与晚清政府协议成立的东省铁路公司是另外一个特例。

华俄道胜银行是在沙皇政府策划下成立的一个政治经济混合机构，大量吸收了法国银行资本。该银行在沙皇政府的庇护下，享有广泛的特权。虽然华俄银行背后是沙皇政府，但是在名义上它仍然是一家商业银行。从国际法来看，具有国家背景的华俄道胜银行与俄国一家普通的国内银行没有性质上的区别，在对外交往中他们都不具有代表沙皇政府的资格，当然也就不能缔结对外条约。华俄道胜银行可以得到沙皇政府的特别照顾，尽可能多地得到国家的订单或合同，并且在从事对外业务时可以获得国家的优先保护，但是所有的这些优势都不能从根本上改变它在国际法上私法人的身份。华俄道胜银行在东亚的活动经常可以得到沙皇政府的支持，甚至某些合同就是由沙皇政府为银行争取的，但是这一点无助于更改此类合同的非条约性质。沙皇政府的这种行为只是为本国银行争取业务，履行自己保护本国银行的义务。这种保护在我们看来当然是赤裸裸的侵略和对中国主权的侵犯，可是华俄道胜银行毕竟不能代表作为国际法主体的俄国国家。以上是站在俄国的立场对华俄道胜银行进行的分析。

既然华俄道胜银行不是沙皇俄国的政府机构，在国际法上代表不了沙皇俄国，因此该行同晚清政府签订的合同与章程就不是条约。虽然在俄国方面看来，华俄道胜银行同中国签订的章程与合同不属于俄国的对外条约。但是对中国政府来讲，这些章程与合同就是条约。华俄道胜银行其实就是沙俄政府外交政策的具体执行人，他作为一个半官方的组织虽然有谋取自身经济利益的一面，但是另一方面也代表俄国在华的政治与经济利益。如果俄国政府授权某人或机构代表俄国国家同银行共同办理外交事务，并且共同署名于相关的合同或章程之后，就应当另加对待。把俄国国家授权银行签订的文件归入中外条约的范畴，不存在标准问题的分歧。

1896年，清政府驻俄大臣许景澄代表晚清政府与俄国华俄道胜银行订立合同，合资创办东省铁路公司。关于该公司的详细规定以及双方的权利与义务，都在《合办东省铁路公司合同章程》中有明确的说明。通过该章程，沙俄在中国东北取得了大量特权。

不论华俄道胜银行是否代表俄国国家，都不会影响到东省铁路公司作为一个国际公司的事实。这也是一个存在争议的国际公司，争议的根源在于它的创办者之一华俄道胜银行的身份判定。它不是严格意义上的国家公司，因为华俄道胜银行在法律程序上不能代表俄国政府。但是，它同样也不属于普遍意义上的一般公司，因为它的另一方是清政府这个完全的国际法主体。但是东省铁路公司毕竟是一个公司法人，其所订立的合同是否属于准条约，还要依据具体情形加以分析。

(3) 国际银行团

在中外旧约章中，包含大量从晚清到民国的历届政府与外国银行订立的借款合同。这些银行几乎遍布各主要资本主义国家。美国有花旗银行、华盛顿进出口银行等；英国有汇丰银行等；法国有中法实业银行、汇理银行等；德国有德华银行；俄国有华俄道胜银行；比利时有华比银行；意大利有华义银行；日本有横滨正金银行、台湾银行、朝鲜银行等。中日甲午战后，清政府被迫偿付巨额战争赔款，但倾其所有也不足以偿付，于是只有大举借债。

各帝国主义国家争相进行对华贷款，相互之间矛盾重重，为了协调彼此之间的利益，他们组织了国际银行团。清末民初的几次巨额政治贷款均是向国际银行团举借的。有关各国先后组织了英美德法四国银行团、英美德法日俄六国银行团、英德法日俄五国银行团和美日英法新四国银行团。银行团成员的变化组合，直接反映出帝国主义各国对中国的争夺。

不论是哪一个银行团，尽管他们是由各自的国家出面而被组织在一起的，但是在名义上他们仍然是民间资本，并没有直接对各自的国家负责的义务，因此他们并不能直接代表本国政府缔结对外条约。"国际银行团的成员并不是官方的机构，只是以承揽各种借款而向中国进行资本输出的私人企业，但他们组成金融联合体，是在各自政府授意或支持下搞起来的，不可避免地使他们的行动在很大程度上受各国政府对华政策的制约和影响。"[①] 银行团的成员当然要受他们各自政府对华政策的影响与制约，因为他们在中国的各种优先特权是政府出面为他们从清政府获得的。正如我们前面分析的一样，对中国政府来讲，同国际银行团签订的借款协议就是条约，但是对各银行团参加国来讲，并不能构成他们的对外条约，他们不必

---

① 许毅主编：《北洋政府外债与封建复辟》，经济科学出版社2000年版，第27页。

为此直接担负条约义务。

参加银行团的各国银行都得到了各自政府不遗余力的支持，如果我们仔细分析各国对本国银行参加银行团的支持，可以得出两个结论：第一，各银行不是政府的直属机构；第二，作为民间财团，各银行是各自国家政府外交政策的具体执行者。我们可以拿美国参加四国银行团为例子，来说明这个问题。

在决定参加英、德、法组织的对华贷款之后，美国国务卿司戴德通过积极活动，确定由摩根公司、坤洛公司、第一国民银行和花旗银行组成美国财团，并由他们代表美国参加即将成立的四国银行团。在银行团成立后，司戴德就辞去了国务院的职务，担任起财团驻华代表一职。"国务院一开始就赋予美国财团明显的政治色彩，H. 威尔逊指出，国务院需要'一个非常有力的工具，以推进我们远东政策的一个重要方面'。国务院向参加财团的银行家们表示：'美国政府非常满意于组织一个强大的并且能够负起责任的美国金融集团，进入对华投资这一重要领域，并向他们的事业提供热诚支持，这种支持是国务院乐于向所有在外国的合法和有益的美国商人和金融机构提供的，这些企业之所以得到鼓励是因为他们使美国商业和国际关系直接受益。'"[1] 正如有的学者指出的那样："虽然财团的银行家们宣称自己是国家政策的爱国支持者，愿意为国务院的政治目的效劳，但他们加入财团，是在严格的金融基础上决定的。一旦国务院的政治目的与银行家们的业务相抵触，华盛顿与华尔街的联合就将面临破产。"[2] 这一点最能说明财团与美国政府的关系：财团并不是美国政府的直属机构，虽然它是美国外交方针的执行者，但是双方只是一种利益的结合。如果没有共同利益的存在，财团就不是美国外交方针的执行者，美国政府也就不会再支持他们。

明白这一点，有利于我们正确分析银行团的身份，以及中国政府与银行团签订的贷款合同的性质。虽然美国政府没有直接署名于贷款合同之后，但是如果没有政府的支持，美国财团是很难参加到四国银行团里面来的。由于起初英德法三国并没有打算邀请美国参加，所以，为了挽救危局，时任美国总统塔夫脱亲自向清政府摄政王载沣发来电报，要求让美国

---

[1] 吴心伯：《金元外交与列强在中国》，复旦大学出版社1997年版，第28页。
[2] 同上。

财团参加到对华湖广铁路贷款中来。塔夫脱在电报中称，有反对意见"出于某种偏见"正在阻挠美国资本平等地参加湖广借款，这使他感到不安。美国政府的愿望以及参加湖广借款的要求，是"基于国际公平和友好原则的，这一原则，特别尊重了贵国的最大利益"，希望载沣考虑后"能立即得出贵我两国均将满意的结果"。他强调说，运用美国资本开发中国"定可增加中国的幸福，促进中国经济的繁荣而不致侵损中国的政治独立与领土完整"。① 正是由于塔夫脱总统的电报，才使得美国财团有了参加四国银行团的可能。因此，可以看出，虽然美国政府没有直接派员参加财团，但是没有美国政府的强力支持，美国金融组织不可能参加到对华进行贷款的四国银行团中来。由于美国此时正在推行金元外交政策，参加四国银行团就是其中的一个重要部分。美国财团当然也就成了金元外交的直接承担者。作为法人组织，却参与到政府的对外交往行动中去，在外交史上这并非第一个例子，也不是最后一个例子。

当代中国国际法学界并不认为与湖广铁路有关的文件属于中外条约的范畴。陈体强教授曾专门撰文探讨过湖广铁路的债券问题。陈体强教授认为："这笔债券是由清政府邮传部大臣为一方，德国的德华、英国的汇丰、法国的汇理银行及'美国资本家'为另一方，在北京签订的。合同是在中国签订的、在中国履行的，如果发生法律纠纷，按照通行的国际私法规则只有在合同订立地和履行地及被告所在地的中国法院起诉，美国法院根本无权过问"，显然陈教授认为合同适用国际私法，而不适用国际公法。②

那么，国际银行团是一个什么样的组织呢？如果该银行团是依照当事各国间的条约订立，并且规定了其行为或行动权限，那么该团应该是个政府间的国际组织。如果没有条约规定或各国间明确外交文件的说明，不论各国政府在该团组建或行动中如何出谋划策，都不能作为该团具有国际法主体的资格的依据。事实是国际银行团是由各国政府出面策划，经过艰苦的外交谈判而组成的，目的是在贷款行动中协调一致，国际银行团缺乏国际组织应具有的组织规章和制度，并不是一个政府间的国际组织。为了取得对华经济特权和维护各自的既得利益，银行团的组成国之间存在着巨大

---

① The President of the United States to Prince Chun, Regent of the Chinese Empire, Washington, July 15, 1909, FRUS, 1909, p. 178.
② 陈体强：《国家主权豁免与国际法——评湖广铁路债券案》，《中国国际法年刊1983年卷》，第47页。

的分歧。这种分歧的体现之一就是银行团成员的变化组合。先是英法德准备单独对华贷款，后来由于美国的坚持，而最终形成英美法德四国银行团。但是在远东不能无视俄国和日本的存在，经过复杂的谈判和相互妥协，银行团又把日本和俄国吸收进来，从而形成了英美法德俄日六国银行团。但是由于新上任的美国总统威尔逊认为银行团不利于维护中国的独立和机会均等的原则，所以他表示不再支持美国银行家参加银行团，于是六国银行团又成了五国银行团。美国退出银行团的过程本身从另一个方面说明了美国政府与美国财团的关系。"我们得知，根据上届政府的要求，某个美国银行家集团曾同意参加当时由中国政府要求的贷款。……这个银行家集团已经询问本政府是否也要求他们参加这项贷款。同本政府接触的银行家代表们宣称，只要政府明确要求他们这样做，他们就继续根据拟议中的协定分担他们的贷款份额。本政府已经拒绝提出这种要求，因为它不赞成贷款的条件……"① 这个声明再一次证明，参加银行团的美国银行并非美国政府的机构，也证明银行团的确是美国外交政策的践行者。确定下来银行团与各国政府的关系，有助于我们判断清政府与银行团签订的贷款合同的性质。

严格来讲，与国际银行团订立的合同不是条约，因为合同的缔结双方并不都是国际法主体。按照我们对国际银行团的分析，它并不是一个严格意义上的政府间国际组织，至多只是临时性的贷款国际财团，这一点决定了它不能签订条约。但是对中国政府来讲，国际银行团就是各国的直接代言人，同国际银行团签订合同就等于同各国政府签订合同，所以该合同对中国政府来讲也就具有了准条约的性质。

并不是所有的公司或银行均无立约行为，事实是，如果某公司或银行被国家指定为政府代表之机关，并签订其代理权限内的文件，那么这类文件无疑应该具有条约的性质。太平洋战争爆发后，国民政府与当时的美国政府签订了大量的此类合同。美国金属准备公司就是其中的一个例子。1940年10月22日，国民政府与美国金属准备公司订立《钨砂借款合约》，在该约的序文中可以看到这样的规定"兹因资委会于一九四〇年十月二十二日与美国金属准备公司订立合同（以下简称钨砂合同），同意输运钨砂

---

① 《威尔逊总统关于银行团参加对中国贷款的声明》，阎广耀、方生选译，《美国对华政策文件选编——从鸦片战争到第一次世界大战》，人民出版社1990年版，第359页。

售给美国金属准备公司—即美国政府之代理机关",因此该合约属于中外条约的范畴。但是还有一点需要查清的是,是否该公司签订的所有对华合同都是代表美国政府的意志。华盛顿进出口银行同中国国民政府订立的各种合同同样具有条约的性质。因为该行"1934 年建立,直属美国联邦政府",但是并不是该行同中国签订的所有合同都是中美两国国家间的合同,该银行"1945 年改为独立机构"①,1945 年以后的合同就需要另外看待。在 1946 年 7 月 16 日的《购买发电机贷款合约》和同年 8 月 5 日的《购买轮船贷款合约》中明确指出,"立合约人:中华民国、美国代表人华盛顿进出口银行"②。在此以后的几个合同中,都明确规定了华盛顿进出口银行的美国代表人身份,这几个合同应该属于中外条约的范畴。有些合同并没有规定华盛顿进出口银行是否代表美国政府,这就需要对签约时的银行进行仔细考证,如果是 1945 年以后的合同,就应该考虑能否再划归到中外条约里面,因为此时的华盛顿银行已经是一个独立的机构,不再是美国政府的直属机构。

还有一个例子,那就是 1914 年 1 月 30 日于北京订立的《导淮借款草议》。此协议由民国政府与美国红十字会订立。但是在合同的附件甲中有这样的说明"大美国特派驻华全权公使代美国红十字会承受"。③ 美国总统威尔逊曾经注意到这个借款计划,表示美国政府支持美国承包商的这种行为,"为了美国承包商的利益,美国政府将保证进行协调,并给予外交上的支持,只要穆尔(Moore)能够以合理与平等的条件与中国政府达成协议"。威尔逊的这封信件从另一个侧面证明,美国政府不是协议的责任人,政府只是给予红十字会以外交上的支持。威尔逊还表示"愿意为美国的海外企业服务,只要这些企业的目的是良好的,所用方式也不侵犯所在国的主权或损害与工程有关的居民",并指出,"他撤销对国际银行团的支持,因为他认为它没有为中国人民服务,侵犯了中国主权,并且让美国干涉中国的内政,以保护银行团的利益"。④

---

① 石源华主编:《中华民国外交史词典》,上海古籍出版社 1996 年版,第 273 页。
② 王铁崖编:《中外旧约章汇编》第 3 册,第 1407、1412 页。
③ 王铁崖编:《中外旧约章汇编》第 2 册,三联书店 1959 年版,第 1005 页。
④ The President to the Counselor of the Department of State, as Chairman of the International Relief Board of the American National Red Cross, the White House, Washington, February 6, 1914, FRUS, 1914, p. 105.

总之，是否应该把旧中国政府与外国具有国家背景的公司与银行签订的合同与章程划归到中外条约里面，并不存在特别的困难。如果我们侧重于以中国政府为研究的出发点，可以把这些章程与合同划到条约里面。如果我们不是站在中国政府的角度，而是站在公司或银行的所在国的角度，那么把这些合同或章程看成条约就有些牵强。这些公司与银行本身在国际法上就具有一定的模糊性，不容易确切辨明。由于国际法学界还没有就此类的问题给出满意解释，也就没有形成一个统一的标准，因此如何划分没有对错之别，只有个人见解之不同。由于本研究侧重于条约的中国方面，因此把此类的合同与章程划归到准条约里面。中日甲午战争后，特别是《辛丑条约》后，这样的情况成了一种潮流：政府出面谈判，非政府机构的企业或银行承担政府谈妥的国家项目，成为政府外交政策的具体执行者。大多数的企业和银行并不像满铁或东省铁路公司那样能够具有国家背景，这些企业和银行同中国签订的合同亦属于近代中国准条约的范畴。

2. 无国家背景的公司、银行

在近代来华的外国企业当中，根据我们研究条约的需要，可以分为两个类别：具有国家背景的外国公司或银行；不具有国家背景的公司与银行。前面讨论的是具有国家背景的公司或银行，下面准备就后一种情况展开分析。在国际法意义上，这种情况下的两种公司或银行并没有明显区别，二者均不是各自国家的驻外代表。之所以做出上面的结论，关键在于这样一种事实：公司或银行是否具有国家背景不会影响到其自身的法人性质。这一点正是国际法根本倚重的关键。大部分的来华公司并不具有国家背景，类似满铁以及东省铁路公司的企业非常罕见。中国政府与普通来华公司或银行签订的章程、合同，亦应属于准条约的范畴。还有一点需要做出说明，这里的所谓没有国家背景，是指公司或银行不像满铁或东省铁路公司那样具有明显的半官方性质，而不是与各自的政府毫无关系。近代来华的外国企业，一般都得到了本国政府的支持，他们在华开展业务都能得到本国政府的庇护。如果考察中国第一批准条约的缔结方大北公司、大东公司，可以对此种情形有进一步的了解。

大北公司、大东公司是晚清中国电信类准条约的主要签订者，二者几乎垄断了晚清的海外电信传递。大北公司是一个国际公司，注册地在丹麦，丹麦、英国、俄国均拥有自己的股份。大东公司是一家英国公司，相比大北公司而言，资本来源相对单一。大北、大东公司开辟中国海线电报业务的时候，全球范围内的电信事业刚刚兴起，此种几乎与世界同步的发展态势无疑促进了中国电信业的发展。无论是大北公司还是大东公司，在开辟对华业务时，都得到了其政府的支持。第一次世界大战后，随着无线电报业务的普及，新的公司加入到这一行列。意大利马可尼公司、美国太平洋商务水线公司、美国电话电报公司等，成为新的准条约的缔结方。民国政府在交通部下设立电政司，管理相关业务。民国政府时期的电信条约，专业性质比较强，主要是具体的经营事项。这些后来的公司，政府背景已经模糊了，尤其是在与洋务运动时期的大北公司、大东公司进行比较之后，更能清楚地了解到这一点。

如果考察合同的缔结双方，铁路类准条约与电信类准条约相比，有自己的特点。电信类准条约一般是与中国电报局或以后的电政司订立的，是一个全国统一的职能部门。而铁路合同的缔结方，并不固定。在清政府需要总负责的情况下，不同的公司或政府部门出面代表政府订立了权限划分各异的合同。大多数的情形下，中国失去了铁路的建造和经营权限。电信类准条约主要是经营业务的具体事项划分，虽然海线主权丧失，但陆线主权基本上掌握在中国手中。以《龙州至镇南关铁路合同》而言，合同载明由总理衙门令法国费务林公司建造、经理该路，并需在中国官局监督之下。从第一个铁路准条约签订起，近代中国就开始尝试建立相适应的业务部门，以保利权。法国费务林公司与总理衙门作为缔结合同的双方，二者的关系是特殊的。总理衙门并不直接经营铁路，也不是铁路的直接管理机关，而是一个外事部门。由外事政务部门与一个公司订立此类合同，并不符合中国近代化的发展方向。清政府力图改变此种状况，并作出过切实的努力。具体体现就是由路矿总局开启的政府经济部门的设置和演变。

还有一些公司来华，并不一定与其政府的政策完全一致，著名的如克利司浦借款合同。民国成立后，为获得国外借款以维持政府运转，袁世凯急于获得国际银行团所承诺的给予清政府的币制实业借款，然而各国在承认问题上提出种种限制，并因而影响到借款的成立。民国政府为改善财政，不得不另谋借款渠道。此时，英国克利司浦公司提出愿意提供巨额贷款。1912年7月12日，财政总长熊希龄代表民国政府与克利司浦公司代表在北京订立借款合同。合同甫定，引起了英国政府注意。为了正在筹议中的国际银行团，并维持各国对华政策的一致性，联合各国向民国政府施加压力，民国政府被迫取消了与克利司浦公司的原定合同。1912年12月23日，周自齐与英国公司订立取消原合同的协议。① 克利司浦借款合同的签订与废除，背后固然有外交因素在起作用，但对于准条约问题研究而言，克利司浦公司的例子具有特别的启发性：并非所有来华的公司和银行都与其本国政府的政策相一致，在追求经济利益时，公司并不当然唯各国外交政策马首是瞻。但克利司浦借款合同的失败亦同时提醒研究者，如果不能与政府保持一致，公司很难开拓其海外市场。

整体而言，除得到政府大力支持的公司、银行，以及那些极个别的与政府外交政策背道而驰的公司外，大部分公司来华是通过正常渠道进行的，并以普通身份开展经营。曾经与近代中国政府订立有合同的公司、银行，即使没有得到其国家政府的支持，也一定是其政府外交政策的受益者，由于利益均沾条款的存在，这些公司、银行在开展在华业务时已经享有了专有的特权。

三　非条约与准条约的区别

（一）非条约与准条约的区别

既然是非条约文件，因此本不属于研究范围之内。但是由于《中外旧约章汇编》收录了一些不属于条约的文件，而该汇编又是本研究的主要资料来源，因此有必要对这些非条约文件进行探讨，一方面是为了还原汇编的本来面目，另一方面有利于我们从另一方面来认识近代中国的准条约。

其实准条约在某种程度上也是非条约，部分地合乎非条约文件的要求。准条约介乎条约与非条约之间，在做精确统计时，是要把准条约划入非条约的范围，还是列入条约的范围，则要根据统计者个人的取舍标准而定。什么是非条约，有何特征，这是有必要交代的问题。

对非条约下一个国际法的定义是困难的，因为所有的非涉外文件均非条约，这个范围显然过于宽泛。仅就涉外文件而言，笔者认为，所谓非条约是指非国际法主体之间达成一致或签署的不确立国际法上权利和义务的涉外文件。

近代中国涉外文件中的非条约部分可以划分为两大类别：一是中国政

---

① 参见王铁崖编《中外旧约章汇编》第2册，第855页。

府与外国法人或自然人签订的合同或章程；二是中国的法人或自然人与国外法人或自然人签订的合同或章程。第一个部分实际上就是我们所讨论的准条约问题。本章节所涉及的非条约主要是指中国方面不具有缔约资格的法人或地方政府或自然人签订的涉外文件或自订文件。大致可以分为四大类别：一是中国公司与外国公司、银行签订的合同；二是中国公司与外国领事订立的协议；三是中国省级以下政府及其机构与外国公司签订的协议；四是自开商埠及自订涉外章程文件。

在《中外旧约章汇编》所收录的文件中，除去条约与准条约两大类别，剩下的就是非条约文件。根据其订立者的身份，应该把中国公司或省级以下政府与外国公司、银行订立的文件均列为非条约，除非该文件有特别的中央政府的授权说明。在所有的非条约文件中，其中一部分是中国地方政府订立的，如何定位中国地方政府订立的涉外类文件，属于条约还是非条约，这都是必须给予明确说明的课题。中国地方政府订立的文件可以分为两个大的类别；一是与外国公司、银行等非国际法主体订立的文件；二是与外国政府或政府机构订立的文件。这两类文件的性质都有些复杂，但可以肯定前一类文件不是条约，后者的性质需要加以具体的说明。在理论上，中国地方政府订立的约章是否属于条约的范畴，应从文件订立双方的身份、文件是否确立订立双方的权利与义务、文件是否是书面协议这三个方面作出判断。关键在于文件订立双方是否是国际法主体。中国地方政府是近代中国的地方政治单位，除了武装割据团体外，并不是国际法主体，不具有独立的国际人格。在国家的对外关系方面，代表国家的是中央政府，即使是在北洋军阀时期，仍然存在一个法理上的中央政府，只有这个中央政府才能代表中国国家，地方政府不具有这个资格。正如有的国际法学者认为的那样，"在现代社会中，国家仍然是国际法的基本主体，在国家的对外关系方面通常也只有中央政府才有权代表该国家本身。事实上联邦制也好，单一制也好，都属于一个国家内部的政治法律问题，不应导致国际法上的不同结果，任何国家内部的政治区分单位都不具有国际法上的人格"。[①] 因此，近代中国的地方政府订立的协议除一些特殊的情况外，一般均属于非条约。

这里所说的特殊情况意即地方政府代表中央政府的情形。有些条约是

---

① 龚刃韧：《国家豁免问题的比较研究》，北京大学出版社1993年版，第191页。

地方政府或地方行政人员订立的，此种条约在近代中国的约章中不乏其例。在近代中国，尤其是在晚清时期的，由于外交机制的不够完善，国家没有一套专门的外交机构，地方政府不得已承担起了对外交往的职能，上海道台宫慕久就是一个典型的例证。光绪二十四年（1898），为了强化地方督抚的外交责任，以免互相推诿，清政府曾经颁布上谕，要求地方督抚都兼任"总理衙门大臣"，其目的就是给予地方一定的外交行政权。虽然此种做法时效很短（光绪二十七年宣布废除），但从一个侧面反映了清政府地方行政官吏负有外交职责。

非条约与条约区别明显，在很多特点上具有根本不同的性质，不易混淆。准条约与非条约之间的区别虽然存在，但不易区分，容易让人误判。准条约的必备条件之一是合同的一方必须是国际法的主体。在近代的合同与章程中，准条约就是指中国国家作为合同或章程的直接一方，而另一方，或是外国有国家背景的公司、银行，或是无国家背景的公司或银行。非条约是指缔结双方都不具有国际法主体资格，所缔结的文件不符合国际法上关于条约的定义。什么是非条约？就缔结者的身份而言是指合同中的中国一方是公司、银行或地方政府，而外国一方也应是公司、银行等企业法人。在理论和实际上都有这样一种情况，即合同的中国责任方是公司，而合同的外国方则是国家。此种情况下的合同不同于准条约下的合同，因为对中国方面来讲，政府不是合同的直接责任人。鉴于本研究的出发点是中国，站在中国政府的立场上研究中外之间的准条约，所以不准备把此种情况下的合同列入准条约之中。

中国近代史上的合同与章程，一部分是由中央政府直接出面签订的，我们把这一部分合同或章程定性为准条约。但是还有一部分合同与章程不属于准条约的范畴。此类合同的中国责任者不是中国国家，而是地方政府或地方政府的直属机构。地方政府有权签订中央政府授权的条约，但是需要得到中央政府的批准或授权，批准或授权条款应该在合同中加以明确说明。如果协定或合同不需要中央政府的批准，那么该合同的影响力仅仅局限于地方政府的辖区，并不能构成对中国国家的义务拘束，因此也就不具有准条约的条件。

（二）非条约的性质判定

非条约不同于条约，也不同于准条约，中国政府不是文件的当事人，因此在理论上，非条约不会对中国国家形成约束，中国国家亦无必要对其承担义务。虽然非条约在国家层面上并不能使中国政府担负义务，但其毕竟是涉外章程或合同，每一个条款实质上都与中国的具体权益密切相关。在近代中国，这些非条约的章程、合同借条约的庇护，实际超出了正常的商业范围，一直为国人所诟病。合同对中国法人的不平等，或者对中国地方政府的不平等，在宏观的层面上也是对中国国家的不平等，但是由于合同毕竟不是条约，中国国家并不为合同承担义务。这样一种区分具有重要意义，如果签订的合同对中国国家形成实际的利益损害，那么，国家可以采取国内立法的措施对已经签订的合同采取救济措施，从而达到保护本国利益的目的。

为了进一步说明这个问题，我们可以拿今天一些现有的规则来看待这种情况。中国政府与外国存在共同投资与开发石油等矿藏的协议，以石油为例，"石油合同由我国具有法人资格的中国海洋石油总公司与外方订立，故不是具有'国家契约'性质的特许权协议，而是具有国内契约性质的合作投资项目，故必须适用中国法律"。① 这个例子对我们分析近代史上一系列的类似合同具有重要的借鉴意义。

贷款合同中"若借款人是政府或政府机构，而借款人须说明该借款行为是私法意义上的、商业性的行为，而不是公法意义上的、政府性的行为。借款人在贷款合同项下的义务由民商法来调整"，此规定的意义在于确保借贷双方地位上的平等，以免发生纠纷时作为借贷一方的国家使用国家豁免权，从而使作为公司的一方处于法律上的劣势地位。

公司间的合同，这里专指的是中国公司与外国公司间的借款合同，这样的合同笔者个人认为，不论条款如何，都不能构成我们所讨论的对国家的不平等。层次不同，性质不同。条款中有不对等的规定，在公司的层面上，应该是个不平等的合同，这种不平等归根结底也是对中国国家的不平等。但在研究不平等条约时，这种推广原则是否适用，是否可以纳入国家主权平等的范围内，还需继续探讨。合同当然还是不平等的，这是事实，不容否认。这个不平等的合同对我们的具体利益构成损害，也是事实，但是在国家的层面上，在国际法的意义上，不属于对中国主权造成侵犯的不平等条约。研究不平等条约的影响时，这些合同也不应该是研究的对象。

---

① 龚柏华：《国际经济合同》，复旦大学出版社1997年版，第85页。

笔者个人考虑，可以把这些不属于条约范围的不平等合同专门成立一个课题，就其对中国近代的影响进行专门的研究，然后把这种研究与对条约的研究相比较。

也可以从国际私法层面上来考虑这个问题。笔者个人认为，国际私法上的规则要比国际公法上的规则更适合于我们所研究的近代史上的合同与章程。国内的国际私法著作在论及国家作为国际私法的主体时观点基本一致："（1）在以国家名义出现的涉外民事关系中，国家是一个特殊的组织，国家组织与国家组织之间的关系是民事法律关系。（2）国家作为国际私法的主体，它与国际私法的其他主体，即法人与自然人的关系是平等的民事法律关系，不存在一方支配另一方的问题。"① 这一点对我们认识合同与章程的平等性更加具有现实意义。

四 国家继承问题与准条约

研究国家继承问题对于研究条约问题具有重要意义。鉴于准条约所具有的特殊性质，国家继承对条约影响亦不同程度地适用于准条约。本部分先就国家继承的理论问题进行大致梳理，在具体研究过程中，将专辟章节研究辛亥革命过程中的国家继承问题。

（一）国家继承

有必要对国家继承问题加以单独说明，因为国家继承会影响到条约的效力及存废，尤其对统计与近代中国缔结条约的国家个数将会产生直接影响。国家继承还将影响到对条约国别的划分。在1840年至1949年这段历史时期内，世界范围内经历了几次影响极其重大的战争与革命。新的国家产生，旧的国家灭亡，某些国家政权更迭频繁，这些历史事件都会影响到准条约问题，典型的如朝鲜被日本吞并。对于研究近代中国的条约来说，研究国家继承的影响，可以知道什么样的条约随着一个国际人格者的消失而随之消失，什么样的条约被新的国际人格者所取代，尤其是涉及国家债务方面的条约。

国际法如是解释国家继承，"当一个国际人格者由于本身情况的某些

---

① 董立坤：《国际私法论》，法律出版社2000年第2版，第2页。

变动的结果被一个或一个以上国际人格者所取代时，就发生国际人格者的继承"。① 继承问题可以分为几个类型，有全部继承和局部继承之分，二者对条约会产生不同的影响。当一个国际人格者由于自愿合并或由于国家解体或由于被征服，而完全被另一个国际人格者所取代时，就发生全部继承。一个国际人格者的一部分领土自成一个国际人格者；一个国际人格者由于割让而取得另一个国际人格者的一部分领土；一个完全主权国家由于种种原因丧失一部分独立；或一个原来非完全主权国家变成完全主权国家，都有可能发生局部继承。虽然国际法学者把国际继承分为几种不同的情况，但他们也承认，各种继承之间的区别有时候不是那么容易区分。

中国国际法学者王铁崖认为："所谓国家继承，是指一国对其领土范围内的国际关系所负的责任由别国取代所引起的法律效果，也就是说，国家继承是由于领土变更的事实而引起国家之间权利和义务的移转。"②可以认为，国家继承问题是随着领土的变更而出现的，由于领土的变更可能以各种方式出现，因而，国家继承问题也会相应地出现不同的形式。

以上是国际法学界对国家继承的原因以及种类的理论阐释，为了更好地应用于近代中国的条约研究，还有必要对国家继承的对象加以简单说明。王铁崖先生认为，国家继承的对象是"国际法上的权利和义务，而不是国家所固有的基本权利和义务"，因为后者是"随着国家的产生而产生，也随着国家的消灭而消灭，它既不可能移转因而也不可能为别国所继承"，所以，"国家继承的对象只能是由国家的基本权利和义务所派生的，并与被继承领土有关联的特定权利和义务"。③ 王铁崖先生把这种权利和义务分为两大类：一是由条约引起的权利和义务；二是条约以外的权利和义务。因此，国家的继承也就可以分为条约方面的继承与条约以外事项的继承。对近代中国的约章研究来讲，条约方面的继承尤其重要。

一般认为，国家继承是国际法上最困难和最复杂的问题之一。许多国际法教科书作者遇到这个问题，只加以简单的讨论，忽略了问题的大部分。④ 条约的订立是国家的一种权利，而国家继承是国家的权利与义务的

---

① ［英］詹宁斯·瓦茨修订：《奥本海国际法》第 1 卷第 1 分册，第 136 页。
② 王铁崖主编：《国际法》，法律出版社 1981 年版，第 109 页。
③ 同上书，第 110 页。
④ 参见邓正来编《王铁崖文选》，第 513 页。

转移。所以，引起国家继承的情形都发生条约有效与否的问题。学界认为，政府变更并不破坏国家的同一性。条约是国家订立的，国家既未丧失其同一性，则条约不受影响。在1831年伦敦会议的第19议定书中有如此规定：人民内部组织发生任何变更，条约并不丧失他们的效力。有研究者指出，"新政府不能宣告旧政府代表国家所订立的条约无效。反叛团体应遵守政府前此所订立的条约"。①

在近代中国的约章研究中，涉及"国家继承"问题的国家不止一例，继承的类型也不完全一致。朝鲜被日本吞并、夏威夷群岛合并于美国都属于第二种情形下的继承；越南脱离法国、缅甸脱离英国则属于第四种情形下的继承。历史上，瑞典—挪威共同体的分立是分裂情形下的继承，应该属于第三种情形。王铁崖指出，1905年以前瑞典挪威固然不是一个单一的国家，而一般认为是一个"物合国"，但是，"至少在条约的方面而言，瑞典挪威的分立是国家的分裂"，因此原来条约也出现如何继承的问题。②1905年11月瑞典与挪威两国政府分别照会各国政府，说明他们分立对条约的影响。瑞典照会声明：（1）瑞典与挪威共同与其他国家所订立的国际条约与约定，对于瑞典与其他国家之间的关系，应继续有效，但是瑞典并不担负该国际条约与约定所规定的关于挪威的义务；（2）前此以瑞典挪威国王的名义单独为瑞典而订立的条约仍然拘束瑞典，但是对于单独为挪威而订立的条约则瑞典不担负任何义务；（3）瑞典政府将深切研究现有的条约应否作适当修改的问题。挪威的照会作了同样的声明。③

（二）政府继承

政府继承不同于国家继承，其实国际社会更经常的是政府继承问题。"在政府变动的情形下，不论是按正常的宪法方式还是一次政变或革命成功的结果，一般公认，在所有影响国家的国际权利和义务的事务方面，都是新政权代替前政权"。④ 中国国际法学者曾经建议，在论述国家继承问题时，将政府继承单独独立出来。"在国际生活中，政府的承认比国家的承认更经常发生"，"政府的承认虽然和国家的承认有密切关系，但又有其不

---

① 王铁崖：《国家继承与条约》，邓正来编《王铁崖文选》，第521页。
② 同上书，第541—542页。
③ 参见王铁崖《国家继承与条约》，邓正来编《王铁崖文选》，第542页。
④ ［英］詹宁斯·瓦茨修订：《奥本海国际法》第1卷第1分册，第150页。

同于国家承认的理论和实践，把它从'国家的承认'中独立出来，可能更好些"。①

政府的继承与国家的继承是两个不同的范畴。王铁崖曾指出"国家的继承是由于领土变更的事实而引起的，而政府的继承则是因为革命导致政权更迭的结果而产生的"，"国家继承关系的参加者是两个不同的国际法主体；而政府继承是在同一个国际法主体继续存在的情况下，代表该主体的旧政权为新政权所取代，从而引起国际关系的变化"。②

有的国际法学者依据"国家继续原则"，认为既然政府的变更不影响国家作为国际法主体的地位，也不改变该国法律秩序的一致性，因而根本否认国际法上的政府继承问题。但王铁崖先生并不同意这样的观点，他认为，"然而，政府变动如果是通过革命而发生，它必然对国家的对外关系发生影响，特别是那种根本性的社会革命，对国家的对外关系的影响是特别巨大的。因此，在国际实践中，通过革命而发生的政府变动，经常发生政府的继承问题，而在重大社会革命的情形下，政府的继承问题更应予以重视"。③

国际法经典著作在政府继承对条约的影响方面涉及甚少，或许在国际法学者看来这已经不是一个需要解释的问题：因为政府继承并无产生新的国际人格者。王铁崖曾用简短的语句概述政府继承与条约的关系："政府的变更并不破坏国家的同一性。条约是国家所订立的，国家既未丧失其同一性，则条约不受影响。"④

由于没有新的国家产生，所以政府继承并不涉及条约的转移问题。政府继承问题对于条约研究的意义在于，不论新政府如何对待旧政府签订的对外条约，条约的当事国并没有发生改变，因为政府的更迭并没有产生新的国际法主体。即使新政府废除了一些对外条约，原则上被废除的条约仍然属于同一个国际人格者，条约仍然属于该政府的对外条约，只不过已经不再发生效力。比如，虽然沙皇政府被苏俄所取代，但旧沙皇政府的一切国家条约都被继承了，条约的当事国并没有发生改变，只是这种继承属于有选择的继承。王铁崖专门就俄国十月革命后的情形提供了一些分析，

---

① 陈体强：《国际法论文集》，法律出版社 1985 年版，第 268 页。
② 王铁崖编：《国际法》，第 120 页。
③ 同上。
④ 邓正来编：《王铁崖文选》，第 520—521 页。

"俄国十月革命后提供了政府继承的一些原则、规则。对于条约的继承，苏维埃政权一方面按照《和平法令》，立即无条件地废除沙皇和资产阶级临时政府所缔结的条约，另一方面，则继承有关善邻关系的条约和在平等基础上缔结的其它条约"。① 新中国的实践也是如此。中华人民共和国成立后，新中国成为中国在国际上的唯一的合法代表，中国作为一个国际人格者的事实没有发生改变，新中国对国民党政权所留下来的条约都是当然的继承者，这里也不会有所谓的是否有条约转移的问题。中国人民政治协商会议共同纲领第五十五条规定"对于国民党政府与外国政府所订立的各项条约和协定，中华人民共和国中央人民政府应加以审查，按其内容，分别予以承认，或废除，或修订，或重订"。②

在理论上"一个国家受一个条约拘束的同意，不仅在该国和另一个当事国之间（或一些当事国）建立了一种法律关系，而且在该条约和表示同意受其拘束的有关国家的领土之间也建立了一种法律联系。然而不能由此推论认为，对国家领土的国际关系的责任发生变动时，这种法律联系就必然足以要求对该领土承担那些责任的国家继承以前适用于该领土的一切条约"，因此纯政治性条约是不发生继承的，同样的，同盟条约、仲裁条约、中立条约或任何其他政治性的条约，都随着缔结该条约的国家的消灭而不再存在了。③ 王铁崖指出，所谓条约继承"实质上就是被继承国的条约对继承国是否有效的问题"。④ 按照一般国际法，"与国际法主体资格相联系的所谓'人身条约'，是随着被继承国的国际人格的消失而自动失效"；关于一切政治性的条约，"由于情势变迁，一般也是不继承的"。什么样的条约是能够继承的呢？"处理与所涉领土有关事务的所谓'非人身条约'，如关于划定边界和确立边界制度的条约，维持铁路交通、航运与水利灌溉的条约，有关中立化或非军事区的条约等，一般是应当继承的"。但是，继承国在继承以后有权按条约法公约的规定，提出修改或终止。⑤

王铁崖把条约的继承分为四个方面的情况。一是在部分领土变更下的

---

① 王铁崖编：《国际法》，第121页。
② 中国人民政治协商会议全国委员会秘书处编：《中国人民政治协商会议共同纲领和章程》，1980年9月，第18页。
③ [英] 詹宁斯·瓦茨修订：《奥本海国际法》第1卷第1分册，第138页。
④ 王铁崖主编：《国际法》，第111页。
⑤ 关于条约继承的详细解释参见王铁崖主编《国际法》，第111—112页。

条约继承。"当一国领土的一部分成为另一国领土的一部分时,在所涉领土内,被继承国的条约失效,而继承国的条约生效"。二是国家合并情况下的条约继承。"当两个或两个以上国家合并成为一个国家时,在继承日期对其中任何一个国家有效的任何条约,继续对继承国有效",但适用范围有所限制,只对该约原来有效的那部分领土适用,而不适用于全部领土。三是在国家领土分离和解体情况下的条约继承。"一个国家的一部分或几部分领土分离而组成一个或一个以上国家时,该国可能继续存在,也可能不复存在而归于解体",在这种情况下,"不论被继承国是继续存在或解体,原来对其全部领土有效的任何条约,仍然对所有的继承国有效;而仅对其部分领土有效的任何条约,则只对与该领土有关的继承国有效","当被继承国在领土分离后继续存在时,原来对其有效的任何条约,仍对其剩余的领土继续有效"。四是新独立国家的条约继承。"从殖民地和附属地经过斗争而建立的新独立国家,对宗主国或殖民地国家等被继承国的条约,有权拒绝继承"。①

近代中国的政府继承将影响到近代中国的准条约,这是一个全新的课题。在国际法中,有专门的关于条约与继承的理论,但能否将其论述结果用于准条约,还需要加以说明。因为准条约只是部分地具有条约的性质,不是完全的条约。辛亥革命后,民国政府为取得列强的承认,不得不接受以日本为首的各国所提出的承认条件,其中涉及外债等问题,"关于旧政府或事实上曾经存在之临时政府以及地方政府所借之外债,其中现实存在者,新政府一律继续承担其完全之责任与义务,并约定诚实履行上列政府为负担此等外债而缔结之各项契约及合同",对于债务以外的一切"契约、合同、义务、特惠与转让等之现实有效者,新政府一律继续履行"。② 列强所提的这些要求,无疑与准条约存在密切关系。1913年10月6日,总统袁世凯发表宣言书,表示"所有前清政府及中华民国临时政府与各外国政府所订条约、协约、公约必应遵守,及前政府与外国公司、人民所订之正当契约亦当恪守。又各国人民在中国按国际契约及国内法律并各项成案、成例已享之权利并特权豁免各事,亦切

---

① 关于条约继承的详细分类参见王铁崖《国际法》,第113页。
② 邹念之编译:《日本外交文书选译——关于辛亥革命》,中国社会科学出版社1980年版,第410页。

实承认，以联友谊而保和平"。①

上述历史事实，虽未明确为准条约问题，但实质是一样的。晚清的准条约将由民国政府来继承。就整个不平等条约体系而言，这是一次绝好的废除不平等条约的机会，因种种原因，民国政府未能把握住。中华人民共和国在处理政府继承问题时，明确提出，作为革命政府，要废除一切不符合国际正义的不平等条约，这一点在《共同纲领》中有明确说明。关于政府继承与准条约的关系，将开辟专门章节予以探讨，这里作为一个问题先行提出。

以史学界目前通常的划分方法，中国近代史的断限上起1840年鸦片战争，下至1949年中华人民共和国的成立，而近代中国的准条约当然处于这个历史时空的范围。② 在长达百年的历史跨度内，中国经历了从晚清政府至民国政府，再至中华人民共和国政府的历史更迭。民国政府又可以南京国民政府的成立为标志分为前后两个阶段，我们通常所称的北洋政府即为第一个阶段。晚清政府的准条约是否为民国北京政府所继承，如何继承，这虽然属于国际法上的问题，但除法理上的探讨之外，更需要结合历史实际的具体分析。1949年，国民党政权败退台湾，中华人民共和国成立，成为在国际上代表中国的唯一合法政府。

五　准条约研究过程中涉及的其他问题

（一）准条约研究与官督商办

电信、路、矿等有关近代工业技术的准条约是近代中国准条约中的主要内容之一，鉴于近代化这一命题的时代内涵，这些文件本身在洋务运动以及中国近代化的历程中发挥着独特的作用。中国的近代化不仅仅是工业技术的近代化，还应包括制度和社会各个方面的近代化，但在技术与制度之间的相互作用方面，还存在进一步研究的余地。

作为中国工业企业发展过程中出现的官督商办的组织形式，是特殊历史阶段的产物，是中国工业近代化过程中出现的组织形式之一。虽然官督

---

① 北京政府编：《政府公报》第516号，1913年10月11日。
② 胡绳在《近代史研究》1997年第4期发表文章，建议"把1919年以前的80年和这以后的30年，视为一个整体，总称之为'中国近代史'，是比较合适的。这样中国近代史就成为一部完整的半殖民地半封建中国的历史，有头有尾"。

商办只是一种过渡,但其所承接的从手工业到近代化的桥梁作用意义重大。研究近代中国的准条约,进一步而言,研究洋务运动时期的企业,离不开对官督商办这一企业组织形式的分析。本书拟在理论探讨中就准条约所涉及的企业组织形式之一——"官督商办"略加解释,虽然在此前的研究中已经有大量关于此类企业组织形式的研究,但如果能从新的视角入手,仍能发现一些以往并不为人注意的现象。官督商办的企业组织形式并非洋务运动的首创,近来的研究已近明确指明此点。"官督商办的经营方式并非洋务派首创,而是清政府对原有手工矿厂及经营方式驾轻就熟的沿袭与发展",该论点或许已经比较接近历史的真实。[①] 陈锦江认为,这一模式由李鸿章提出,但并未有"任何明确的制度上的总体规划"。[②] 李借鉴了官盐专卖和西方公司制度,把二者的特点予以结合。学界在近来的研究中又取得了一定的进步,注意到官督商办名义下因人而异的特色。李鸿章领导下的官督商办与张之洞领导下的官督商办是有区别的,张、李二人在认识和操作上存在很大区别,这种区别对于丰富我们原先认知的官督商办形式有很大的帮助。李鸿章侧重于维持、保护,张之洞侧重于监督控制;李侧重于采用商股,主张官股先办,过渡到商办。[③]

学界已有的研究给本文的启发在于:官督商办的形式并未有统一的认知,仍有值得继续发掘的潜力。准条约所涉及的近代中国企业,如中国电报局、铁路总公司等亦属官督商办下的企业形式,但此种官督商办与轮船招商局之官督商办明显不同。以电报局为例,其固然属于官督商办之企业,但亦属清政府管理电信业务的政府部门,这种合二为一的身份使得其官督的形式似乎只是作用于其企业经营形式的一面,而并非政府职能部门的一面。电报局曾与朝鲜等订立陆路接线条约,该行为既有涉外经济交涉的一面,又有企业经营的一面,但主要的应属政府涉外经济行为。

学界所理解的"官督"因此可能存在两种解释:一是官督仅限于表面的政策指导及形式维持,而实际上并不参与企业重大事项决定过程;二是由于企业所经营事业的特殊性质,官督的意义已经超出了督导的表面形式,而是由政府来决定企业的重大经营决策,或者企业的经营决策只能由

[①] 王开玺:《论洋务派官督商办企业的经营形式——以轮船招商局及李鸿章为中心》,《河北学刊》2009 年第 3 期,第 70 页。

[②] 陈锦江:《清末现代企业与官商关系》,第 78 页。

[③] 参见王肇前《比较李鸿章张之洞官督商办之异同》,《社会科学》2000 年第 12 期。

政府来决定。事实上,清政府的官督政策并未颁布全国统一的标准,也未订立明确的规章来指导如何进行"官督",企业的实际兴办人往往根据自己的理解,并结合企业实际而变通执行。前面所讲的李鸿章与张之洞在"官督商办"上的差异,或许其根源正在于此。洋务运动的目的在于"自强"和"求富",洋务派官僚为达到此目的而创设的近代工业企业的经营方式都是以此标准而展开的。正是由于缺乏对这两种理解的准确认识,使我们在面临现有有关研究官督商办企业的成果时,很容易产生这样的看法,轮船招商局的官督商办与电报局的官督商办都是一样的。然而事实并非如此。

自1872年李鸿章设立轮船招商局,公开提出用官督商办进行经营,到甲午战争前,清政府陆续创办了开平煤矿、上海织布局、电报总局、漠河金矿、汉阳铁厂、大冶铁矿等。这些企业与洋务派创办的军事工业企业存在明显不同,如1861年的第一个近代军事工业安庆内军械所、稍后的江南制造总局、金陵制造局等完全来自政府资金的官办军事工业。学界曾对官督商办的性质有过较多讨论,官督商办企业究竟是官僚资本、国家资本或者官僚资本与民族资本的结合,各点皆有论者,并提出相应的论据来支持。许涤新、吴承明认为官督商办企业可以称为国家资本主义,这一点与官僚资本说是有区别的。[1]汪敬虞认为,官督商办企业具有混合性质,是官僚资本和民族资本的混合。[2] 在批评官督商办对近代民族资本发展有所阻碍的同时,亦肯定其对中国近代化的促进作用。本书更加注重学界对官商关系、政企关系的分析。持批评态度的人认为,官督商办是当时条件下对现代公司制度的扭曲理解,对中国近代公司制度的健康发展产生了极为不良的影响[3];但相反的观点则认为,在当时的中国,政府必须扮演重要角色才能推动近代工业的发展,官督商办是最好的选择。[4] 洋务派创办的"官办"的军事工业,逐渐推出"官督商办"的民用工业,这种转换的积极意义一般皆予以肯定。杜恂诚的观点或许在很大程度上揭示了官督商办

---

[1] 参见许涤新、吴承明《中国资本主义发展史》第2卷,社会科学文献出版社2007年版,第343页。

[2] 参见汪敬虞《论中国资本主义两个部分的产生》,《历史研究》1980年第6期。

[3] 参见李玉《晚清国人公司意识的演进》,《四川大学学报》(哲学社会科学版)1996年第1期。

[4] 参见王玉茹《中国近代政府行为的特征及其对国家工业化的影响》,《南开经济研究》2000年第1期。

出现的原因，他认为在传统私有产权"不充分、不独立、不完全"的思想背景下，政府为解决财政困难拉拢民间资本，商人则有意借助政府来减少阻力，该种形式是官商双方在利益驱动下的共同选择。① 杜曾将官督商办的企业形式视为国家资本主义，并认为"在中国主要民用产业的发生期，国家资本主义实际上是一种不可或缺的产业形式"，清政府对这些产业的扶持是"互为表里"，"离开清政府的扶持，许多大型的竞争企业都难以创设，或难以维持"。②

官督商办的企业形式作为一定历史阶段的产物，自然有其历史的局限性，在中国电报局招商承办之初，就有人提出了不同的看法，郑观应即为其中之一。他对中国电报局创始章程中的官督商办之举并不看好，认为电报局招股不难，难在政策不变，当时"尚无商律，亦无宪法，专制之下，各股东无如之何！华商相信洋商，不信官督商办之局，职此故也"，如果李鸿章在，尚可实行，如果李鸿章不在，则问题就会出现。章程提出的"商受其利，官操其权等语，似皆有流弊"。③

作为引进西方企业制度的起点，官督商办这一模式的历史意义仍有许多值得继续探讨的地方，晚清第一批官督商办企业的步履维艰，其直接原因并不是这个制度本身，而是传统的商人思维惯例应用于近代工业企业的不良结果。在论及唐廷枢和徐润私自挪用招商局资金被迫辞职时，陈锦江认为"这种经营上的不法行为无论如何不是官督商办体制的直接结果，相反，是传统商号惯例持久影响的进一步证明"，而且这种经营上的恶习简直是根深蒂固。④ 杜恂诚认为，在最初的时候，"官、商两方面都认为官督商办和官商合办的国家资本主义是两者取长补短的有益的结合形式"，但随着事物的发展，有害的一面逐渐展现出来，"商人对这些企业投资，主要是期望得到官府的支持，而官府的控制、干涉和管理机构的腐败则严重侵犯了商股的利益，引起后者强烈不满和反抗"。⑤

---

① 参见杜恂诚《中国近代国有经济思想、制度与演变》，上海人民出版社2007年版。
② 杜恂诚：《国家资本主义与旧中国政府（1840—1937）》，上海社会科学院出版社1991年版，第85页。
③ 《致总办津沪电线盛观察论招商办电报书》，夏东元编《郑观应集》下，上海人民出版社1982年版，第1003页。
④ 陈锦江：《清末现代企业与官商关系》，第81页。
⑤ 杜恂诚：《国家资本主义与旧中国政府（1840—1937）》，上海社会科学院出版社1991年版，第87—88页。

甲午战争以后，由于中国的战败，洋务派所倡导的洋务运动以及因此兴办起来的官督商办企业都面临着一个新的状况，洋务运动虽然停止了，但其所创办的企业还在。清政府内部开始反思官督商办企业的经营模式的弊端，并试图在此基础上作出调整。

（二）企业社会责任概念

自20世纪90年代以来，全球性的企业社会责任运动蓬勃发展，企业社会责任成为各国经济社会生活中的热门话题，尤其是在三鹿奶粉等事件爆发后，如何确立中国企业的社会责任尤其为中国人所关注。三鹿奶粉事件的当年，即2008年，中国社会科学院在经济学部下成立一个非实体的研究中心：中国企业社会责任研究中心，力图在理论研究方面有所突破。经济学界、管理学界在吸收借鉴国外企业理论的同时，开始尝试探讨中国自身特色的企业责任问题，并已有一些论文和专著公开发表。但由于基础研究的缺乏，即使在究竟什么是中国的企业责任这一问题上仍存在分歧。或许这一分歧并不是中国的困惑，在企业责任的发源地欧美各国，亦存在同样的分歧。

在美国本土，先有20世纪30年代的"贝利—多德"论辩。贝利反对否认股东利益最大化的观点，除非能有人提出具体、合理，且可执行的社会责任；多德的观点与其相反，坚持企业应将营利和社会服务功能并重，不但要对股东利益负责，还要对雇员、消费者和公众负有社会责任。然后有20世纪60年代的"贝利—曼恩"论辩，将此种讨论推向深入。西方学界关于此种定义的讨论从未停止，而此种讨论也进一步影响到了中国学术界。国内学界对于企业是否应当承担社会责任，应当承担什么样的社会责任存在分歧，正如王保树所言，企业社会责任"作为一种概念，至今仍是众说纷纭"。[①] 最近的研究认为："企业社会责任是利益相关者关于企业合作剩余分配的契约"，之所以为企业社会责任作出如此定义，可以用作者的话表述为："这一认识源自企业社会责任的两大理论基石——企业理论和利益相关者理论。"[②] 有的著作干脆就以《企

[①] 王保树：《竞争与发展：公司法改革面临的主题》，《现代法学》2003年第3期。
[②] 黄晓鹏：《企业社会责任：理论与中国实践》，社会科学文献出版社2010年版，第19—20页。

业社会责任与可持续发展研究——基于利益相关者和社会契约的视角》来命名,作者在前言中直言不讳地指出:"本书从企业与社会的视角出发,在利益相关者理论和社会契约论的基础上建立一个新的企业社会责任分析框架,系统地回答了企业社会责任的基本问题,有力地反驳了对企业社会责任的批评。"① 进入 21 世纪以来,新近的研究仍强调企业社会责任这一概念面临实践和语言方面的种种挑战,如同商业和大众文化的发展趋势一样。不论左派还是右派,都会对企业社会责任持批评态度。自由经济学派认为企业社会责任研究的方向完全错误,违反了企业自由章程,混淆了私人领域与公众领域的界限。②

关于企业责任理论概念问题,有研究提出可以划分为以下几种:1971年美国经济发展委员会发布的《工商企业社会责任》报告中的三个中心圈问题。内圈代表企业的基本责任,如提供产品、服务和工作机会;中间圈代表企业对社会和环境所承担的责任;外圈代表企业在更大的范围内促进社会进步的责任。卡罗尔(Carrol)提出了企业责任的金字塔机构。他把企业责任按照金字塔的构造解释为依据次序而进行的经济责任、法律责任和慈善责任。1997 年"社会责任国际"提出,企业社会责任区别于商业责任,他除对股东负责外,还要对整个社会负责,如遵守商业道德、保护劳工权利、保护环境、发展慈善事业、捐赠公益事业、保护弱势群体等。近年来,国际社会对企业责任的认识又有了新的内容。2003 年世界银行将企业社会责任定义为:企业与关键利益方的关系、价值观、遵纪守法以及尊重人、社区和环境相关的政策和实践的集合,它是企业为维护各利益相关者利益并实现可持续发展的一种承诺。2007 年上海证券交易所发布其所认识的社会责任,即企业责任可以分为广义和狭义两种,广义的社会责任包括法律责任和道德责任,狭义的社会责任仅指道德责任。③ 目前的研究认为,虽然关于企业社会责任有多种解释,但研究内涵基本一致,"企业在承担经济责任的同时,还要对员工债权人、供应商、客户政府、社区等

---

① 刘长喜:《企业社会责任与可持续发展研究——基于利益相关者和社会契约的视角》,上海财经大学出版社 2009 年版,前言。
② Steve May, George Cheney and Juliet Roper, *The Debate over Corporate Social Responsibility*, Oxford University Press, 2007, p. 3.
③ 关于国内学界对国际学界企业社会责任的理论总结请参见杨自业《企业社会责任研究中的几个基本理论问题》《武汉大学学报》(哲学社会科学版)第 62 卷第 6 期,2009 年 11 月,第 815—816 页。

其他利益相关者以及自然环境承担社会责任"。①

本书引进上述概念及理论,目的不在于将思考的注意力转引到当今社会的焦点问题上,而是为了在思考洋务运动时期的官督商办企业时提供一种历史传承的观念,使研究者能够带着一种理论关怀去思考历史的问题。笔者以为,在准条约研究的理论探讨部分,概要性的略作解释是必要的。

(三) 企业外交

准条约属于中国国家与外国公司、银行之间的契约问题,因而属于对外关系的范畴,这其中必然要涉及近代中国的外交问题。如何整体评价准条约所体现出来的近代中国外交,目前仍然是一个较少缺乏关注的领域。学界现有研究中的企业外交、商人外交,都属于有关联的命题。

企业外交作为一个课题已经早有涉及,或许所用的名称稍有不同,如亦有称为商人外交的。商人和企业家在现代的意义上而言,当然是有很大区别的,但在晚清时期,二者之间的区别并不那么明显。以经济史学界现有的研究而言,晚清商人的主要人物,包括张謇、经元善、唐廷枢、郑观应、盛宣怀、周学熙等。虽然研究者将他们细分为士人型绅商、买办性绅商和官僚型绅商,但整体上是划为商人一类。② 甚至我们在划分洋务运动的企业类型时,基本上使用"官督商办""商办"这样的概念。国外观察者同样注意到汉语中的"商人"与英文中的"商人"的区别,他们意识到,中国的商人在范围上要宽得多,基本上所有的非农业经济都可以称之为经商,包括生意人、经纪人、制造商、金融家、银行家,以及服务和运输业的经理。③ 商人投资于实业,是晚清时期中国近代工业发展的特点之一。因此,在晚清时期,企业外交几乎就是商人外交。

在晚清,虽然企业外交就是商人外交,但是,笔者以为,作为官督商办的中国电报局等企业的外交,在性质上依然不同于五四运动后的商人外交。就本文的研究而言,中国电报局的涉外交往,往往代表了清政府,因此才有准条约文件的出现。而五四时期的商人外交,几乎是民间外交的代

---

① 杨自业:《企业社会责任研究中的几个基本理论问题》,《武汉大学学报》(哲学社会科学版)第62卷第6期,2009年11月,第815页。

② 参见马敏《官商之间:社会巨变中的近代绅商》,天津人民出版社1995年版,第三章"人以群分"。

③ 参见陈锦江《清末现代企业与官商关系》,第3页。

名词，是为了以民间的力量推动政府的外交伸张。二者之间的区别是明显的。即使那些具有官方背景者，其加入商会的身份仍然是一个商人，而不是政府官员。就准条约研究而言，能否将洋务时期的企业外交作为商人外交的开端，笔者以为目前的论证尚不能支持此点。一个根本区别在于，无论是中国电报局还是路矿总局、铁路总公司，其出面订立的准条约无不具备国家背景。但是如果跳出准条约范围之外，将普通的商办企业的对外交往与后来的商人外交相比较，其共同性还是存在的。在这一点上，轮船招商局或许更接近后来的商人。

官督商办企业是一个混沌的综合体，其演化和派生出以后中国近代工业企业和相应的政府经济管理部门。如果仔细梳理中国电报局和铁路总公司的历史脉络，不难得出这样的结论。晚清新政设立的邮传部、商部的前身，就是中国电报局和路矿总局。如果我们注意到早期某些官督商办企业的政府职能部门的身份，那么其所办理的对外经济交涉也就不难理解了。这里笔者要强调的是，官督商办企业如同官督商办的组织形式一样，并无一个统一的定义或标准，在不同的倡办者手中，其表现形式是不一样的。前文所述李鸿章与张之洞之间关于官督商办形式的分歧，即为一个明显的例证。

由准条约研究而涉及的企业外交行为属于近代中国外交的组成部分之一，相比于正式的政治类条约及通商类条约而言，这些准条约大都属于具体的经济事项，一般是具体的经营合同或贷款合同，前者如中国电报局，后者如甲午战后的银行贷款。而如果我们检视五四运动以后的商人外交，可以发现，商人外交虽然仍有经济性质，如抵制日货运动，但主要的诉求是政治性质的，或许正如有的研究那样，将其列为中国民族主义的兴起的表现形式之一。五四运动时期的商人外交可以作为一个考察的基点，研究者认为，商人对五四运动的参与活动，可以说是一种商人外交活动，也具有民间经济外交的意义，"以五四运动为界，商人的外交活动有明显的进步，由被动变为主动、由间接转向直接、由依附走向独立，并日益趋向频繁化和国际化"，"有谋求自身的国际商务合作和作为政府的外交后援，日益发展到争取国际和平和平等关系、自主开展外交斗争、获取中国应有的国际待遇"。[①] 如果考虑到上述事实，则早期的企业外交与后期的商人外交仍然值得研究者继续深入思考。

---

① 虞和平：《五四运动与商人外交》，《近代史研究》2000年第2期，第81页。

准条约所体现的近代外交，并非由单一的经济外交形式组成，在甲午战后，围绕准条约而展开的外交，虽然表现形式是贷款，但所涉及内容远超出贷款层面，并呈现出复杂的态势，一度占据中国外交的主要方面。来华的外国公司和银行，往往是各自国家在华利益的代言人，那些具有半官方身份的公司自不待言，即使那些普通的法人企业，哪一个背后没有其政府的外交庇护。正如威罗贝（Westel, W. Willoughby）在谈到旧中国借债的特点时说："外国对中国的贷款虽由私家银行办理，但背后几乎一概都有他们各自政府的同意和外交支持。各国政府利用一切几乎可能的方式的国际行动，以强制执行其本国人民根据他们和中国政府间的合同所主张的权利。事实上，要区别中国政府的公私债务几乎是不可能的。"[①]

将上述缔结主体所进行的划分及讨论，便于我们清楚地认识到准条约的不同性质，但这样的划分仍是基于理论研究的需要而做出的，在外交实践中，有些情形远比认识的要复杂，仍需要单独讨论。

第一次世界大战爆发后，为补充战时劳动力之不足，英法等国从中国招募华工赴欧，民国政府也对华工赴欧寄予殷殷希望，望借此能增加在战后和会中的发言权，从而维护自身的利益。然而，华工的招募，如果从国际法的观点而言，却被披上了商业活动的外衣，当事各方政府力图避免将其与国家行为相关联。

（四）近代中国企业外交与企业社会责任的关系

简单引述企业外交和企业责任之后，本书要回答的问题是，早已存在的企业外交与新近的概念企业责任之间是否存在关联？在晚清官督商办企业的身上是否已经存在近代中国企业责任的本土源头？在回答该问题前，或许还要解决的一个问题是，为何要在官督商办企业身上寻找这样的关系，而不是商办企业？如果对晚清中国的洋务运动进行分析，可以发现，只有官督商办企业是真正意义上的依照西方股份制公司建立的企业，那一时期能够代表中国近代工业的水平的除清政府直接经营的军事工业外，就是这些官督商办的企业了。外资企业和民间企业也是存在的，但其代表性值得怀疑，存在诸多需要考证之处。

即使存在较多争论，由欧美而来的近代企业责任的含义仍有一个大致

---

① ［美］威罗贝：《外人在华特权和利益》第2卷，第979页。

的范围,已如上文所述,外交似乎尚不在该范围之内,即使按照最广义的企业责任定义,即企业应担负法律责任和道德责任,如果将对外交往包括在内,亦似乎有些牵强。事情还需要具体分析,有些官督商办企业,如中国电报局的确参与了外交,而且其目的是为了维护中国相应的权利,如电信权,但更多的官督商办企业并未参与外交,洋务派的军事企业以及大部分商办企业均属此种状况。继中国电报局之后,曾有为企业外交行为的有中国铁路总公司及稍后的路矿总局,但同时期的其他企业则鲜有如此行为。如果我们将目光向后看,从晚清缕述至民国,则气象似乎为之一变,商人外交运动,以致后来的国民外交运动在参与的范围和性质上都超越了洋务派时期的官督商办企业。

  作为研究企业责任的相关问题,与企业外交相类似的,还有一个相类似的概念,即实业救国。① 在新近的研究中,已经有研究者将实业救国作为企业社会责任的一种加以论述,如果仔细考察实业救国在近代中国的情形,或许成为一种思潮,激励了当时的爱国商人。但问题同样存在,难以将实业救国作为一个标准去具体量化清末民初的企业。通俗地讲,实业救国就是鼓励大家办工厂、生产出质量好的产品。张謇在1904年的一篇文章中写道:"果使一国之民,皆能振兴实业,举所谓农工商矿诸事者,开拓经营,不致货弃于地,则彼外人者,虽有攘取之心,更无著手之处,亦只可为临渊之羡耳。"② 作为实业救国的倡导者和实践者,张謇的本意在这篇文章中说得很清楚,即发展实业以拒外人侵夺。清末宪政筹备三年后,张謇为其难有所成而著文再谈实业救国,"瀛海大通以还,与接为构,吾国当之,常至事事失败,始故以为兵不若人也,继而稍悟其非,则更以为械用不若人,中更事变,锢蔽顿祛,新说勃起,乃悟智力之不若人,于是治标治本之论,中体西用之制,用为调和质剂者,复因时而奋起","由今观之,新政之效,曾未著有苞桑之固,而民穷财尽,上下交乏,其实状轩然呈露则昭著而不可掩矣"。③ 新近的研究仍注重强调,"所谓实业救国,

---

  ① 丁守和认为,所谓实业救国就是振兴工商业、发展民族经济、发展资本主义,就是使国家富强起来,不再受列强的侵略压迫,并向近代化发展,因此应予以肯定。参见丁守和《实业救国、教育救国和科学救国再认识》,《文史哲》1993年第5期,第4页。
  ② 张謇:《论实业所以救亡》,赵婧、易梦虹主编《中国近代经济思想资料选辑》下册,第389页。
  ③ 同上书,第391页。

即是通过发展工商等实业来改变中国贫困落后的面貌，从而挽救中国、振兴中华"。① 实业救国，仍是要发展工商业之意，与工商业应该如何自律、如何为国家社会服务，显然是两个不同的概念。

事实上，很多实业救国论者并非商人，张謇是个多重角色的人物，而康有为、孙中山都是政治人物，他们所提的口号与同时期的教育救国、科学救国相类似，主要是一种政治意义。张謇提出该口号是针对"商战"和"以商立国"而提出的，批评商务立国为肤浅之见，强国之本在于工，应以工立国。孙中山的实业思想虽然与张謇稍有差别，在上书李鸿章主张改良发展实业的计划失败后，并最终走上革命道路，但他认定中国革命需要先破坏后建设，先革命后实业，把实业建设的任务延至革命胜利之后。辛亥革命后，尤其是辞去临时大总统职务后，"实业"与"建设"更成为其谈得最多的话题。② 能否将如此宽泛的实业救国作为近代中国企业的社会责任之一，有待理论界加以探讨。笔者曾以为，虽然实业救国本身有不同争议，如果出于工业近代化的考虑，淡化该口号的政治派别色彩，则其本身似乎更加符合广义企业责任的范围。新近的思考使笔者意识到，如此结论，似乎仍是危险的，在此基础上更进一步，即如果更直接地进行总结，则实业救国已经成了企业的政治责任。而这显然脱离了企业社会责任研究的范畴。笔者希望能从学界同仁那里得到更多的启发。

商人外交兴起后，从他们本身的作为而言，很多方面与严格意义上的企业外交是有区别的。中国电报局、中国铁路总公司等企业的涉外交往，主要是与自身经营业务有关的合同谈判，甲午战争以后的大多数时候是以借款的面目出现的。即使是中国电报局与朝鲜的电信条约，也并未超出其自身的业务范围之外。在五四运动前的四次商人外交活动中，两次是反对不平等条约活动的政治运动，与经济活动并无直接的关系，如 1905 年的反对美国强迫中国续订《华工禁约》活动，1915 年的抵制日本侵略中国的"二十一条"活动。其余两次活动是中外商人之间的互相交流，但亦属联络感情之类。五四运动中的商人外交亦与自身的经营事业无直接关系，而是要求政府伸张中国应有的平等权利。③

---

① 马敏：《孙中山与张謇实业思想比较研究》，《历史研究》2012 年第 5 期，第 91 页。
② 同上书，第 92 页。
③ 参见虞和平《五四运动与商人外交》，《近代史研究》2000 年第 2 期，第 83 页。

辛亥革命以后官督商办的企业形式基本上已经不存在了，中国企业逐渐划分为官僚资本和民族资本。清政府未能完成的铁路国有化，在袁世凯执政后成为现实；电报局也早已没有了商办的影子。真正意义的企业外交似乎成为晚清时期官督商办企业的独有特色，是清政府在近代化初期政府职能划分不清情形下的产物。当然，并非所有的官督商办企业都有企业外交的经历。民国以后的企业仍然有涉外经济的因素，如电信合同仍然在接续订立，但这里的订立形式与晚清时期相比，有了很大变化。与国外打交道的是电政司，而不是无线电公司，公司作为官僚资本，只是一个具体的承办作用。

传统中国自身并非不存在企业社会责任的因素，如慈善事业。在洋务派创办近代中国第一批民用工业企业时，新式的义赈就已经兴起了。研究表明，义赈的从事者正是第一批官督商办企业的实际经营者。

第二章 近代中国电信事业的兴起：洋务运动与近代中国第一批准条约

在目前已知的准条约性质的合同类文件中，1881年中国电报总局与丹麦大北公司订立的《中国与外洋彼此收递电报办法合同》，当属比较早的一个，可以列为近代中国的第一批准条约。① 回溯晚清中国的历史发展，该合同的订立距中英《南京条约》已经有40年的时间了。对于近代外交史而言，在这样的一个时间范围内，中国和国际的历史舞台上，经历了若干重大的变革，时局的巨变使国人意识到这是"三千年未有之变局"，从时代的意义上而言，准条约的出现正是这种变局之下的产物。②

近代中国第一批准条约的出现时机并非偶然，是洋务运动深入发展的产物。可以认为，洋务运动的开展是准条约形成的重要社会经济条件。在晚清中国特殊的社会历史条件下，可以从两个方面认识准条约出现的时代背景：一方面，准条约是洋务运动发展到一定程度的产物；另一方面，准条约在某种程度上预示了洋务运动自身不可克服的弊端，是"中体西用"外衣下的体制性矛盾之一。中国在向西方学习先进技术的同时，由于国内条件的限制，为了取得近代先进的工业技术，不得不引进机器及人才，并通过与国外公司合作的方式开展自身的近代化步伐。为了寻求合作的途径和方式，近代中国的实践证明，最终的结果往往是由中国国家出面与国外公司订立章程和合同。正如以往的研究所指出的那样，这些章程和合同很多具有不平等的性质，往往垄断中国在某一行业的经营特权。

如同其他近代工业技术引进一样，晚清电报最初常被赋予负面色彩。

---

① 依据王铁崖所编的《中外旧约章汇编》，该合同是第一个具有准条约性质的文件，笔者尚未在其他文件汇编中发现早于此文件的具有相同性质的合同或章程。

② 李鸿章在同治十一年五月《复议制造轮船未可裁撤折》中提出对时局的分析，其中就包含了这一句广为人知的论断。

学界对近代电报事业的评价同对洋务运动的评价相一致，经历了由全盘否定到部分肯定再至客观评价的过程。在 20 世纪七八十年代，如同对洋务运动的评价，电报往往与帝国主义侵华相联系。有研究曾经指出，电报被介绍到中国，往往成为西方殖民国家伸展侵略势力的手段。① 到了 20 世纪 90 年代，这种情况随着学术大环境的改变有了改观，出现了对电报事业的评价比较客观的专著。②

一 洋务运动的兴起与中国近代化的起步：电信业兴起的背景

（一）洋务运动的兴起

洋务运动是清政府在内忧外患中发起的自强运动。先求自强，后要求富，对于洋务运动的这个目的，一般不存在争议。学界认为，洋务运动开始于 1861 年，在这一年，清政府应恭亲王奕䜣等的奏请，设立总理各国事务衙门，标志着外交事务近代化的开始③；同年，曾国藩在安庆设立内军械所，仿制西式枪炮。

设立总理衙门是奕䜣等向朝廷提议的结果。鉴于各国将派使驻京，为了应对这种新的形势，有必要成立一个专门的机构管理涉外事务，"查各国事件向由外省督抚奏报，汇总于军机处。近年各处军情络绎，外国事务头绪纷繁，驻京之后若不悉心经理，专一其事，必至办理延缓，未能悉协机宜"。④ 在 1858 年的中英《天津条约》中，同意英国派遣"秉权大员"驻扎北京，"大英钦差各等大员及各眷属可在京师，或长行居住，或能随时往来"。⑤ 通过一体均沾条款，有约各国相继获得使节驻京权。就对内形势而言，此时太平天国运动已经严重影响到清政府的统治，如何镇压太平天国以继续维护自己的独裁统治，是当时清政府考虑的首要问题。为了镇压太平天国，清廷内部曾有"借师助剿"方针的出现。这些形势都为洋务运动的展开铺就了时代背景。

---

① 参见张国辉《洋务运动与中国企业》，中国社会科学出版社 1979 年版，第 230 页。
② 参见夏东元《洋务运动史》，华东师范大学出版社 1992 年版，其中第十章专研电报。
③ 同上书，第 28 页。
④ 中国史学会编：《洋务运动》第 1 册，第 6 页。
⑤ 参见王铁崖编《中外旧约章汇编》第 1 册，第 96 页。

第二章　近代中国电信事业的兴起：洋务运动与近代中国第一批准条约

总理衙门不仅是中国外交近代化的开始，同时也是清政府外交方针转变的开始，奕䜣认为此时的清政府"应在外交上接纳西方以获得一段时期的和平，并于这期间在西方帮助下加强军事力量。因此，通过外交赢得和平便成为政府的直接目标（标），而自强则显现为终极目标（本）"。① 在清政府内部，这种政策获得了部分官员的支持，京城有奕䜣、文祥，京外则有曾国藩、李鸿章和左宗棠等。以外交为手段，赢取时间，通过军事近代化使中国走上自强之路，这可以说是洋务运动的最初设想。

安庆内军械所的创办，开启了洋务运动的序幕，以求强为主要目的的近代军事工业逐步建立起来。1863年，中国第一位留美学生容闳建议曾国藩设立机器工厂，建造工作母机。② "先立一母厂，再由母厂以造出其他各种机器……以立一切制造厂之基础"，容闳强调，机器厂并非专门为制造枪炮，而是"能造成枪炮之各种机械者"，及"可以用以制造枪炮、农具、钟表及其他种种有机械之物"。③ 在曾国藩的同意下，容闳亲自赴美国采购机器。这也是中国近代第一次规模较大，并有计划地引进外国技术设备的活动。④

在曾国藩将目光投向近代军事工业的同时，李鸿章亦开始着手从事近代工业的准备。1863年，李鸿章买下美国商人经营的旗记铁厂，并将容闳自国外买回来的机器运到上海，在合并两个炮局后，成立了江南制造总局。这是洋务运动中规模最大、预算最多的一个兵工厂。从1865年始，该厂开始仿制德国武器，并于1867年仿制成功毛瑟11mm前膛步枪。该步枪是近代中国生产的第一种步枪，使用黑火药和铅弹头。江南制造总局成为当时东亚最大的兵工厂，对于改善清王朝的军事力量起到了重要作用。

探讨近代中国军事工业的初创，还有一个企业是必须提及的，那就是左宗棠创办的福州船政局。不同于安庆内军械所和江南制造总局的是，福州船政局是一家专门制造兵舰的企业，机器设备相当完备。该局又名福建

---

① 徐中约：《中国近代史》，世界图书出版公司2008年版，第211页。
② 容闳（1828年11月17日—1912年4月21日）字达萌，号纯甫，广东香山县南屏村（今珠海市南屏镇）人，中国近代史上首位留学美国的学生。中国近代早期改良主义者。中国留学生事业的先驱，被誉为"中国留学生之父"。
③ 容闳：《西学东渐记》，第90页。
④ 参见严中平主编《中国近代经济史（1840—1894）》下册，第1339页。

船政局、马尾船政局（今福州马尾造船厂），清末由闽浙总督左宗棠创办于1866年，是中国近代最重要的军舰生产基地，后在继任船政大臣沈葆桢的苦心经营下，船政局成为当时远东最大的造船厂。在创建之初，左宗棠明确要求"先购机器一具，巨细毕备，觅雇西洋机匠与之俱来，以机器制造机器，积微成巨，化一为百。机器既备，成一船之轮机，即成一船"。① 左宗棠认为，在员工掌握相应生产技术后，可以触类旁通地制造其他有关民生的日用工业品，如枪炮、炸弹、铸钱等。近期目标在于加强清政府的海军力量，长远目标则在于引进先进生产技术，并逐步发展民用工业。左宗棠并不忌讳任用洋员，最初该局任用法国人日意格、德克碑为正副监督，总揽一切船政事务，1874年后，造船业务改由自己培养的技术人员主持。船政局在办厂过程中，虽然遇到了种种困难，但在造船技术方面则逐渐有所提高。最初只能制造150马力以下的木壳轮船，到1887年则制成第一艘铁甲船，轮机也由旧式单机改为复合机，马力由150增至2400，在中国近代造船史上占有相当重要的地位。福州船政局所引进的国外机器设备具有相当高的机械化程度，它的机床包括了车、削、刨、旋、钻、剪、钳等。②

19世纪60年代，除上述军事工业外，还有金陵机器局和天津机器局，这两个机器局虽然在规模上略小，但对推动南京和天津的近代工业起步起到了重要作用。不得不承认，虽然最初的军事工业企业有众多不如人意之处，生产的产品也大多低劣，但重要的不在于产品本身，而在于先进生产技术的引进。到19世纪60年代的后半期，几个重要通商口岸如广州、上海、福州、天津等地，已经可以感受到这种新式生产力所带来的社会变化。如蒸汽动力在工业企业中的运用，使得煤炭的消费量增加迅速，这进一步促进了矿冶业的发展。洋务派官僚在开办工厂之后，就开始着手去寻找矿山和煤炭了。可以认为，"中国新式煤矿和金属矿正是由于新式军用工业的刺激和推动，匆忙进入开发阶段的"。③

新式工业的创办，带来的另外一个变化就是新式产业工人的诞生。在最早开辟的几个通商口岸，产生了掌握近代生产技术的熟练工人。为

---

① 左宗棠：《左文襄公全集》，奏稿，卷18，第3页。
② 福州船政局的相关状况，参见夏东元《洋务运动史》，第92—114页。
③ 严中平主编：《中国近代经济史》下册，第1344页。

了管理这些工人，洋务派官僚难以再沿用封建管理制度，资本主义的管理方法也渐次采用。这样一来，资本主义性质的雇佣关系出现了。

在上述最初的一批军事工业发展的基础上，产生了先进的生产方式和资本主义的雇佣关系，正是在这样的基础上最早的民用工业开始创办了。

（二）民用工业的组织形式与轮船招商局

中国近代的民用企业产生于洋务运动的后期，大体有"官办""官督商办""官商合办"和"商办"四种组织形式。官办企业是指由清政府出资，并负责常年经费，指派官员管理的企业。在晚清中国，真正意义上的官办企业很少。最普遍的民用企业组织形式是官督商办，这种组织形式出现的根本原因是清政府财政的拮据，无力拿出足够的资金来创办，但又不愿完全放任不管，所以尽力将其置于政府的监督之下。在中日甲午战争前，官督商办企业是民用企业中最基本、最主要的形式。官督商办企业并非自创办之初就完全吸引民间资本，而是先有政府提供部分款项作为启动资本，同时指定与政府有一定联系的商人出面，再向社会招募资本，然后由企业经营所得，陆续归还垫支的政府资金。这里所指的与政府有一定联系的商人包括广泛，既有买办，也有旧式商人和退职官吏。

学界一般认为大约在19世纪七八十年代洋务派在举办民用工业时首先采用了官督商办的形式。近来有研究指出，该说或许不确，"在清政府的传统矿厂商务政策中，虽未明确使用'官督商办'等字眼，但就其经营形式而言，却与洋务运动中的官督商办形式无甚差异"。① 1849年2月20日，林则徐奉命复议云南开矿问题，提出对堪采、管理问题的看法，认为应由商民办矿。② 1849年3月，林则徐等在《查勘滇省矿厂情形试行开采折》中就有在易生事端的矿厂应由官督办的建议，"即或有人互争之地，前因滋事而未准开者，今不妨由官督办"，并强调在三处试行开采之地，"此次官为督办，亟应选择殷实良善者作为头人，责令招募砂丁，逐层约束"。③ 对于官办、民办、商办，及如何统管之处，"不为遥制，凡在官商

---

① 王开玺：《再论洋务派官督商办企业经营形式——以轮船招商局及李鸿章为中心》，郑起东、史建云主编《晚清以降的经济与社会》，第108—109页。
② 来新夏编著：《林则徐年谱》，上海人民出版社1985年第2版，第485页。
③ 林则徐编辑委员会编：《林则徐全集》第4册，海峡文艺出版社2002年版，第496—497页。

士庶，无不感激倍深，自当按地方情形，筹经久之策"。唯有如此，才能做到"官有督率之权，而无赔之累，似可常行无弊"。① 研究者认为，正因为清前期的传统矿务经营形式及政策，与洋务派的企业经营方式及政策存在历史渊源，所以洋务运动中才出现了官办、官督商办、官商合办等企业经营方式，并易于为官、商两方面采纳。可以认为，洋务派的企业经营形式是清政府传统商务政策的延续，只不过在新的时代条件下赋予了新的内容。②

也有另外一种情形，那就是民营资本主动寻求保护。由于当时的中国还不具备资本主义民营企业发展的土壤，有些企业主为了谋取政府的保护，尽可能与地方官拉拢关系，争取得到"官督商办"的名义。这类企业虽然数量很多，但规模一般较小，无法与洋务派经营的官督商办企业相比。

还有一种形式，即"官商合办"，该类型出现较晚，大约在19世纪80年代末。这种组织形式是由清政府和商人各出一定比例的资金，按比例承担对企业的责任，共负盈亏。实际上，该组织形式下商人基本上处于从属地位，经营管理权限掌握在清政府手中。由于其局限性大，该形式并不流行。

轮船招商局是上述"官督商办"企业的典型代表，是中国近代航运业发展的标志之一。两次鸦片战争后，外国航运势力深入中国内水，中国本土帆船业逐渐失去生存市场，维持清政府生存大计的漕运也面临威胁。为了应对因帆船业衰落而出现的漕运危机，清政府逐渐放松了对中国商人购买轮船的限制。洋务派官僚认识到，轮船招商是发展中国航运业的可行途径，尤其是李鸿章，他为此曾作了详尽的考虑，并提出一些具体建议。1872年，李鸿章以北洋大臣的名义，要求各官员筹划关于轮船招商之事。经过半年多的筹划，轮船招商局的轮廓已经大体可见，选派何人来担当此重任成为李鸿章慎重考虑之事。盛宣怀是李鸿章的亲信幕僚，他首先成为被考虑人选之一。在李鸿章授意下，盛宣怀于1872年夏开始筹划创办招商局，并草拟《轮船章程》6条，成为后来招商局章程的雏形。考虑到在

---

① 林则徐编辑委员会编：《林则徐全集》第4册，海峡文艺出版社2002年版，第498页。
② 参见王开玺《再论洋务派官督商办企业的经营形式》，《晚清以降的经济与社会》，第109页。

吸引民间资本参与方面的不利情形，李鸿章最终并未让盛宣怀掌管轮船招商局，而是选中淞沪巨商朱其昂。①

朱其昂，字云甫，江苏宝山人，世以沙船为业，为淞沪巨商。其以捐纳得到候补知府衔，1865年任候补同知及海运委员，1867年受命管理沙船运输漕粮事务，颇有影响。不同于一般官商的是，朱其昂比较熟悉近代海运，并与外国洋行有密切联系，同很多买办商人有来往。也许正是由于朱其昂的这个特点，才为李鸿章所看中。1872年8月，在盛宣怀等人的帮助下，朱其昂提出了《轮船招商节略并各项章程》，共有20条。内容主要包括：（1）在上海设立轮船招商局，所有官商一切应办事件，均由商局会同办理；（2）各省机器局所造轮船，由商局广为招商租用，以造价多少核定股份，其他商人可以合资购买；（3）暂时减低租价，以鼓励商人租用，倘商人租用一时未能踊跃，准由商局承领，在各口揽载，以资倡导；（4）商局轮船先向外国保险，倘外国不肯保险，准由机器局或商局自行保险；（5）商局轮船承运漕粮，水脚、米耗均照江浙沙宁船章程办理。天津需用栈房，由商局会同商人向江浙海运局借款自行置造，上海及各口设立码头，由商局筹公款建造；（6）船工水手由商局选用，如中国舵工一时不能熟悉，准暂用洋人一二名帮同驾驶；（7）商局轮船载运客货，照新关章程纳税，并免除落地捐；（8）轮船所用煤炭，由官招商开采，以免购用外国煤炭。②

这个节略是招商局的第一个章程，但其规定的组织形式是"官商合办"。在筹备过程中，由于顽固派的反对及召集资金的困难，朱其昂向李鸿章建议放弃"官商合办"的组织形式，而改用"官督商办"，由官设立商局，招徕依附洋商名下的在沪各省殷商的资本。在李鸿章的要求下，朱其昂等又重新拟定《招商局条规》28款。这个新的条规，强调官方对商局的管理权限，并将漕运业务置于重要地位。

轮船招商局的创办掀开了近代民用企业发展的大幕。自此之后，各种民用工业开始兴起。煤炭是近代企业的动力来源，因为蒸汽机必须用煤炭作燃料。经营洋务企业的洋务派大员一方面担心外国洋行在煤炭价格上漫天要价，另一方面亦顾虑一旦中外失和导致来源断绝，于是经营自身的煤

---

① 夏东元：《洋务运动史》，第194页。
② 中研院近代史研究所编：《海防档·购买船炮》（四），第911—915页。

矿成为必然的选择。在中国，第一座投入生产的近代煤矿是台湾基隆煤矿，而最大、成效最显著的当为直隶开平煤矿，后者的组织形式仍属官督商办。棉纺织业、织布业等部门中也逐渐出现了一批民用企业。

（三）电信业应时而生[①]

工业近代化是一个系统工程，无论是单独的军用工业还是民用工业，都不足以担当工业近代化的重任。在洋务运动逐步深入的过程中，洋务派认识到，其所要达到的自强和求富并非仅凭制造一两种近代工业产品所能完成的。电报电信事业就是在这种大环境下产生的。

在初期，铁路、电信等近代科技的传入，中国往往处于被动地位，不是中国主动创办这些近代工业，而是由西方列强介绍而来。总理衙门设立的第二年，即1862年，沙皇俄国驻华公使把留捷克就曾向清政府建议建造电报线路，"屡次言及本国为通信便捷，欲由都城至天津造用发铜线法，经贵大臣当未见允"。但清政府显然并没有做好引入电信业的准备，随便找出一个理由拒绝了俄国的提议，其意大概为"中华未能保其永固，且不免常有损坏，以致缘此生隙"。甚至为了应付俄国，答应如以后设立此类电信，"必须先准俄国以为始"。[②] 俄国建议清政府设立电线的消息很快为其他西方国家所知悉，他们相继向清政府提出类似的要求。英国于1863年照会清政府，请允许英国电报企业设立恰克图经北京城至海口的电线，"因闻俄国飞线之设，经过俄国将及恰克图地界，该民意欲添设飞线，与俄国所设相联合"。[③] 美国于1864年向清政府提出设立电线的照会，而且其福建税务司请"自福州口南台河边至罗星塔一带架设电线"。[④]

对于上述俄、英、美等国请求设立电线的建议，清政府一概加以拒绝，其理由在于"中国地势与外洋情形不同，倘任其安置飞线，是地隔数百千里之遥，一切事件，中国公文尚未递到，彼已先得消息，办事倍形掣肘，且该线偶值损坏，必归咎于官民不为保护，又必业生枝节"。[⑤] 国内学

[①] 一般而言，电信包括电报和电话。就技术发展的历史顺序而言，先有有线电报，继而才出现有线电话和无线电报。晚清时期主要发展的是有线电报，本文所讨论的晚清时期的电信业也基本上是有线电报。
[②] 中研院近代史研究所编：《海防档·电线》，中研院近代史研究所1957年版，第1页。
[③] 同上书，第3页。
[④] 同上书，第5页。
[⑤] 中研院近代史研究所编：《海防档·电线》，第5页。

者对于清政府为何拒绝这样一个有利于中国近代化的举措，已有成熟的研究成果。总体而言，"出于政治上也即军事和外交上考虑，认为两者都有损于天朝的政治权利"，具体而言是"出于抵御和害怕两者兼而有之的心理"。① 就具体的政策层面的考虑而言，笔者赞同上述观点。似乎可以进一步深入分析深层的原因，如果从中国近代化和洋务运动发展而言，根本的原因在于电线对洋务运动的发展尚未成为必需之物，对此学界亦已有人论及，"在19世纪60年代上半期中国的近代工业刚刚开始出现，而且主要还只是军事工业，电线尚未成为经济发展之必需；而对内镇压人民，此在军事上也不是必不可少之物"。② 正是基于国内这种经济发展状况，清政府不但不允许外国人在中国设立电线，自己也没有设立电线的打算。由于得不到建设电信的批准，有外国人就建议由中国出资自建电信，中外共同使用。法国翻译李梅指出，"中国与泰西各国，既笃友谊，而信函常相往来，则发铜线之事，后来所必须也"。正是基于这种认识，李梅提出了三种办法，其中包括（1）"中国人若招外洋人承揽此工，一切应用器具等项，该承办之商先将买价之银垫出，迨工程告竣之日，中国或一次将此项银两交清，或分年限清，皆可"，（2）"若中国愿将此工准许外洋商人备银修造，迨限满之年，将此工程收回取利"，（3）"中国自备银两，雇外洋工人治具修造……此项工程系中国自办，而沿路之地方官，必能用心照料及保护一切也"。③ 李梅倾向于中国采取第三种办法。后来中国的电报线建造，亦是采取此种方法。甚至当巴夏礼试图在上海铺设电线时，上海道台竟以"将来被百姓拆毁，地方官不能代为保护"为由拒绝。此后，又陆续有西人建议清政府修建电信，甚至日本也来提建议。④ 清政府不为所动，坚决拒绝，"皆得藉口要求，肆行添设。是只图网占中国之利，而不顾滋扰地方之害，实在万难迁就"。⑤ 值得回味的是，备受不平等条约侵权的清政府，此次举起条约的大旗，认为电线"为条约所未及，已难违约准行"。⑥ 历经两次鸦片战争的惨痛经历，清政府担心中国在电信这个新事物中再次

---

① 夏东元：《洋务运动史》，第217页。
② 同上。
③ 中研院近代史研究所编：《海防档·电线》，第41页。
④ 夏东元：《洋务运动史》，第218页。
⑤ 中研院近代史研究所编：《海防档·电线》，第48页。
⑥ 同上。

被洋人所利用，应是最真实的表述。但西人日甚一日的要求，已经从外部给清政府施加了不可逆转的压力，形势逐渐起了变化。

电信毕竟是新兴事物，其对国防及经济发展的便利性显而易见。虽然在清廷内部大多数人持反对态度，但仍有少数洋务派精英，意识到中国建设电信的必然性。沈葆桢的这段话曾广为引用，"闻电信之设，洋人持议甚坚，如能禁使弗为，则多一事不如省一事，倘其势难中止，不如我自为之，予以辛工，责以教造，彼分其利，而我握其权，庶于海疆公事无所窒碍。若听其自作，则遇有机密事务，彼一二日可达者，我十余日尚复茫然，将一切机宜为之束手矣"。① 但此时的清政府尚未做好准备。虽然未能说服清政府，西方各国并未放弃在中国建造电信线路的努力。

中国第一条电报线路建于1868年的上海租界，但只是美商旗昌洋行的内部通信线路，且仅有8里距离。② 1869年10月11日，大北电报公司与俄国签订了一份电报建设合同。大北公司负责铺设一条连接海参崴、长崎、上海和香港的海底电缆，并与俄国西伯利亚陆线相连。大北公司于1870年开始铺设海参崴经长崎、上海到香港的水线，上海经厦门鼓浪屿至香港的海底电报线，1871年完工。③ 允许铺设海线之举，并非完全由于中国领海主权观念的缺乏，而以前的研究似乎过于看重此点。现在可以清楚的是，丁韪良翻译的《万国公法》已经于1864年翻译出版，虽然只印行300部，在社会上或许流传不广，但其意义在于，统治阶层已经认识到国际法的重要性，一些封疆大吏及相关涉外人员已经不再是完全不知道国际法及国际惯例。④ 就在这部翻译的《万国公法》中，规定了领海权及其范围："各国所管海面及海口、澳湾、长矶所抱之海，此外更有沿海各处，离岸十里之遥，依常例亦归其管辖也。盖炮弹所及之处，国权亦及焉，凡此全属其管辖而他国不与也。"⑤ 因此可以清楚的是，总理衙门及负责外交的人员是知道一些海权概念的。虽然已经粗通海权的概念，但这些初步的国际法知识并未促使清朝官员去主动维护海权。究其原因，更可能的情形

---

① 中研院近代史研究所编：《海防档·电线》，第95页。
② 参见邮电史编辑室编《中国近代邮电史》，人民邮电出版社1984年版，第47页。
③ 参见李雪《大北公司与福建通商局在电报建设初期的合作》，《哈尔滨工业大学学报》（哲学社会科学版）第11卷第6期，第5页。
④ ［美］惠顿：《万国公法》，丁韪良译，上海书店出版社2002年版，点校说明。
⑤ 同上书，第67—68页。

第二章 近代中国电信事业的兴起：洋务运动与近代中国第一批准条约

是迫于各国的压力而不得已放弃。能为此点做出的解释是，从铺设海线的过程来看，各国公司依托其背后国家的力量，先行铺设，形成事实，然后再以各种借口迫使清政府承认，并以海线不上岸为幌子，骗取了建设海线权。英国公使威妥玛在致总署的呈中说，"此次所商，系由沿海水底暗设，不过仅有线端一头在通商口岸洋行屋内安放，与从前所论迥不相同，谅贵亲王自必洞彻此理"。①

清政府清楚威妥玛说辞的背后含义，指出"其海底之说，皆其变计也"，其最终目的还是要登岸设立电报，但以中国当时的实在情形，仍然无从查禁，"濒海洋面，各洋商安设通线，本非中国所能禁止，此次来信，又有若不牵引上岸，原可无庸执照中国之语，是该使于海底设立通线，已示有自主之权"。②总署最终同意"遇有洋人安设通线之处，只准在沿海洋面水底，其线端只准在船只内安设，即在沿海埠口向来停泊各洋船码头之外近海处所停泊"。③总理衙门曾解释之所以同意安设海线，一是因为"通线一事，洋人注意兴办，屡请而屡拒者，已非一次"，表明来自洋人的压力；二是因为"允其自设而不允其保护，用意尤深，是诚于变通转圜之中，仍寓钤制防维之意"。④事实上大北公司海线铺设之后，其迅速便捷的信息传递给洋务派官员留下深刻印象。洋务派在这个过程中改变了对电报的态度，有两个例子可以说明这种改变，一是1870年崇厚出使法国期间，总理各国事务衙门就曾多次利用西伯利亚线与其联系；二是1871年曾国藩第一次代表清政府参观大北公司在上海的报房。⑤暂不论是否通过电线与崇厚的联系，以及曾国藩的参观报房代表了清政府态度的转变，事实上，日本侵台事件的出现令清政府感觉到了电报在军事上的价值。具体处理台湾海防事务的沈葆桢要求清政府设立由福州陆路至厦门、厦门水路至台湾之电报线，清廷同意了沈的请求，并要求迅即办理，但必须中国自办。⑥由于电线不通而延误抵御日本侵台，事后李鸿章在《筹议海防折》中强调，"设有紧急，诚恐缓不及事，故臣尝谓办洋务制洋兵，若不兵法，

---

① 中研院近代史研究所编：《电线档·电线》，第79页。
② 同上书，第84页。
③ 同上书，第89页。
④ 同上书，第95—96页。
⑤ 参见李雪《大北公司与福建通商局在电报建设初期的合作》，《哈尔滨工业大学学报》（哲学社会科学版）第11卷第6期，第5页。
⑥ 同上书，第6页。

而徒骛空文，绝无实际，臣不敢明知而不言也"。① 在内外的压力之下，建设电线一事已经箭在弦上，不得不发了。

在中国电报总局与丹麦大北公司订立合同之前，福建通商总局已经与大北公司订立有电报合同，但由于福建通商总局的身份及影响，这个合同并未被《中外旧约章汇编》所收录。在1874年的6月21日，为了修建福建到马尾的电报线，福建通商局曾与大北公司订立有一个合同，该合同执行顺利。与福建通商局有过第一次成功的合作之后，大北公司计划进行第二次合作，计划修建福州至厦门电报线。经过初步的接触，1874年8月15日，大北公司代表恒宁臣（Jacob Henningsen）拟定了一份协议，并转交福建通商局。由于该协议未被通常约章汇编所录入，故暂录于此：②

> 第1，通商总局议准派二干员会合电线公司人员沿途查勘会议选择设桩路径以备动工，启程日期仍由公司人员拟定。中国地方官沿途保护工人，设立柱线成功之后，亦当永远保护。所立桩柱不得穿城；不得在街道中间竖立桩柱，有碍行道；不得碍人家坟墓之处。如遇民田必须与民田主商酌，允愿方可，但田主不得刁难抬价。并准该公司沿途每30里左右租地设立华民看守更房，其租价由该公司与地主议妥。
>
> 第2，自立电线之后，议准30年不许他人另设由省至厦门电报。如中国官日后要与公司买此电线，该公司愿照原本加息核算让与中国官，其息自成功之日起至买日止。每日若干元算息，由中国与该公司妥议算还。该电线日后果与中国官买走，该公司不得另设由省至厦门电报。
>
> 第3，北路电线公司自愿设立一柱双线：一为官用；一为商用，公司自备资付。派员司理官报，省城并兴化、泉州及厦门住馆以及电报机器，公司情愿自备。如中国官员派生童学习电报技艺，该公司亦愿教习，不取分文。如生童技艺学成，嗣后中国官派人自行司理。
>
> 第4，所有一切官报必须用印，将印式先行给予公司存留，各馆一式，以备核对。如与印式相等，即行飞报，不准耽搁。若印信不符，即不行报。如此，可杜绝将来假冒之弊。

---

① 李鸿章：《筹议海防折》，《李文忠公全书》，奏稿，卷24，第23页。
② 转引自李雪《大北公司与福建通商局在电报建设初期的合作》，第7页。

第5，所有福省、兴泉以及厦门官报馆舍，议准与公司一处合住，不得另设他馆。所有电线等件是公司之物，嗣后如中国买去，自归中国官为主。

第6，一切官报随到随发，按处飞递，不得稍留，并不得刷印于新闻报上，不准公司人等张扬其事。其中如有假冒官报，中国官必须严紧查察，将该犯按律惩办。

由于对电报所有权产生争议，此协议文本并未得到清政府内部的同意，尤其是沈葆桢，他认为电线应由官办。虽然合同的第二款有允许中国收回的规定，但显然与自己创办有明显的区别。中间又经过多次谈判，清政府最终更改协议，收回了福厦电报建造权。一方面由于国外电信公司不断私设电线而且从而停止对清政府的游说；另一方面清政府日益认识到电信对国防建设的重要性，清廷对电信事业的认识已经有了改变，在洋务运动深入发展的 19 世纪七八十年代，近代中国的电信业终于诞生了。

二 中国电报总局的设立及晚清"局"的性质

（一）晚清"局"的出现

"局"这一机构的设立并非晚清首创，一直游离于官府行政体系之外，有学者指出，中国最早的局大致出现在北齐，"北齐时，门下省统辖尚食局、尚药局等六局，太常寺所属的太庙署，下游郊祠局、崇虚局"，"清初的局大多属于国家官手工业，如户部的宝泉局和工部的宝源局，康熙时在京设有内织染局，在外则有江宁、苏州、杭州江南三织造局"。① 初步兴起于 19 世纪中叶，也有学者将其定义为道、咸之际，因先有太平天国运动，后有捻军起义，清政府传统方式无法应对，迫使地方大员建立起许多临时机构，应对既有行政功能的不足。1895—1898 年为局的发展阶段，其职能由战事转入民事；到清末新政的时候经过丙午官制改革（1906），局终于成为国家官制的重要部分。②

---

① 冯峰：《"局"与晚清的近代化》，《安徽史学》2007 年第 2 期，第 50 页，注释①。
② 参见冯峰《"局"与晚清的近代化》（《安徽史学》2007 年第 2 期），关晓红《晚清局所与清末政体变革》（《近代史研究》2011 年第 5 期）。

学界对局在晚清由发起到泛滥再至归并，也已有比较多的研究，但对中国电报总局在其中的特色及作用研究则较少。中国电报总局在晚清名目繁多的局中出现较晚，学界在研究晚清官制时，即使牵涉到局，也很少单独研究电信局。目前关于局的研究都程度不同地认识到其与幕府的关联及其对晚清史的重要性，但对局的性质及不同阶段设置、运作的情况语焉不详，清廷的态度也多模糊不清。① 虽然局在晚清名目繁多，并发挥着重要作用，但在《清史稿职官志》中并未得以体现。有学者指出，局"始终是国家体制中非常夹生的一种东西，它们的位置既不在六部管辖范围之内，也不在司、道、府、州、县那个行列里。后来修《清史稿职官志》的一班人因之而无法把这些新衙门嵌入国家的官序里去，只好让它们不明不白地淹掉了"。② 无独有偶，亦有学者认为局的性质为清代一般官僚行政系统以外的临时性组织，但又不同于公益团体，它处于正规及非正规的官僚系统之间，虽然是政府设立的组织，但起初并未被视为官僚体制的一部分，因需而设。③

对于晚清局所设立的原因，有研究认为是在道咸战乱之际的特定环境下，对既有行政功能不足的一种临时调整和补充，设局办事的目的"一是因战事而致原有官署遭到破坏，官员阵亡或失踪，另设行政机构，集中人员和各项资源，统一协调调度，以因应战时危局和战后乱象。二是为军需饷源及战后赔款而开辟财源，缓解财政紧张。三是对藩臬两司业务的清查与纠弊，旨在恢复战后秩序，维持刑名钱粮为主要内容的行政运作"。④ 笔者赞同上述对晚清局出现原因的表述，在研究者目力所及的晚清局范围内，这样的解释无疑具有相当的合理性，且在很大程度上抽象出了其中具有的基本规律。但晚清局种类实在繁多，就中国电报总局而言，以上述三项原因似乎难以说清其出现的原因。

正如已经认识到的那样，晚清的局类型层次不同、性质迥异，且官方文献所涉局，多非州县以下的基层社会组织，而是各省府州县以上行政、商政机构，这些局与晚清职官体制相辅而行。或许正是认识到上述困难的

---

① 参见关晓红《晚清局所与清末政体变革》，《近代史研究》2011 年第 5 期，第 5 页。
② 杨国强：《百年嬗蜕——中国近代的士与社会》，上海三联书店 1997 年版，第 100 页。
③ 参见梁elvis生《体制内的变革：清末上海的"局"》，张仲礼、熊月之等主编《中国近代城市发展与社会经济》，上海社会科学院出版社 1999 年版，第 202、206 页。
④ 关晓红：《晚清局所与清末政体变革》，《近代史研究》2011 年第 5 期，第 6 页。

存在，目前学界对包括中国电报总局在内的类似机构的研究仍然停留在具体业务层面，对其性质界定及对外交涉研究仍然十分薄弱。①

由于晚清近代化与外来因素存在不可分割的联系，研究"局"性质与作用如果局限于体制内的政治运作，难免有失片面，外交因素在某些局的成立和运作过程中起着非常重要的作用，如果别开视角，以清政府整体外交因应为总方向去分析部分局的成立与功能，将对整体认识晚清的局的性质及晚清政治体制演变的过程不无裨益。

对于局在晚清中国的作用，有研究直接指出，局与晚清中国的近代化密切相关，局"因王朝危机而大量出现的，同时它又使地方社会得以发展，也就是说，它得益于王朝'体制外'的因素"。② 笔者以为，这里体制外的因素实质包含两个方面的内容：一是国内的反对现行体制的力量如太平天国起义或捻军起义；二是列强力图谋求的在华特权，即基于政治特权的路、矿及投资特权。

总结学界现有对局的研究，可以认为，局是官署机构的名称，虽然在晚清很长的一段时间内其并非正式的行政机构，但一直在行使国家的职能，在推动晚清中国近代化方面功不可没。确定局是行使晚清国家职能这一点非常重要，对条约史研究而言，缔约主体是否具有代表国家的资格或是否获得授权，直接决定了其所缔结条约的性质。准条约是中国国家与国外公司或银行订立的合同，如果中国电报总局与国外电信公司在订立合同时是代表中国国家行为，则无疑其所订立的合同具有准条约的性质。

（二）中国电报局的设立

前面所作的讨论，主要是为了弄清晚清局的性质及其是否代表国家外交行为。下面是为了考察晚清中国电报局设立的一些基本史实，以图进一步阐述中国电报总局与国外公司所订合同的性质。在电报局设立以前，已经有丹麦和英国的公司在中国经营电报收发业务，即大北公司和大东公司分别经营的海线业务。马士的记载是，最早在1871年6月3日，海底电报

---

① 参见关晓红《晚清局所与清末政体变革》，《近代史研究》2011年第5期，第5页注释部分。
② 冯峰：《"局"与晚清的近代化》，《安徽史学》2007年第2期。

线已经通至上海。① 实际情形在不同的文献记载中稍有不同，但基本史实应该说是清楚的。

1880年9月16日，李鸿章上奏清廷，力陈架设电报线对国防的极端重要性，请设电线。李鸿章强调电报已为各国普遍采用的通信手段，"故由各国以至上海，莫不设立电报，瞬息之间可以互相问答。独中国文书尚恃驿递，虽日行六百里加紧，亦已迟速悬殊"，指出电报实为"防务必需之物"。"现自北洋以至南洋，调兵馈饷，在在俱关紧要，亟宜设立电报以通气脉"，并建议"由天津陆路循运河以至江北，越长江由镇江达上海安置旱线，即与外国通中国之电线相接，需费不过十数万两，一半年可以告成"，"臣为防务紧要，反复筹思，所请南北洋设立电报，实属有利无弊，用敢缕陈"。② 光绪皇帝赞同李鸿章的提议，认为筹办防务南北洋之间消息必须灵通，批准了架设南北洋电线的奏折，并令地方官一体照料保护。1880年10月，电报总局在天津成立。

清政府批准成立电报局后，盛宣怀起草了《电报招股简明章程十条》和比较详细的附件《详定大略章程二十条》，请李鸿章批准。招股章程系为筹措资金而设立，"此次开办电报，自天津以至上海，约估需银十数万两，先招商本六万两，其余均由官本垫用，俟办成后，再行续招归垫"，此章程表明，吸引民间资本的参与是电报局既定经营方针，不能以此章程表明中国电报局具有政府机构的身份。③ 比较而言，《详定大略章程二十条》更能体现中国电报局的经营策略及其政府机构的身份。章程第一条载明，"中国兴造电线以通军报为第一要务，便商民次之"，显然电报局首要服务对象是军政事务，民用只是第二位。章程还详细规定了军政电报发送原则，"电报原为洋务军务而设，军机处、总理衙门、各省督抚衙门、各国出使大臣，所寄洋务军务电信，自应区别，以存体制。应请由以上各衙门于寄报信纸上面盖用关防，局中验明，随到随发，除代转洋商电报公司照给信资外，所有本局应取信资另册存记，年终汇报"。④ 为了中国电报局的业务能顺利开展，章程要求地方官尽力保护，"本局总办应驻天津，其

---

① 参见［美］马士《中华帝国对外关系史》第2卷，张汇文等译，年表，上海书店2000年版，第5页。
② 《奏设南北洋电报片》，《李鸿章全集》9，奏议9，第158—159页。
③ 夏东元编：《盛宣怀年谱长编》上册，第115页。
④ 同上书，第116页。

各分局均归调度,此举专为军务洋务而设,凡有关于关道及机器制造局军械所,应帮同料理之事,各该道均应力代维持,以顾大局"。①

通过电报局成立过程可以发现,该局是清朝最高统治当局为筹划国防而设立的,虽然不是传统意义上的行政事务的衙门,但所负责事务绝非一般企业经营行为,而是国家行为,这当然就决定了该局的国家背景。该局初由郑藻如、盛宣怀、刘含芳为总办,归北洋大臣节制。1882年,郑藻如、刘含芳相继离开电报总局,电报经营事业由盛宣怀一人操办。电报总局地点初设于天津,后设于上海。至于最初为什么将总局位置选在天津,有研究认为,李鸿章选择天津设局,是因为天津具有特殊的政治地位,是直隶总督兼北洋大臣李鸿章的根据地。电报总局设于天津,有利于李鸿章率先知晓各路消息,更多地顾及了李鸿章的个人考虑。② 李鸿章本人曾透露过个中原因,"创办电线之初,颇虑士大夫见闻未熟,或滋口舌,是以暂从天津设起,渐开风气,其于军国要务裨益实多"。③

不论李鸿章出于何种目的和考虑,天津电报局都不属于李氏个人的企业,而是政府性质的机构。新近的研究明确指出:"官办的天津电报总局是中国第一所专门负责电报架设的政府机构。"④ 这样的一个专门机构是新生的产物,不同于晚清时代政体中的署衙机构,该局的业务有比较强的专业性,在很大程度上,它不但负责政策的制定,而且负责具体的业务运行,这一点与今天的邮电管理和运营系统是有差别的。亦有研究指出,中国电报局成立之前的电信交涉属于总理衙门,但总理衙门并未切实维护电信主权,中国电报局成立后,"意味着中国之电信业务有了专门的管理机构,能够以独立主体之地位与在华之外国电报公司谈判,以保护中国电信权益"。⑤

该局成立后基本负责清政府的对外电信交涉业务,与大东、大北公司进行的海线上岸交涉及旱线、海线交涉,与陆路边界接壤国进行的陆路电线衔接交涉,投资朝鲜的电报业务建设等,无一不是代表清政府的外交行为。这些行为所体现的企业性质说明,这不仅仅是一个企业,还是一个国家机构。此时关于陆上电线的建造形式亦有不同的选择,曾纪泽建议采用

---

① 夏东元编:《盛宣怀年谱长编》上册,第116页。
② 参见韩晶《晚清中国电报局研究》,博士学位论文,上海师范大学,2010年,第45页。
③ 中研院近代史研究所编:《海防档·电线》,第729页。
④ 韩晶:《晚清中国电报局研究》,博士学位论文,上海师范大学,2010年,第45页。
⑤ 同上书,第56页。

德国方式,"或论中国电线宜仿德国埋之土中,既省木桩,又省监守之役,且免风折雪阻"。① 此时津沪电线即将落成,对于曾纪泽的建议,李鸿章表示"津沪电线将成,未便更改,以后续添,自应访求德法"。②

在以往的研究中,一般认为,电报局属于官督商办企业,落脚点基本上将其视为"企业","按公司企业规则办事,排除官方的干扰"。"对于电局内部的管理,一概按经商原则,'官'不得干扰,以保证企业的自主权。"③ 如果考虑到研究的主旨在于"洋务运动",作出这样的定位就不难理解了。在前文中已经提及,新近的研究已经指出中国电报局是一个政府机构,负责电线建设和报务经营,然而就在同一篇论文中又专门设立章节探讨了中国电报局收归国有的情形,这中间似乎存在着相互矛盾之处,既然电报局是政府机构,又何来政府收回之说?作者并未对此现象作出解释。对于研究电报局本身的发展状况,研究晚清电报企业在晚清中国的发展而言,即使未能将电报局究竟属于政府机构还是企业组织划分清楚,似乎也并不影响研究的核心问题。然而如果研究近代中国的准条约及国家合同,电报局究竟是政府机构还是企业组织就是个必要问题。只有在代表国家的情形下,中国电报局才有资格缔结准条约。中国电报局先后经历了官办、官督商办、商股合办和商办四个阶段,其中官督商办的时间最长,从1882年一直持续至1902年,因此官督商办是电报局的主要组织形式。④

"官督商办"是电报局的组织形式,"电报设局,亦如轮船招商之例,商力举办而官董其成,谓官督商办也"。⑤ 对于这一洋务运动中出现的新的企业形态,学界已有相当多的研究,不再赘述。⑥ 对于电报局为何选择官督商办形式,盛宣怀曾论及个中原因,"非官为扶持,无以创始,非商为经营,无以持久",并具体解释为"中国风气,重官轻商,初创电线,绵延三省,民知官事,不敢妄动;官知国事,不敢不认真巡守。若尽委之于

---

① 《曾侯由彼得堡来电》,光绪七年闰七月初十日,顾廷龙、叶亚廉编《李鸿章全集》(一),上海人民出版社1987年版,第8页。
② 《复曾侯》,光绪七年七月初十日,顾廷龙、叶亚廉编《李鸿章全集》(一),第8页。
③ 夏东元:《洋务运动史》,第229页。
④ 参见韩晶《晚清中国电报局研究》,博士学位论文,上海师范大学,2010年,第155页。
⑤ 赵尔巽等撰:《清史稿》,志126,交通3,电报。
⑥ 电报总局最初的组织形式系官办,1882年4月改为官督商办。

商，虽商出数倍看守之资，而无益于事。此非官为保护不可"。① 如果注意到在"上李鸿章禀"中的五个人的身份，或许对我们直观认识电政局组织性质有所帮助。这五人分别是"会办上海电报分局四品顶戴候选主事经元善、总办上海电报分局三品衔候选道郑观应、总办天津电报局布政使衔候补道盛宣怀、总办清江电报分局二品衔候补道李培根、总办苏州电报分局国子监学正衔谢家福"，这五人的头衔显然不是一般的商人，而是清政府任命的二品或三品官员。这些拥有正式品级的总办在经营电报业务时固然是个商人，但在处理对外电信交涉时就是一个清朝官员，其商人的身份被其官员的身份所掩盖。

　　甲午战争后，清政府内部有人主张将电报局收为官办，如何评价此种行为将影响到对中国电报局企业性质的认识。以常理而言，既然清政府要求将中国电报局收归官办，显然其并非政府机构，而是一法人企业，如若不然，很难解释政府的行为。徐桐在光绪二十五年（1899）宣称"电报局获利不赀，并无裨益公家之实"，其他朝廷官员也宣称轮船局和电报局有假公济私行为。中间虽经刚毅调查具体情形，但要求接管电报局的呼声一直未断，"宣怀时综司轮、电两局，叠被指摘"。在朝廷内外的压力下，盛宣怀于光绪二十八年（1902）向袁世凯称"电报宜归官有。轮船纯系商业，可易督办，不可归官"，于是清政府任命袁世凯督办电局。② 1907年4月，邮传部派杨文骏到上海接收电报总局，改为电政局，成为一个正式的政府部门。

　　在邮传部正式接收电报总局之前，电报局在形式上是政企合一的，即政府职能部门的身份与企业经营的身份合二为一，此时的电报局虽未有政府职能之名，却在行使政府职能部门之实，最简单的明证就是电报局竟然可以与陆地接壤国家订立电线边界相接的条约。从另一个角度而言，此时的电报局的政府行为与经济行为并不具有同一性，尤其是在企业经营方针方面，简单来说就是"政经分离"。作为实际投资的商人，他们希望电报局只经营有盈利的项目，而非电报的公益性质，虽然在很多时候二者可以协调，如对官报的优先和优惠发报，但二者之间的分离倾向一直存在。正是由于这种分离倾向的存在，才最终导致清政府决定将电报局收归国有。

---

　　① 王尔敏、吴伦霓霞合编：《盛宣怀实业函电稿》（上），中研院近代史研究所1993年版，第206页。
　　② 赵尔巽等撰：《清史稿》，志126，交通3，电报。

这里的收归国有，其实只是将商人手中所持有的电报股份加以收购，并非重新确立其政府机构的职能。

轮船招商局与电报局同属洋务运动中兴起的近代工商企业，二者也往往被并列举例，相互之间存在着密切的人事和业务关系，如果从二者的经营方式而言，双方又有很多相同之处，在企业组织形式上均属官督商办，管理人员都有正式的清廷官员身份，背后都有清政府的支持。对本研究而言，电报局很多的时候在执行清政府电政职能部门的功能，而招商局鲜有作为政府职能部门的表现，这种差别主要体现在对外业务交涉方面。轮船招商局自成立后，虽然也存在与外国轮船公司之间的竞争关系，并曾订立有合同，但这些合同均无法构成国家层面的义务。1877年12月26日，在英国担文律师的主持下，招商局与太古公司签订了一份为期3年的齐价摊分合同。① 该合同相比电报局与大东、大北公司签订的《会订电报齐价摊分详细合同》（1887年8月10日于上海），均属于商业行为的谈判，区别就在于合同背后订立者的身份及国家背景。

结合上面的分析，可以认为，中国电报局自成立之日起就不属于普通的法人企业，它具有清政府主管电报电信业务的政府职能，不但负责政策的制定，而且进行实际的企业经营。作为主管电信的政府部门，电报总局与国外公司订立的合同当然属于清政府的国家契约，因而具有准条约的性质。由于电报总局的双重身份，其作为企业与国外公司订立的合同则不属国家契约的范围，也因而不具有准条约的性质。如何具体区分某一个合同是其作为行使政府的职能还是企业的职能，不同的案例还需进行区别对待。由于电信事业属于新兴事物，中国在当时不可能抛开国外公司独立自主发展。事实证明，晚清中国发展电信事业离不开已经在中国架设海线的大东、大北公司，因此中国电报总局与这两个公司订立了大量的合同。

三　近代中国第一批准条约

（一）大北公司

丹麦大北电报公司（The Great Northern Telegraph Company）是一个

---

① 参见张后铨编《招商局史（近代部分）》，第111页。

跨国性的国际联合企业，由丹挪英、丹俄、挪英电报公司在 1869 年 10 月合并组成，总公司设于丹麦首都哥本哈根。其实际控制人为俄国，但英国亦占有 1/3 以上的股份。① 对大北公司的背景进行简单的介绍，目的在于说明，该公司是完全近代意义上的公司法人，充其量在业务上可以获得各有关国家的照顾，但并非一个政府机构，在对外行为上并不代表国家。虽然大北公司并非政府机构，但其在华推行电信事业背后一直得到国家层面的支持。大北公司在中国沿海铺设的海线属于私自铺设，一直未得到中国国家的允许，所以安全没有得到保障。为了海线能顺利经营，丹麦政府出面向清政府寻求对大北公司海线的保障许诺。丹麦政府并未单独向清政府提出交涉，而是联合另外几个国家的公使一起出面。1874 年 11 月，丹麦公使拉斯勒福联合英、法、俄、德等国公使照会清政府，要求保护大北公司在华铺设的海岸水线。美国公使在致总理衙门的照会中称，"查本国暨各和约之国，于通商事宜，一切均有关涉于电线，本大臣深知其益，故肯居间布达，惟望贵国悦从慨允"，"此电线本系铜丝，置诸海底，倘被无知破坏，或奸人乱挪，以致电线有伤，不但丹国之电报公司暨各国之买卖有亏，即中国之税项亦必缺少"。② 面对各国要求保护海线的照会压力，清政府向各国公使表明自身的立场："议于海底设线之时，本衙门复函中曾有线端不得上岸，俾与通商口岸陆路不相干涉，庶界限分明，及沿海水底安设以后，中国碍难代为照料，倘有毁坏，与地方官无涉，不得追赔修费。"③ 有研究认为，清政府此举意味着坚持维护电信主权的立场。从原则上讲，清政府确有拒绝各国要求的意向，但立场显然还未上升到维护主权的高度。如果进一步考虑，其实清政府只不过是借以推托各国要求保护海线的要求。实质上是在明确保护陆路主权的同时，放弃了海线主权。

清政府一方面表明海线的安全与否与自身无关，另一方面迫于压力不得不将相关函件抄录沿海各省大臣。为避免各国公使曲意解释，又进一步表示"本衙门前咨沿海各省酌办者，系念和好之谊，非于保护铜线之事实有把握也"。④

---

① 参见邮电史编辑室编《中国近代邮电史》，第 45 页。
② 中研院近代史研究所编：《海防档·电线》，第 127 页。
③ 同上书，第 141 页。
④ 同上。

1881年12月的《中国与外洋彼此收发电报合同》，具体规定了中国电报局与大北公司之间关于报务收发的具体事宜，而这距中国电报局成立已经一年有余。该合同相比6月的合同而言，在具体的事项上规定得更为细致，就中外电信传递的价格、线路及权益详文加以说明。双方应互相通报电报价格，"中国总局当与大北公司互相通知电报信资，即中国电报局由上海至内地各处之价，大北公司由上海至厦门、香港以及外洋各处之价"；关于价格的制定，"中国总局、大北公司可各定其自己之价，但寄外国电报之价，均须按照伦敦西历一千八百七十九年新定万国电报章程"；"凡由中国寄外国或由外国寄中国内地之报，中国电报局及大北公司均应在上海各立专册，登记其交易之数"。①

该合同第一条再次强调了大北公司所获得的传递中国电报的优先特许，"所有经中国电线寄往来外国之电报，若寄报者不指明从何线寄往，当由日本及海参崴一路传递"，相比上一个合同，这里多了一个限制，即寄报者是否指明从何线寄出电报。②

一般认为，通过与李鸿章和中国电报总局的合同，大北公司获得了垄断经营中国海线的特权，"此海线自批准之日起，以20年为限，不准他国及他处公司于中国地界内另立海线，亦不准在中国租界及台湾等处设立海线。大北再添设海线，必请中国政府允准"。③ 大北确有意垄断中国海线，但事实上由于大东公司的存在，大北公司难以做到一家独大，而李鸿章当时也并不认为与大北公司所定合同损害中国的利益，认为大北公司与其他国家亦有海线通报的先例，"日本久与各国通商，乃独与丹国电报公司订约三十年，独无损于各国体面耶，岂中国自主大邦不如蕞尔日本耶"。"查各国电报公会，随时定价，以归画一。丹国岂敢独违，任意加索。"④ 现有研究认为，李鸿章对国际电线通例的无知，以及政府大员电信法规观念的缺乏，是清政府在电信交涉中屡屡吃亏的主要原因，而且"对大北海线特许权的轻许，引来列国对中国电信权的进一

---

① 王铁崖编：《中外旧约章汇编》第1册，第391—392页。
② 同上书，第391页。
③ 韩晶：《晚清中国电报局研究》第1册，第75页。
④ 《论津沪电线与大北公司联络》，光绪七年五月二十九日，《李鸿章全集》33，信函5，第42页。

步侵略"。① 或许这些评价都是中肯之处,但如果以李鸿章完全无知国际电信通例加以解释,或许只是表面现象。

以往研究关注到大北对中国海线经营的垄断,很少注意到李鸿章对经营电报的垄断及其对大北公司的要求,而这一点是在《中国与外洋彼此收递电报办法合同》中明文载明的。合同中规定:"中国自行创设电报,乃自主之权系北洋大臣,开办以后,无论何省官宪托大北公司代为经手雇人、购料者,应由大北公司先行禀明北洋大臣核夺,候示允准,方可代办,如不禀明则不准办。"② 电信初创时期,李鸿章以其一己之力对近代电报的发展是起过促进作用的。

如何准确评价第一批电信条约的是与非,是一件并不容易的事情,如果从中国近代化的角度而言,近代电信事业的引进无疑是一件值得肯定的事情;如果从事关国家主权的电信权而言,无疑具有许多值得吸取的教训。事实证明,李鸿章并未严格遵守与大北公司的合同约定。1884年李鸿章函告总理衙门,将大北特权作废,"令其转饬大北公司,前禀应即作为废纸,盖彼所独得利益,既未能准行,则我所已得利益亦未便强索矣"。③

(二) 大东公司与《上海至香港电报办法合同》

大北公司曾与大东公司达成协议,两家平分中国沿海电报通信权,通过与中国电报局的合同,大北获得了20年的海线专利权,对大东公司而言无疑是一种打击。1870年即同治九年,总理衙门曾允许英国大东公司架设香港至各通商口岸的海线,英国公使威妥玛以此为理由,要求允许大东公司建设该线,甚至以大北公司已经引线上岸为借口,要求允许引线上岸。

面对英国的要求,李鸿章认为"同治九年已允英商由香港至各口在水底设线,势难自翻前案",而且由于大北公司成例在先,"至海线引端上岸,丹国既未遵驳,似不能不准英商通融兴办",倾向于同意英国的要求。作为限制,李鸿章认为应该作出一个声明,"声明此系因香港至粤省丹国未设水线,尚可酌允,若丹国已设电线之处,即未便援照办理"。④ 李鸿章

---

① 韩晶:《晚清中国电报局研究》,第75页。
② 王铁崖编:《中外旧约章汇编》第1册,第392页。
③ 中研院近代史研究所编:《海防档·电线》,第1058页。
④ 同上书,第299页。

意识到，英国设线的要求缘于大北公司已与中国电报局订立建设水线合同，威妥玛曾屡向李鸿章索要该合同文本，均遭拒绝，"威使十月在津，屡索阅丹公司禀稿，鸿章以此事于英国无干，未便给阅"。① 威妥玛索要合同文本的目的在于为英商取得电线建设权，表示英商虽然在同治九年已经取得了铺设许可，之所以迟迟没有铺设，原因在于"曾以英人设线事谆求总署，但允在水底安放，线端不得上岸，英商遂迟疑未办"，此次大北公司竟然先行取得，此举令"英国官商咸怀怨悔"。② 1882年12月8日，总理衙门在回复威妥玛的函件中称，"本衙门曾于同治九年间与贵大臣议有成说，因丹国公司先经设有海线，未据续行议及，今英商欲在香港海底设线直达广东，该处未经丹国议设电线，自可照办"，正式同意了威妥玛设线到广东的请求，同时提出了限制，"惟不得由澳门绕至广东"，至于其引线上岸一层，总理衙门表示虽然同治九年未经议准，但此次"经贵大臣和衷商请，自应通融办理"。③ 威妥玛为大东公司争取的是香港到上海的海线建设权，并不满足于仅建立港粤水线，收到总理衙门函后第二日即复函总理衙门，表示英商"似此办理，设立水线仅到黄浦而止"，根据同治九年的原议，英商要求是"由广州、汕头、厦门、宁波、福州各口水底设立通线通至上海"，并举出同治九年四月初七日函件为证。④ 大东公司目的并非仅在广东一线，围绕广东展开的交涉只是沪港海线的前奏。

1883年3月31日，中国电报局总办盛宣怀与大东公司订立《上海至香港电报办法合同》，允许英国大东公司"安设上海海口至香港海线一条，沉于海底，其线端不得牵引上岸，以分华、洋海旱界限"，为了使海线与中国旱线相连，"准大东公司海线做到洋子角为止，由水线头与中国旱线头相接"。⑤ 该规定在同意英国铺设海线的同时，亦拒绝了架设旱线的要求。为了使英国海线发挥作用，中国电报局"由上海至洋子角禀设旱线一条，与大东公司海线相接"，出于对英国沪港海线的限制，合同要求"英国大东公司允许海线只能由洋子角一处直达香港"，放弃其原先要求的多条海线建设计划，即"大东公司总办经禀明英国朝廷，酌更前议，不得设水线

---

① 中研院近代史研究所编：《海防档·电线》，第299页。
② 同上。
③ 同上书，第300页。
④ 同上。
⑤ 王铁崖编：《中外旧约章汇编》第1册，第416页。

至宁波、温州、厦门、福州、汕头、广州以及各海口"。① 同年5月7日，中英双方再次就沪港电报线订立章程，即《续订上海香港电报章程》，就上一个合同中的未尽事宜详加规定。相较以前的合同，该章程已经体现了条款对等的要求，清政府获得了向海外铺设海线的特许。由于在原合同中英国曾声明不再铺设水线到宁波、厦门、福州、汕头、广州以及上海以南各海口，而大东公司希望变更前议，要求能择定福州或汕头一处安置线头，因此在章程中明确为"应听中国总理衙门暨英国驻华大臣会议定夺"，或许是作为对中国变更前议的补偿，同意当中国电报局"欲引水线至新加坡、槟榔屿两处之中择定一处"安置线头，前提是"亦必由中国执政大臣与英国执政大臣会议定夺"。②

透过与大东公司连续订立的两个合同可以很清楚地看出清政府力保旱线主权的意图，而且得到了贯彻，而为了做到这一点并说服大东公司，收回大北公司已经存在的淞沪旱线势在必行，"今因阻止英商海线进口上岸，不得不议拨丹国旱线，以保中国自主之权，并以服各国商人之心"。③ 在与大东公司谈判收回吴淞旱线时，盛宣怀曾不无得意地表示："大北拟照大东'海线不上岸'订约，已允将沪淞旱线归我，做到旱线收回权利。英丹一律就范。"④ 1883年5月19日，中国电报总局与大北公司订立《收售上海吴淞电线合同》，规定"合同签名之后，将原价银三千两交付大北公司收取，大北公司即于是日将此条旱线交付中国电报局执管"。⑤

1887年7月7日，中国电报总局与大东、大北两公司订立《会订电报根本合同》，该合同是第一批电信类准条约中的一个代表性文件，集中体现了中外电信交涉的诸多特点。收回大北公司淞沪旱线和准许大东公司将海线设至各海口后，清政府不准各国在此基础上进一步侵占中国电报权利。正如上文所讨论的那样，所有的这些交涉均是在中国电报局的名义下进行的，由电报局出面维护清政府的电信主权。直接出面的往往是电报局总办盛宣怀，实际决定谈判的是北洋大臣李鸿章。7月6日，李鸿章致函

---

① 王铁崖编：《中外旧约章汇编》第1册，第416—417页。
② 同上书，第425页。
③ 《盛宣怀上何璟禀》，1883年4月28日，上海图书馆藏《盛宣怀档案》，档号107365；转引自韩晶《晚清中国电报局研究》，第87页。
④ 夏东元编：《盛宣怀年谱长编》（上），第174页。
⑤ 王铁崖编：《中外旧约章汇编》第1册，第428页。

总理衙门，将盛宣怀订立《会订电报根本合同》的原委加以说明。

到1887年时，电报局的东北边界旱线已经到了珲春，与俄国电线只有二十余里距离，如果能将中俄旱线接通，则从中国往来欧洲的电报将比海线传递所需费用大为减少。为了能接通中俄旱线，盛宣怀曾于1886年请李鸿章与俄国公使接洽，但一直未果。在李鸿章看来，中俄之间之所以未能相接，在于"丹国大北公司与英国大东公司闻知此信，恐夺其海线之利，即向俄廷设法阻挠"，除此之外，"俄与丹素来亲密，丹使即为俄使所兼"，正是由于上述原因，才导致东北边界旱线连接事宜"屡议不成"。①1887年2月，李鸿章到北京与俄国公使再行接洽，仍未得同意。由于中国坚持中俄旱线相接，为维持海线已有发报特权，大北公司恒宁生亲赴天津，希望能得到李鸿章的允准，让海线垄断欧洲往来电报，被驳回。在此种情况下，盛宣怀再派洋参赞赴京与俄使协商接线办法，劝告俄使"通洋报为中俄两国之利，不应为丹人牵制"。②经过此番沟通，两公司意识到中国必定会接通旱线，在不能阻止的情形下，同意与中国电报总局谈判电报线路及发报价目问题。

电报分价条款通过李鸿章报至总理衙门，总理衙门对原条款中单独列出上海、福州、厦门三处归海线传递表示异议。总理衙门认为，"十九口中抽出沪、福、厦三口利权归两公司，余十六口万不抵此三口之利"。对于电报总局仅能取得百分之十的相关电报分红，总理衙门亦为不满，"所有合同内，第二、第三两款所称港、沪、福、厦之水陆线费，均归两公司得，仅分与电报局百分之十，此条款殊欠公允"。对于合同中的限价条款，总理衙门亦有不同的解释："限定价目甚有流弊，如限价，则公司亦应限价，否则公司减价而我不能减，其弊岂可胜言？"③

由于对条款的不甚满意，总理衙门于8月2日照会俄国公使库满，表示电报合同"尚有应行斟酌之处，当再咨复北洋大臣核办"，从而将所附合同交还俄国。④8月8日，俄国公使再函总理衙门，表示对总理衙门拒绝批准合同的不解，认为现有合同对中国较为有利，"若烟台所签订之合同不为允准，将来中俄旱线相接未成，则中国每年仅得旱线报费二万元而

---

① 中研院近代史研究所编：《海防档·电线》，第1403页。
② 同上。
③ 同上书，第1426页。
④ 同上书，第1427页。

已,如果合同允准,以上所言接线办成,则中国除目下来项外,每年尚多得十五万元"。① 英国公使华尔身亦于同日照会总理衙门,要求核准电报合同。总理衙门并不认同俄、英公使所提及的合同有益于中国的说法,并于8月13日行文李鸿章,口气强硬,"在烟台所立合同,其中有应行斟酌之处,业已咨行贵大臣查照在案,现在英俄两公使照送贵处盖印合同,仍请核准",文中用了"仍"字,显然表达了对身为北洋大臣李鸿章的不满意,要求李鸿章派盛宣怀赴天津与大北、大东公司冲开谈判,"即饬盛道赴津,再与东、北两公司详议妥善方可定局,未可以既立合同难以更改,稍涉迁就"。②

9月10日,英国公使华尔身照会总理衙门,敦促总理衙门核准报价合同,"本大臣前此代该两公司照送合同之日,至今已经逾月,究竟与北洋大臣复议此事如何定局,敢请明以教我"。另外,大北、大东两公司派专人在北京等候总理衙门的批复已经"滞留多日",要求早有结果,以便离京。总理衙门在回复华尔身的照会中要求两公司的执事"前往烟台再行妥商",婉拒英使。③ 13日,俄国公使亦发来内容类似的照会。10月5日,俄国公使复照,表示该电报合同如果说有欠公允,那么应该是对公司而言,而非中国方面,"若有能视定局不甚公允,乃非中国,而系公司也",并将对合同的评价上升到对李鸿章、盛宣怀二人的精明、练达等个人品德的评价,认为合同实已无须再行商讨。英国公使华尔身则强调,该合同系中国方面拟成,"该合同语意本系出自贵国会议之人,如原有费解之处,应由贵国会议之人禀复贵署",反对再去烟台商谈合同。④ 在这种困难局势下,盛宣怀写了长篇汇报给李鸿章,不厌其详地回答了总理衙门先前对合同条款的存疑各点。表明自己"不敢因既定合同稍涉迁就,亦不敢因已奉指驳嘿无一言",唯望"中国电务可以自立于不败之地"。10月9日,李鸿章将其对电报合同的汇报和分析致函总理衙门。⑤

简要列出该合同的订立过程,关键不在于这些条款是否真的如总理衙门所说有失公允,而是为了表明,电报局的每一个合同细节,总理衙门是

---

① 中研院近代史研究所编:《海防档·电线》,第1432页。
② 同上书,第1434页。
③ 同上书,第1439—1440页。
④ 同上书,第1447页。
⑤ 同上书,第1455页。

亲自参与核定的，并非仅是形式上的同意而已，而这一点对于说明合同的准条约性质及国家参与程度是有帮助的。

（三）比较中的审视：中国电报局与电信条约

前文提及，中国电报局身具二重身份，一方面是清政府管理电信业务的政府机构，另一方面也是负责具体经营的近代企业，政府行为与企业行为往往是混在一起。中国电报局成立后，先后与大北公司、大东公司签订了相关的电信合同，鉴于中国电报局所具有的管理电信业务的政府职能，因此其所签订的涉外合同代表政府行为，签订的合同也具有了准条约的性质。如将中国电报局所签订的电信条约与准条约进行比较，能更好地体现中国电报局所具有的政府机构职能。在国际法的概念里，条约与准条约的区别在于缔结双方身份的不同，在理论探讨中本书已经给出了具体说明。既然中国电报局具有管理电信业务的政府职能，在中外电信交涉中也就具有相应的协定签署权。自电报总局成立后，总理衙门有关电信交涉的事宜一般均委诸该局。

中国电报局在经营国内电报业务的同时，也开展了在国外的业务，主要是在朝鲜的业务，此种海外业务是服务于清政府整体外交大局的。中国国内开始设立电报线时，日本正努力经营朝鲜电报业务，并先于中国电报局之前在朝鲜釜山设立了海线，其目的当然并非仅在于经济利益，更主要是为了控制朝鲜，确立其在朝鲜的影响。1883年3月3日，日本与朝鲜订立《日朝海底电信线设置议定书》（也称《釜山口设海底电线条约》），主要内容有三条：（1）日本委托丹麦大北电信公司，铺建一条自日本九州西北岸起，经对马海峡至朝鲜釜山海岸的海底电信线；（2）电信线到达釜山海岸后，由日本政府修建一个电信局，在海岸至日本人居留地之间架设一条陆地电信线；（3）以后朝鲜政府即使在此地建设官用电信线，海外电报也必须用釜山的日本电信局。并规定25年内朝鲜政府不得允许其他任何国家和公司在此地架线。① 驻日公使黎庶昌得知日本将修造朝鲜电信的消息后致函李鸿章，建议及早设立天津至仁川电信线，以防日本野心。吴大澂在《筹办朝鲜善后事宜》折中强调办理朝鲜电信的必要性，并以镇压甲申政变为例进行说明。日本委托大北公司"安置海线，由该国西北海岸设

---

① 此条约的内容请参考郭海燕《从朝鲜电信问题看甲午战争前的中日关系》，第106页。

起，经对州以达于朝鲜釜山"，并与朝鲜订立了电信条约 5 款，其中有"二十五年朝鲜政府不架设与该海陆线路对抗争利之电线，并不准他国政府及会社布设海底线"语句，日本此举显然在于垄断朝鲜电报权。① 李鸿章为了防止日本进一步控制朝鲜陆线及其他海线，建议趁朝鲜国王商请设立中朝陆线之机，为朝鲜保持住陆线电报权。由于朝鲜缺乏建造陆线的资金，而中国电报局亦无法一下拿出足够的资金，李鸿章请光绪帝批准"敕下总理衙门于出使经费项下暂行借拨银十四万两"，并要求盛宣怀"遴派熟悉电务妥干之员，驰赴朝鲜，先与妥议办法，订立合同"。② 正是在李鸿章的通盘布置下，1885 年 7 月 17 日，中国电报局与朝鲜政府订立了《中国代办朝鲜陆路电线合同》。该合同系中国电报局奉皇帝谕旨与朝鲜政府订立，因此这里中国电报局代行的是国家职能，合同第一条载明"中国督办电局商局，现奉北洋大臣李中堂奏明，以朝鲜国王咨商，自仁川港起，由汉城至义州，达于凤凰城，请设陆路电线，共一千三百里，并请筹借经费，赶速设置，所有经费应由朝鲜限年归款，特此饬由华电局代筹借款，派员办理"。③ 通过此条约，中国电报局获得了在朝鲜 25 年时间的电报特权，"朝鲜政府因中国电局垫款创设电线，有裨朝鲜政务不浅，订准水、陆电线工竣后，自通报之日起二十五年内，不准他国及各国公司在朝鲜地面、海滨代设电线，致侵本国之事权及损华电局之利益。如有朝鲜政府有欲扩充、添设之处，必须仍由华局承办，以免分歧"。④

中国所要求的 25 年期的在朝电信特权，对朝鲜构成了一项条约义务，当朝鲜欲添设釜山电线时，依据该项规定，须向清政府要求中国电报局承办。1886 年，朝鲜政府代表与清政府代表订立《釜山电线条约》，其中第一条的规定就是"朝鲜政府现拟添设釜山电线，因无熟谙电务人员，查照上年原订合同第三条，二十五年之内朝鲜政府有欲扩充添设之处，必须仍由华局承办，以免分歧，为此咨请北洋大臣，仍饬由华电局代办"。⑤ 在晚清政府的对外电信交涉中，中国电报局与朝鲜所订立的电信条约是一个特殊的类别，清政府所获得的在朝鲜的电信垄断权能不能视为对朝鲜电信主

---

① 中研院近代史研究所编：《海防档·电线》，第 1180 页。
② 同上书，第 1181 页。
③ 王铁崖编：《中外旧约章汇编》第 1 册，第 469 页。
④ 同上书，第 469—470 页。
⑤ 同上书，第 504 页。

权的侵犯？笔者以为不能如此简单结论，首先朝鲜政府已经在中国电报局之前给予日本25年的釜山海线垄断权，中国此举显然有对抗日本海线之意；其次，朝鲜电线创办所需资金悉由清政府提供，条件优厚，根本不考虑经济利益，"朝鲜创办陆路电线系朝鲜国王商请中国借款设造，特由华电局代借公款关平银十万两，五年之后由朝鲜政府分作二十年，每年归还五千两，不取利息"，这样的规定清政府从未在列强那里获得过。① 有研究认为"中国虽然控制了朝鲜的电信权，但付出了相当大的经济代价。日本虽然暂时采取了退让的政策，但却借中国和朝鲜之手，不仅获取了在朝鲜的通信手段，还从中获取了经济利益"。② 从性质上讲，清政府所要求的在朝鲜境内25年的电报专有铺设权，或许更可作为一种投资优惠政策。比较而言，大北公司在与中国电报局所达成的协议中，亦曾要求20年的海线特权。二者相比较，虽然均有较长时期的垄断限制，但双方出现的背景并不相同。

中国电报局与法国的接线章程是电信类条约里的另类，属于两国电信部门之间签订的协议，属于边界接线类条约，"中、法两电报总局所应办之边界相连接线及保护、修理电线，并设局管理电线，以上各项，两国彼此在本界限内各自出资办理，约明均不侵越边界尺寸地步"。③ 晚清电信条约的缔结者只能是清政府，现有电信合同表明，当时代表清政府签订电信条约的并非只有中国电报局，还有北洋大臣。在19世纪80年代的第一批电信类条约中，李鸿章曾亲自出面与俄国订立了中俄陆路电线连接协议。1889年10月2日，中俄订立《电报接线草约》，草约开头即明确载明："中国钦差大臣、俄国钦差大臣库会议订立"，这里李鸿章的钦差身份显然是代表清政府。④ 就条约的内容来讲，中俄接线草约与中法接线合同同属一类，中俄草约规定"中、俄两国电报局应各自造线至边界为止，各自修理经管，彼此不得逾越"，该条款与中法边界电信合同中的条款基本一致，表明清政府关于中外边界接线的基本原则。⑤ 继中法、中俄边界接线条约

---

① 王铁崖编：《中外旧约章汇编》第1册，第469页。
② 郭海燕：《从朝鲜电信问题看甲午战前的中日关系》，《近代史研究》2008年第1期，第115页。
③ 王铁崖编：《中外旧约章汇编》第1册，第542页。
④ 同上书，第545页。
⑤ 同上书，第546页。

后，中英之间也签订了关于滇缅陆线相接的条款。

在第一批电信类条约中，除与朝鲜的条约外，中外电信条约的处理事项主要是处理电信线路边界相接的问题，即使是与朝鲜的电信条约也包含电线相接的条款。

四 近代中国第一批准条约的意义及评价

（一）企业外交的早期形式

自第一个准条约订立至中日甲午战争之前，可以将其视为近代中国准条约的第一个发展阶段。这个发展阶段，中外之间的准条约主要集中于电信类。自1881年中国电报总局与大北公司订立《中国与外洋彼此收递电报办法合同》起，至1889年中国电报总局与大北、大东公司订立《续订电报齐价摊分合同》止，近代中国总共有9个电信事务的准条约。[①] 这些准条约主要是中国电报局与两个国外电报公司订立，他们分别是丹麦大北公司、英国大东公司。在此期间，源于电报业务自身发展的需要，中国还陆续与边界邻国订立了相应的电信条约。从中国自身而言，这些条约和准条约都是中国以国家名义订立的，反映了此一时期中国电报业务发展的自身特色。准条约的出现是洋务运动深入发展的表现之一。清政府在洋务运动中所打出的"自强"与"求富"的口号，因甲午战争战败，而最终成了一个美好的愿望，可以认为甲午战争宣告了洋务运动的最终破灭。[②] 甲午战争虽然终结了洋务运动的发展进程，但中国近代化的步伐并未因而却步，近代中国的准条约也因而进入一个新的发展阶段，由单一的电信类准条约发展至贷款、修路及开矿等关系国计民生的其他事项。

自1949年以来，大陆学界对晚清时期电报事务的评价与对洋务运动的总体评价相一致，将对洋务运动的评价视为对电报业务的评价，随着专门性研究专著和论文的出现，这种情况有了改变。目前学界对洋务运动时期的电报事业的评价基本上是正面的，这种评价可以从两个方面来看，一是在确保中国电信主权，防止列强侵权方面；二是电报事业自身的经营状况及其在晚清经济社会发展中的作用。有研究者专文研究了中外电信交

---

① 本研究的统计以王铁崖《中外旧约章汇编》全3册为依据。
② 参见姜铎《洋务运动研究的回顾》，《历史研究》1997年第2期，第114页。

涉，指出清政府虽然允许外国在中国沿海铺设海线，轻易放弃了海线权，但禁止外国海线在中国上岸，坚持陆地电信权；中国积极发展中外边界陆路接线，限制了外国电信力量的扩张，"构建起了以中外边界陆路相联和报费齐价分摊为基本框架的中外电信约章保障体系"。① 亦有研究者认为应该分时期对洋务运动时期的电信事业进行评价，"中国电报局在其成立初期，极力维护中国电线主权，并取得一定成效"，"随着中国政治环境的恶化，电报局的对外交涉亦限于被动"。② 学者们对晚清丧失海线权的原因大抵归为海权意识的缺乏，笔者认为，海权意识在当时已经具有，不能简单认为是缺乏，应该是不够重视，缺乏对海权的本质认识。总体而言，研究人员对晚清政府抵制列强侵权方面的努力给予肯定，认为中国电报局在收回旱线和海线不准牵引上岸以及电价平等交易等方面都取得了成功。③

目前所见的第一批准条约全是电信类，因此可以将此一阶段的准条约视为电报专期，由于中国电报局是主管和经营此时中国电报业务的主要部门，因此围绕电报局展开的探讨更有益于认识此一时期的外交及社会事务。一般而言，我们在讨论外交事务时，尤其是晚清时期洋务运动的外交时，很少系统结合实业部门的行为展开探讨。笔者这里用了"实业部门"这四个字，意义在于表明，这样的部门从根本上而言是从事实际企业经营的，有自己的专属领域，要求按照企业的方式来管理和经营，并须以"求利"为目的。道理是显而易见的，只有赢利的企业才有可能生存下去，也只有赢利，才有可能取得发展；另外这还是一个部门，从其职能及管理权限而言，是一个地道的政府管理部门，负责相应事务的政策制定及对外交涉。正是基于上述考虑，笔者认为实业部门之于外交是一个需要加以系统探讨的领域，尤其是在晚清洋务运动时期。中国电报局的特殊身份是一个很好的例子，它所具有的原始形态，为我们从历史的角度探讨企业外交提供了一种可能，即近代化初期，最初的一批大型近代企业在面临外交事务时的反应究竟如何。

几乎与电报局同时期出现的另一个著名的近代企业是轮船招商局。④

---

① 王鹤亭：《晚清中外电信交涉》，硕士学位论文，苏州大学，2004年，第58页。
② 韩晶：《晚清中国电报局研究》，博士学位论文，上海师范大学，2010年，第145页。
③ 参见夏东元《洋务运动史》，第232页。
④ 虽然轮船招商局并未订有准条约，但其在企业社会责任领域则另具特色，值得关注，下文将另设一节探讨此问题。

在笔者目前可以见到的材料范围内，并未发现轮船招商局缔结的准条约性质的文件。从大的背景而言，轮船招商局同样要面对来自已经在华经营航运业务的国外轮船公司的竞争，设立目的亦是争利权，背后实际主持者亦为洋务派大员。电信局与轮船招商局，相同的境遇，却走了并不相同的轨迹。轮船招商局并未成为清政府的政府部门，其求富的目的可能较为"单纯"，在涉外经济关系上不需要解决涉及需要国家出面才能签署的文件。

在洋务运动时期，中国需要近代化的不只是企业，还包括外交，当然更深远的层面上是政治体制的近代化，外交当然属于政治体制范畴。中国电报局实际负责人是盛宣怀，背后则是身为北洋大臣的李鸿章。电报局创办始于李鸿章的倡议，并最初设局于天津，中国电报局的发展与李鸿章的支持密不可分。

本研究探讨的是准条约，从另一个层面而言，亦即企业的外交行为，或政府与国外企业展开的外交行为，这种行为不同于民国时期出现的商人外交或民间外交。中国电报局的行为不属于上述单纯的两种行为之一，而是一种复合的行为，这种复合行为的本身源自其自身机构性质的复合性。关于中国电报局的性质，前文业已有了详细的说明。1887 年中国电报局与大北、大东公司订立起价合同，合同起草后，呈送总理衙门。对于这份由李鸿章盖印、盛宣怀逐条改过的合同，总理衙门并不以为然，在举出若干认为不合理的条款后，定性为殊欠公允，并要求李鸿章着盛宣怀再行商讨合同中的各条款。这件事情本身并无深远的历史意义，无非是清政府内部对合同文本的不同认识而已，本书从中获得的启发是，在电信交涉问题上，李鸿章与总理衙门之间并无默契，电信交涉权虽然操自总理衙门，但此种权利更大程度上是批准权或决定权，具体的交涉过程，尤其是涉外合同的交涉过程，总理衙门并不参与，而是由中国电报局负责的。显然，中国电报局与李鸿章之间保持了默契关系，但与总理衙门之间显然存在沟通不畅，甚或更严重的问题。

在涉及电信交涉问题上，总理衙门以及李鸿章等坚持陆线、海线分开办理，陆线权归中国电报局。如果以此原则而言，中国电报局的对外电信交涉是成功的，署北洋大臣张树声在评价中国电报局与大东公司的合同时称："顷接盛道来电，谨照录呈鉴。此次与大东往复辩论，该道等遵照钧署指示，始终抱定离口设法原议，内外坚持，卒使就范，永杜海线进口上岸，并令其线头退出吴淞，应争权利，一一办到。"① 盛宣怀固然是在办理电信交涉，但绝非简单地为了中国电报局的经营利益，而是具有多重的性质，这种交涉背后的多重性质是研究晚清时期与中国电报局相关的课题时必须加以关注的问题。

（二）近代中国企业社会责任的早期形式

洋务派所举办的电信业是所有新式企业中办得较好的一类，被认为是"在洋务企业中是赢利较丰的企业"，研究者将其成功归因于"与洋商争利竞胜、保护电权、先人一着设线和采用官督商办形式等一整套办电报的指导思想和措施，是正确的"。② 新近的研究通过具体的营业数字指出，"电报局的报费收入一直保持迅速增长的势头，个别年份的回落亦无碍大局，这反映出电报局在晚清社会中的地位及影响力"。③

中国电报局是近代性质的大型企业，当该局成立时，即使在企业社会责任理论的发源地欧美诸国，关于企业社会责任的理论亦属空白。学界近年来引入了企业社会责任的理念，并试图寻找企业社会责任的本土话语，以期与西方理论相抗衡，并析出中国特色。经济史学界为了这一理论诉求，不得已将目光瞄向了晚清以来的大型企业，洋务企业即关注的重点。其实，如果将目光关注于洋务企业，似乎不必单独举起本土话语的大旗，在那个特殊的时代，又有哪一种现象不是中国特色的呢？官督商办企业是洋务运动时期企业的主要组织形式，"官利"制与"报效"制，是企业章程中明文规定了比例的东西。这里的官利和报效，是否属于近代中国企业社会责任的本土源头？解释何在？近年出版的相关研究成果中，有很多将其视为洋务企业的社会责任之一加以论述。

中国电报局的官利制。如同轮船招商局一样，中国电报局采取官利制。究竟何谓官利呢？该制度的特点在于：第一，不管是谁，只要购买了企业股票成为股东，不论企业的实际经营状况如何，都享有从该企业获取固定利率即"官利"的权利。第二，该项固定的官利一般以年利计算。官利的利率不尽相同，大体因企业和行业的差异而略有不同，但基本上在 19

---

① 中研院近代史研究所编：《海防档·电线》，第 562 页。
② 夏东元：《洋务运动史》，第 227 页。
③ 韩晶：《晚清中国电报局研究》，博士学位论文，上海师范大学，2010 年，第 138 页。

世纪七八十年代是年利 1 分，清末一般是 8 厘。在晚清特殊的历史背景之下，还有一个特点，即官利责任的第三点就是，只要股东交付股金，即开始计算官利，而不论企业是否开始营运。

官利制度产生的社会基础是西方股份制企业的引入。1872 年，轮船招商局在上海成立，标志着一种全新的"招股集资"的企业组织形式，这就是所谓的近代股份制企业在中国的出现。正如许多从西方引入的事物一样，股份制在中国的出现也具有了自己不同于西方的特色，具有鲜明的中国特征，其中之一就是在利益分配方面实行官利制度。

有研究指出，从现有史料中尚未找到近代中国为何实行"官利"分配方式的说明，也没有找到解释"官利"之所以称为"官利"的史料。不过，可以确定的是，"官利"分配方式一般都明确刊载于企业章程，甚或在某些企业的股票上也予以明确记载。在清代，企业章程需经南洋大臣或北洋大臣审查批准，个别企业甚至需要皇帝御批。即使到了民国时期，也同样需要经过政府相关部门批准。揆诸上述史实，可以认为"官利"的意思就是"经过官方审查批准的利率"，其目的就是要向社会公开宣布，此种利率受官方法律保护，是正式而有保障的。这样一来，可以增强企业的社会信用，得到社会的认可和支持，便于吸引社会资金。①

中国电报局在最初虽然亦采取官利制，但并未固定数额，盛宣怀在《详定大略章程二十条中》指出，"中国电线势必先难后获，故必有远见者乐从其事。所收商本应以一百两为一股，给发股票印票为凭，认票不认人，拟定按年结账，所收信资，开除经费之外，苟或不敷，暂请津贴，如有盈余，按照资本多寡，先提六成均匀分派，不必额定官利，其余四成作为公积，以备添造电线，愈推愈广，利益无穷"。②

研究近代中国的企业责任，必须先从真正意义的近代企业入手，在还没有企业存在的时代，是不可能存在所谓的企业责任的。如果将近代中国的企业社会责任从晚清算起，则轮船招商局与中国电信局属于开风气之先河的企业，虽然在二者之前有零星的近代企业出现，但这些企业要么从规模和经营活动上都无法与上述两个企业相比，要么具有明显的国外背景，

---

① 朱荫贵：《引进与变革：近代中国企业"官利"制度分析》，中国社会科学院近代史研究所编《近代中国与世界》第 2 卷，第 453—454 页。

② 夏东元编：《盛宣怀年谱长编》，第 116—117 页。

还无法作为本土企业进行考察。近年来有人专门以轮船招商局为个案探讨了近代中国的企业责任问题，并将专利制、报效制和官利制作为晚清企业的主要社会责任形式加以概括。① 如果考虑到企业社会责任的核心观念并未得到学界一致肯定，即使是在经济学界内部亦有争论，则将其应用于晚清企业社会责任研究须更当审慎。在公司制并不成熟的晚清时期，为了深入探讨处于萌芽时期的近代中国的企业责任，除探讨企业自身的经济行为之外，还应关注其围绕经济行为而展开的社会活动。笔者相信，围绕企业自身的经济行为展开探讨是所有企业责任理论的核心观念，只有从企业出发，才能逐步引申到其他社会问题。另外既然企业社会责任是一个多学科共同关注的课题，其依据学科特点各有侧重，历史学自然亦应有自己的学科关注。曾有学者概括性指出各学科之间关于企业社会责任研究的特点：经济学界一般从产权理论出发，论证股东利益最大化的合理性，然后以此角度分析企业社会责任与利润最大化的冲突；管理学界则主要从如何对利益相关者进行管理，从而实现股东利益最大化和增强企业的竞争力角度，认为企业承担社会责任有利于提高企业社会声誉，增强利益相关者的认同度；社会学界主要是放在企业捐赠和企业公益上；法学界从法学的角度分析企业法人治理结构中参与者的权利和责任，试图从中找到企业社会责任存在的根据。②

电报局的对外交往属于涉外经济关系，其所拥有的管理者和经营者的双重身份是进行理论分析的出发点之一。由于其电信管理部门的身份，其原始的社会责任表现形式更多的具有"国家责任"或"政府责任"的性质。官办或官督商办的组织形式下，企业股东利益最大化的合理性会被国家利益最大化的合理性所抵消。电报局是清政府应国防需要而设立，虽因资金不足而招股商办，但"商办"仅是资金不足而已，清政府对电报局的经营活动关切远超一般政府意义上的监管，这一点在电报局成立后的历史活动中是显而易见的。电报局与大东公司、大北公司的电信合同虽然体现了公司的经营行为，但也贯彻了清政府的意志，如果这些合同还有公司自身经营的特点，则与朝鲜的电信条约就纯属于国家行为，是为清政府的整

---

① 参见黄晓鹏《企业社会责任：理论与中国实践》，社会科学文献出版社2010年版，第139—155页；刘长喜《企业社会责任与可持续发展研究》，上海财经大学出版社2009年版，第126—136页。

② 参见刘长喜《企业社会责任与可持续发展研究》，第5页，表1.1。

体外交政策服务的。

在本书理论探讨部分，笔者曾讨论了企业社会责任与企业外交的关系，指出企业外交是企业责任在官督商办企业身上的特殊表现形式，在近代历史的脉络中，它与后来的商人外交存在很多差异。中国电报局的齐价摊分合同与陆路接线条约作为企业外交的案例，是在中国外交近代化及经济体制近代化之前的罕见案例。

能与企业责任相契合的晚清官督商办企业的社会活动中，或许慈善活动不存在争议。近年来关于晚清义赈的研究已经有了深入进展，这为我们了解这一中国传统慈善活动在近代企业身上的表现提供了新的视角。慈善责任当属企业社会责任之一，亦属中华传统美德。

社会公益等慈善事业并非独晚清企业所面临的社会责任，慈善事业的历史可谓源远流长。中国传统文化和道德历来强调救助弱小等慈善的中心思想，清朝设有专门负责慈善的机构"养济院"，各省均有，但正如封建社会的其他制度一样，养济院的运行存在种种弊端与不利之处，加之晚清的贫弱，每逢重大的社会自然灾害时，这些机构效用有限。作为社会的新型经济体，近代企业出现后给古老的慈善事业以新的面貌。在重大的灾荒面前，除官赈之外，还出现了义赈，而这当然与近代企业的出现有关。义赈是一个历史进步，因为它是伴随着带有资本主义性质的经济成分的出现而产生的，是一种有别于官赈的民间募集资金、民间组织散放的救荒活动。①

在稍后的时间里，研究者在此问题上又有了进一步的认识，指出1876年李金镛的赈灾行动是义赈的起点：第一，清王朝在政治危机更加严重的情况下，统治力下降，传统荒政难以维持；第二，当时社会中出现了新的因素和力量，也就是说，随着洋务运动的开展，兴办了一批洋务企业，而积极倡导义赈的头面人物和骨干成员，正是一些在当时颇具经济实力的洋务企业家，同时这些洋务企业又为义赈的发展提供了必要的物资手段。②洋务企业对义赈所起的基础性作用被凸显出来，然而，是否这种作用可以被认为是当时洋务企业的社会责任问题之一，还是有许多复杂的情形需要考虑的。

---

① 参见李文海《论中国近代灾荒史研究》，《中国人民大学学报》1988年第6期。
② 参见李文海《晚清义赈的兴起与发展》，《清史研究》1993年第3期。

义赈在中国赈灾史上开创了新的救荒体制，其出现前提则是中国近代社会经济结构的变动。自 19 世纪 70 年代以来，以上海为中心的东南沿海地区涌现出一批新生的资本家或正向资本家转化的绅商，正是这些新兴的工商业者组织和发动了义赈。所有这些都表明，义赈是新兴资产阶级经济力量的成长和政治、思想意识的觉醒的产物。①

上述研究成果均属对赈灾活动机制方面的研究，属于对社会经济基础的理论性剖析。还有研究成果针对的是义赈行动主体，即对人的研究。虞和平是较早研究此问题的国内学者。他指出，以经元善为首的上海绅商创立"上海公济同人会"的 1877 年是义赈正式开始的时间，义赈的兴起反映了早期江浙资产阶级的进步，可以说是早期江浙资产阶级走向联合的第一步。② 学界在对绅商的研究中也关注到经元善的义赈活动，认为这是近代士人型绅商的个性特征。近代绅商阶层本身就归属于早期资产阶级的一部分，或许可以因此推论，义赈的兴起同样是与民族资产阶级的发展脉络联系在一起的。③

义赈本身就属于近代中国的新生事物，它起源于江南一带，中心地点则在上海，其发起者大多是来自江南社会的民间人士，至于活动方向则表现为跨地区救灾，等等。但是由于研究者的着眼点不同，在义赈发起者的身份认同上存在分歧。虞和平、夏明方着重强调了他们作为向近代民族资产阶级转化的绅商身份；李文海却主要视之为洋务企业家。学者们将义赈与民族资产阶级的进步性联系在一起，也有人将其看作中国传统民间慈善事业向近代公益事业演变的一个阶段。④

现有的研究似乎表明，新兴商人与近代义赈的兴起有着不可分割的联系。这些新兴商人从传统儒商中脱胎而来，因其创办具有近代性质的企业而发生了身份上的转变。近代企业之所以担当起义赈的社会责任，其根源则在于其创办者的传统身份。如果说我们在上文因官利责任等不利因素而对传统的影响加以责难，那么，我们同样也应该因传统影响而赋予企业的义赈责任而加以赞扬。毕竟，当经济危机来临时，资本家为保持高额利润而倒掉牛

---

① 参见夏明方《清季"丁戊奇荒"的赈济及善后问题初探》，《近代史研究》1993 年第 2 期。
② 参见虞和平编《经元善集》，前言。
③ 参见马敏《官商之间——社会巨变中的近代绅商》，第 106—119 页。
④ 参见朱浒《地方性流动及其超越》，第 39 页。

奶、烧掉玉米，而中国新兴的企业家则以忧天下的家国情怀开展了赈灾。在没有政府组织、没有官方支持的背景下，这种自发的有组织的赈灾活动或许更可以为近代中国企业责任的本土源头寻找到一丝曙光。

中国电信几乎与世界同步，这一点在晚清的近代工业企业中是很罕见的。这种联系使得中国市场与世界市场的联系已经同步。有人描绘此时电信带给中外市场的变化：1871年欧洲和中国电报联系的接通，使洋行可以在上海买到生丝时，随即在伦敦市场上出卖，到了这年夏季，这一方式已经大为通行。丝商用这种方法避免营业中的风险。① 而这当然与电信类准条约有莫大的关系。

对电信的引进，主观上并非清政府所本愿，是在外交压力下的无奈之举。对中国市场与世界市场的连通，也多不持乐观的观点，认为系外资完全控制中国市场的举措。"苏伊士运河的开放和由上海至伦敦电报线的完成，急剧地变更了茶叶市场的情况。在早年，茶叶的价格是受中国情况支配的，如茶叶收成的数量与质量，上海、汉口、福州等地的供求关系等。在以后的年代中，一般地说，茶叶价格转受伦敦市场支配了"，而这主要原因之一是世界市场交通通信手段的革命。② 在中国近代工业没有实现近代化之前，中国市场已经近代化了，而这显然并非利好。学界以前的研究已经对此进行了很多讨论，此不赘述。

电信企业并非近代企业的开始，在此之前洋务派已经创办了近代的军事工业，这些军事工业是中国近代工业的起步。本书在开头部分提到，洋务运动的深化，促进了电信业的发生、发展。电信企业深化了近代化。

（三）江南制造局与中国近代早期的企业社会责任

江南制造局是晚清政府创办的第一个大型军事工业企业，在中国近代具有重要地位和影响。虽然该局并未出现在第一批准条约的范围内，但对于近代中国的企业社会责任研究确具有重要意义。

就学界现有研究而言，近代中国企业社会责任的研究，不应局限于官督商办企业，而应结合历史实际，考虑类似江南制造局等官办军事工业对后世中国企业发展的影响。官办企业和官督商办企业是在洋务运动的大背景下出现的，

---

① 参见姚贤镐《中国近代对外贸易史料》第2册，中华书局1963年版，第949页。
② 同上书，第951页。

自强和求富是其宗旨，他们所体现的企业社会责任中虽有不计成本、效率低下等种种弊端，不完全符合近代企业的运作特点，但相比于西方各国，晚清中国的企业承担了更多的国家责任。多学科研究近代企业社会责任的当下，从历史学的角度考虑，国家责任是晚清企业的最高的社会责任。

洋务运动兴起于清政府镇压太平天国农民起义军的过程之中。在战争进程中，非但清军使用了新式的西洋武器，农民起义军也使用了同类的近代化武器。这些新式武器的引进和使用促使统治阶级内部的有识之士认识到生产该类武器的重要性，并开始着手创办了中国最初的一批军事工业。江南制造局就是在这种背景下产生的。

1863年，曾国藩在清政府内部讨论采购船炮的基础上，建议"购其机器自行制造，经费较省，新旧悬殊"。① 容闳在曾国藩的支持下，"一星期而有委任状，命予购办机器。另有一官札，授予以五品军功"，"又有公文二通，命予持以领款。款银共六万八千两，半领于上海道，半领于广东藩司"。② 自此拉开了江南制造总局建设的大幕。经前期筹备，至1867年，江南制造局初具规模，"上海制造局，同治四年五月初购洋人机厂，在虹口开办。六年夏始移城南高昌庙镇，分建各厂"。③在最初的设计中，制造枪炮远较制造轮船迫切，"就中国情形而论，购求制军器之，似较急于制船之器。缘军器不精，虽有船只，犹多后虑"。④ 直到1867年才开始造船，"因经费支绌，难兴船工。至六年（1867）四月，臣奏请拨留洋税二成，以一成为专造轮船之用，仰蒙圣慈允准"。1868年第一艘轮船"惠吉"号出厂。⑤

江南制造总局不仅是当时设备最齐全、规模最大的工厂，而且是一个机器母厂。研究江南制造局所担负的企业社会责任，一是要考察它是否能生产合格的产品服务社会；二是要考察它对促进社会发展所起到的作用。江南制造总局产品分为两类：军用和民用。其军用部分，可视为总局对清

---

① 《1863年，曾国藩遣容闳出洋采办机器》，孙毓堂编《中国近代工业史资料》第1辑（上），科学出版社1957年版，第268页。
② 《容闳记赴美购办机器》，孙毓堂编《中国近代工业史资料》第1辑（上），第270—271页。
③ 《江南制造局的建置概况》，孙毓堂编《中国近代工业史资料》第1辑（上），第279页。
④ 《江苏制造轮船》，中研院近代史研究所编《海防档·丙·机器局》，中研院近代史研究所1957年版，第12页。
⑤ 《九月十八日军机处交出曾国藩折称奏为新造第一号轮船工峻并附陈上海机器局筹办情形恭折仰祈圣鉴事》，中研院近代史研究所编《海防档·丙·机器局》，中研院近代史研究所1957年版，第40页。

政府担负的"国家责任",因其经费来自政府;其民用部分可视为其担负的企业社会责任之一。"从所有那些机械结构情况看,专用于军用生产的车间设备占的比例很少,绝大多数车间设备既可以为军用生产服务,也可以广泛地制造机械设备、工业、农业等各种民用器皿服务"。① 在最初的设计中,为民生服务亦是江南制造局既定目标之一。"查此项铁厂所有系制器之器,无论何种机器逐渐依法仿制,即用以制造何种之物,生生不穷,事事可通,目前未能兼及,仍以铸造枪炮藉充军用为主。"② 李鸿章强调"臣尤有所陈者,洋机器于耕织、印刷、陶制诸器皆能制造,有裨民生日用,原不专为军火而设"。③

江南制造局的资金来源,主要是清政府由各种税收中拨付:(1)作为原始资本的开办费用,大部分是清政府的军费,小部分是赎罪的贪污赃款;(2)中途增加的扩建费用,是清政府从国家税收中拨付;(3)经费来源主要依赖清政府拨付的关税款项,占总收入的比重达 87.72%;(4)企业本身的生产收入,在总收入中的比重不大。江南制造局所生产的产品,绝大部分都是供应封建统治阶级直接作为军事消费,并未作为商品流向市场。只是在 1902 年之后,才有小部分炼出的钢材供应上海厂商,算是正式商品。④ 研究者甚至明确指出,江南制造局的生产经营不以追求利润为目的,产品基本上不受价值规律支配,管理缺乏经济核算,周转资金不是来自工厂自身的经营收入。⑤ 但亦有不同的意见认为"国际军火市场价值规律既对'自造军火'起到了促进作用,也必将影响制造局的生产过程","从长远说,还是要把自造与购买作价格上的比较的:那就是造价高于购买是不能长时间坚持下去自造的"。"从劳动力商品化、价值规律对军用工业作用及军用产品进入流通领域等发面综合起来看,剩余价值规律在其中起着作用就毫无疑义了。"⑥ 学界对江南制造局生产产品的评价存有不同意见,如果不去考虑封建性及资本主义性等较为笼统的概念,而是从具体的产品成本和价格比较,依据所能掌握的资料,"这些军火成本,比较当时国内市场上的买价是要低一些,而比起向外国军火厂直接定购的价格,便显

---

① 夏东元:《洋务运动史》,第 81 页。
② 中国史学会编:《洋务运动》第 4 册,第 13 页。
③ 同上书,第 14 页。
④ 参见姜铎《论江南制造局》,《中国社会经济史研究》1983 年第 4 期,第 108 页。
⑤ 参见陈绛《江南制造局的创立对中国早期现代化的意义》,《船史研究》2005 年第 19 期,第 21 页。
⑥ 夏东元:《江南制造局在中国近代史中的地位》,《河北学刊》1995 年第 5 期,第 77—78 页。

得高了"。①

建立炼钢厂是因为购买钢材费用太高,"惟造炮所需之钢料、钢弹,造枪所需之钢管,必须购自外洋,其价值运费已不合算",另外在于"一旦海上有事,海程梗阻,则轮船不能抵埠,而内地又无处采买,势必停工待料,贻误军需,关系实非浅鲜"。②刘坤一亦强调独立炼钢的重要性,"惟需用钢料仍须取资外洋,不独利源外溢,遇有缓急,更虑受制于人,亟应设炉自炼,以资利用而杜漏卮"。③

清政府致力购买船舰,而非让江南制造局仿照铁甲舰,系出于实际情况的考虑:一是北洋舰队的成军目标是瞄准的当时最为先进的铁甲舰,这显然并非江南制造局所能胜任;二是仿造铁甲船耗费过大而价值过低。针对江南制造局要求仿造铁甲船的要求,刘坤一曾专门提出不同意见:"查该局现在制造枪炮药弹,业必专而始精,不必再造铁甲船,致糜工费。"④但是江南制造局却采用了"按劳付酬的自由雇佣劳动制度,与大规模的机器生产相结合,是江南制造局现代化企业的重要标志","工人对制造局并不存在人身依附关系"。⑤"机器局制造诸事悉仿外洋办法,其委员、司事、学徒人等俱不论官阶,但照差事之繁简及资格之深浅,以定薪水多寡","内地工匠、小工则人无定数,视工务之缓急为衡,价有等差,较技艺之优劣为准,多寡不等,加减不一"。⑥

与上述江南制造局的经营方式相伴随,该局被认为是洋务运动中最先进、最完备的资本主义近代化工业之一,"不但创办早,而且规模大,在中国近代史上具有很高的历史地位、重要的意义和重大的作用"。⑦

江南制造总局制造了大量的机器。计有车床 138 台,制造母机型机器 117 台,起重机 84 台,汽炉机 32 台,汽炉 15 座,抽水机 77 台,轧钢机 5

---

① 姜铎:《论江南制造局》,《中国社会经济史研究》1983 年第 4 期,第 112 页。
② 《江南制造局建立炼钢厂》,孙毓棠编《中国近代工业史资料》第 1 辑(上),科学出版社 1957 年版,第 282—283 页。
③ 孙毓棠编:《中国近代工业史资料》第 1 辑(上),科学出版社 1957 年版,第 283 页。
④ 同上书,第 291 页。
⑤ 陈绛:《江南制造局的创立对中国早期现代化的意义》,《船史研究》2005 年第 9 期,第 21 页。
⑥ 中国史学会编:《洋务运动》第 4 册,上海人民出版社 1961 年版,第 53 页。
⑦ 夏东元:《洋务运动与江南制造局》,《上海造船》2005 年第 2 期,第 16 页。

台，其他机器 135 台，机器零件及工具 110 余万件。① 这些机器既有自用者，亦有卖给或调给其他机器局和民用工业厂家。"在中国机器制造完全是一张白纸情况下，应该承认它对于技术发展是起到相当作用的。"②

制造枪炮弹药。江南制造局的经常任务是为清军制造枪炮。制造局开始造的是旧式前膛枪，后膛枪兴起后，即于 1871 年开始试造。1893 年又开始试造德国的新毛瑟枪和奥匈帝国的曼利夏枪。③ 该局从 1867 年至 1894 年，所生产的主要军火数如下：（1）各种枪支 51285 支；（2）各种炮 585 尊；（3）各种水雷 563 具；（4）铜引 4411023 支；（5）炮弹 1201894 个。军火供应的范围遍及全国各单位。④

枪炮都离不开火药，火药离不开化学。江南制造局对中国近代化学发展的贡献，可谓是奠基之举，建成"中国最早的铅室法硫酸厂，制造出栗色火药、无烟火药，对中国近代化学的引入、传播、应用作出了开创性贡献"。洋务派自制军火和近代火药都要求能生产"三酸"，主要是硫酸。徐寿父子于 1870 年左右致力于研究铅室法制硫酸，并于 1874 年在江南制造局龙华分厂建成中国第一座铅室法硫酸厂。⑤

造船：自第一艘轮船"惠吉"（初名"恬吉"）下水后，又陆续制造了"操江""测海""威靖""海安""驭远"等 8 艘兵轮，还制造了 7 艘小型船只，其中 5 艘是双暗轮小铁壳船。⑥

冶炼钢铁：制造局在制造枪炮过程中，出于自给自足的考虑，建立了第一个"洋式炼钢炉"。制造局于 1890 年筹建炼钢厂，在向英国购买 15 吨的炼钢炉后，即于 1891 年炼出第一炉钢。初期所产钢材为数不多，"大部分留局自用，小部分供应其他军事工厂。后来产量增加，自用有余，便以一部分供应上海市场"。⑦

翻译近代科技书籍，培养翻译人才，是江南制造总局为促进社会发展而做出的举措。在创办过程中，江南制造总局先后建设了翻译馆、广方言

---

① 统计数字见夏东元《洋务运动史》，第 81 页。
② 夏东元：《洋务运动史》，第 81 页。
③ 参见夏东元《洋务运动史》，第 83—84 页。
④ 参见姜铎《论江南制造局》，《中国社会经济史研究》1983 年第 4 期，第 103 页。
⑤ 参见江家发、雍玉梅等《江南制造局在中国近代化学发展中的贡献》，《大学化学》第 24 卷第 4 期，第 66、69 页。
⑥ 参见姜铎《论江南制造局》，《中国社会经济史研究》1983 年第 4 期，第 104—105 页。
⑦ 姜铎：《论江南制造局》，《中国社会经济史研究》1983 年第 4 期，第 107 页。

馆、工艺学堂等机构。

翻译西方近代科技和文化著作。"该局陆续访购西书数十种，厚聘西士，选派局员相与口述笔译，最要为算学、化学、汽机、火药、炮法等编，固属关系制造，即如行船、防海、练军、采煤、开矿之类，亦皆有裨实用。现译出四十余种，刊印二十四种"，"又挑选生徒数十人，住居广方言馆，资以膏火，中西并课，一抉其秘，一学其学，制造本原，殆不出此"。① 这些书籍大都在1870年前后出版，是当时介绍西方科学技术最早的书籍。"有些书曾被后来开办的各种新式学堂用作正式课本。因此，它在传播近代生产技术知识方面，是起了有益作用的。"② 但如同对江南制造局自身的评价一样，对江南制造局出版的译著的影响也存在不同看法，"从该局出版译著的销售数量来看，到1879年6月，已出版的98种译著只售出3111部；到90年代中期该馆共卖出13000部"。认为这些译著受到了冷遇。③ 笔者以为，这些数字固然能说明一些问题，考虑到其极强的专业性，分析其影响更多地要从对近代中国科技的发展去考虑问题。

总结近30年来对江南制造局翻译馆的研究，可以将其影响分为三个方面。（1）在工业技术方面的影响："承担了当时中国社会急需的基础科学的传播和应用技术的传播两大任务，中国近代基础科学和近代工业技术产生了积极的影响"；（2）在学科建设方面：翻译馆所翻译的65个化学元素名称，其中的36个沿用至今，对历史、农学、测绘、气象、教育等学科的建设影响巨大；（3）在思想文化方面：培养和促进了近代中国先进知识分子的成长，成为改良、革命思想提出的知识资源。④

建设外语学校和工艺学堂，培养外语、科技和外交人才。1869年，广方言馆移驻制造局学馆，仍保留广方言馆之名。冯焌光、郑藻如在所拟开学办馆章程16条中，对广方言馆所担负的责任进行了详细陈述，包括"分教习以专讲求"，"集人才以备学习"，"广制器以资造

---

① 《上海机器局报销折》，光绪元年十月十九日，孙毓棠编《中国近代工业史资料》第1辑（上），科学出版社1957年版，第296页。
② 《江南造船厂史》，第53页。
③ 张增一：《江南制造局的译书活动》，《近代史研究》，第220页。
④ 参见周俊博《近三十年江南制造局翻译馆研究综述》，《湖北经济学院学报》2012年第5期，第70页。

就"，等等。"学馆之设，本与制造相表里，况今目击时艰，创深痛巨，苟非及时振奋，几无自立地步。所以折衡樽俎，运筹帷幄者，亟宜储材积学，以期致用。"① 1874年，江南制造局设立操炮学堂，该学堂是"学习军事工程的学堂，学习内容为汉文、外文、算学、绘图、军事、跑法等"，1881年改为炮队营。② 1898年，江南制造局又奏请设立工艺学堂。"前奉宪札行知，以奏明制造添设工艺学堂，饬将江海关道所设之广方言馆及制造局之炮队营酌量裁并，并拟议办法"，"拟将职局画图房拓为工艺学堂，分立化学工艺、机器工艺两科，隶入广方言馆"。③

江南制造局所设之广方言馆，为晚清外交培养了大批人才。"降至光绪中叶，交涉棘手，需材孔殷，执国柄者始知人才难得，培植之不可不预也。故于馆中每期送京学生，率皆甄录任用之，就中荐历升阶，克跻通显，膺受中外要职者，已不乏人"，如后来在民国外交界的陆征祥、唐在礼、胡惟德、刘镜人、唐在复、戴陈霖、刘式训等。④

在上两江总督秉中，林志道指出："职局开办三十余年，实为国家总汇工艺之地，则所谓工学者，要惟是精求化学之理法，详究机器之功用，预计学科必与职局紧切相关，方可共贯同条，交相为用。"⑤ 对江南制造局在近代科技方面的重要作用可谓一语中的。

在上述江南制造局的基本数据和事实的前提下，学界对其性质的认识不尽一致。自20世纪50年代以来，围绕洋务运动军事工业的性质，学界存在不同的认识。一部分学者认为清政府创办的军事工业是封建的、买办的、反动的，毫无资本主义性；另有学者则认为江南制造局具有资本主义性和进步性。⑥ 学界目前的研究趋势，在指出江南制造局存在种种经营弊端的同时，亦指出其在中国近代化方面的积极影响，认为在江南倡率下，一批军事工厂相继建立，构成了中国早期现

---

① 高时良、黄仁贤编：《洋务运动时期教育》，上海世纪出版股份有限公司、上海教育出版社2007年版，第192—193页。
② 高时良、黄仁贤编：《洋务运动时期教育》，第536页。
③ 同上书，第537页。
④ 同上书，第218—219页。
⑤ 同上书，第537页。
⑥ 参见夏东元《江南制造局在中国近代史中的地位》，《河北学刊》1995年第5期，第77页。

代化多部门、多层次的内容,并进而对思想文化领域的现代化带来积极影响。①

从现有学界对企业社会责任的理解出发,江南制造总局的企业责任可归结为:为政府生产合格的军工产品,为近代中国社会的发展培养技术人才,为近代科技储备基本的理论基础。江南制造局的军工产品虽然不计价值,但须与国际购买价格相较,不能有太大偏差。虽然江南制造总局的军工产品就中国市场而言不是商品,表面看来不需遵守中国市场的价值规律,但必须遵守世界军火市场的基本价值规律,如果明显高于世界市场的价值,清政府宁可购买,亦不会采购。就当时的世界市场而言,江南制造局的产品是遵循了一定的价值规律的。前期的研究曾提及此点,指出:价值规律对军火生产过程起着重要作用。若军用产品造价低于外洋购买者,则大批生产,若造价高于从外洋购买价者,那就要停止生产。②

学界将江南制造局排除在研究近代中国社会责任的起源之外,原因或许在于该企业不具备近代股份制企业的基本特征。从其建立本源上而言,江南制造局并非为盈利而成立,这与后来企业社会责任者所研究的前提存在很大不同。在厘清相关史实的基础上,对官办的江南制造局进行探讨,结合现有学界的对企业责任的理解,可以为我们认识中国近代化及其相关命题提供不同的思路。企业社会责任是一个正在发展的概念,对于中国学界而言,在追本溯源时,不妨抛开限定的概念,而从中国近代企业发展的历史实际出发,将中国企业的发展特点进行理论总结,得出自身的企业社会责任概念,为方兴未艾的企业社会责任研究注入中国元素。

从近代中国企业的创建及经营事实出发,代表官办军事工业的江南制造局、官督商办企业的中国电报局以及轮船招商局等洋务企业所表现出来的近代中国企业责任原始形式是国家责任和政府责任,江南制造局所担负的正是此种责任的表现形式。就股份制企业而言,官利制和报效制亦属企业责任的早期形式,但二者更多地是通过企业章程体现,而非企业依照社会发展的要求去自觉加以履行。现有证据表明:在晚清官办和官督商办企业的身上,已经存在近代中国企业责任的本土源头。

---

① 参见陈绛《江南制造局的创立对中国早期现代化的意义》,《船史研究》2005年第19期,第20页。
② 参见夏东元《洋务运动史》,第87页。

官督商办等民用工业与官办的江南制造局相比，二者都强调服务于"自强"和"求富"这一总的洋务运动的大目标，但二者的区别仍然是明显的。民用企业，如"轮船招商局"，仍偏重于争"利权"的方面，而江南制造局则更关注的是影响社会基础工业发展水平的制造和技术。

研究者亦注意到，即使是官督商办的民用工业，其企业组织形式与舶来的企业责任概念亦存在很多的不同之处，近代中国的股份制企业带有浓厚的中国特点和传统经济要素的痕迹。很多情形下，官办和官督商办之间的界限并非不可逾越，由官办转为官督商办的例子并不罕见。通过将近代企业责任概念的梳理及对江南制造局相关生产经营情形的概要，笔者以为，近代中国企业社会责任的源头，并不仅仅存在于官督商办企业，通过更多个案研究官办企业实有必要。

第三章　甲午战后准条约的初步发展：国家借款的开始

一　甲午战争与晚清准条约的变化

中日甲午战争史的研究是学界研究成果比较丰富的领域之一，由于这次战争决定了此后东亚政治格局的发展态势，其重要影响与意义可以说是不言而喻。中国学界在论述此次战争对中国的掠夺性和非正义性的同时，也在深入发掘战争爆发的原因及中国战败的教训。① 甲午战争在历史时段上与洋务运动相衔接，有学者直接将甲午战争视为"洋务运动最后失败的标志，又成为中国近代民族觉醒的一个重要转折点"。② 然而事实上早有学者对"洋务运动终于甲午战争"一说存有异议，认为"中法战争的'不败'，是洋务运动初见成效，甲午中日战争的失败，是对'应该变专制为民主而不变'的惩罚"。③ 亦有研究认为，如果以"自强"的目的而言，洋务运动确实没有达到目的，但考虑到洋务运动对中国产业资本发生的作用，不应以一场战争的胜负或多数洋务企业经营的成败而下一个结论。④ 对洋务运动不能一刀切式地进行评价，早已是学界的共识，不论我们怎么评价洋务运动，事实是甲午战争的失败意味着洋务运动所坚持的"自强""求富"口号未能达到原来的目的。当然甲午战争的失败未必全是"技不如人"的责任，更重要的仍在于政治体制。洋务运动中兴办起来的工业企业，在甲午战后并未停止，总结战败经验，重新振兴，是当时朝野上下亟

---

① 关于此次战争的学术性回顾请参见戚其章《中日甲午战争史研究的世纪回顾》，《历史研究》2000 年第 1 期。
② 戚其章：《中日甲午战争史研究的世纪回顾》，《历史研究》2000 年第 1 期，第 148 页。
③ 夏东元：《洋务运动史》，第 453 页。
④ 参见杜恂诚《民族资本主义与旧中国政府》，第 32 页。

须解决的问题，变革图强成为有识之士的共识。近年来的研究开始分析甲午战前中日两国的经济力量，并初步认为，就新式工业而论，双方互有短长，但总体而论，中国优于日本，造成中国甲午战败的缘由不在于经济方面。就双方当时的国力而言，中国国力还是强于日本的。① 新近的这些研究，从另一个角度说明，洋务运动的成果并非殁于甲午一役。

出于研究近代中国准条约的角度，本书不拟深入甲午战争的爆发原因及战争的性质等领域，而是专注于战后中国准条约的发展趋势，及其新出现的特点。并试图加以说明准条约的发展是否符合清政府要求重新振兴的大业，对于甲午战后中国社会的发展起到了一种什么样的作用。由于此一时期的历史发展与甲午战争密切相关，准条约也概莫能外，因此对相关的背景加以简单介绍是有必要的。

甲午战前，中国内部的虚弱并未完全暴露给列强。西方列强在巴尔干的争夺及对非洲的瓜分即将完成时，日本通过战争揭露了中国外强中干的本质，这成为列强向华提出各种权利要求的一个转折点。有观察者认为，1894年前西方各国的对华关系基本是商业上的，此后则变成以政治为主。② 这里所指以政治为主，其具体表现是各国政府开始卷入对华经济特权的争夺。"甲午战争开启了这样一个时代：没有一个国家愿意以武力与对手进行竞争，而是展开以经济利益为主的激烈争夺，经济竞争的得失被视为政治上成功与否的标准"，"欧洲太遥远了，日本已经筋疲力尽"。③ 中国一时间变成了一个经济战场，各国政府联合其银行为各种贷款和铁路合同而竞争，在此过程中，中国不得不放弃在某些领域的主权。各国将政治上的争夺通过经济的手段加以实现，经济合同的背后，政府的身影已经或明或暗地开始出现，这客观上增加了准条约的签订概率。

甲午战争后，清政府的经济政策开始改变。外国资本在中国开始急剧扩张，从对清廷的控制到对工商业的控制，从强租港湾、划分势力范围到开办矿务、掌握金融、海关和航务等，甲午战前，清政府对民间使用机器兴办近代工矿实业基本上采取压制政策，甲午战后鼓励民间实业的发展，

---

① 参见孙占元《甲午战争100周年国际学术讨论会综述》，《历史研究》1994年第6期，第33—34页。

② ［英］菲利浦·约瑟夫：《列强对华外交》，商务印书馆1959年版，第39页。

③ E. W. Edwards, *British Diplomacy Aad Finance in Chian*, 1895–1914, Clarendon Press, 1987, p. 9.

开始推行重商政策，开启了中国国家扶持商办企业的先例。清政府在经济外交方面的变化，与甲午战后列强的对华政策存在密切关系。

（一）准条约性质的政治类贷款

甲午战争给准条约带来的一个重大变化是政治类贷款合同的出现。清政府作为举债方与外国的公司、银行订立了巨额的举债合同。中日《马关新约》第四款规定了中国须偿付日本的军费，其总数为2亿两白银，"中国将库平银二万万两交与日本，作为赔偿军费"。这为数2亿两的白银，中国须分8次逐步付清，而且第一次须付5000万两，"应在本约批准互换后六个月内交清"。① 如此高昂的赔款数额，远超清政府的赔偿能力，为了还款，清政府被迫举借外债。在此种背景下，列强围绕中国借债问题而展开的外交争夺粉墨登场，各自国家支持本国银行向华借款。此一时期的准条约中政治类贷款成为主要特点之一。

政治类贷款的主体是中国国家，而出借人则是英、法、俄等国的银行。这些银行是否代表其背后的国家，银行行为是否是国家行为，笔者曾在以前的研究中做出过讨论。② 在中外旧约章中，包含大量从晚清到民国的历届政府与外国银行订立的借款合同。这些银行几乎遍布各主要资本主义国家。美国有花旗银行、华盛顿进出口银行等；英国有汇丰银行等；法国有中法实业银行、汇理银行等；德国有德华银行；俄国有华俄道胜银行；比利时有华比银行；意大利有华义银行；日本有横滨正金银行、台湾银行、朝鲜银行等。中日甲午战后，清政府被迫偿付巨额战争赔款，但倾其所有也不足以偿付，于是只有大举借债。

各帝国主义国家争相进行对华贷款，相互之间矛盾重重，为了协调彼此之间的利益，他们组织了国际银行团。清末民初的几次巨额政治贷款均是向国际银行团举借的。有关各国先后组织了英美德法四国银行团、英美德法日俄六国银行团、英德法日俄五国银行团和美日英法新四国银行团。银行团成员的变化组合，直接反映出帝国主义各国对中国的争夺。

不论是哪一个银行团，尽管他们是由各自的国家出面而被组织在一起的，但是在名义上他们仍然是民间资本，并没有直接对各自的国家负责的

---

① 王铁崖编：《中外旧约章汇编》第1册，第615页。
② 参见侯中军《近代中国不平等条约研究中的准条约问题》，《史学月刊》2009年第2期。

义务，因此他们并不能直接代表本国政府缔结对外条约。"国际银行团的成员并不是官方的机构，只是以承揽各种借款而向中国进行资本输出的私人企业，但他们组成金融联合体，是在各自政府授意或支持下搞起来的，不可避免地使他们的行动在很大程度上受各国政府对华政策的制约和影响。"① 银行团的成员当然要受它们各自政府对华政策的影响与制约，因为他们在中国的各种优先特权是政府出面从清政府获得的。正如我们前面分析的一样，对中国政府来讲，同国际银行团签订的借款协议就是条约，但是对各银行团参加国来讲，并不能构成他们的对外条约，他们不必为此直接担负条约义务。

在一般的情形下，外国对中国的贷款，"虽由私家银行办理，但背后几乎一概都有它们各自政府的同意和外交的支持"，这就使得中外之间的贷款合同往往具有准条约的性质，亦即"各国政府利用几乎一切可能方式的国际行动，以强制执行他们本国人民根据他们和中国政府间的契约所主张的权利"。这些与中国政府间的契约，是以中国政府为合同主体而订立，外国政府虽未成为直接责任人，但通过其对本国人民的支持，获得了对中国的财政控制。② 威罗贝为了说明中国债务的特殊性质，专门引用了麦克莫雷的观点："各国政府用国与国间交往中所能使用的一切手段以谋取这类利益——既直接地用一般条约规定的形式，又间接地用对个别银行或实业团体给与特许权的形式。"③ 应该承认，麦克莫雷的认识已经触到问题的实质，其对国家契约的认识是准确的。中国政府往往被视为合同的责任方，即"要区分中国政府的公私债务几乎是不可能的"，而在合同的另一方，由于个人或公司获得了其母国给予的特许权，"这些让与权的持有人时常得到他们政府的声援，对于所给予他们的权利，坚持他们自己的解释"，这种情况就导致了个人利益和政府利益往往混在一起，而所有的一切使得"许多在别处仅是商务性质的事情，遇有争执可由法院判定的，在中国就成为国际政治问题，其最后的解决办法是外交行动"。由于准条约所产生的这些特殊的状况，因此研究者认为中国政府的国际地位，"受它和私人公司或银团的商业契约所决定和规定，确实几乎不下于被它和其他

---

① 许毅主编：《北洋政府外债与封建复辟》，经济科学出版社2000年版，第27页。
② ［美］威罗贝：《外人在华特权和利益》，王绍坊译，第599页。
③ 同上书，第600页。

国家政府所订的正式条约所决定和规定"。① 或许这也正是研究准条约的意义之一。甲午战后的财政类准条约最能恰当地表明以上所讨论的有关情形。

　　需要说明的是，清政府的对外借款并非始于甲午战后，且说法不一。美国人雷麦（C. F. Remer）指出，"中国政府举借外债，究竟起源于何时，还是一个疑问"。② 甚至有学者将其总结为八种说法，认为同治四年说最有代表性。③ 由于学界在外债起源方面分歧太大，很难将其具体到某一个时间点，为了研究的需要，有学者概括性提出了自己的看法，认为"外债作为新的经济形态，它出现在晚清道咸年间，无论是主张镇压农民起义过程中出现的外债说，还是因贸易行欠转为外债说，都说明外债与晚清政治休戚相关"。④ 但无论如何，甲午战前的外债对清政府而言影响甚微，早有研究者指出"在1861—1894年间，外国公司和银行举办了大约25次小型贷款，总额约计1200万镑。这些大多数贷给地方当局以应军需的贷款，一般都立即偿还了"。⑤ 国内有学者经统计后认为，到1894年时，清政府的债务负担仅为0.3%。⑥ 目前的研究倾向于认为，外债问题的日益凸显始于甲午战争，甲午战后晚清外债发生了急剧变化。对于本研究而言，这种变化在于外债开始具有准条约性质，清政府开始作为借款主体出现在借款合同之中，而在这之前是没有过的现象。

　　外债作为一种新生的经济形态，学界对其评价不一，有学者认为晚清外债具有经济掠夺性、政治奴役性、特殊性及不规范性和低效性，虽然给予晚清外债的评价基本较低，但学者们亦认识到，晚清外债的利弊善恶，从某种意义上而言，并不在外债本身，而在于举债政府。⑦ 本书所讨论的借款类条约主要是关注借款过程中的中外互动，注重外交政策方面的解读。对中国方面的研究，并不侧重于借款影响及国内相关部门的运作过

---

① ［美］威罗贝：《外人在华特权和利益》，王绍坊译，第600页。
② ［美］雷麦：《外人在华投资》，蒋学模、赵康节译，商务印书馆1959年版，第49页。
③ 参见马金华《外债与晚清政局》，博士学位论文，中国人民大学，2004年，第21页。
④ 马金华：《外债与晚清政局》，博士学位论文，中国人民大学，2004年，第23页。
⑤ ［英］杨国伦：《英国对华政策（1895—1902）》，刘存宽、张俊义译，中国社会科学出版社1991年版，第28页。
⑥ 参见陈争平《1895—1936年中国国际收支与近代化中的资金供给》，《中国经济史研究》1995年第4期。
⑦ 参见马金华《外债与晚清政局》，博士学位论文，中国人民大学，2004年，第27—34页。

程，而是关注中国在借款过程中对外交的运用；对出借国的关注主要是探讨借款之于所在国外交政策的影响。

（二）战争进行期间的贷款筹划

早在《马关条约》签订之前，为了应对甲午战争耗费，清政府内部就为如何筹措资金曾有过讨论。1894 年 7 月 4 日，台湾巡抚邵友濂最早上奏，要求举借外债，"容臣先向上海洋商筹借银一百五十万两，以应防务急需，随后再由各关按照部拨归款"。李鸿章随后于 8 月 12 日，要求借外债买快船，"其不足之数，容鸿向洋商挪借，岁息六、七厘可行"。但光绪帝起初未批准邵、李二人举借洋款的要求，"仍著户部筹拨的款，毋庸借用洋款"。清政府希望通过内部筹款的办法以应战争之需，但收效不大，远不能满足需要，为了满足台湾防抗日本侵略的需要，光绪皇帝于 9 月 15 日批准了邵友濂 7 月份的借款要求。邵友濂最终从洋商处筹借 50 万两规平银，此即甲午战争中的上海洋商借款。① 在汇丰银行 1000 万两库平银借款之前，清政府曾通过驻英公使龚照瑗向英商借款，即"天津海关道借款"，但未获成功。②

据当时中国海关的资料，其实早在 1894 年 7、8 月间，汇丰银行已经在是否可能为清政府提供贷款而进行准备了，但仍希望能有英国外交部的支持，担心贷款如无外交上的保证，将无法成功。1894 年 7 月 15 日，赫德致电金登干，密询"英格兰银行能否发行六百万镑中国债券？条件如何？四厘息九八折扣能办到否？"③ 7 月 17 日，金登干回电赫德：英格兰银行总裁明确提出，如果没有英国外交部的请求，银行不会考虑借款问题，并建议其向伦道尔进行询问。④ 汇丰银行的嘉谟伦（E. Cameron）则表现积极，表示"汇丰银行有现成的机构为中国承办大借款，希望您在中国政府提到借款时，不要忘记汇丰"。嘉谟伦还进一步表示：对于汇丰而言，即刻拿出 200 万或 300 万英镑并不困难，对于中国而言，"在战后借一笔整款最合算"。至于借款的条件，"英格兰银行对于借款的用途和担保条件等等，要求自然比其他财团严格"，希望赫德能在借款问题上帮助汇

---

① 参见许毅、金普森等《清代外债史论》，中国财政经济出版社 1996 年版，第 360 页。
② 同上书，第 366 页。
③ 《1894 年 7 月 15 日北京去电新字第 904 号》，《中国海关与中日战争》，第 112 页。
④ 《1894 年 7 月 17 日伦敦来电新字第 825 号》，《中国海关与中日战争》，第 112 页。

丰银行与总理衙门取得合作。①

　　对于来自德、俄等国的竞争，英国银行其实十分在意。汇丰银行在筹备借款之时，伦敦谣传中国已经与德国方面商妥了 1000 万英镑的借款，金登干希望如果中国果真借款，"最好交由汇丰银行承办"，并敦促尽快下手准备，因"现日方亦在活动，并且将来万一战事失利，借款恐更困难，请赶快下手"。② 鉴于此消息已经见诸伦敦各报，伦敦各大财团都相信消息为真，甚至导致伦敦市场白银价格上涨。对此谣言，金登干认为可能会让汇丰银行"提出比其他财团更优厚的条件办到借款"，因为英国各界一向相信汇丰发行的债券并认为如有赫德和总理衙门经手，应该较容易获得人们的信任。③ 对于金登干所讨论的德国借款谣言，赫德认为应该归因于"英国国内官吏和企业家们的行径"，因为他们的苛刻，"英国在北京的声望和势力正在日趋低落"，"英格兰银行几乎糊里糊涂地把一件好事弄糟！"④

　　到了 9 月初，德国辛迪加与汇丰银行已经开始商谈中国借款的详细条件，而英格兰银行仍坚持己见，已经不太可能加入借款银行的行列。9 月 30 日，赫德告诉金登干"我正在同汇丰银行商谈一笔一千万两的银借款，年息七厘"。虽然赫德在积极为中国寻找海外借款，但似乎仍认为，中国通过国内自筹仍为最好的办法："沿海各口都在谈借款，广州当局已自中国商人方面筹借五百万两，并且倡议由海关税务司经办，这办法很对，假如债权人能信任债务人，中国根本不必向国外市场上去借了。"⑤ 10 月 25 日，赫德告诉金登干"已与汇丰银行签妥草合同，借款银一千万两"，并通知"总理衙门已授权汇丰银行必要时得会同金登干商办借款事宜，希通知汇丰并电复"。⑥ 确定向汇丰银行借款后，汇丰银行在借款利息和年限上仍有不同提议，首先认为"银借款七厘息恐难借到"，因为中国必将续借，而非仅仅一次借款；其次借款年限应是二十年，而非十年。当赫德向伦敦确认是否能以二十年期限实现银借款时，得到了汇丰银行的肯定答复。借

---

① 《1894 年 8 月 3 日伦敦来函 Z 字第 883 号》，《中国海关与中日战争》，第 112 页。
② 《1894 年 8 月 17 日伦敦来电新字第 820 号》，《中国海关与中日战争》，第 112 页。
③ 《1894 年 8 月 17 日伦敦来函 Z 字第 885 号》，《中国海关与中日战争》，第 113 页。
④ 《1894 年 8 月 19 日北京去函 Z 字第 628 号》，《中国海关与中日战争》，第 113 页。
⑤ 《1894 年 9 月 30 日北京去函 Z 字第 634 号》，《中国海关与中日战争》，第 121 页。
⑥ 《1894 年 10 月 25 日北京去电第 541 号》，《中国海关与中日战争》，第 114 页。

款将成之际，总理衙门仍希望能实现英镑借款，而非银借款，如果英镑借款不能实现，再考虑银借款：（1）汇丰是否可经理一千万镑借款，按中国政府指示向公众分批募集，每批二百万镑？（2）汇丰对借款期限、利息、回扣等条件如何？如汇丰愿经办英镑借款，银借款可不必进行。如不能借到英镑，可允二十年期银借款。① 对于总理衙门突然改变借款种类的要求，汇丰银行予以拒绝，"二十年期银借款已与辛迪加洽借成功。此事是中国财政信用和声望的大胜利，借款办法如再变动，不仅将严重影响信用和声望，而且除按极苛的条件外，目前将无法借到英镑借款"，并劝说总理衙门接受银借款，"相反地，这一银借款如能办妥，将来必能以较好条件借到大宗英镑借款"。② 得到伦敦此电后，赫德即于 11 月 1 日致电伦敦，请即发行银借款。

赫德虽已致电伦敦，请即发行借款，但在未得到清政府借款通知和谕旨的情形下，银行决定暂缓发行。11 月 1 日金登干急电赫德，"急，银债券原拟明天发行，只等复电通知谕旨已送达英使。如再有耽搁事极不利"。③ 赫德的答复则是，只有汇丰银行来电，表示借款确定能够发行，总理衙门才能转交相关谕旨。④ 11 月 3 日，金登干代表汇丰银行确认"债款几已全部由辛迪加募齐，并经本行担保，准备今日公开发行。本行现候收到借款已经上谕批准的电报后即于星期一发出发行书请公众认购"。⑤ 11 月 4 日，赫德向金登干确认"请告汇丰银行，总理衙门今晨已奉谕旨批准银借款一千万两，利息七厘，期限二十年"，要求尽速发行债券。⑥ 并同时去函，批评汇丰银行"不应当因为我令你探询了金借款，就不将二十年银借款已办妥可以上奏请旨的事通知他们驻北京代表"。5 日，金登干向赫德确认，债券已经发行。

汇丰银行在银借款过程中所坚持的必须奉准谕旨后方可发行债券，在金登干看来，实无必要，"一经通过官方手续，就意味着已经英国官方承认，因而会引起人们向英国外交部提出问题等等"。⑦ 汇丰的坚持与金登干

---

① 《1894 年 10 月 31 日北京去电第 543 号》，《中国海关与中日战争》，第 114—115 页。
② 《1894 年 10 月 31 日伦敦来电第 813 号》，《中国海关与中日战争》，第 115 页。
③ 《1894 年 11 月 1 日伦敦来电第 814 号》，《中国海关与中日战争》，第 115 页。
④ 《1894 年 11 月 3 日北京去电第 547 号》，《中国海关与中日战争》，第 116 页。
⑤ 《1894 年 11 月 3 日伦敦来电第 816 号》，《中国海关与中日战争》，第 116 页。
⑥ 《1894 年 11 月 4 日北京去电第 550 号》，《中国海关与中日战争》，第 117 页。
⑦ 《1894 年 11 月 9 日伦敦来函 Z 字第 904 号》，《中国海关与中日战争》，第 118 页。

的不解，都从不同的侧面说明了贷款所具有的国家性质：汇丰银行方面要确认中国政府是贷款的主体，以确认所放款项的安全性；金登干等则认为，既然中国政府已经通过正式手续与英国外交部达成意向，就意味着如果中国政府在款项上发生问题，英国政府不会坐视不管。

白银借款落实后，总理衙门又委托赫德试探向汇丰银行进行英镑借款的可能。11月10日，金登干转来汇丰银行开出的英镑借款条件：借款期限为20年或30年，利息5%，九五回扣；银行经手费用与银借款相同。汇丰不建议此时出借英镑款项，认为"目前金融市场极不稳定，中国信用不高，分批募借极困难，且不合算"。更大笔款项的出借，最好等到战争结束之后。① 赫德亦认为，是否续借英镑债款尚难确定。

随着战争的进行，清政府在战场上节节败退，财政极度吃紧，需要大笔款项应对局势。而筹议中的英镑借款则迟迟未能实现。清政府内部亦曾向汇丰银行以外的英国机构拆借款项，但因遭到种种阻力未能实现，尤其是遭到汇丰银行和赫德的反对。亚模士公司100万镑借款失败后，为统揽清政府的对外借款，伦敦方面建议为了"恢复中国信用"，所能用的唯一办法是"由总理衙门指定汇丰银行为中国一切外债的经理人，随时与总税务司协商进行"，亦即由赫德承揽中国政府的借款，而且借款只能向汇丰银行进行。② 赫德很快开始动手布局，12月12日指示金登干"一切从债款账内拨款的命令，只能由我交汇丰银行驻北京代表转达伦敦汇丰银行，否则不准由账内拨付任何款项"。③ 12月13日，赫德进一步指示金登干，"希通知汇丰银行，目前除由总理衙门和总税务司提出的借款外，其他可一概拒绝"。④ 对于赫德的建议，汇丰银行予以赞同，并即刻予以实施。清政府驻伦敦使馆曾向汇丰银行要求划拨白银借款项目下的拨款，但被拒绝，其理由是未能获得总理衙门和赫德的指示。⑤ 赫德此举很快获得效果，12月16日，赫德致函金登干称"目前我已差不多把借款问题纳入正轨，今后的外债将统一由总理衙门、总税务司和汇丰银行经办"。⑥ 同日，赫德

---

① 《1894年11月10日伦敦来电第822号》，《中国海关与中日战争》，第119页。
② 《1894年12月11日伦敦来电第848号》，《中国海关与中日战争》，第126页。
③ 《1894年12月12日北京去电第570号》，《中国海关与中日战争》，第127页。
④ 《1894年12月13日北京去电第571号》，《中国海关与中日战争》，第127页。
⑤ 《1894年12月14日伦敦来函Z字第914号》，《中国海关与中日战争》，第127页。
⑥ 《1894年北京去函Z字第644号》，《中国海关与中日战争》，第128页。

又致电伦敦,确认"总理衙门、总税务司和汇丰银行以后将经办一切外债和借款"。①

承揽到借款权限后,赫德即通知金登干,要其询问汇丰银行能否于 1895 年 1 月之前筹到 500 万镑,并且需要简要说明利息、回扣、经手规费及归还年限。② 由于战争尚在进行,伦敦金融市场上并不看好向中国提供贷款,"市场上反对在战争中继续借给中国款项的情绪日益高涨,没有一家有声誉的投资公司再承办借款"。考虑到这种实际情形,赫德在后来回忆此事时,面对人们对其包揽贷款的指责,其满腹委屈的心情或许正源于此。而在中国国内,反对由赫德独办的声音一直存在,"借款也好,购买军火也好,都是件讨厌的麻烦事!谁都抢着要办,但谁也不肯真管"。③

汇丰向总理衙门提出一个前提条件,即"除非谕旨保证以后其他方面的借款不在这笔借款以前偿还,汇丰银行不能承办。中国政府于战后举办大借款时,这项借款可按票面收回。总理衙门是否可给予优先偿还之权?"④ 12 月 20 日,总理衙门和户部同意了汇丰银行所提出的借款条件。

汇丰所提条件虽然得到总理衙门的同意,但各财团仍无意此时出借款项。在与多家财团接洽后,汇丰银行认为,一时之间难以筹足 500 万镑。美国摩根公司驻伦敦代表认为,"五百万镑债券不会有人认购,三百万借款也非有优厚条件不能参加"。金登干告诉赫德,"此间事情变化多端,今天认为能办得到的,明天也许无法履行",所有借款前提应坚持是在"市场情形许可下"的条件。⑤

此时,清政府败局已定,德催琳代表清政府赴日求和,消息传到伦敦,甚至影响了中国政府已经卖出的银债券。此时,汇丰提出了具体的借款条件:(1) 借款必须有优先偿还权和保证。在一个月内可以借到 300 万至 500 万镑,具体情形视市场而定;(2) 利息 6%;(3) 按九五点五发行;(4) 期限 20 年,但随时可于三个月前通知照票面收回;(5) 银行经手规费 6.5%,较银借款多 0.5%。金登干指出,汇丰所提议的这个条件,

---

① 《1894 年 12 月 16 日北京去电第 572 号》,《中国海关与中日战争》,第 128 页。
② 《1894 年 12 月 16 日北京去电第 572 号》,《中国海关与中日战争》,第 128 页。
③ 《1894 年 12 月 23 日北京去函 Z 字第 645 号》,《中国海关与中日战争》,第 130 页。
④ 《1894 年 12 月 17 日伦敦来电第 851 号》,《中国海关与中日战争》,第 128 页。
⑤ 《1894 年 12 月 21 日伦敦来函 Z 字第 916 号》,《中国海关与中日战争》,第 129 页。

已经比普法战争时法国所借外债优惠了10%，当时法国的国防公债是按八五发行的。①

此时汇丰与总理衙门交涉的是两笔借款，一个是1000万两银借款，另一个是英镑借款，清政府要求的总数是500万镑。银借款虽然有了初步协议，但尚未到账，英镑借款尚未草签。赫德一方面批评汇丰银行过多地考虑了自身的利益，而不顾大局，另一方面亦对户部擅自与德国银行打交道而不满。在赫德施压下，汇丰银行于12月24日作出了部分让步，同意改作5厘利息，但发行折扣是92.5。此时清政府需款孔急，已经顾不得争取更优惠的条件，于12月26日同意了汇丰原提议的6厘借款，要求款项到账越早越好，至少应在1895年1月将500万两汇到上海。汇丰银行27日同意按6厘发行债款，并表示如果能在1895年1月7日签订合同，则1月17日就可付款。28日赫德致电汇丰银行，银借款尚未签订正式合同，"总理衙门正等候你方的发行书及还本付息日期表，俟收到后即将正式并最后承认各项条件，现对该项条件可视为已批准"。②

12月30日，清政府收到了银借款债券的发行书，英镑借款也有了眉目。1895年1月6日，谕旨批准500万镑借款，各项办法可照银行认为最好的办法办理。获得消息后，赫德致电金登干："草合同内除述明以上种种条件及以海关收入为担保外，最好简单说明一切细节均留待最后签立合同时再行订明。"③

《汇丰银行一千万两借款合同》《汇丰银行英金三百万镑借款合同》终于落地，两个合同签于同一日期，都是军需借款。相比于此后的赔偿借款，这些借款的性质和用途尚属积极。但合同字面背后的影响仍可概见，赫德当时即认为"最近的几次借款，可能延长海关的寿命，也可能扩大海关职权范围"，中国如果长期摊还对日赔款，还有可能增加日籍海关人员。④

总署在奏折中明确写道，"窃臣等因筹备军需，议借洋款，当由总税务司赫德向汇丰洋行借库平足银一千万两"，"续又向该行拟借英金五百万

---

① 《1894年12月19日伦敦来电第853号》，《中国海关与中日战争》，第129页。
② 《1894年12月28日北京去电第576号》，《中国海关与中日战争》，第131页。
③ 《1895年1月6日北京去电第581号》，《中国海关与中日战争》，第136页。
④ 《1895年1月6日北京去函Z字第647号》，《中国海关与中日战争》，第136页。

镑",由于500万镑的数额过于庞大,最终签订合同时定为300万镑。① 两笔借款的主体均是中国国家,表明借款的国家性质。在《汇丰银行一千万两借款合同》中,明确记有"总理衙门会同户部代中国国家向汇丰银行商借银款"词句。② 在《汇丰银行英金三百万镑借款合同》中亦明确载明,"总理衙门会同户部代中国国家向汇丰银行商借金款"的字样。③ 已经有研究就此次借款的性质和特点进行阐述,虽未直接就合同的本身的准条约性质进行说明,但已经接近了问题的实质,即将汇丰银行借款视为"清政府首次典型意义上的国外公债",此次借款"与以前由各省督抚或统兵大臣请旨批准而举借的外债,无论在形式上还是内容上都是有所不同的,属于严格意义上的国外公债"。④ 此次借款开创了借款类准条约的若干新特点,如合同中明确载明:"中国国家准汇丰银行代售借款全数股票,其股票数目、式样系由汇丰银行酌定发给收买股票之银主收执。每张由中国驻英使臣加盖关防,以为中国允行之据","此项关票,每张应载明上款所列优先偿还字样"。⑤ 就借款的具体形式而言,此次借款"最先采取了在贷款国发行股票的形式","开创了在借款关票上标明'尽先偿还'字样的先例"。⑥ 鉴于此合同所具有的特点,似可将其视为政治借款类准条约的开端。

二 战败赔偿借款类准条约的出现

《马关条约》签订后,中国被迫向日本赔偿军费2亿两,外加"归还"辽东半岛的3000万两,清政府一下子陷入了巨额财政危机,举借外债成为唯一能缓解燃眉之急的途径。

(一)《四厘借款合同》

三国干涉还辽。在中日战争期间以及谈判《马关条约》过程中,俄国一直关注日本对中国东北三省的动作。俄国虽然非常注意日本的军事行

---

① 《总署奏息借汇丰洋行一千万两及三百万镑订立合同折》,《清季外交史料》卷105,第1780页。
② 同上书,第598页。
③ 王铁崖编:《中外旧约章汇编》第1册,第604页。
④ 许毅、金普森等:《清代外债史论》,中国财政经济出版社1996年版,第366—367页。
⑤ 王铁崖编:《中外旧约章汇编》第1册,第599页。
⑥ 许毅、金普森等:《清代外债史论》,中国财政经济出版社1996年版,第367页。

动,但一直避免采取"决然之态度",其大体政策为"只要朝鲜独立得以保证,对中日问题尽可旁观"。甚至当俄国外交大臣罗拔诺夫得知日本将要割占中国领土时,其态度也未改变,"俄国总望保持中立地位,然俄国有主战派,主张与日本开战,但此等人对于战事亦无把握,盖因俄国在远东方面无海军根据地,亦无收容舰队之港湾,西伯利亚铁路尚未竣工,俄国在未明了他国态度以前,实无单独行动之意"。① 然而,俄皇及财政大臣维特持积极进取之意,认为应阻止日本在中国东北势力的扩展。德国在最初亦对中日战争持观望态度,当日本胜局已定时,德国希望能分得一杯羹,力图避免英法俄三国达成赔偿妥协,而将德国置之一旁,由于英国两次拒绝德国的提案,因此德国被迫与俄交换意见。俄国于4月8日向列强提议共同干涉中日谈判,防止日本占有旅顺,英国对此不置可否,德国则态度积极,赞同俄国的提议。法国虽然不愿与德国站在同一战线,但由于法俄同盟的存在,不得已宣布与俄采取共同行动。②

迨《马关条约》签字第六日,三国终于开始干涉。1895年4月23日,俄国、法国、德国三国公使共同向日本外务部递送觉书,要求日本将辽东半岛归还中国。俄国觉书内容如下:"俄国皇帝陛下之政府,查阅日本国向中国所要求之媾和条件,认辽东半岛为日本所有,不特有常危中国首都之虞,且朝鲜国之独立亦为有名无实,对于将来远东之和平予以障害,因之俄国政府为向日本政府重表诚实友谊,兹劝告日本政府,应放弃领有辽东半岛。"法、德两国觉书内容与俄国大致相同。③ 面对三国的共同干涉,日本经再三权衡,决定"招请列国会议,处理辽东半岛问题",由于俄国态度坚决,日本绝无实力与三国开战,不得已向三国表示"日本帝国政府根据俄、德、法三国政府之友谊忠告,约定抛弃奉天半岛之永久占领",但对中国一步不让。④ 日本最终从中国获得"还辽费"3000万两白银。

为了赔付日本的"战争赔款",清政府组建了一个借款委员会。5月9日,由光绪帝颁布谕旨,派恭亲王奕䜣、庆亲王奕劻,户部尚书翁同龢、

---

① 王芸生编著:《六十年来中国与日本》第3卷,第4—5页。
② 关于三国干涉还辽前的外交情形,请参见王芸生编著《六十年来中国与日本》第3卷,第5—7页。
③ 王芸生编著:《六十年来中国与日本》第3卷,第10页。
④ 三国干涉还辽的具体经过,参见王芸生编著《六十年来中国与日本》第3卷,第8—19页。

兵部尚书孙毓汶、步军统领荣禄、吏部左侍郎徐用仪、户部左侍郎张荫桓、户部右侍郎长麟办理借款事宜。① 有研究指出，这个借款委员会是俄、德、法三国影响的结果。法国驻华公使施阿注意到俄国的影响："由于俄国政府不待通知，即采取敏捷行动，借款问题便马上产生这样的转折：它无可置疑地说明中国政府是信赖彼得堡及巴黎的内阁进行和解决借款问题的，这个问题的性质已经变成政治问题，而不仅仅是财政问题了。"② 俄国以"干涉还辽"向清政府邀功，要求清政府应该首先考虑向俄借款。驻俄公使许景澄在光绪二十一年（1895）四月初八日致电清政府，"江电现商巨款，系英人红牌独揽，非德法所甘，恐于公事有碍"，紧接着于四月九日再电清政府，表达俄国对中国向英国商借款项的不满："乃闻预向不肯合劾之英国商借，颇觉诧异！特请代达国家，应先商俄国，方见交谊。"③ 赫德曾对此发表评论，"德国皇帝与俄国沙皇都把中国问题当作自己的切身利害，两人都决计要设法使德、法、俄三国取得对华的大借款，而把英国排挤出去"，在赫德看来，其原因无非是"俄、德、法三强——特别是俄国——为中国帮了这样大忙，已使中国人的眼睛看不到别的，英国人只好远远地退处下风"。④

清政府最终应允了俄国的借款要求，并重新排定各国对华贷款的顺序，即俄国第一，德国、法国第二，英国暂不予以考虑。⑤ 抢在英国之前，俄国获得了第一批贷款合同。俄国并不准备以国家的名义签署合同，而是打算让俄国的银行出面，由国家为其进行担保，这样的贷款安排，从国际法而言，已经决定了贷款的主体并非俄国政府，因此，该合同的准条约性质在签订之前已经由俄国确定。

许景澄在致总署的电中指出，"晤商俄户部，彼意嫌与德法争揽，改荐银行承办，海关作押，关款不敷，由俄国国家担保，以便减轻息扣"。⑥ 后来中俄订立的借款合同正是循此办法办理。有研究认为，俄国的"改荐银行承办"，只是由于其国内不具有借款的实力，不得已而拉拢法国财团

---

① 许毅、金普森等：《清代外债史论》，中国财政经济出版社1996年版，第415页。
② [法] A. 施阿兰：《使华记1893—1897》，商务印书馆1989年版，第69页。
③ 《出使大臣许景澄来电》光绪二十一年四月初八日，《中日战争》第4册，第65、79页。
④ 中国近代经济史资料丛刊编辑委员会主编：《中国海关与中日战争》，第173—174页。
⑤ 参见许毅、金普森等《清代外债史论》，中国财政经济出版社1996年版，第417页。
⑥ 《使俄许景澄致总署报以关税作押订借俄款电》，《清季外交史料》卷112，第1903页。

一起提供对华贷款。① 财政大臣维特曾派圣彼得堡国际银行总经理罗特施泰因赴巴黎，游说法国垄断财团，包括霍廷盖兄弟、巴黎及荷兰银行、里昂信托银团、国立贴现银行、法国通用银行、法国工商信托银行等。② 不论俄国出于何种原因改由银行出面签订借款合同，都不会影响到借款合同的准条约性质，俄国国家为合同所作的担保是无法通过合同本身体现出来的。为了弥补这种缺憾，在签订合同的同时，俄国与中国国家订立一个条约性质的声明文件。

1895年7月6日，中国驻俄公使许景澄代清政府与俄国银号商董订立《四厘借款合同》，"西历九十五年七月初一日中国国家准借此款，并准中国驻森堡公使将以下所开各条商定画押，作为切实凭据"、"中国奉准全权公使许景澄奉到中国大皇帝谕旨，准与俄国各银号商董商定合同以下各条"，这些具体的规定标明了合同两造的身份，也因而决定了合同的准条约性质。③ 此项借款系中国国家与俄国公司法人所订立的准条约，俄国政府为了担保此合同能够顺利执行，并保证俄国商人的利益，在签订此项合同的同时以俄国国家的名义与中国政府订立了一个《四厘借款声明文件》，"兹将中国国家为订借西历一千八百九十五年四厘息金钱之款与俄国国家彼此商妥各条，开列于后"，表明合同订立双方的国际法主体身份。该声明文件相比合同而言，具有条约的性质，甚至为此专门以一个具体条款写入合同之中，"此声明文件与条约一例看重，自中国承办借款之银号合同书押日为始至还清此款之日止"。④ 俄国政府以一个条约来保证其银行对外贷款的收益，其特殊性可谓绝无仅有。

（二）英德借款

英德借款的详细经过，可以为我们分析近代中国政治借款类准条约提供一个典型例子，即政府出面牵线而由银行出资订立合同。有的时候，银行不得不执行本国政府的决定，其在获得一定经济利益的同时，更重要的是帮助本国政府实现在中国的政治利益，而这一点远非一般贷款利率的高低所可比拟的。在提供贷款的各国看来，谁能最终成功向中国政府提供贷

---

① 许毅、金普森等：《清代外债史论》，中国财政经济出版社1996年版，第417页。
② 参见［法］A. 施阿兰《使华记1893—1897》，商务印书馆1989年版，第69—70页。
③ 王铁崖编：《中外旧约章汇编》第1册，第626页。
④ 同上书，第630页。

款,远不是一个经济利益的问题,而是集中体现了究竟谁能在中国取得主导地位,从而取得压倒其他列强的优势。而这也正是准条约所具有的意义所在。对中国政府而言,这样的条约是国家义务,承载了中国的国际声誉,是必须遵守的法条。而对出借国而言,它们借此可以获得在中国从事各种活动的特权,虽然形式上各自政府只是准条约的担保者,甚至只是一个幕后的促成者,但这种特权正是他们所追求的。作为实际出资者和真正的签字人,银行家们与各自政府的考量并不一致。很多时候,由于财团的跨国性质,他们有时候并不完全同其自身所在国保持政策上的高度一致。

与俄法争锋及英、德内部的分歧。在清政府与俄国紧密商谈借款一事时,早已不满的英、德两国反映强烈。1895年6月5日,英国外交部致电驻华公使欧格讷,要求反对俄国对中国借款的干预,"此间汇丰银行通过北京汇丰银行致电给您,外交部也致电欧格讷,一致认为,俄国的干预是要不得的!"① 在中俄借款即将签字时,英国甚至开始威胁总理衙门,"如中国接受俄国担保的借款,以后除通过俄国外,将不能在别处借到外债。如中国能谢绝俄国,所需款项,可用同样条件在伦敦借到,并且不附带任何限制"。② 这样的话语其实连英国人自己都不相信,英国非但没有拒绝中国的借款,而是积极出借,甚至不惜联合德国一起出面。其实,英国政府非常清楚,中国政府本身对俄国担保借款一事并不握有完全的主动权,甚至不能自主,赫德曾劝告说"我向嘉谟伦说,您在中国已尽力左右一切,但恐中国政府对此事不能自主,说也无用"。③

6月15日,罗斯希尔德委托嘉谟伦探询清政府是否愿意接受一笔为数1600万镑的借款,照以前办法,以中国关税担保即可,"如中国政府同意,将邀请俄、德、法三国参加"。④ 此时中俄之间正为贷款担保问题进行谈判,光绪皇帝对俄国借款所提出的担保问题大为不满,"俄款末端所云预收关税、监守、稽察、管理地方刑名等语,此中国所必无之事,何可虚拟列入条内。至制造商务亦与借款无涉",要求许景澄"接言与商,总宜彼此得体,不可迁就,以贻后患,是为至要"。⑤ 在清政府的坚持下,俄国

---

① 《1895年6月5日伦敦来电新字第752号》,《中国海关与中日战争》,第182页。
② 《1895年6月14日伦敦来函Z字第951号》,《中国海关与中日战争》,第182—183页。
③ 同上书,第183页。
④ 《1895年6月21日伦敦来函Z字第952号》,《中国海关与中日战争》,第184页。
⑤ 《清实录》卷56,第818、823页。

也改变了策略,在细节上对中国做出了一些让步。俄国的让步在很大程度上也与英、德积极筹划的借款计划存在很大的关联。

英国此时并不看好中俄之间的借款,认为不会有多少实际成果,"欧格讷与总理衙门会晤结果良好,衙门可能不接受俄国借款的条件"。正是基于此种考虑,英国一直在准备着俄国担保借款行为的失败,并为由英国出面的借款进行筹划,"如俄国的干预失败,而借款由罗斯希尔德发行时,为中国利益着想,最好规定给与汇丰银行以管理和经纪中国外债的权利"。① 德国同样不甘落后。6月17日,伦敦很快得知德国辛迪加向中国提出了3200万镑借款的要求,"利息五厘,九三净数发行,另加减债基金,三十六年内还清",英国对德国所提出的条件不以为然,认为"汇丰银行和罗斯希尔德可以照样承办,条件甚至可以更厚"。② 但英国很快否定了能提供比德国更为优厚贷款条件的前言,具体负责金融业务的汇丰银行在致分行的电报中不得不坦陈:"无论如何,汇丰不能办到比德国所提三十六年期的借款更好的条件。如愿按五十年期限,可能办到五厘半,而不是五厘七五",因此,"汇丰除与罗斯希尔的愤慨外不能单独承办借款。"③

在中俄即将签订合同的前期,英国内部及英、德之间正为如何向中国借款而争论不休。英国意识到银行巨头罗斯希尔德并不完全可信,认为其"接近德国甚于英国!"英国外交部抱怨"德国辛迪加根据德国政府命令行事,而罗斯希尔德不顾他原来和汇丰银行的默契,公然听之任之,这样已使汇丰银行处于进退维谷的地位"。④ 英国政府此时意识到自己在借款方面并不占有优势,"我们仿佛拴在桩上的小马,转来转去,跑不开缰绳牵制的范围,虽然是在兜圈子,还自以为是前进了呢",基于此种对情势的认识,英国对德国的借款表现出了容忍,"这件事怎样了结还不可知。德国这笔借款,弄的不好,恐怕就连余利也沾不到"。无可奈何之下的英国政府不得不表示,"中国已无再借外债的需要,不必强行供给",除了等候之外,别无良法。⑤

6月24日,罗斯希尔德向英国表示,他只愿意在国际合作的框架内向

---

① 《1895年6月16日伦敦来电新字第7551号》,《中国海关与中日战争》,第183页。
② 《1895年6月17日伦敦来电新字第750号》,《中国海关与中日战争》,第183页。
③ 《1895年6月20日伦敦来电新字第748号》,《中国海关与中日战争》,第184号。
④ 《1895年6月21日伦敦来电新字第747号》,《中国海关与中日战争》,第184页。
⑤ 《1895年6月23日北京去函Z字第665号》,《中国海关与中日战争》,第186页。

中国提供借款,"因此汇丰银行可径直承办单纯的财政借款而不必牵涉到政治",罗斯希尔德同时要求英国外交部致电欧格讷,要其力争国际性借款,即包括俄、英、德在内的借款方式。① 但是俄国于6月28日拒绝了德国的国际性借款建议,因为此时中俄借款即将告成。英国政府对罗斯希尔德显然不满意,认为其态度无常,且明显偏向德国。由于罗表示如果中国拒绝国际借款,他本人愿意提供不带任何政治条件的纯粹财政借款,此举竟被英国认为可为汇丰银行提供机会。

此时借款形势已经明朗,俄国担保的借款已成定局,赫德对此亦有明确的认识,"俄法方面将承借一万万两",英、德两国"也分到大约相等的一笔借款(一千六百万镑)",即使这样,赫德仍然认为形势不容乐观。② 因为此时中国驻伦敦公使仍未放弃举借纯粹财政性国际贷款的努力,而此种行动一直为汇丰银行所关注,为了应对中国仍在进行的借款努力,汇丰银行向赫德询问应对办法。③ 面对此种情形,赫德无奈表示:"克萨借款现在批准了,但是公使的举动使我很难再向总理衙门提出意见。借款的事情很复杂!"④

在中俄借款合同订立的前一天,英国外交部告诉赫德,"汇丰现在正与德国辛迪加合作,他们之间协议由汇丰主持借款谈判",英、德借款如要在短期内实现,必须排除俄国在借款合同中所规定的六个月内不得再借外债的要求,即"在西历九十六年正月十五日以前,除与银号商董商明外,中国暂不另行借用金钱各债,亦不准他人售卖各种借款股票;惟遇有战事,此条可以不凭"。⑤ 事实上,英国外交部未能完成此点。中俄借款合同订立后,赫德告诉英国外交部,由于合同中六个月内不准续借外债的规定,推翻了德国借款的基础,短期内无法再向中国政府提出借款问题,这还不是最糟糕的事情,最让赫德担心的是俄、法财团筹到大笔款项,"俄、法如能续以低利筹到大宗款项,以后中国的借款,恐怕都将由它们包办了"。正如本研究所揭示的那样,赫德认为这样的借款"不是财政的而是

---

① 《1895年6月24日伦敦来电新字第746号》,《中国海关与中日战争》,第186页。
② (1895年6月30日),《中国海关与中日战争》,第187页。
③ 参见《1895年7月1日伦敦来电新字第744号》,《中国海关与中日战争》,第187页。
④ 《1895年7月2日北京去电新字第853号》,《中国海关与中日战争》,第188页。
⑤ 王铁崖编:《中外旧约章汇编》第1册,第629页。

政治的借款，会造成政治上的牵扯和后果"。①

中俄借款合同订立后，总理衙门通知德国公使，"碍于俄国借款的合同，暂时不考虑举借外债，八百万镑借款事可俟六个月后再商"。至此，关于争论中的英、德借款一事暂告一个段落。

英德借款合同的订立。由于俄、法联手取得了第一批政治贷款，赫德感叹法国人无往而不利，担心自己在中国海关以及在华的地位受到威胁，"施阿兰绝顶聪明，而且十分活跃，有使俄国人听他摆弄的本领，英国人现在是被远远地甩在一边了"，"中国海关里现在缺少能干的英国人。美、德、法三国的人已经比我们多了，而且都有较好的文化和工作能力"。② 这些言语，不但表明赫德对法国取得借款的嫉妒，而且担心这种趋势发展下去会影响到自己在海关的地位，海关才是赫德得以在中国安身立命的根本所在。或许从赫德这些言语里能够猜出他之所以积极参与英德借款的原因之一：那就是为了保持自己在中国的影响力，就要保持英国在中国的影响力。海关是所有这些的基础。

随着借款谈判的停顿，赫德对形势的担心似乎越来越厉害，不是担心中国政局的稳定，而是担心自己及英国在华影响力的下降。8月18日在致伦敦的信函中，赫德抱怨道："最近传说，法国表示中国如不批准江洪条约，将拒绝付给借款。俄、法两国在此左右大局，为所欲为，别人无说话余地。"③ 8月25日，赫德已经开始惊呼海关即将转手，"俄、法现在可以随心所欲，俄国已提出共同分享管理海关的权利，这是企图控制海关的楔子，只要我一走，他们必定立刻下手"。④

在俄、法借款订立后的6个月内，由于中国所允诺的不续订借款的承诺，因此这属于一个沉寂期，表面平静的背后，英、德正为借款而暗自较劲。赫德作为海关的负责人，其目的远非一项借款就能满足，而且借款远非目的："现在又有考虑盐务、铁路等等的空气，我曾向总理衙门建议，应将这些事掌握手内，派我为总办，集中管理。"赫德的目的，依据其自己所说，在于"实现一个统一的目标、按一个路线、一个计划共同努力的唯一方法，也是能取得成功的唯一方法"。显然，赫德希望通过其个人的

---

① 《1895年7月7日北京去函Z字第667号》，《中国海关与中日战争》，第188页。
② 《1895年8月4日北京去函Z字第670号》，《中国海关与中日战争》，第190页。
③ 《1895年8月18日北京去函Z字第672号》，《中国海关与中日战争》，第190页。
④ 《1895年8月25日北京去函Z字第674号》，《中国海关与中日战争》，第190页。

努力实现让英国控制中国的目的。① 虽然德国一直在借款问题上与英国保持着密切联系，赫德并不以为然，建议汇丰银行单独承担借款，"汇丰银行不应当与德国签订合作合同，这有如一个初学外国语言的人，刚会一两句就想显一手，结果把他自己的语言也搅忘了"。②

由于清政府从俄、法借款中挪出 3000 万两用于偿还日本所谓的"还辽费"，导致原本为偿还日本战争赔款的款项不足。为了弥补不足，清政府在自筹的同时，不得不再寻借款之道。正是由于清政府的需求，向英德借款的步伐加快了。到 1895 年 11 月，由英德平分新的借款几成定局，"此间正认真谈判新的借款，数目是一千六百万镑，由英德两国平分，由汇丰银行在此地经办。借款利息等等，虽比俄法借款略高，我们可以说它是一个单纯的商业交易，所加于中国的约束较轻"。③ 俄法借款属于政治贷款，但英德借款也难以视为单纯的商业交易。由于此时法国已经不打算再插手对华借款事宜，其原因在于"法国公众对俄法借款并不踊跃，大部分债券迄今尚在巴黎投资银行手中，它们用人为的方法维持债券牌价，使之上涨，而逐步在市场吐售债券"。④ 或许正是这个原因，英德借款才得以进行。

事情并非完全没有变数。俄国仍然相当活跃，甚至向清政府提出了一个合作借款计划，在这个计划中英国是被排除在外的。1896 年 1 月初，俄国财政大臣维特建议联合"圣彼得堡、柏林、巴黎和阿姆斯特丹的金融界，缔结一项新的借款"，虽然清政府表示乐见其成，但法国并不热情，"巴黎金融界对此并未表示出很大的热忱"，借款终归失败。⑤ 除俄国外，汇丰银行不知从何处得到消息，即美国某一银行亦有可能向中国提供借款。当嘉谟伦将此消息告诉赫德时，赫德认为不太可能由美国提供借款，根本原因在于"美国的财政情形很紧张，一般借款时所通用的投标方法已无法成功"。⑥

在英国以为借款一事志在必得时，清政府仍然没有放弃寻求更低利率

---

① 《1895 年 9 月 15 日北京去函 Z 字第 677 号》，《中国海关与中日战争》，第 190—191 页。
② 同上书，第 191 页。
③ 《1895 年 11 月 24 日北京去函 Z 字第 696 号》，《中国海关与中日战争》，第 195 页。
④ 《1895 年 11 月 29 日伦敦来函 Z 字第 975 号》，《中国海关与中日战争》，第 196 页。
⑤ [法] A. 施阿兰：《使华记》，第 103 页。
⑥ 《1896 年 1 月 10 日伦敦来函 Z 字第 981 号》，《中国海关与中日战争》，第 198 页。

贷款的可能，赫德对清政府的这种寻求显然并不乐见。"总理衙门到处张罗低利借款，昨天又找到熙礼尔。我告诉他们提防熙礼尔提出比以前更苛刻的条件。他们听了都沉下脸来。"赫德在此时对清政府有一个评价，意为批评清政府的政策很难预料，令人难以捉摸。"中国说是有一个政府，人们也感到它的存在，但它却是不具形的，好像是一团气体，你休想能抓得住它。"或许这是赫德在华多年来的真实感受。① 一方面抱怨中国政府的态度多变，另一方面亦对英国在中日战争中袖手旁观表示不满，"英国在华有真正利害关系，而且一贯自命为中国的无私朋友，可是到了紧要关头却站在一边"。② 赫德对英国政府的不满，是在俄法干涉还辽的背景下发出的，他最担心的仍然是俄、法、德三国在中国海关影响的扩大，他在各种函件中毫不隐瞒自己的这种担心，"我希望英德联合银行团能办妥借款，这样他们就可对管理海关问题，取得与俄国法国一样多的发言权了"。③ 英国外交部亦有人认为，法俄之所以反对中国向英国借款，其目的仍然在海关，即"排斥英国将来对于海关的发言权"。④

清政府鉴于汇丰银行所提出的条件过于苛刻，曾终止与英德的借款谈判。1月29日，监察御史王鹏运上折建议清政府不要从汇丰银行借款。"较之俄款贵之又贵"，"且异时倘再有借贷必将援以为例，关系之巨与亏损之多，莫此为甚"，建议清政府"银行不独一英国，英国不独一汇丰，何在彼善居奇，而在我自寻窘步也"。⑤ 清政府于1月底主动终止了同英、德的借款谈判，准备向美国一商业公司借款400万镑，再从各省捐献中补足余额，以偿还对日本的第2期5000万两的还款。⑥ 清政府的行动，使身在北京的赫德感到着急。

为了确保借款顺利进行，更长远的目的在于确保英国对中国海关的影响力，赫德要求汇丰银行降低贷款费用，他在2月20日致伦敦的电报中要求"一切费用应减轻三分之二，并按九八折扣发行"。⑦ 赫德的建议并未为英国方面完全接受，到2月22日，嘉谟伦告诉中国驻英公使，"汇丰银

---

① 《1896年1月12日北京去函Z字第692号》，《中国海关与中日战争》，第199页。
② 《1896年2月9日北京去函Z字第696号》，《中国海关与中日战争》，第201页。
③ 《1896年1月19日北京去函Z字第693号》，《中国海关与中日战争》，第200页。
④ 《1896年2月20日伦敦来电新字第726号》，《中国海关与中日战争》，第202页。
⑤ 许毅编：《清代外债史资料》上册，第395—396、397页。
⑥ 参见许毅《清代外债史论》，第430页。
⑦ 《1896年2月20日北京去电新字第839号》，《中国海关与中日战争》，第202页。

行和德国辛迪加愿承办五厘借款，九六折扣，经手规费 5.5%"。① 赫德并未放弃说服英国银行界及英国政府给予更多贷款优惠的努力，他认为在俄国已经控制了中国的情形下，恢复英国与中国情谊的企图是没有希望的，唯一可以防止俄国增强其在中国的影响的办法是"在借款上帮忙"，"如英国政府能办到三厘借款一千万镑，并照俄国债券上所列办法，予以担保，就可以造成分裂，摆脱俄国的财政控制"。②

俄国的借款形式是由政府出面作保，并签订了一个专门的条约来保障借款各项权利的实施。英国不准备采取与俄国相同的方式，杰姆士勋爵（Lord Henry James）告诉英国外交部"英国不能担保借款，因为英国与俄国不同，是一个有国会的自由国家"。当杰姆士表示英国不能担保借款时，他同时问及如果英国担保借款，从中能得到什么好处，杰姆士被告知"如果全部海关税收都抵押给别的国家，英国会受到什么损失"。③ 事实上，即使英国不出面订立一个类似俄国的担保合同，英国政府在整个借款过程中所担当的角色也同样不可忽视。通过他们之间的来往信件，可以很清楚地看出英国政府在其中所担负的重要角色，"我恐怕英国外交部反对单独行动，汇丰银行和英外部正在与德国辛迪加合作。如没有俄国担保，英德联合应能击败法方条件"。④

直到3月5日，法国仍然在尝试由法国出借款项的可能。赫德之所以对法国借款如此关注，或许是因为法方要求借款的条件是"法国管理海关"，俄国也于此时授权俄国银行家们与法方合作承办数额为八百万镑的借款。赫德抱怨，汇丰银行所要求的包销费"坏了事"。⑤ 英国政府此时也似乎有些着急，而不是上文所说的不参与借款，"目前最迫切需要的是立刻知道总理衙门能与汇丰成交借款的条件，我们应当想办法胜过法方条件"。⑥ 3月7日，赫德才似乎松了一口气，"总理衙门已将借款事交我办理"。

3月11日，清政府与汇丰银行和德华银行订立借款草合同，"钦命总

---

① 《1896年2月22日伦敦来电新字第724号》，《中国海关与中日战争》，第203页。
② 《1896年2月26日北京去电新字第838号》，《中国海关与中日战争》，第203页。
③ 《1896年2月28日伦敦来函Z字第970号》，《中国海关与中日战争》，第204—205页。
④ 《1896年3月2日伦敦来电新字第718号》，《中国海关与中日战争》，第205—206页。
⑤ 《1896年3月5日北京去电新字第834号》，《中国海关与中日战争》，第206页。
⑥ 《1896年3月5日伦敦来电新字第714号》，《中国海关与中日战争》，第206页。

理各国事务衙门代中国国家向汇丰银行暨德华银行代德英银行总会订立借款草合同章程"。① 此次借款合同尤其令赫德满意的是写入了维持海关行政完整的条款，等于确保了赫德对海关的影响力。"至此次借款未付还时，中国总理海关事务应照现今办理之法办理"。② 3 月 23 日，总理衙门代表清政府同汇丰银行、德华银行订立正式合同《英德借款详细章程》，英德借款终于定音。

（三）英德续借款

清政府用所借款项支付完日本的第二期赔款后，所余银两仅有约 300 万两，尚有 8300 多万两白银需要支付。如果赔款能在 1898 年 5 月 8 日前全数还清，清政府可以免付赔款利息，并扣还已经赔付的利息银 1000 多万两。因此，为了早日还清贷款，并尽量节省贷款，清政府在还清第二期赔款后，开始筹划再次借款。③ 清政府的海关税收经俄、法和英、德借款后，基本上抵押出去了，很难再以关税作新的抵押。赫德告诉金登干，"关税最多只能提供 1600 万两，约为全年税收的五分之四。债权人也不肯全部接受作为担保，而只肯打八折或九折，因此我们借债的能力似乎已经到了尽头"，在此种情形下，总理衙门与赫德开始商量新的抵押方式。总理衙门询问赫德"是否愿意管理内地的土产鸦片。各通商口岸的常关、厘金、盐税等，如有可能，也都将交我管"。赫德虽然表示自己已经"老而过时"，但自认为内外的工作仍促使他去做这些事。在赫德看来，如果他不管这些，正好符合俄、法企图以贷款控制中国的野心，"法国和俄国正在企图控制中国的内地税收，交换条件是中国可以从此不再为了钱而为难。中国如果吞下这块钓饵，下一步就将被吞并了"。④

自英德续借款时出现的抵押问题，开始逐步成为中国对外经济关系的束缚之一，久为国人所诟病，且被视为近代中国不平等条约的典型特征之一。就目前见到的材料，抵押盐、厘实为清政府主动提出，目的是为了筹到大笔借款，以还债务。但提出不久，清政府即作为罢论。目前很难以赫德与总理衙门的一次试探性谈话，定性清政府此时已经有抵押盐、厘的准

---

① 王铁崖编：《中外旧约章汇编》第 1 册，第 638 页。
② 同上书，第 639 页。
③ 参见戚其章《中日战争》（五），第 563—564 页。
④ 《1896 年 5 月 17 日北京去函 Z 字第 708 号》，《中国海关与英德续借款》，第 4—5 页。

备,或许这只是一次私人间的非正式会晤。由于赫德所具有的特殊地位,总理衙门在借款问题上向赫德咨询,完全处于情理之中。赫德与金登干一直保持着密切的函件往来,互通伦敦和北京间的最新消息。事实上,很多消息未经证实或只是赫德的推测之言。可能确有某一个总理衙门的官员将准备抵押盐、厘作为贷款条件而与赫德商谈,但这并非意味着总理衙门或清政府已经有此政策意向。如果将赫德所给金登干函件中所说的话细致分析,充其量也就是赫德对金登干事先透露了有关贷款的动向,而非最终的决策。

在筹议英德续借款的同时,铁路外债开始成为中外经济交涉的重要方面。对于政治类借款准条约而言,这种变化是值得格外关注的现象。在英德续借款进行过程中,向比利时筹借的卢汉铁路借款先行订立,李鸿章在其中起到了很大作用,甚至被认为是谈判的灵魂和核心人物,"这一重要谈判同中国政府当时进行的其他谈判一样,是由李鸿章负责、出谋划策和做出决定的。一句话,他是当时中华帝国实际上的首相重臣。如果没有他,也许什么都办不了"。① 有学者指出,如此表述李鸿章的作用,有些夸大,但也反映了李鸿章的影响。② 作为与英德续借款同时出现的经济外交现象,铁路借款属于中国准条约发展的一个新特点。

1897年3月15日,户部尚书翁同龢等为了偿还对日赔款余额,商讨借债数量问题,最终确定借债1亿两白银。总理衙门经再次商议后,决定向英德举借,并要求李鸿章与上述两国驻华公使接洽借款问题。③

透过赫德与金登干之间的往来函件,可以清楚地看出当时清政府筹款的过程。作为海关总税务司,赫德以其个人的观点及好恶对借款过程中的种种事件所作的评价,对我们都有一定的启发意义,可以从另一个角度审视此次借款。1897年6月6日,赫德在去函中不无预见地表示,"关于借款问题,中国不久就要处于进退两难的境地",他颇为自负,"我是不沾手的,自动献计不如等他们来求教时再出主意更有力量"。④ 赫德的这种判断是建立在其对时局的观察之上的。清政府的对外借款需要提供保证,内地税收是最有可能作保的一项,虽然具体经办人李鸿章不同意以内地税收作

---

① [法] A. 施阿兰:《使华记》,第136页。
② 参见许毅《清代外债史论》,第436页。
③ 参见许毅《清代外债史论》,第436页。
④ 《1897年6月6日北京去函Z字第755号》,《中国海关与英德续借款》,第12页。

保，但在现实的压力面前，这种条件不得不适当放松。在询问汇丰借款条件时，李鸿章提及"由汇暗要抢办，扬言保项无著。姑将厘金作抵，仍由户部拨偿。汇言相符否？无论何项作抵，必归户部"。汇丰开出条件"盐或厘作保，不请监守，只由钧署督新关征收，事可立成"。① 稍后，汇丰又表示作保的范围可限于"长江一带盐课"，"由钧署督新关征收"。光绪二十三年五月十三日（1897年6月12日），罗丰禄请示李鸿章："丰以华债向来清还，作保何须太拘泥，辩论再三，渠坚谓必照此法，售票方有把握。是否可行？"② 李鸿章在致驻英公使罗丰禄的信中说，"汇丰欲盐课由新关征收作保，是扰乱国家定章，信税司过于户部，碍难准行。今但议总署、户部作保，万无一失，否则另由他国他处商借"。③

在李鸿章的强硬态度下，汇丰银行有所让步，"拟请仿照各省协饷之例，由户部饬付某运司或某厘局，每年将课银若干，解交新关税司上册，以为抵还洋款之用"。④ 李鸿章对汇丰的此次建议感到可行，于是进一步就借款的息扣、期限问题与汇丰展开商谈。此时赫德建议英国政府出面为贷款进行担保，"在目前危机中，无法发行商业性的债券，英政府虽不必实际担保债券，但如英国政府指示英格兰银行会同汇丰办理，发行是可能的，英政府最低应宣布英国的政策是于必要时保护债权人的利益"。⑤ 其实，赫德要求英国政府出面担保借款，绝非仅是为借款的可行性而考虑，其对自身总税务司职务的担忧亦是其中之一。俄法等国一直希望总税务司职务能更换人选，如果英国政府此时表现强硬，积极应对借款，当然可以给清政府以显著影响，从而确保赫德的职务。"上海来电称，法、俄政府正逼迫中国用俄国人继您充任总税务司，因为俄、法两国目前对中国的债权地位，正如同您被派为总税务司时英、法两国的地位一样"，这样的分析当为事实，果为赫德所忧虑，应对的最好方法是英国政府能够出面断然

---

① 《罗使复电》，光绪二十三年五月十一日，顾廷龙、叶亚廉编《李鸿章全集》（三），上海人民出版社1987年版，第739页。
② 《罗星使来电》，光绪二十三年五月十三日，顾廷龙、叶亚廉编《李鸿章全集》（三），上海人民出版社1987年版，第739页。
③ 《复罗星使》，光绪二十三年五月十三日，顾廷龙、叶亚廉编《李鸿章全集》（三），上海人民出版社1987年版，第739页。
④ 《罗星使来电》，光绪二十三年五月十七日，顾廷龙、叶亚廉编《李鸿章全集》（三），第740页。
⑤ 《1897年12月24日伦敦来电新字第558号》，《中国海关与英德续借款》，第26页。

回击。①

由英国政府出面阻止俄国承担借款，不仅对汇丰银行，而且对赫德本人而言，都成为有利的事情。汇丰银行认为仅凭其一己之力难以承揽中国政府的新借款，"汇丰在目前情况下没有可能发行借款"，"如果英国政府不帮助，俄国借款谈判就会成功"，为了给英国政府施加压力，赫德甚至夸大俄国借款成功后的危害，认为"中国就会变成俄国的一个州，海关也就不再在英国人的手中了"。② 出于种种考虑，赫德积极要求英国政府担保，或声明在必要时保护债券持有人的权利。

1897年12月25日，金登干告诉赫德，汇丰银行已经正式致函首相，要求取得政府支持，"汇丰银行昨已函首相提出要求，现值假期，各大臣多半不在伦敦，尚难决定"，同时要求赫德做英国外交部的工作："您那里也必须使用压力，使英国外交部充分了解现在局势对英国利益有莫大危险。"③ 赫德于12月27日致电汇丰银行，要其力争英国外交部的支持。赫德在电文中强调："英国外交部自然清楚地知道中国如落入俄国掌握，对英国会有什么影响，它必须决定政策来指导自己的行动"，"英国现在出力帮忙，虽然不能获得同样的感激，仍大可改变以后局面。目前形势危迫，关系到远东大局，我非常希望汇丰能取得英国外交部的有力支持"。④ 金登干于同日致函赫德，指出英国外交部已经开始关注借款一事。28日，金登干告诉赫德，"717电已由汇丰银行交英外交部，外交部正认真考虑此事，并询问没有抵押的关税收入还有多少，请速电复"。⑤

赫德在回电中强调俄国贷款的可能性及俄国人对担保的要求，"俄人对借款担保并不苛求，正合中国人之意，在俄国人看来，只要皇帝批准，并允偿还，已经够了"，并希望英国政府出借款项，并保证贷款的安全性，"英国政府如能自行以薄利贷款给中国政府，大有好处而没有任何风险。英国政府如置身事外，将来除用武力为后盾外，只好眼看别人取得优势"。⑥ 事实上，中国借款的消息及相关争夺已广为各国舆论所关注，金登

---

① 《1897年11月9日伦敦来电新字第577号》，《中国海关与英德续借款》，第25页。
② 《1897年12月24日伦敦来函Z字第1096号》，《中国海关与英德续借款》，第26页。
③ 《1897年12月25日伦敦来电新字第557号》，《中国海关与英德续借款》，第27页。
④ 《1897年12月27日北京去电新字第718号》，《中国海关与英德续借款》，第27页。
⑤ 《1897年12月28日伦敦来电新字第553号》，《中国海关与英德续借款》，第28页。
⑥ 《1897年12月30日北京去电新字第716号》，《中国海关与英德续借款》，第28页。

干转告赫德，英国报纸几乎一致支持英国政府担保的对华新借款。

汇丰银行以及英国金融界的努力渐现成效，英国政府可能要担保借款的消息逐渐在有关人员中传播。1月8日，窦纳乐正式向清政府提出贷款1200万镑的要求，并以关税、盐税和厘金作保，由英国人管理，同时附加提出下列要求：（1）英国建筑自缅甸至长江铁路；（2）长江流域不划与他国；（3）开放南宁、湘潭、大连为通商口岸；（4）开放内河；（5）永久任用英人为税务司。

赫德等一致要求英国政府担保借款的背后，除却赫德个人的考虑之外，还有更为直接的原因，即确保借款的信用，从而保证原有的债券能够顺利发行。1897年底，五厘金债券已经跌到98.975，当英国政府传出要担保新借款的消息后，债券短短一个星期涨到了100.375，高出票面价值0.375，无怪金登干发出"英国政府担保太好了，令人难以相信"的感叹。[①] 英国政府将出面担保的利好消息，极为明显地刺激了英国国内金融市场，"一般相信英国将直接借款与中国政府，如此就直接造成债权关系，而无所谓担保了"。[②] 1898年1月17日，英国财政大臣公开宣称，"我们不能承认欧洲或其他的国家征服或割据中国土地。我们把中国视为英国和全世界最有希望的商业市场，因此，英国政府有决心绝对不使中国市场的大门关闭，即使诉诸战争也在所不惜"。这种政策性表态，无疑向各国明确表明了英国的态度和立场。[③] 英国政府此时的表态显然并非专门针对贷款问题，而是列强在中国争相抢夺势力范围和租借地的外交争夺。但此种表态对于借款问题无疑是有帮助的。

清政府并未放弃其他渠道借款的可能，呼利詹悟生借款即是这种尝试之一，但该次借款很快归于失败。俄国借款也是选择之一，但由于俄国过于明显的政治要求，这条道路逐渐难以走通。甚至为了平衡英、俄，清政府提出向两国各借一半的提议，但均遭拒绝。[④] 在俄国租借到旅大后，俄国放弃了强迫清政府借款的要求，中英借款成为唯一的选择。

在签订草合同之前，赫德首先得到了他能继续甚至永远担任中国海关总税务司的保证，此种保证虽然系借款谈判的副产物，但并未体现于借款

---

① 《1898年1月7日伦敦来函Z字第1098号》，《中国海关与英德续借款》，第29页。
② 《1898年1月11日伦敦来电新字第546号》，《中国海关与英德续借款》，第30页。
③ 《1898年1月18日伦敦来电新字第541号》，《中国海关与英德续借款》，第31页。
④ 参见许毅等《清代外债史论》，第451—452页。

合同之中，而是以中英两国之间照会的形式出现。1898年2月10日，总理衙门致函英国公使，称赞赫德"该税务司熟悉商务，办事公平，精干正直，诚实可靠，中国国家倚畀正殷"，并声明"照得嗣后续聘英人接替总税务司一事，前日本王大臣已照复贵大臣矣。查本王大臣见及英国贸易较他国为多，已迭次允准，嗣后仍照以前办法，聘用英人为总税务司"。①

2月13日，总理衙门告诉赫德，"如果你收的厘金比现在收的多，那就证明我们不顾所有财政官员们的反对把厘金交给你管理是正确的，而且将来扩大你的管理范围也就更有理由了"。②总理衙门此番谈话表明，中英借款基本已成定局，即以厘金担保新借款。伦敦有关方面此时普遍认为，最后会有一个英国政府担保的借款。2月21日，赫德告诉金登干，草合同已经签字，"新借款1600万镑的草合同已签字。总理衙门已听从我的意见，应允由我管理盐税和厘金，以每年约五百万两的收入，作为借款担保，并允将来扩大管理范围"。③

1898年3月1日，总理衙门代中国国家与汇丰银行、德华银行订立《英德借款续合同》，"中国国家准银行等办中国四厘五利息借款，数目系英金一千六百万镑，应以西历一千八百九十八年三月初一日为借款之初日"。④因借款而展开的竞争终于尘埃落定。赫德告诉金登干，"正式合同已签字。俄国人无可奈何，法国人暗图报复"。⑤英国政府对由英国人继续担任海关总税务司表示满意，认为中国此举是"表示尊重英国的贸易优势"，强调英国政府的政策是"保持中国的独立与完整，保障我们的条约权利，并且坚持贸易自由的原则"。⑥

此次借款，中国国家是合同的一方，担保偿还之责。汇丰银行、德华银行能成功揽得贷款，固然是英国政府的功劳，但这并不能改变合同的准条约性质，因为银行是合同的缔结方，而非英国政府。英国外交部在促使借款成功方面做了很多外交工作，"外交部使借款染上政治色彩，因而激怒了某些国家"，虽然外交部"并未因借款成功而居功"，但这些工作显然

---

① 王铁崖编：《中外旧约章汇编》第1册，第732—733页。
② 《1898年2月13日北京去函Z字第783号》，《中国海关与英德续借款》，第35页。
③ 《1898年2月21日北京去电新字第706号》，《中国海关与英德续借款》，第36页。
④ 王铁崖编：《中外旧约章汇编》第1册，第734页。
⑤ 《1898年3月2日北京去电新字第702号》，《中国海关与英德续借款》，第38页。
⑥ 《1898年3月2日伦敦来电新字地522号》，《中国海关与英德续借款》，第38页。

不足以构成合同的责任方。①

三　准条约类政治借款意义及影响

借款而成条约，当为甲午战后清政府外交发展的新趋势之一。表面看来，甲午战败的清政府，似乎大部分的外交活动集中于对外借款，以求能尽快完成对日本的战争赔款。战争前后，俄、法、德三国的干涉还辽以及其他列强不同程度的参与，如英国提供的战争借款，使得此一时期的对外借款基本上脱离了纯财政的范围。俄法借款是最典型的一个例子，不但有抵押担保，而且以一个专门的条约规定借款国的国家责任，这在近代中国的外交史上也属首次。不论是俄、法借款还是英德借款，中国国家是借款的主体，担保的范围尚属于海关税收等关税之内。笔者以为，此等以海关税收所做的担保虽然有碍中国关税自主，但还未发展到财政控制的程度。其实，对出借方而言，中国国家的借款身份已经是一种最好的担保，即使清政府不存在了，后继政府也须偿还前任政府的国家债务。

这些借款因其具有浓郁的政治性质而广为学界所知，"俄法借款、英德借款、英德续借款，是近代中国首批带有浓厚政治色彩的借款，也是近代中国首批数量巨大的借款"，学界对围绕借款而展开的外交纷争亦有固定的看法，即"他们相互勾结起来压迫清政府接受更多出卖特权的同时，又进行了长期激烈争夺对清政府贷款权的斗争"。鉴于上述认识，有研究者对此次借款大多是负面的评价，认为帝国主义在中国掠夺了大量的政治、经济特权，掌握了中国的财政经济命脉。②有专书甚至探讨了甲午战争以后列强在中国的政治及经济野心，称其为"列强对华财政控制"。所有的这一切都起因于甲午战败后的巨额赔款，"中国的财政困难主要是由于外人所勒索的赔款负担和为了抵抗外人而增加的国防支出所引起的"。③这些总结及评价均属出于政治、经济角度的中肯之论。立于研究准条约的角度，探讨这些政治类借款的作用或意义，显然难以脱离学界现有对借款本身所作出的基本性质和定论。本书试图在原有评价的基础上，给出新的

---

① 《1898年3月11日北京去电新字第699号》，《中国海关与英德续借款》，第39页。
② 参见许毅等《清代外债史论》，第451—452页。
③ [美]欧弗莱区：《列强对华财政控制》，郭家麟译，上海人民出版社1959年版，第175页。

解释视角。

在第一批准条约出现后，回头总结其特点，发现其主要内容是电信类业务，而且均属一些具体业务。第一批准条约的中国缔结方并非是清政府，而是执行国家职能的相关企业。这些企业因其所具有的政府职能部门的功能，自觉或不自觉地承担了对外经济交涉的任务。甲午战争的爆发及清政府的战败，打乱了准条约发展的趋势，政治类准条约贷款横空出现。中国政府由准条约缔结的幕后，走向了前台。为了偿还战争赔款，清政府迫不得已以国家的名义对外借款。就作用而言，第一批准条约的出现体现了中国近代化的起步，不但促进了中国近代科技工业企业的发展，而且促进了新的生产方式的变革，而这些政治类准条约借款基本上其目的是战争赔偿。清政府并非是把借来的款项百分之百地用于支付对日赔款，"将赔款借款的一部分转化为购舰借款与筑路借款，尽管这种转化的数量不大，但它对于加强北洋海军全军覆没后的海防，对于推动甲午战后中国的铁路建设高潮，无疑是起到了进步作用"。[①] 但这小部分其他有益的用途显然不能改变整个借款的功能与性质，相反地更能体现政治借款背后对中国近代化的遏制。

各国金融集团的对华贷款，都得到了其背后国家的外交支持。俄、法自不待言，英国政府最终也未能置身事外。在英德借款谈判过程中，为了揽得借款，英国外交部与任中国海关总税务司的赫德积极奔走，并最终促成了借款，成功阻截了俄国借款的努力。此次借款，英国外交部虽然并未直接出面，但在其中所起的重要作用显而易见。英国通过借款，成功地获得了清政府保证英国人担任海关总税务司的承诺。俄国虽然未能最终取得借款，但在租借旅大方面获得了补偿。

有研究者就这些政治类贷款对中国的影响做过分析，经济影响是另一个方面，如贷款折扣之高为外债史上的首次，等等，本书不再涉及。本书要关注的是政治贷款的准条约的性质及其对中国政治及当时国际关系发展的意义。毫无疑问，此次借款极大加强了英德对中国政治、经济方面的控制，对帝国主义瓜分中国的狂潮起到了推动作用。[②] 由于借款所附加的种种条件，学者们将其称为"行政控制"，"当控制只是在单独财政性质的协

---

① 许毅等：《清代外债史论》，第434—435页。
② 同上书，第450—451页。

定下，仅仅限于对财政家的一种合法保护时，任何人不会反对"，此处意指为担保借款而设定的单纯经济条款。单纯的经济条款或许只能限于字面上的规定，只要有可能，这种经济控制就会转化为行政控制。"但当合理的财政控制转为行政控制，或由外国擅自夺取了领土主权，而没有得到中国的承认时，则这种控制将会严重地威胁中国的最高主权。"[1]

---

[1] ［美］欧弗莱区：《列强对华财政控制》，郭家麟译，第4页。

第四章　中国铁路主权的丧失与准条约范围的扩大

甲午战争对近代中国准条约的影响，最显而易见的是政治类贷款的出现，然而政治类贷款绝非中国准条约发展的正途，中国国家出面所签订的这些合同，主要目的是偿还战败赔款，于中国近代化的发展鲜有帮助。虽然在甲午战前中国已经出现了自建铁路，尚未出现典型的准条约性质的铁路合同。准条约作为铁路外债及相关问题的表现形式，主要是甲午战后发展起来的，并伴随着帝国主义瓜分中国的狂潮。除修筑铁路的特许合同之外，铁路外债是此一时期准条约的主要内容之一，为近代中国准条约的发展谱写了新的特色。并非所有的铁路外债均属准条约形式，有些只是涉外经济合同。

一　中国近代铁路的肇始与开平铁路公司

学界对近代中国铁路的研究早已开展，既有宏观角度的探讨，也有微观角度的个案，总体而言近代中国铁路作为一个研究领域，已经出现了大量的成果。与中国近代化相关联，近代铁路所涉及的各个方面亦已有相当多的成果。① 有学者明确指出，"30 年来，学术界对于中国近代铁路史的考察，经历了一个在'革命史观'影响下集中关注铁路与外债、中外关系、政治的相关研究"，而且"已经扩展至铁路与近代中国社会变动这一更为宽广的学术视野"。② 铁路与近代中国的外交紧密相关，建造或允许建

---

① 参见苏全有《近十年来我国铁路史研究综述》，《苏州科技学院学报》2005 年第 2 期。
② 江沛：《中国近代铁路史研究综述及展望：1979—2009》，《近代史研究》编辑部编《过去的经验与未来的可能走向》，第 505 页。

造的条款大多属于不平等条约的范畴。由于准条约所具有的自身特性,并非所有涉及铁路的文件均为准条约,有一些属于普通的涉外合同,还有一些已经具有条约的性质。出于研究近代铁路发展整体性的需要,无论是涉外合同还是铁路条约,都应属于研究的范围,然而这非本研究的主题。本研究无意在已经有充分耕耘的领域投入更多精力,而是希望从准条约的角度,探讨中国近代铁路发展的另一种面相,希冀能为近代中国的铁路研究提供不同的观察角度。

(一) 最初的试探

铁路作为近代工业化的象征之一,早在19世纪40年代,就有殖民侵略者试图在中国修筑铁路,"但那时毕竟只是个别的殖民主义分子的活动,还没有构成资本主义国家侵略中国的特定项目"。[①] 1858年,英国外交大臣马尔斯伯利原则同意一个英国退役军官关于创设铁路以开辟中国市场并作为一项国家政策的建议。研究者指出,"1856—1860年英、法两国在发动第二次鸦片战争以及稍后进行媾和谈判时,英国政府原则上肯定把建筑铁路以开辟中国市场作为一项特定政策,并唆怂在华英商进行活动。这标志着资本主义列强在中国修筑铁路作为一项特定的政策才开始确立起来"。[②] 无可否认,外力的推动在中国铁路修筑史上有着重要的作用,英国公使阿礼国、美国公使蒲安臣在19世纪六七十年代,都曾不止一次向总理衙门游说建筑铁路,但清政府显然并未轻易相信外来的游说。

在外力的影响下,清政府内部为是否修筑铁路展开过讨论,起初辩论的结果并不乐观,大多数人并不赞同在中国修建铁路。有研究者认为,这其中原因有两点:一是清政府对列强持有很强的戒心,不认为列强会把一项有利益的事业主动介绍给中国;二是清政府中的大部分人对铁路缺乏正面了解。[③] 事情出现转机仍然要得益于开创了第一批准条约的洋务运动。李鸿章深刻地认识到铁路在国防中的作用,他在《筹议海防折》中感慨"惟地段过长,事体繁重,一人精力断难兼顾……何况有事之际,军情瞬息变更,倘如西国办法,有电线通报,迳达各处海边,可以一刻千里;有

[①] 宓汝成:《帝国主义与中国铁路》,第4页。
[②] 同上。
[③] 参见侯中军《近代中国的不平等条约:标准与数量考析》,博士学位论文,中国社会科学院研究生院,2006年,第206页。

内地火车铁路，屯兵于旁，闻警驰援，可以一日千数百里；则统帅当不至于误事，而中国固急切办不到者也"。① 刘铭传更为直接地表达了铁路的益处，"自强之道，练兵、造器固宜次第举行，然其机括，则在于急造铁路。铁路之利于漕务、赈务、商务、矿务、厘捐、行旅者，不可殚述。而于用兵一道，尤为急不可缓之图"。②

1876年，英、美等国商人在上海铺设了近代中国第一条铁路，"1876年2月14日，在一条长约1200米的铁路铺设完成后，先导号机车用不到3分钟的时间走完了中国有史以来第一条铁路"。③ 该条铁路出现不久，即为清政府出资购回，旋被拆毁。然而中国修筑铁路的大门已经打开，铁路之利已为有识之士所知。购买吴淞铁路的条款成为第一个铁路类条约。在《收买吴淞铁路条款》中规定，"铁路一事，李大臣与威大臣在烟台面商，为保中国自主之权，彼此商派委员朱道台、盛道台会同梅正使，与上海关道面商通融办法，现在江宁省城会订条议"，表明了此条款订立的背景。④ 该条款虽然是为英商所筑铁路而建立，但确立的是中英之间，甚至是中外之间的铁路建造规范，因此具有条约的性质，"由中国买断以后，如欲做铁路等事，应与中国先行商明，不得以现在办法，援以为例"。⑤

有研究认为，在1860年至1880年，对在中国修筑铁路感兴趣的唯一政治领袖是比利时国王利奥波德二世，他于1865年访问中国，并在加冕之后亲自撰写了"关于在远东地区拓展比利时工业和贸易的计划"，主要内容就是要在中国和日本建立比利时公司，发展采矿和铁路事业。⑥

（二）铁路成为条约特权

最先取得修筑铁路特权的是法国人。在中法和约交涉中，为了减免赔款问题，海关总税务司赫德提出让法国修筑铁路，"赫德于提议八千万（法郎）办法之同时，向总理衙门提出了一个别的办法，这个办法就是中

---

① 《李文忠公全书》，奏稿，卷24，第22—23页，转引自宓汝成编《中国近代铁路史料》第1册，第78页。
② 宓汝成编：《中国近代铁路史料》第1册，第86页。
③ ［法］约瑟夫·马纪樵：《中国铁路：金融与外交（1860—1914）》，中国铁道出版社2009年版，第46页。
④ 王铁崖编：《中外旧约章汇编》第1册，三联书店1957年版，第351页。
⑤ 同上书，第352页。
⑥ ［法］约瑟夫·马纪樵：《中国铁路：金融与外交（1860—1914）》，第70—71页。

国在五十年内让与我们建筑铁路的特权,帝国政府约定每年在其境内筑造若干(里)长的铁路",对于赫德向中方提出的这个建议,法国方面感到意外,"倘出乎意料之外,总理衙门提出类似这样的办法,我应如何答复?铁路的让与原可以在订立条约时要求,但自然须减少赔款,作为交换,始可获得"。

李鸿章亦在考虑以铁路减少赔款的可能,"如赔费为难,或于十八省外之海南暂租与法,否则预允日后建造铁路,酌认地段若干,准法商充当公司"。在和谈条件问题上,法国委托美国驻华公使杨约翰(J. R. Young)于7月26日向中国政府提出和谈条件,总署明确告诉杨约翰"赔偿是不能的,铁路用法国工匠也是不能的,海岛租地也是不能的",建议另采用其他方法。美国和谈使臣建议中、法"仍旧和好,以后可以办理铁路。中国若有铁路,即可强盛起来"。① 英国得知消息后,表达了由法国垄断中国铁路修筑的不满。驻华公使欧格讷在给外交大臣的函件中强调,"假若依据解释意义法国得到建筑铁路的垄断,虽则是在一个有限的时期内的话,我一定尽力根据你的意见,在不使人们说我愿意妨害会谈成功的限度内,让总督知道,我国政府反对给外国政府在中国任何有损于英国商务利益的独占"。② 法国最终获得修建铁路的条约特权。

1885年6月9日的《越南条款》规定,"由法国在北圻一带开辟道路,鼓励建设铁路。彼此言明,日后若中国酌拟创造铁路时,中国自向法国业此之人商办;其招募人工,法国无不尽力襄助。惟彼此言明,不得视此条系为法国一国独受之利益"。③

准条约视角下的铁路问题。在近代中国涉及铁路类外交文件中,既有条约和准条约,亦有非条约,将其加以区别是有必要的。铁路类条约与准条约相比虽然有很多共同属性,但由于缔结主体的不同,仍需加以单独讨论,这也是本章节的立题所在。

有研究指出,铁路类条约名目下包含涉及铁路事务的各类条款,其中铁路贷款及铁路修建是其中的主要部分。除此之外,还有一些综合性条约,也涉及了铁路修建问题。④ 与铁路类条约相比,铁路类准条约主要是

---

① 《中国近代史料丛刊·中法战争》第5册,第543页。
② 宓汝成编:《中国近代铁路史资料》第1册,第61页。
③ 王铁崖编:《中外旧约章汇编》第1册,第468页。
④ 参见侯中军《近代中国的不平等条约标准与数目考析》,第205页。

贷款合同或行车合同，由于缔结者身份的变化，这些合同与正式的国家间条约存在区别，即虽然中国政府或政府部门依然是合同缔结者，但外方公司或银行并不代表所在国政府。合同的双方是中国政府与国外公司，而非中国政府与外国政府。虽然公司或银行取得各自背后国家的外交支持，但在国际法视野内，这显然是两个不同的概念。

清政府是第一批铁路修筑和贷款的直接筹划者，其中隐射了甲午战争前后中外关系的变化。洋务运动中发展起来的官督商办企业的经营形式，在清末修路的历史进程中有何种表现，对近代化的进程有何种促进作用？

清末，意图在华修筑铁路的外国人，曾经在中法战争后期设想过中国可能的铁路管理方式。"如果政府采取在我们看来是极其简单明了的一个方式，即令其官员与几个干练的外国人协力合作，组织'铁路委员会'或'铁路局'，则在中国提倡铁路，可能会进行得很顺利"，外人对所谓的"铁路委员会"或"铁路局"的信心完全来自已经成功的海关管理模式，"我们确信，无论是哪一国籍的外国人，一定会像在海关事务中所表现的那样，忠于职守而无可指责的"。他们进一步设想铁路局人员的可能职权，"组成该局的华洋人员不应兼有其他职务，他们的权限也应有明文规定，这样，一方面防止一些无知的官员和他们纠缠，另一方面，也防止他们越权行事"。①

在最初的铁路修建问题上，总理衙门甚至清政府是实际的负责人，如同洋务运动中的其他工业企业一样，铁路最初筹划仍属自强运动的项目之一，目的在于国防。清政府逐渐认识到铁路的重要性，并在李鸿章等人的筹划下，开始修建铁路，但起初并未设立电报总局一样的机构，而是以具体修筑的铁路为对象，单立公司。下面以最初的自建铁路为例，说明铁路修建与电报架设之间的区别。

（三）开平铁路公司

开平矿务局曾建造有20里的小铁路，以便运煤入运河。投入实际运营后，矿务局很快发现，运河的运输力量并不理想，直接影响了煤炭的外运。为了解决运输问题，开平矿务局上函李鸿章，要求延展铁路，组建"开平运煤铁路公司"，"今经邀集众商公议，咸愿凑合股银，接办铁路六

---

① 宓汝成编：《中国近代铁路史资料》第1册，第63页。

十五里，从胥各庄到阎庄止，名曰开平运煤铁路公司"。开平矿务局同时表明，如果能获得允准，则铁路公司与矿务局各自独立经营。① 1886年10月16日，李鸿章在致海军衙门的函中强调铁路公司系中国创办，与洋人无涉，"不动官帑，不借洋债。所雇工匠，止用矿局原雇洋匠一名襄理工作，其余皆雇附近民人，计口给价"，在同日的另一封函件中强调"殊与洋人无涉"。② 在此种情况下，海军衙门复函李鸿章，认为既然开平铁路已经修到了阎庄，何不一直修到大沽口，"其由阎至沽一段，可否由海署奏明，由贵处凑筑，为调兵运军火之用"，李鸿章复函认为并无不可，"由阎庄至沽，由沽至津，令官商妥议，覆到即咨请海署会奏"。③

以上材料表明，开平矿务局原本计划修筑至阎庄，但出于军事便利，清政府有意将铁路一直修到天津，由于性质的不同，该条铁路实际上包含了两种运营形式，阎庄至胥各庄属于商办铁路，阎庄至天津属于官商合办。李鸿章曾明确表示"沽北之路作为官商合办，调兵运械，极为灵便"。

1877年2月22日，海军衙门正式上折，请求批准修建津沽路。海军衙门认为该路事关国防，如果商股一时难以筹集，"似应官为筹措，并调兵勇帮同工作，以期速成"，并建议将修路若干事宜由"开平铁路公司一手经理"④，慈禧以懿旨批准了修建津沽路的奏折。李鸿章在招股开路示略中写道，"查所议章程，载明该公司所办之事，全照生意规矩，官但维持保护，随时督饬该公司认真筹办"，"该公司应办各事，悉令照西国公司通例，由众商董等公议，官只防其弊，不侵其权"，号召商人入股。⑤

在开平铁路公司正式的招股章程中，首次明确将公司名称改为"中国铁路公司"，意在仿照轮船招商局和电报局先例，不再拘泥于"开平"二字。招股章程还明确了公司督办大员和正副总办，如同电报局先例，督办大员和总办仍然是清政府体制内的官员。"现蒙海军衙门奏派前福建藩司沈品莲方伯、署长芦运司正任津海关道台周玉山都转为督办大员，凡一切维持保护之事，皆为大员是赖"，"开平公司正总办伍秩庸观察、副总办吴南皋太守，仍旧为本公司正副总办"。这样的一种人员安排很难让人确信

---

① 宓汝成编：《近代中国铁路史资料（1863—1911）》第1册，第126页。
② 同上书，第127页。
③ 同上书，第128页。
④ 同上书，第131页。
⑤ 同上书，第132页。

该公司的纯商务性质。虽然招股章程明确宣讲:"本公司所办之事,全照生意规矩,不办文移,不领关防,不请委员,不用差役。"①

公司的招股章程贴出后,并未得到积极回应。李鸿章认识到集股不易,在章程颁布半个月后,即着手准备借款问题,并将利息定为"周年五厘,或至多不过五厘五毫"。李鸿章意向中的借款,并不局限于某一国家的银行。②

中国准备成立铁路公司并准备召集商股的消息一直为在华外国人所关注,他们以复杂的心情关注中国铁道修建事业的发展。由于一开始商人购股并不踊跃,他们认为这对李鸿章和所有官员应该是一个教训,并分析认为"尽管在招股章程中保证公司总办和经理的行动不受官府影响,保证公司纯然是商业性企业,但却没有人认股,实际上没有一个人附股",之所以造成这种情形,是因为"当问起天津的资本家们何以不愿附股时,他们答道,我们不相信这班官员们"。招商局的入股经历并未带来积极影响,而是相反,"他们谈到招商局,局中有着他们的资产,而处理这些资产,则从未征询过他们的意见,他们对局中事务已无发言权"。③ 在当时的外国人看来,虽然中国铁路总公司标称自己系纯粹的商业组织,并严格按照西方公司的样式来运行,但这显然并未被外界所认可,在可以见到的范围内,并未为在华外国人和中国有能力附股的商人所认可。"他们非常反对以被谕旨任命来管理这个事务的两位官员,特别是周馥",为了消除自己投资的疑虑,商人们甚至准备举荐一名俄国人为铁路总办,"在天津的一位俄国商人,为当地富豪们所信任,被他们提名作为他们所希望的这条路线的总办。他们说,他若被任命,并授以等同于周馥的权力,他们将会供给资本"。④

事实上,中国铁路公司与电报局在初创时面临着相同的资金困难,李鸿章从北洋款项内先行垫付了天津电报总局的部分款项,而铁路公司希望主要依靠民间资本来实现初步运营。就铁路公司性质而言,其依据招股章程所规定的限制,在更主要的层面上仍然是一个商业性质的公司,虽然其

---

① 宓汝成编:《近代中国铁路史资料(1863—1911)》第1册,第134页。
② 同上。
③ 《北华捷报》,1887年4月29日,第458页;宓汝成编:《中国近代铁路史资料》第1册,第135页。
④ 同上。

总办及实际主持者如同电报局一样，具有清政府官员的身份，但他们的身份比起电报局而言是存在区别的。这种区别主要体现在对外交往方面。电报局自成立之日起就注定了其必须承担与国外电报公司打交道的角色，而中国铁路公司显然主要处理的是国内问题，即使牵涉的对外借款，其性质亦与电报局的对外合同不尽一致。中国铁路公司并不具备中国铁路政策的制定者的政府职能，而电报局显然是具备制定相关电信政策这一职能的。虽然铁路和电报均属清政府为强化国防而设立，但其具体的承办机构的性质却完全不同，铁路由于具有极强的地域性，基本是一路一议，而电报局自成立之日起就垄断了陆上电报经营和管理。

对中国铁路类准条约而言，中国铁路公司的出现，尚不意味着大量国家合同的涌现，名义上是中国铁路公司的开平铁路公司，其所辖范围还仅限于狭小的地域之内，虽然得到了清政府的支持，即李鸿章所强调的"官只防其弊，不侵其权"，但一切还只是刚刚开始，具体的走向并非开平公司所能决定的。

（四）台湾铁路

在开平铁路公司筹建时，台湾巡抚刘铭传正为筹备台湾铁路而忙碌，出于建设防务的要求，刘铭传极力强调修建铁路的重要性，而这一点已经得到清政府的认可。如同开平公司那样，刘铭传并不准备得到清政府的资金支持，他希望从清政府得到的实际上只是一个明白的谕旨，即同意修建铁路的政策条文，"现在公款支绌，革道等议集商股承修，约需工本银百万两，将来即于铁路取偿，不动公款"。对于开平公司所遭遇的困难，刘铭传也作出了相关说明，"现在开平成效聿彰，举国群疑，观此无难尽释，且台湾与内地情形迥殊，绅商多涉外洋，深明铁路大利，商民既多乐赴，绅士决无异辞。如蒙俯准开办，所裨于台湾大局，实非浅鲜"。[1] 刘铭传所建议的台湾铁路并未跳出官督商办的洋务运动模式，"车路造成之后，由官督办，由商经理，铁路火车一切用度，皆归商人自行开支"。[2]

清政府于光绪十三年（1887）四月初十日，着海军衙门议奏刘铭传的

---

[1] 宓汝成编：《中国近代铁路史资料》第1册，第137—138页。
[2] 同上书，第138页。

修路奏折，海军衙门经合议后，表示应请旨准其开办。① 台湾的铁路建设，自一开始就在刘铭传的策划下成立了国家控制下的"全台铁路商务总局"，林维源被任命为公司督办。

台湾铁路建设并非如刘铭传所预想的那样顺利，招股商办模式运转困难，不得已中途要求改为官办，"臣查台湾铁路办成，不独利商便民，且关海防大局，故臣费尽经营，创议兴办。今商股既观望不前，承办委员或死或病，若听其中止，不独已费公款无可归还，且购到铁条、铁桥、木料、火车，弃置尤为可惜"，"据各商禀，请归官自办，已缴现银三十余万，愿留快船两只作抵"。② 到1894年，共修建了112公里的铁路，但是由于工程设计上的缺陷，该路运行不畅，并最终导致基隆港的衰落。

在中国近代铁路建设史上，修建台湾铁路的启发意义在于：有一个统筹全台的铁路商务总局的存在非常重要，该局实际上台湾铁路的修建和经理机构，具有铁路管理和经营部门的职能。由于台湾地理位置特殊，与大陆隔海而望，其铁路自然自成体系，这或许也是台湾铁路起始即有一个统一的管理机构的原因。

中国铁路最初的实际决策机构是海军衙门，这与清政府将铁路作为国防建设的宗旨是一致的，海军衙门与实权派地方督抚对具体铁路的修建起到了关键作用。作为军事部门，海军衙门不同于总理衙门，不负责对外交涉的任务，因此最初的铁路修建虽然有外资和外国技术人员的参与，但均未形成准条约性质的文件。至于日后成为铁路类准条约重要构成部分之一的借款合同，此时亦已出现，无论是开平铁路还是台湾铁路，都曾举借外债。1887年7月，开平铁路公司向英国怡和洋行、德国华泰银行借15万镑，约合107.6万两白银，当津沽铁路竣工时，外债占总投资额的82.7%，系中国第一条以外债为主建成的铁路。有研究指出，津沽铁路外债总体上讲是纯粹的商业信贷往来，借款合同中除规定债票需要加盖驻英使臣关防，铁路建设的材料由英、德进口外，并无其他苛刻条件。③ 这些合同因举债人并非清政府，因此没有构成准条约的要件。在王铁崖编纂的《中外旧约章汇编》中，依据本书所讨论的准条约的标准，第一个铁路类

---

① 参见宓汝成编《中国近代铁路史资料》第1册，第139页。
② 同上书，第140页。
③ 参见马陵合《清末民初铁路外债观研究》，第28页。

准条约是与法国订立的《龙州至镇南关铁路合同》(1896年6月5日订于北京),这已经是甲午战争以后的事情了。甲午战争不仅结束了洋务运动,而且导致中国的近代化建设走向一条独特的道路。铁路问题即是其中之一。

二 铁路、矿务类准条约的出现

(一) 铁路总公司的设立

甲午战后,关于铁路一事已经不是是否修建的争论,而是如何修建的争论。出于对前期修路弊病的总结,清政府内部仍有不同意见出现。张之洞重提卢汉铁路修造一事,认为如由洋商垫款包办,三年可成。并特别强调借款修路一事"断不宜英、法等大国商人包办,恐获利以后,收回或费唇舌","惟小国远国商人,则无此虑",正因如此,张之洞认为比利时是比较合适的选择。在建造人选上,张之洞并不建议由中国自办,尤其是官办,"若中国自办,则委员视为利薮,旷时糜费,十年亦难成矣"。① 胡燏棻虽不如张之洞对中国自建铁路悲观,但也同样建议"非借款外洋,焉能创此非常之业",不过胡仍强调官督商办这一洋务企业的经营模式,"第一在劝立公司。准民间自找股本,而一切滞碍之处,如买地勘界等类,必须官为保护"。②

张之洞、胡燏棻等对铁路的建议均属于具体层面,或许有个人之见,在建造铁路的方式上各自走上一个极端,除在利用外资上有共同点之外,两人其实对中国自身的铁路建造方式和管理存在不同看法。张之洞主张完全委托外商,而胡燏棻主张官督商办。在具体的制度设计上,刘坤一的建议更有启发性。刘坤一在上清廷奏折中首先指出,"窃以为铁路必归商办,方为妥善"。如果铁路一旦归外人办理,一方面不利于国防,"铁路本为用兵,一归西人,动以公法绳我,遇征调必多滞碍",另一方面不利于中国管理,"铁路为收税大宗,若入他人之手,殊难自主",并指出一旦被外人包揽,"即属漏卮,稍微防闲,则滋生口舌"。其实刘坤一对于由外人承办的分析主要应是针对张之洞的建议,刘坤一亦不赞成官办,并分析"官督

---

① 《张文襄公奏稿》卷24,第5—6页;《中国近代铁路史资料》第1册,第201页。
② 宓汝成编:《中国近代铁路史资料》第1册,第201页。

商办"形式的不利之处。"若复狃于官督商办之说，无事不由官总其成，官有权，商无权，势不至本集自商，利散于官不止"，应该说，经历过甲午战争的失败，刘坤一对洋务运动以来发展起来的这一企业组织形式有深刻的认识。正因其对官督商办形式的总结，他不建议在铁路建设上仍采此种形式，"今铁路若归官办，或由官督，必从招股入手。先声既坏，将何术以广招徕"。①

否定由外国人承办和官督商办的铁路修筑权之后，刘坤一建议清政府成立铁路公司，但并不完全放手与商人，而是"请以官发其端，以商任其事"，具体管理人员应该"择一廉明公正之员，熟悉中外商情，素为西商所信服者"，人员选定之后应由皇帝下谕旨加以任命，"拟肯特恩明将谕旨，派为铁路商务公司督办，破除成格，假以重权，俾得专司其事"。虽然刘坤一极力推荐商业性质的公司，但仍然未摆脱由政府监管的窠臼，即"一切公司事宜，南、北洋大臣责无旁贷，自应同膺艰巨，力为保护，为国家成此大计"。②

在借款方面，刘坤一并不反对向外商借款，而是希望稍作变通，让外资入股，"似可变通办法，兼招中外股资"。之所以要引外资入股，是为了树立公司的良好形象，"股本既有洋人，局章自照西法，风声一树，莫不乐从"。中国商人只要看到由洋商入股，方可能积极购股，"盖有洋股在中，而华商方无顾虑；亦有华股参集，而洋商无可把持"。③ 有研究者指出，刘坤一的此种设计"虽有揽权之嫌，但其关于官督商办体制的设想颇有新意"。④ 刘坤一的本意似乎并非为了设计新的官督商办体制，而是相反，他在奏折中的表述很明显地是为了否定既有的官督商办形式。

刘坤一的建议是基于官督商办形式的弊端而提出的，他在此奏折中对自洋务运动以来官督商办企业形式的否定是难能可贵的。他基于前期铁路建设中出现的招股困难的局面，力图能在现有体制中找到解决办法，摆脱困局。清政府并未采完全纳刘的提议，虽然不认可由官办理，但对官督商办这一形式仍然心存希望，"卢汉铁路，关系紧要，提款官办，万不能行，

---

① 宓汝成编：《中国近代铁路史资料》第1册，第203页。
② 同上。
③ 同上。
④ 马陵合：《清末民初铁路外债观研究》，第43页。

惟有商人承办，官为督率，以冀速成"。①

清政府最终令张之洞、王文韶等筹办华商招股事宜，但事实很快证明，招股华商并非易事，所谓的华商背后往往有洋商的身影。张之洞于1897年3月26日致电王文韶，提出了设立卢汉铁路招商总局的提议，"穷思利害，莫如仰承意旨，先举商务总办，设立卢汉铁路招商总局，一面召集华股，一面责成商务总办，由商筹借洋债，先行举办"。②张之洞意在让盛宣怀担任总办，3月29日，盛宣怀在电文中表示"拟会请设立卢汉招商总局，责成总办。微论才力不胜，忧谗畏讥，何堪重任"。③6月21日，盛宣怀回复张之洞，表示关键在于派定总理人选，准立公司。7月25日，张之洞、王文韶联名上奏，请设立卢汉铁路招商总公司，力荐盛宣怀出任总办，"查该员才力恢张，谋虑精密，博通洋务，深悉商情，甚有合于刘宴用人所谓通敏之才"，"惟该员能兼三长，且招商、电报各局，著有成效。今欲招商承办铁路，似惟有该员堪以胜任"。④

8月21日在致张之洞、王文韶电文中，盛宣怀则建议设立铁路招商总公司，不只限于卢汉铁路，其余地方的铁路亦有该公司承办，"若援照特设铁路招商总公司，先造卢汉、其余沪、粤等处亦准该公司议造，不另设公司，似此卢汉商股，较易筹劝，且可泯各国窥伺之心，断却无数葛藤"。⑤盛宣怀所建议的铁路总公司实则是其经营电报总局的模式翻版，意在以垄断经营的方式将全国铁路修建集中于一个机构。9月3日，盛宣怀致电王文韶、张之洞，告知其所建议的铁路招商总公司已经渐有眉目，"今日邸译各堂传询，面递说帖，请特设公司，先造卢汉干路，苏沪、粤汉等处亦准次第议请展造……大纲如此，已蒙各堂议允"。⑥

光绪二十二年九月六日，总署奏请设立铁路总公司、统筹南北铁路建设，为了支持盛宣怀等的建造计划，总理衙门拟从英德借款内挪用1000万两，作为先期官方投资。九月十四日即公历10月20日，清政府以上谕的形式正式同意铁路招商总公司的设立，"昨召见盛宣怀，奏对具有条理，

---

① 宓汝成编：《中国近代铁路史资料》第1册，第225页。
② 同上书，第226页。
③ 同上书，第251页。
④ 同上书，第253页。
⑤ 同上书，第231页。
⑥ 同上书，第256页。

已责成该员实力举办，以一事权。仍著王文韶、张之洞督率与作"。①

围绕卢汉铁路建设而展开的争论，焦点不在于是否应用外债，也不在于是否应归商办，而在于是否应如电报局那样成立一个统筹全局的公司，从而将铁路修建加以垄断经营。在此之前，海军衙门出于国防建设的需要在自建铁路上扮演了实际上的政府角色。往往是由海军衙门会同北洋大臣向政府提出种种建议，并将清政府的最终决定下达至各铁路的承造和经营机构，在某一狭小地域内建造里程较短的铁路此法尚能应付，但一旦规模变大，这样的一套模式就被证明远不能适应大规模的铁路建设的需要。事实上，一旦铁路跨出某一督抚的统驭之地，建造问题便会变得复杂。后来的发展证明，铁路总公司并未能承担起统筹全国铁路建设的责任。

（二）龙州至镇南关铁路合同

《龙州至镇南关铁路合同》由总理衙门派员与法国费务林公司监工葛理义订立，是《中外旧约章汇编》中所收录的第一个有关条路的准条约。该约订立于1896年6月5日，已经是甲午战后的事情了。

龙州至镇南关铁路的建造形式采取的是张之洞曾经建议的完全委托外国人的方式，但不同的是，该路完全为官办，没有采取商办或官督商办的形式。合同第一条载明："中国予令费务林公司承办广西龙州至镇南关铁路工程，由中国铁路官员稽察。"费务林公司负责筑造，清政府担任监督之责"于官局名下筑造铁路，由官局稽察其造路，并预先勘路，均系包办"。准条约将铁路建成后的经理权限也完全承包给费务林公司，"费务林公司照以上所载专为无名贸易公司，承受中国官局令，于官局名下经理铁路，由官局稽察，如此经理，均系包办"。② 该合同的特殊性在于，一年后，中法两国又以条约的形式对合同的内容加以确认，并新增加了部分修造内容。对于准条约研究而言，龙州至镇南关铁路合同的特殊性，正如政治类借款合同中《四厘借款声明合同》，即先签订一个准条约，然后再以一个条约的形式对准条约的内容加以确认。1897年6月18日，总理衙门与法国公司互致照会，就中越边界商务、铁路事务进行规定，"中国国家、法国国家按照和约条款，并以示和好情意，彼此一愿将中国与越南邻界、

---

① 宓汝成编：《中国近代铁路史资料》第1册，第261页。
② 王铁崖编：《中外旧约章汇编》第1册，第652页。

通商、来往便宜兴盛更明白详细，专订中国与法国前定约章内载数条办法"。此规定表明了该照会的国家间条约性质。①

在最初的政治类贷款和铁路类准条约中均出现了此种模式的条约，应该说不属偶然，结合当时的中国形势和外交关系，至少有两点可以明了：签订准条约的外国公司和银行并非单纯的基于经济目的而订约，其背后的国家背景使其为各国的外交政策而服务；在中国政府看来，公司或银行并不单纯是一个商业组织，如果需要，可以将合同上升为条约。该类性质的合同出现在两种领域之内，而并非单独个案，表明在当时准条约与条约之间界限的模糊。

（三）卢汉铁路借款合同及后续合同

1897 年 5 月 27 日，盛宣怀与比利时公司订立《卢汉铁路借款合同》，"中国铁路总公司奉旨承办由京城之卢沟桥直达汉口铁路。除总公司已有成本银一千三百万两外，并准总公司筹办借款四百五十万金镑，专为营造铁路经费"。② 1897 年 7 月 27 日，《卢汉铁路借款续增合同》订立，1898 年 6 月 26 日，《卢汉铁路比国借款续订详细合同》订立，后续合同与草合同一起共同构成了卢汉铁路系列借款合同。

有研究认为，卢汉铁路借款合同是一个典型，"比国债款的举借是 19 世纪末中国借债筑路的起点，若置于当时的大环境之下它又是甲午战后列强以外债为诱饵扩充势力的蓝本"。③ 认为不应把路权的丧失完全归结为外国的政治压力，洋务派的铁路外债观在其中的作用不容忽视，借款筑路并非武力压迫和条约约束，而是主动而为。④ 武力压迫固然不存在，但条约约束在某些借款合同中还是有的。

卢汉铁路借款合同系由大清铁路总公司与比利时银行工厂合股公司订立。铁路总公司的成立背景已如前述，是在盛宣怀、王文韶、张之洞等筹划下建立，实乃清政府在海军衙门监管之外成立的一个意在掌管铁路建设的机构，不仅限于卢汉，而是旁及南部中国的铁路网。由于清政府预先注资了 1000 万两白银，使得该公司的商办之说只是一种宣传，目的在于吸

---

① 王铁崖编：《中外旧约章汇编》第 1 册，第 721—722 页。
② 同上书，第 709 页。
③ 马陵合：《清末民初铁路外债观研究》，第 55 页。
④ 参见马陵合《清末民初铁路外债观研究》，第 56 页。

引尽可能多的国内资金加入。无论清政府如何刻意避免使之成为国家的企业，其头上笼罩的政府光环是不可能消去的。在此合同中，盛宣怀的署名是大清国督办铁路总公司事务大臣头品顶戴太常寺少堂盛，如此的身份，清政府岂能摆脱干系。比利时银行工厂合股公司能够取得借款合同，比利时国王利奥波德二世起了很大的作用。合同签订之前，张之洞致电盛宣怀，告知比利时国王专门派领事前来游说，"奉该国君主来见，铁路借款，极愿助力，比系小国，不干预大事，较诸大国为胜"，比利时公使的游说正合张之洞的建议，在此之前，张之洞已经有倾向于向小国借款的提议。① 比利时政府的背后运作与清政府大员的直接出面，对合同的性质起着不同的作用，比利时政府始终未在合同上体现出自己的身影，而清政府则完全不同，正因如此，决定了此合同的准条约性质。

学界对甲午战后此种投资与外交之间的特殊联系早有研究，基本出发点就是当时的强国除要在中国攫取战略基地之外，还想利用铁路做媒介来控制招工的某些地区，"铁路特权以及某些国际贷款都是列强用以扩张和实现他们政策的工具"。② 为了消除来自别国的竞争，或者对抗别国政府在政治方面的行动，在研究者看来，"外国资本在遇到别国对其扩展有损害时，常常请求外交保护而且也自然地接受到了外交保护。在保护和促进国外企业的借口下，几国政府联合助长了这种多少带有政治性质的民族野心。所有受托经营铁路和进行贷款活动的银行和财团，日益被看作是各自政府达到其政治和商业目的的不可缺少的手段。"③

各国对合同借款争夺之激烈，或许只有身处借款旋涡的当事人最能理解。

合同规定，比国公司借付之款，利息"按年起四厘（即每百镑每年起息四镑）；其息应于递年西正月、七月算清"；具体归还方式则为"前十年不还本。由西历一千九百零九年正月初三日起，分作二十年还清，每年正月应还二十二万五千金镑。其应还利息，并递年划归本银，应兑于在中国之银行，其银行由比国公司指明何家。每年应还本利数目，另开清单，附于合同之后，按照办理"。抵押方式经第五款规定："中国总公司奏请国家

---

① 宓汝成编：《中国近代铁路史资料》第1册，第286页。
② [美]欧弗莱区：《列强对华财政控制》，郭家麟译，第1页。
③ 同上。

批准，以卢汉铁路及其产业，与一切属于该铁路之物作保"，首开以铁路作抵押贷款的先例。① 此种抵押的本质在于，在难以预知是否能如期还本付息的情况下，事先执行了"用于抵押的收入届时不能兑现，抵押品将归债权方支配的抵押原则，否定了债务人对抵押物的实际所有权"。② 诚如所言，这才是卢汉铁路借款合同抵押的危害所在。

有研究指出，纵观借款交涉，盛宣怀等人对利息、折扣等斤斤计较，对以路作抵的方式少有异议，却在"虚抵""实抵"上过多纠缠。盛宣怀等人的借款设计都未能切实地提出对修筑权、经营权和财务权的保护。近代中国路权的丧失直接由此而来，且极大地影响了以后的铁路外债。③ 另外有较大争议的一点就是国家作保。有研究认为"国家担保是信用担保，并不归属于抵押范畴"，从国家主权概念出发来理解国家担保，当无问题。④ 但是就具体问题而论，铁路总公司所经办的卢汉铁路，难以归为纯商业行为，此点在铁路公司成立的讨论中已经有了说明，问题在于如何理解国家在借款和筑路过程中的作用。

分析已有的史料，清政府似乎存一种趋利避害的倾向，即借用外资但尽力避免让国家承担债务，以国家的名义尽得铁路之利，而以公司的名义去承担所有可能的风险。铁路总公司的"官督商办"外衣或许在某种程度上能够解释清政府的这种矛盾立场。由于此种形式业已存在的弊端，主要是政府信用的严重弱化，导致了试图剥离政府与企业关系的国内招股行为归于失败。前期开平铁路、台湾铁路的建设都出现了此种现象。卢汉铁路不同之处在于，列强将其视为争夺在华势力范围的标志，谁取得铁路贷款，谁就可以占据有利地位。这种争夺，自然是将清政府当然地视为借款的责任人，而不论铁路公司如何设法把政府的责任抛出，各种努力总是归于无效。正如张之洞所言，"今以未成之路作抵，虽由公司签押，洋人知铁路现属公司，而后来之予夺之权仍在国家，故非国家作保不可"。⑤ 清政府经办大员自认为，国家担保的目的，只是为了确保对铁路的控制权，不会因为不能偿还本利而让债权人获得铁路所有权，甚至还要为此去劝说部

---

① 王铁崖编：《中外旧约章汇编》第 1 册，第 710 页。
② 马陵合：《清末民初铁路外债观研究》，第 68 页。
③ 参见马陵合《清末民初铁路外债观研究》，第 69 页。
④ 同上。
⑤ 苑书义等编：《张之洞全集》第 9 册，第 7289 页。

分清政府高层官员"国家但有作保之例,决非代还"。① 这种趋利避害倾向也是在多年与列强打交道过程中所产生的本能反应。

部分民间舆论此时也认可国家担保的借款,并认为这种贷款不属于国债,"商兴而借,而国家任其保责,不能指为国债",或许正如有的研究所指出的那样,国家作保的目的在于打消外国对中国使用借款的疑虑,"中国政府是铁路特权的让渡人,同样也是资金的主要请求人。对于强有力的和可靠的政府,金钱是可以无条件信托的,但中国政治的不稳定,再加以它管理财政的无经验,就逼使外国的金融家对它的投资不得不保持相当大的控制"。② 如果说得更浅显一些,即外国银行希望清政府作保,但他们又有对政局担忧,虽然满心希望清政府完全有能力偿还,但不愿放弃一定的直接控制权。

是否可以把卢汉铁路借款归入准条约,或许存在疑问。毕竟"奉旨代办"与"国家画押"在不同的研究者看来具有不同的意义,清政府似乎亦有意去规避尽可能承担的责任,但如果不是过度纠结于清政府画押与否,事实上该借款已经完全具备准条约的性质,盛宣怀以"头品顶戴"的身份签名于合同之后已经足以说明一切。如果从准条约的视角去理解,或许国家作保的困境就不太让人费解。由于中国铁路总公司官属督商办性质,一如最初电报局,实际上承担了管理的职能,无论如何,清政府都难以摆脱借款的责任。既然清政府是名义上的铁路所有权拥有者,又岂能在公司破产的情形下而放任外国人接管铁路,这其中的悖论,也只有在准条约的背景下才能有合理的解释。

(四) 铁路总公司与粤汉铁路

湘绅要求组公司自建铁路的筹划与清政府的应对。

美国曾参与卢汉铁路贷款的争夺,但最终未能如愿。争夺卢汉铁路的南延长线,即从粤到汉的干线铁路,成为下一个争夺的目标。铁路总公司成立之后,依据其成立前的提议,相继经手了除卢汉铁路以外其他重要铁路,粤汉铁路即为其中之一。事实上粤汉路是卢汉路的自然伸展,划归铁路总公司经理,亦是情理之中。光绪二十三年(1897),修建卢汉铁路的

---

① 马陵合:《清末民初铁路外债观研究》,第70页。
② [美] 欧弗莱区:《列强对华财政控制》,郭家麟译,第5—6页。

消息传开后，湘粤鄂三省士绅曾上禀清政府，要求修建卢汉铁路延长之南段干线，"中国幅员广远，南北相距万里，恃大海以通声气。今海军既无力能兴，设有外变消息，中段隔若异域，呼应不灵，必内地造有铁路，方可连为一气"。其实，此时的清政府已经意识到了铁路的重要性，不需要民间的呼吁，关键是建造资金的筹集和建造者选择的问题。"近者湘人讲求时务，风气渐新，电线之设，毫无阻碍。又恐他人先我而办铁路，切肤之痛，患在心腹，皆愿合群力兴办，塞绝其觊觎。"① 时任湖南巡抚的陈宝箴在致盛宣怀电中指出，"顷据湘绅前山东布政使汤聘珍等呈请创立湘粤铁路公司，集股开办，公举现署臬司长宝道黄道遵宪为总办，以专责成，而通湘鄂之气"。②

光绪二十三年（1897）十一月十五日，张之洞致电陈宝箴，对于湖南呈请设立湘粤铁路公司一事表示欣慰，并提醒创办铁路的困难情形。"惟湘绅未悉铁路甘苦曲折。朝廷于铁路一举，招商借债绝不担肩"，事实上张之洞此番言语实乃言不由衷，如果没有朝廷的担保，卢汉铁路借款不可能实现。张的目的或许在于打消陈宝箴向国家要求担保借款的可能，"现今卢汉以部款千万，官股三百万为底本，并借洋债四百万镑，由总公司订约，国家仅批准而不可肯担保，各国以为难。比人利其制造，始首肯"。张之洞同意由湖南另组公司办理粤汉铁路，但必须满足的条件是"粤汉总办若能独任华股七百万，并担当洋债二千余万，自可另树一帜；否则应由湘、鄂、粤三省各举一总办，仍照总署奏准原案，不脱总公司，方无窒碍"。

张之洞所提条件，超出陈宝箴的能力范围，粤汉铁路另立公司可能性基本不存在。张之洞所提出的办理粤汉、卢汉铁路的原则是"总之，权可分，利可共，章程不可不贯通，纲领不可不划一。各省路权尽可各省分任，路利必须公溥均沾"。光绪二十四年（1898）正月初五日，清廷以上谕形式确定粤汉路由铁路总公司"总其纲领"，要求"造路之资本，借款之办法，通行之章程，必须与卢汉公司一气贯注，始可收通力合作之效"。③

---

① 宓汝成编：《中国近代铁路史资料》第 2 册，第 494 页。
② 同上书，第 495 页。
③ 同上书，第 498 页。

美国合兴公司与借款合同的签订。光绪二十四年（1898）二月初一日，盛宣怀致电伍廷芳，"粤汉铁路奏准借款。请问华士宝、坎理或别人，五厘息，九五扣，给股份余利四分之一；除土工外，一切准其包造，另给五厘用。事权如税务司"，意在征求伍廷芳的意见，伍廷芳指出，坎理要求"九扣，余则照办"。① 光绪二十四年二月二十五日，盛宣怀致电王文韶、张之洞、陈宝箴，建议签署向美借款草约，"粤汉如不定借款，仍不免为英、法所攘"，"粤路非美莫属且晋路八厘，容议镇路洋股得余利四分之三"，"鄙见迅速定议为是！如钧意许可，乞速示，即电伍议草约"。②

光绪二十四年三月二十四日（1898年4月14日），《粤汉铁路借款合同》签署。合同开头载明："督办大臣盛奉大清国皇帝谕旨由汉口至广东省城创建铁路，奉旨设立铁路总公司，并奉旨督办总公司事务，今盛大人托大清钦差出使美、日、秘大臣伍大人与美华合兴公司代订合同。"③ 合同开头的这些文字，意在表明盛宣怀以"奉旨"为名，以督办大臣的身份，办理铁路事务，并委托清政府出使大臣伍廷芳代为订立合同。伍廷芳能够代表盛宣怀，且为美国公司所认可，主要在于二者都属于清政府国家体制内的政府要员，其背后是清政府。盛宣怀能够如此顺理成章地让伍廷芳签字，而伍廷芳又毫不犹豫地代签如此大笔的合同，不应在于二人之间的私人关系，而是因为他们都属于清政府，所签合同，不属于个人，亦不属于公司，而属于清政府。从卢汉铁路借款合同至粤汉铁路借款合同，意在竭力避免国家债务的清政府只停留在了言语上，张之洞所讲的"国家绝不肯担肩"恐怕只是清政府自身的愿望。

铁路总公司成立后所签订的借款合同还包括与英国订立的《沪宁铁路草合同》（1898年5月13日），基本上此一时期东南地区的铁路合同大多与总公司有关，但铁路总公司成立后并未如电报总局曾经做过的，即担负起清政府铁路管理部门的职能。此一时期事关铁路的对外交涉任务亦未有铁路总公司出面，身为督办铁路大臣的盛宣怀和志在经营铁路的地方督抚担起了这一职责。同一时期订立的《柳太铁路合同》就不在铁路总公司负责之内。

---

① 宓汝成编：《中国近代铁路史资料》第2册，第499页。
② 同上。
③ 王铁崖编：《中外旧约章汇编》第1册，第746页。

铁路总公司成立的初衷是负责卢汉及其相关路线的建造,以求一个统筹全局的修路机构,但事情远非如设计者所料想的那样,由于铁路事关各国在华势力范围的划分,列强之间的利益争夺远非铁路总公司所能应对。地方督抚之间与铁路总公司亦非步调完全一致,柳太铁路借款背后就不见铁路总公司的身影。"开办柳林、太原铁路,山西商务局拟由银行暂借,核计所需实款约二千五百万法朗克,约合华银六百八十万两",华俄道胜银行成功揽得合同。① 山西商务局所签订的《柳太铁路合同》不属于近代中国准条约的范畴,合同条文明确将中国国家排除在外,"此路借款系华、俄两国商人公同商办之件,所有赢绌,两国国家概不干预"。② 东省铁路公司以及山西矿务局等机构所获得的铁路修筑权,无疑削弱了铁路总公司的职能,为了完成统一全国铁路筹划的任务,清政府开始筹议铁路矿务总局。

(五)矿务类准条约及铁路矿务总局

矿务类准条约相较于铁路类准条约而言,出现的时间相对晚一些,主要原因在于清政府对开矿事项的国家专营控制较为严格。甲午战争后,清政府官办开矿的垄断遭遇挑战,为应对不断变化的形势,矿务类合同和矿务类准条约都开始出现。矿务类合同主要是由晚清地方政府组建开矿公司,并招徕外资和技术的加入,清政府本身并不对合同担负责任,因此该类合同并不具备准条约的属性。该类合同,可以统称为非条约类合同。在《中外旧约章汇编》中收录了一些非条约类矿务合同,如1898年5月21日的《山西商务局与福公司合办矿务章程》。章程明确:"山西商务局秉奉山西巡抚批准,专办孟县、平定州、潞安、泽州与平阳府属煤、铁以及他处煤油各矿",商务局转请福公司办理,60年为期。③ 又如1899年4月14日订立的《四川矿务华洋合办章程》,"四川矿务局设立华益公司,招商会同公司,扣立合同"。④ 华益公司的主管部门是四川矿务局,不具有对外缔约的资格,而且该章程没有载明清政府是合同的直接责任人,因此该章程属于涉外性质的文件,不属于准条约的范畴。

---

① 王铁崖编:《中外旧约章汇编》第1册,第760页。
② 同上书,第763页。
③ 同上书,第764页。
④ 王铁崖编:《中外旧约章汇编》第1册,三联书店1957年版,第879页。

甲午战后出现第一批的矿务类准条约中，以《南票矿务合同》较为典型。1898年10月10日，督办津榆铁路大臣胡燏棻与汇丰银行并代怡和洋行经理华英公司订立该合同。胡燏棻铁路督办大臣的身份，决定了该合同的中国责任方是清政府。由督办大臣胡燏棻向朝阳县南票地方购买上中下三票煤矿，然后与公司订立合同，合股开办。合同要求将上述地方及附近地方的其他矿产亦交由公司开办，但仍需经由督办大臣先行购买。开办资金约需100万两平银，由督办大臣及公司各出资一半，至于集资办法，则各听其便。合同还特别规定了建造煤矿铁路支路的问题，即"女儿河至南票煤矿支路，应由督办大臣按照与公司订立之山海关、牛庄干路及接连各路合同办理"。①以后又签订了《黑龙江开挖煤斤合同》《直隶顺德内邱临城矿务合同》等准条约类合同。

各国于甲午战后，在华掀起了一股瓜分势力范围的狂潮，其表现形式基本围绕筑路、开矿等具体事务而展开，要求在中国某一地区内拥有优先的利益特许。对于列强之间展开的争夺竞赛，清政府内部有着清醒的认识。光绪二十四年（1898）正月二十四日，盛宣怀在致王文韶、刘坤一、张之洞、陈宝箴的电文中指出，"处今日而欲散其瓜分之局，惟有照土耳其请各国公同保护。凡天下险要精华之地，皆为各国通商码头；特立铁路矿务衙门，统招中国及各国股份，聘请总铁路司、总矿务司，职分权力悉如总税务司"，如此做法，即使铁路建成"英、德不患俄独吞；缅滇路成，俄、法亦不患英独噬"，以便为国家赢得发展时机。②光绪二十四年三月十一日，盛宣怀致电张之洞，表达成立国家总公司的必要，"救分裂之弊宜合纵，故铁路莫妙于专设机关，由国家借各国巨款，设总公司合办全国干路，上策也"，在电文中，盛宣怀同时分析了当时各国对中国路权的争夺。③在铁路总公司成立后的如此短的时间内，身为铁路公司总办的盛宣怀就要求成立国家铁路专门机构，以弥补原有机构之弊端，总公司面临的尴尬处境可以想见。

光绪二十四年三月，总理衙门将黄思永奏折上奏清廷，请求设立铁路、矿务总公司。"由国家速设铁路、矿务总公司，所有中国之路、矿两

---

① 王铁崖编：《中外旧约章汇编》第1册，第840页。
② 夏东元编：《盛宣怀年谱长编》下册，第598页。
③ 同上书，第608页。

项，统归总公司筹款主持，无论华商洋商，皆准附股。勿专借一国之债，专附一国之股。"总理衙门指出，"现在东三省铁路由工部侍郎许景澄总办，卢汉及粤汉、苏沪路由大理寺少卿盛宣怀督办，津榆及京津铁路由顺天府尹胡燏棻办理，条理粗具，成效尚迟"。①

光绪二十四年（1898）六月十五日，清廷颁布上谕，宣布成立矿务铁路总局。"惟路矿事务繁重，诚恐各省办法未能划一，或致章程歧出，动多窒碍，亟应设一总汇之地，以一事权。著于京师专设铁路矿务总局，特派总理各国事务王大臣王文韶、张荫桓专理其事"，上谕明确要求以后所有开矿、修路等公司事宜，俱归该局管理。②虽然清廷明令成立路矿总局，事权归一，仍有人奏请由民间自办铁路，国家只负责监管。光绪二十四年六月二十二日，御史陈其璋上奏，认为"为今之计，不如明降谕旨，听凭我国商人，自借洋债，广为开办。国家但为保护，盈余亏折，绝不相干"，并要求各省督抚"不得以朝廷已设立总公司，藉端推诿"。③

成立路矿总局的另一个动机，或许是因为开矿事宜的日渐增多，有必要专设一个统筹机构，鉴于铁路的延伸与矿山的开采往往具有紧密的关系，因此将二者合于一个机构是最初的设想。矿务铁路总局大臣王文韶在总局成立后曾上疏，议及成立的原因时，将总局的设立比为各国矿务部、铁路部之类的机构，"京师专设总局，所以保国权而息纷扰，略如各国矿务铁路设部之例"。各国铁路运行办法均由政府核定，而中国不但有公司自定，而且各路标准不一，"户部与总理衙门均无案可稽"。王文韶建议总局先从户部、总理衙门清查档案，并渐及各公司，以便制定统一管理办法，"未经奉旨设局以前，无论官商拟办未确之事，均不得作为定案"，并将总局的办公地点临时设在总理衙门的西院。④

从制度设计层面而言，矿务铁路总局旨在制订相应的管理措施，并担当对外交涉的任务，但并不意味着对原有官督商办形式的进一步发展。在政府职能方面，总局只是一个指导和管理机构，并不准备去经营具体的某一条道路，这一点相比电报总局是有进步的。矿务铁路章程中的第一条就明确规定了矿、路建设的三种办法，"官办、商办、官商合办"，并认为，

---

① 宓汝成编：《中国近代铁路史资料》第2册，第523—524页。
② 同上书，第524页。
③ 同上书，第525页。
④ 同上书，第525—526页。

三者中商办最为适宜,"而总不如商办"。先期借款的道路牵涉到了国家担保问题,清政府一直认为不妥,在矿务铁路章程中再次提出该问题,"借用洋款,必须先禀明总局,由局核定给予准照,该商方能有议借之权。仍声明商借商还,中国国家概不担保"。①

矿务总局成立后,即着手加强自己的管辖权限,首先是通知各国。总理衙门于光绪二十四年(1898)八月二十一日致电各国驻华公使,照会要求各国商人在华订立合同章程必须经矿务铁路总局批准,"中国开矿造路等事,借用洋款,必须有矿务总局准办明文,方能作准。其有未经总局批准,私与洋商订立合同章程,无论办矿办路,成本若干,一概视同废纸"。② 对内则是由清廷以上谕的形式,严令各省遵循,"现在中外交涉日繁,如矿务铁路借款等事,皆关系重大,不得不格外慎重","嗣后各直省如有开矿、筑路借款及一切交涉事件,均须于事前将详细办法奏明,听候朝廷酌夺,勿得擅立合同,致多窒碍"。③

铁路矿务总局的成立目的在于统一对外交涉,以保主权,防外的倾向多于防内。铁路总公司在成立后,未能有效办理铁路建设中的对外交涉事宜,铁路建设各自为政的现象愈发严重,这其中最主要的原因在于各国图谋划分势力范围,远非铁路总公司所能应对。

铁路总公司创办之初,志在成立一个脱离国家系统之外的商务机构,以便在官督商办的名义下,筹得修建铁路的大宗款项。另外,可以从形式上摆脱外债对国家的束缚。经过短短的两年时间,具体经办铁路的大员已经意识到,原先的设计难以适应实际的情形。无论是卢汉路,还是东三省铁路、粤汉路,清政府非但未能摆脱由政府出面的形势,而且由于没有一个专管机构,各地的铁路修筑彼此之间因不同国家的借款问题而难以沟通。正是基于这样的一种严峻形势,矿务铁路总局才得以成立。该局实质上是在铁路总公司的原有业务的基础上,承揽所有对外交涉中的路矿事宜,清政府对内、对外所明令强调的,亦是为了保证该局的权力。铁路矿务总局的成立,属于清政府为路矿类准条约的订立所作的制度设计,相比于由总理衙门直接出面处理路矿外交涉事务,显然是一种进步。经过若干

---

① 宓汝成编:《中国近代铁路史资料》第 2 册,第 527 页。
② 同上书,第 526—527 页。
③ 同上书,第 527 页。

次试探和挫折以后，铁路建设终于走上类似电报总局的路子。

三 东省铁路公司与晚清中俄关系

东省铁路公司在准条约研究中具有特殊的地位，该公司在性质上是中国国家与华俄道胜银行合作下的产物，名义上该公司是中国企业，正如《合办东省铁路公司合同章程》中规定，"该公司应用之钤记，由中国政府刊发。该公司章程应照俄国铁路公司成规一律办理"。① 几乎同时与《合办东省铁路公司合同章程》订立的还有《银行合同》，二者都属于中俄之间的准条约，这两个准条约以其鲜明的特点，在甲午战后的准条约中独具特色，为研究战后的铁路准条约的发展变化提供了很好的研究例证。

（一）俄国对远东铁路的筹划

甲午战后，在讨论修建中的西伯利亚大铁路时，俄国财政大臣维特主张应该穿过中国而抵达海参崴，"从政治及战略方面来看，这条铁路将有这种意义，它使俄国能在任何时间内在最短的路上把自己的军事力量运到海参崴及集中于满洲，黄海海岸及离中国首都的近距离处"，从经济观点来看，"通过满洲的方向较诸为同一铁路设计沿石勒喀河及黑龙江的方向有下述的重要优势"，主要是建设费用低，运输距离短。维特明确指出，在当时的形势下，"欧洲列强很知道，在中国保障经济势力的有力方法之一是将铁路建筑权抓在自己手里，他们力求获得铁路租借权，还有铁路材料供售的合同"。为了与其他欧洲国家和日本争夺在华的经济势力及影响，"俄国必须追随自己经济竞争者的行动方式"，否则俄国将面临这种风险：其他欧洲国家在中国得到占优势的经济势力，而中国北方省份的最重要的铁路线会落在他们手里。为了杜绝上述情况出现，俄国需要做的是"必须用种种方法将中国北部的铁路网转入己手，首先要将由外贝加尔穿过满洲到海参崴的干线握在手中"。②

现有材料表明，在提出建筑经由齐齐哈尔到海参崴方向的西伯利亚干

---

① 王铁崖编：《中外旧约章汇编》第1册，第672页。
② 《财政大臣维特的节略》1896年4月12日，张蓉初译《红档杂志有关中国交涉史料选译》，第169—171页。

线铁路以前，俄国财政部已经事先有过讨论，并认定穿过中国的铁路是最好的办法。俄国驻华公使喀希尼在致总署的照会中，表明俄国为了修建西伯利亚铁路，将派员前往满洲先行勘探，"自应将满洲铁路所能经过各地情节数端，预先查勘，是以现拟派往满洲地方学士等数起，查勘各该处地势，便可照该学士等所得各情形，决定本国邻贵国疆界已开工西伯利亚铁路各段之所向，以免再移之难"，希望清政府提供外交通行便利。① 针对俄国呼之欲出的造路方案，清政府已经意识到问题的严重性，"查俄人在东三省借地造路，为中外形势交涉一大关键。今俄派员勘路，事已萌芽，盖两洲之大利所，两国之地形相倚，此时若不设法，他日必难与争衡"。② 总署意识到最好的应对办法是"奋力兴办"，由中国自造铁路，"计惟有中国自造铁路，在边界处所，与彼路相接，庶通商之权利尚可稍分，而辽海之形式不致坐失"。此时，张之洞提出建造的两点困难，"一则腹地未造，岂能远及边疆；一则岁息难偿，何容更借巨款"，但总署并不认可因为上述困难而放弃，"然执此二说，则东三省必为俄所蚕食，而所造之路，将永无归还中国之期"，权衡利害，"即使专借各国洋款，当不失为自强切要之图"。③

自造铁路与俄国铁路相接是清政府最初的计划，此点是基于国家主权所考虑，应该承认，此计划并无不妥。由于各种现实的困难，清政府的自造铁路计划很难实现，维特劝告许景澄，"本部代为中国计，目前未必有款，又无熟悉工程之人办理，恐难迅速"，并强调俄国铁路将于1898年达于黑龙江边境，"俄国铁路至九十八年，即可造至中国黑龙江省边界，若华路稽延不成，俄国仍不能通车至海参崴，于俄国颇有不便"，话语之中已有威胁在内。维特此时提出了建立公司，代中国建造的提议，"莫如准俄人集立一公司，承造此路，与中国订立合同。只要所定章程无碍主国事权，在中国可无它虑"。④ 维特建议许景澄致电清政府，告之先由俄国拟草稿，然后呈送中国核办，并强调最终的决定权仍取决于中国。许景澄不为所诱，"弟告以公司办法，与前奉本国训条自造之说不同，遽尔电请拟稿，

---

① 《总署奏俄人在东三省借地造路关系甚大应自行查勘兴办片》，《清季外交史料》卷118，第3页。
② 同上书，第2页。
③ 同上书，第2—3页。
④ 《许竹篔先生出使函稿》卷12，第9页；《中国近代铁路史资料》第2册，第348页。

殊有不便",拒绝了维特的提议。虽然许景澄拒绝将维特成立公司的提议转呈清政府,但维特还是通过俄国驻华公使,在北京与清政府直接商讨成立公司一事。

总署在致李鸿章电中(光绪二十二年三月二十日)指出"俄使喀希尼来,商接筑东三省铁路,本署允以中国自办,无须代筹款,代荐公司",遭到拒绝后,喀系尼竟谓"直谓中国不顾邦交,我与日本联络,另筹办法"。[①] 为了推动公司的成立,维特亲自向出访俄国的李鸿章做工作,"本欲借路速成,藉抒日患。今中国虽认自办,但素习颟顸,恐十年无成",李鸿章回以"代荐公司,实荐俄代办,于华权利有碍,各国必多效尤",不能得到肯定答复,维特威胁以"从此俄不能再助中国矣"。[②] 维特下述劝诱李鸿章的语句为研究者们广为引用,"我国地广人稀,断不侵占人尺寸土地。中俄交情最密,东省接路,实为将来调兵捷速,中国有事,亦便帮助,非仅利俄"[③],面对沙俄采取的恩威并济的政策,清政府需要作出回应,而不是一味拒绝。1896年6月3日(光绪二十二年四月二十日),权衡利弊之后的清政府最终与俄国签订了《御敌互相援助条约》,即一般称为的《中俄密约》,通过此条约,中国向俄国承诺修建铁路以达海参崴,并规定"其事可由中国国家交华俄银行承办经理"。[④]

通过条约约文,似乎铁路的所有权为中国国家所有,但事实上在《中俄密约》订立之前,维特已经与李鸿章协商好了所谓的密约三要旨,将铁路所有权及相关国家主权允与俄国。第一条即"中华帝国同意允许俄国通过中国领土建筑一条中国和海参崴间的铁路,但这条铁路必须委托给一私人公司",之所以这样做,是因为李鸿章"坚决拒绝我的关于把这条铁路交由(俄国)国库出资建筑的提议。因此,就必须组织一家私人公司,即中东铁路公司"。至于公司的性质,"自然这个公司是完全受政府支配的,但由于名义上是一家私人公司,它就受财政部的管辖了"。第二条,"中国同意让与为这条铁路的建筑和行车所必需的用地。在这条铁路用地内,允许这家公司有自己的警察,行使充分的不受干碍的权力。关于这条铁路的建设和营运,中国本身不负任何责任"。第三条,"日本如果进攻中国领土

---

① 《交通史路政编》第5册,第3506页;《中国近代铁路史资料》第2册,第349页。
② 《清季外交史料》卷120,第21—22页。
③ 《清季外交史料》卷121,第5—6页。
④ 王铁崖编:《中外旧约章汇编》第1册,第650页。

或我们的远东沿海领地,二国应互相防护"。①

通过上述历史事实,可以认为:中俄两国通过公开的条约和私下的外交谈判,有意使东省铁路的修建成为一个准条约性质的合同,而非国家间的条约。中国此举的目的在于维护国家名义上对铁路的所有权,以合清政府内部一直以来所追求的自造铁路的要求,另外是为应对复杂的外交形势,不给其他列强以争夺中国铁路权的口实。李鸿章坚拒维特所建议的由俄国国家直接出面组建铁路公司的提议,最主要的考虑也在于此。

(二)《合办东省铁路公司合同章程》及其后续合同

1896年9月8日,清政府与华俄道胜银行订立《合办东省铁路公司合同章程》,创立了铁道类准条约的一个特殊类别。通过此章程及后续的《东省铁路公司续订合同》以及《吉林铁路交涉总局章程》,构成了围绕中东铁路而形成的系列准条约,这一系列是准条约中的独特类别,因其对中国行政主权的破坏和挑战,值得对其进行深入探究。该系列章程系承中俄之间的正式条约而订立,即先前订立的《御敌互相援助条约》的具体条款已经规定了该章程原则性条款。通过该章程,使筹建中的铁路成为一个凌驾于中国主权之上的特别区域,在此以前的准条约中尚无此先例。无论是电信类准条约还是贷款类准条约,尚属于因具体业务而抵押或让与某些优惠,而此章程则完全创立了一个新的模式,为晚清准条约的发展提供了另一个例证。

《章程》系典型的准条约,因为其缔结者一为清政府,这是一个完全的国际法主体,一为华俄道胜银行,这是一个典型的私法人。华俄银行的创立经过、资金构成及组织管理情况都表明,这是"一家结合了法、俄、德三国金融资本,以法国金融资本为主的跨国银行"。该行不同于一般银行之点在于其"股权和管理权背离,(管理权)始终操纵在沙皇政府手里",以至于很多研究者认为其不过是略加伪装的俄国财政部的分支机构及其驻华办事处。②虽然该行具有较强的国家背景,但其终究是一个法人组织,正如研究者所认识到的,"总之,维特为了推行他的侵略远东的新方针,需要一个以私营企业为掩护的金融组织充当他的政治手段和经济手

---

① [美]亚尔莫林斯基:《维特伯爵回忆录》,傅正译,第77—78页。
② 中国社会科学院近代史研究所:《沙俄侵华史》第4卷(上),第32页。

段。拟议中的银行就是这样一种手段"。① 华俄道胜银行可以得到沙皇政府的特别照顾,尽可能多地得到国家的订单或合同,并且在从事对外业务时可以获得国家的优先保护,但是所有的这些优势都不能从根本上改变它在国际法上私法人的身份。华俄道胜银行在东亚的活动经常可以得到沙皇政府的支持,甚至某些合同就是由沙皇政府为银行争取的,但是这一点无助于更改此类合同的非条约性质。沙皇政府的这种行为只是为本国银行争取业务,履行自己保护本国银行的义务。这种保护在我们看来当然是赤裸裸的侵略和对中国主权的侵犯,可是华俄银行毕竟不能代表作为国际法主体的俄国国家。②

1896 年 9 月 8 日的《章程》第 5 款规定:"凡该铁路及铁路所用之人皆由中国政府设法保护。至于经理铁路等事需用华、洋人役,皆准该公司因便雇觅。所有铁路地段命、盗词讼等事,由地方官照约办理。"③ 这里照约办理的规定,为以后铁路附属地治外法权提供了依据。1898 年 7 月 6 日的《合同》第 5 款规定:"俄国可在辽东半岛租地内自行酌定税则,中国可在交界征收货物从该租地运入或运往该租地之税。"东省铁路公司竟然能与清政府订立此有关协定税则的协议,以一合同的外衣确立国与国之间的商约性质的内容,实为罕见。1899 年 5 月 31 日的《吉林铁路交涉总局章程》第 2 条规定:"设立该局,专为定办吉林省所有各事件,或正关涉铁路公司,或连涉铁路公司,再或正关涉或连关涉与东省铁路作工之人,并承办各种工作之包揽人及各匠人均归哈尔滨总局定断办理。"④

这三个准条约以铁路类合同的名义,规定了远超铁路范围的政治和经济特权,是甲午战后准条约发展的一个顶峰,但其发展方向并非沿着洋务运动以来的近代化路线,而是一条半殖民地路线。铁路在物质属性上亦属近代化的内容,但无论如何,东省铁路的修建所能起到推动中国近代化的作用已经被其对中国主权的损害所遮蔽,一个不属于中国管辖下的近代化企业,如何能有利于中国的发展呢?因之而起的日、美等对中国东北三省铁路建设的争夺,已经超出了经济的范围,而直接影响了此后中国历史的发展方向。

---

① 中国社会科学院近代史研究所:《沙俄侵华史》第 4 卷(上),第 28 页。
② 参见侯中军《近代中国的准条约问题研究》,《史学月刊》2009 年第 2 期。
③ 王铁崖编:《中外旧约章汇编》第 1 册,第 673 页。
④ 同上书,第 904 页。

四 晚清铁路类准条约的出现与
近代企业社会责任的发展

因危亡形势日亟，中国铁路类准条约未能拥有一个类似电报局这样的全国性的统辖机构，而是由清朝中央政府或相关政府机构出面订立。矛盾中的清政府，在孱弱的国力下，一方面希望保持铁路的主权，另一方面又不愿因借款问题而损及国家，但种种努力均未能奏效。正如盛宣怀在1898年所指出的，"查铁路一事，各国皆由自主，而中国自俄造东三省路，法造粤西路，德造山东路，皆系总署与各使立约，已归交涉。现惟英美国尚肯顾全大体，有归商务之意。盖一归商务，可由中国造路公司与外国借款公司订立合同，准驳之权仍归政府，可消除许多后患"。[①] 事实证明，清政府并非缺乏建立统管全国铁路机构的决心，中国铁路总公司的成立就是朝着这一目标努力的第一步，但该公司计划以卢汉铁路为核心的建设中国铁路网的计划很快遭到挑战。各国在华争抢势力范围，并以铁路修建和开厂办矿为表现形式，为应对汹涌而来的办路和开矿要求，清政府宣布成立矿务铁路总局，负责管理和交涉。矿务铁路总局是清政府从制度上应对各国在华抢夺筑路开矿特权的措施之一，相比于早期的电报局而言，这种独立的专门管理机构的成立，应该属于一种进步。在处理对外经济交涉时，不再需要总理衙门直接面对国外的公司银行，为保护中国路矿主权提供了一个形式上的保障机构。

此一时期的准条约表现形式并不明显，甚至很多的合同和章程有意避免让清政府卷入其中。在摸索铁路建设的过程中，先后有多家机构承担此一事项的管理职能，起初是海军衙门，继之是铁路总公司，然后是矿务铁路总局。甲午战后短短的三年时间里，主管铁路建设的机构竟然几乎年年在变，亦从另一个层面体现了此时铁路类准条约的复杂情形。相比于政治类贷款和电信类合同，铁路合同缺乏典型特征，在对每一个合同进行具体分析前，难以一概归入准条约类别。

由于此一时期的铁路建设并未形成一个全国性的能独立承担对外交涉的企业，因此很难依据某一个公司的行为从准条约的视角对企业社会责任

---

① 夏东元编：《盛宣怀年谱长编》下册，第627页。

进行总结。铁路总公司所负责的卢汉、粤汉干路，对外交涉重点在于借款，而在关于如何确保中国路权问题上，总公司之前的开平铁路公司以及之后的山西商务局更能给人以启发。矿务铁路总局的成立是清政府从国家层面对铁路企业管理的开始，矿务铁路章程体现了清政府对相关企业的责任要求："无论督办集股，均准专利。至年限长短，临时查看资本轻重，获利难易，再行酌定。"①

　　铁路类准条约所体现的企业社会责任形式，相比 20 年前的中国电报局而言，并未取得多少进步，但在表现形式上却复杂化了。铁路类准条约中有完全官办性质的合同，典型的如《龙州镇南关铁路合同》，清政府完全将修路和经营铁路之权委与外人，此种官办企业并未能为清政府留住铁路主权，对于这一企业社会责任的最高形式——国家责任而言，龙州铁路可谓是一个失败的案例。同样性质的还有东三省的铁路。通过准条约性质的后续合同，清政府竟然把税收权和治外法权给予了外国公司，这种给予将近代企业社会责任的发展形式发挥到了极致，国家责任与企业责任以一种倒挂的方式体现出来。难能可贵的是，清政府内部在办理铁路问题上，开始思考官督商办企业的组织形式的利弊，建议将官的色彩从企业组织形式中剥离开来，组建完全意义上的法人企业。刘坤一的意见虽未被采纳，但清政府希望抽身出借款合同之外的意愿相当明显，从铁路总公司到矿务铁路总局，都体现了清政府的此种考虑。但事与愿违，表面上试图摆脱国家担保形式的清政府，并未完成原先的设计，不但路权丢失，政府也背上债务的包袱。官督商办企业性质的背后，官利制和报效制是在部分招股章程中明文加以规定的。

---

① 宓汝成编：《中国近代铁路史资料》第 2 册，第 529 页。

第五章 《辛丑条约》以后准条约发展的新趋势

《辛丑条约》签订后，晚清中国的准条约发展渐趋多样化，在此之前已经出现的准条约形式此时得以集中展现，电信、政治贷款、铁路、矿务等类别的准条约都出现了。上述准条约的出现与清政府的灭亡存在何种联系，这是本章准备解决的问题。

一 晚清十年准条约所处的背景

义和团运动与准条约的发展变化。义和团运动曾一度是国内学界研究的热点之一。近年来关于义和团的研究已经渐趋平淡，以往所关注的关于义和团的成因、来源、性质、意义等方面的研究已经很少，虽然在2010年义和团运动110周年之际，举行了一次大规模的学术研讨会，但这种趋势并未得到根本性扭转。义和团是甲午战争和戊戌维新之后再一次影响了中国历史走向的重大事件。在时间顺序上，这三次历史事件前后相连，与此一时期中国对外关系的发展有着密切联系。就本书所研究的准条约而言，由甲午战争而引发的政治贷款、路矿合同等项内容，经历过义和团运动后又有了新的发展。从更广阔的层面上，义和团运动给准条约带来的变化，已经隐约可见其与近代民族主义、国民外交运动等所产生的互动关系。

本书将义和团运动引入到准条约研究的背景之中，很重要的一点就是义和团对一切形式的西方事物的极端排外，不论是器物层面还是思想层面，都属于义和团反对的内容。自洋务运动以来，近代中国逐步积累和发展起来的电报电信事业、铁路事业、轮船邮运等，都被义和团视为加以消灭的对象。义和团所做出的这些行为，或许更主要的是一种情绪发泄，而非其运动的根本，因为无论铁路还是电信与其所倡导的"扶清灭洋"的宗旨并无直接关联。

柯文曾指出，在19世纪的最后几年里，中国人与洋人和外国技术直接接触的机会是增多了，但这些机会在华北分布得并不平均，"对华北平原绝大多数中国老百姓而言，与席卷华北的干旱不同，外国势力在1899—1900年并无明显的增长。无论就中国教民社区的扩大及天主教和新教传教士团体力量的加强来说，还是就铁路和电报的建设及外国军队的入侵而言，生活在远离中心城市的农村地区的老百姓在这几年里实际上很少有直接接触这些洋人洋物的机会，即使偶尔有之，也有很大的局限性"。这种不平均导致一种奇特现象：在山东境内，外国的经济活动最兴盛的地区，显然没有义和团的影子，还有将近一半的传教地区也没有闹义和团。①

柯文所讲述的这种现象，似乎在表明，近代工业的发展与义和团之间并不存在直接关系，而是要说明，排外的狂热主要是由饥荒而引起，人们对饥荒的忧虑情绪以及随之而来的困惑和恐惧使得中国人倾向于接受极端的解释和采取极端的行动。如果脱离开甲午战争以来列强对华的侵略以及清政府的应对失策，离开这种大的社会环境，很容易得出这种结论。自洋务运动以来，清政府力图发展的近代工业是取得了一定成就的，从制度层面而言，这种成功得益于洋务派所采取的官督商办或官商合办的形式。就大方向而言，投身于近代工商业的晚清士绅在甲午战前基本上是集中于轮船招商局、电报局等形式的近代工业企业，在其他领域如面粉制造等行业内，很少发生对外交涉。官督商办的形式，使得民间的力量有渠道投资于近代工业，官督商办虽然有时候被认为是"与民争利"，但在高度集权的晚清社会，又何尝不是"让利于民"。甲午战前，以电报类准条约为代表的对外经济交涉基本上是成功的，虽然铁路和开矿已经出现，但并未形成准条约的形式，清政府还能掌控形势。甲午战后，形势陡转，随着列强在华瓜分势力范围，路、矿权逐渐丧失。刘坤一等此时也对官督商办形式的企业设计提出疑问，希望改由商办，但现实的环境并不允许。此时中国的民间资本面临两种困境：一是需要政府的扶植，但又完全不信任政府监督；二是主张路矿自办，但又希望由洋人参与监管。在政府与洋人这两种强势力量面前，民间资本的复杂心态可见一斑。

---

① ［美］柯文：《历史三调：作为事件、经历和神话的义和团》，杜继东译，第78—79页。

义和团兴起之前，路矿等准条约并未吸引大量民间资本的参与，清政府大举借债，是以以路作抵的形式为担保的。

清政府希望铁路完全商办，现实中行不通，招股章程几成空文，国家出面组织的中国铁路总公司事实上是铁路借款总公司，随后成立的路矿总局，其主要职能似乎亦在于监管外债的举借。无可否认的事实是，甲午战争改变了中国近代化的道路，准条约的形式也因之而改变。路、矿准条约更多的是借款而非想象中的与外人争利。义和团运动前，清政府所面临的此种近代化困境当为解释义和团爆发的时代背景之一。另外一个值得我们探究此种背景的原因是，义和团运动后，中国发起了铁路国有化运动，而事与愿违的是，铁路政策的改变进一步导致了清政府的垮台。1901年9月7日，清政府被迫与各国订立《辛丑各国和约》，派遣醇亲王载沣赴德谢罪，赔款白银4.5亿两。"此欠款一切事宜，均在上海办理如后：诸国各派银行董事一名，会同将所有由该管之中国官员付给之本利总数收存，分给有干涉者，该银行出付回执。"① 此次赔付数额如此之大，且时隔上次战争赔款仅仅5年，其对中国准条约的影响如何，是本章需要探讨的问题。

二　庚子赔款的偿付方式：列强关于政治类贷款与外债的讨论

（一）庚辛议和与不再借款：赫德之筹划及英、德之协作

庚子赔款的总数达到4.5亿两白银，此时清政府根本没有财力支付如此巨额的赔款，但不同的是，上次争相向华政治贷款的各国，此时最后所议定的还款方式是抵押分期偿还，而非政治贷款。对于此种由海关为主导的抵押还债方式，学界的评价基本上是以批评为主，认为其直接导致了中国海关主权的丧失，"从此，中国点滴的关税，都通过海关这个导管源源不断地输送到外国去。中国海关的性质开始发生了根本性的转变。作为中国机构的海关，名副其实地变成了外国在华的代理机构"。② 甲午战后的3次政治贷款所形成的准条约开创了借款类合同新的类别，而庚子赔款最终并未以准条约的形式取得，这对此一时期准条约的发展起到了巨大的影

---

① 王铁崖编：《中外旧约章汇编》第1册，第1003—1005页。
② 许毅主编：《晚清外债史论》，第471页。

响。庚子赔款问题学界已经有相当研究，本节主要关注其归还方式的讨论与拟定，因该项主要关涉到了准条约。

在义和团运动尚未结束时，赫德于1900年撰写了系列论文，阐发其对中国问题的认识，并将其汇编成《这些从秦国来——中国问题论集》，英文原名为 These From the Land of Sinim, Essays on the China Question。呼吁支持清政府的统治，不要瓜分中国。论及即将到来的议和谈判，赫德认为甲午战后对日本的赔款已构成一个沉重负担，对此次赔款的数目各国应将其降至最低，并本着同情和迁就的精神对待中国政府。① 1901年11月26日，赫德自述其写作这些文章的动机，并自嘲"虽然从文学的角度来说，这些文章一无可取，缺点甚多，其中却包含着中国问题的精髓——发病原因和治愈的方法"。赫德自认"我的文章的价值在于，对所论及的问题是经过咀嚼、消化并吸收了中国人的思想和感情的"。②

在1900年10月各国谈判议和条件往来商议时，已经开始初步涉及赔款问题。1900年10月5日，法国公布和谈通牒，其中要求谈判的基础中包含有"合理地赔偿各国政府和私人"一项，对法国的建议，除日本外，各国均表示赞同。③ 但另外一个因素也开始困扰各国，中国为赔偿甲午战败所举借的款项每月需偿付大量利息，义和团运动显然打乱了原有的赔偿步骤，赫德显然注意到此种状况，"有人担心中国将付不出本年12月到期的俄、法借款半年利息30万镑。如果真是这样，恐怕将有一番吵闹，并且会引起干涉，提出新的管理办法"。④

10月25日，赫德在其所拟《围攻使臣始末节略五》中，正式涉及赔款问题，对甲午战后之借款多有反省。赫德自认"赔偿日本借款所借之数，第一次一千万两，嗣又借英金三百万镑，又向英德两行两次商借英金各一千六百万镑之四款，均由总税务司经手办理"，上述借款过程中有两项难处：一是"于定借之前，另有多人纷纷向无力借银者议借，

---

① 参见陈诗启《中国近代海关史》，第342—350页。赫德所著原文请见叶凤美译《这些从秦国来——有关中国问题文集》2005年版，据 Chapman&Hall, LD 出版社（伦敦）1903年版，第2版译出。
② 《赫德致金登干》，2919，Z/783，中国第二历史档案馆、中国社会科学院近代史研究所合编《中国海关密档》第7册，中华书局1995年版，第123页。
③ 《1900年10月6日伦敦来电新字第418号》，中国近代经济史资料丛刊编辑委员会《中国海关与义和团运动》，中华书局1983年版，第12—13页。
④ 《1900年10月14日北京去函》，《中国海关与义和团运动》，第13页。

致令有力者疑中国极贫,借与银款,恐无把握";二是"及令办之时,又有多人纷上条陈议拟办法,致令人疑总税务司之言恐难凭信"。如果将此两点作为赫德对甲午战后借款的教训总结,似乎总有些不痛不痒之感。其出发点是基于中国自身的借款困境及其个人感受。是否这些难处是导致日后改变借款方式的根本原因,或许要进行慎重的分辨。在此节略中,赫德认为此次中国赔款,当会超过甲午战后赔款,"自应早为默计,俾免临时无法可施"。赫德表明自身对承办贷款的态度"总税务司实非欲揽此多劳无益之举,若并未拟用,总税务司自可不必多言。设若仍拟委办,则须先有所请者"。赫德要求清政府预先做到的两点是:(1)如果中国国内有人主动愿意出借款项,议定合同,应先予以拒绝;(2)如果外国有人自愿商借款项,应以未奉上谕为由,婉拒要求。做到上述两点"似不致将来有割地之患,亦不致有借词代管国政之累,不然时事将不知如何结局也"。①

正式谈判开始前,赫德心中始终将赔款问题作为一大难题,"另一困难是赔款问题。我估计总数不致超过5000万镑,即使这个数目中国也难以支付!我将尽力使中国取得最便宜的条件,但恐各国都想在赔款以外使他们'本国人'能生财有道,因此他们是否肯答应还有问题"。② 1900年11月中旬,各国公使为议和所进行的讨论大体结束。11月15日,赫德在去函中表露了他关于赔款问题的想法:反对国际共管中国财政,"赔款当然不是容易的事,如果再规定由一个国际管理委员会管理中国财政,对于海关将造成不利的局面";至于赔款总数及方式并未提及,赔款当然不是件容易的事,但表示"我们将尽力设法在最便宜的条件下筹付",且信心满满地表示"我已胸有成竹,但暂不发表,以免时机未熟反而有害"。③ 显然,此时偿付方式已经进入赫德主要考虑之内,和议尚未开始,因此时机未到。

11月23日,德国外交大臣李福芬致电驻伦敦大使哈慈菲尔德伯爵,商谈提出向中国要求赔款的问题,要求向英国政府探听意见。他表示德国"能赞同任何能最好取得战费赔偿的方式",此时赫德所预估的5000万镑

---

① 《赫德围攻使臣始末节略五》,1900年10月25日,《中国海关与义和团运动》,第41页。
② 《1900年11月1日北京去函(未编号)》,《中国海关与义和团运动》,第15页。
③ 《1900年11月15日北京去函(未编号)》,《中国海关与义和团运动》,第16页。

的赔款已为德国所知。① 李福芬建议赔款总数中德国应获得 1500 万镑，并以此作为要求的基础。哈慈菲尔德从英国得到的消息是，英国"不希望过度地危害中国的财政地位"。英国此时的确尚未提出赔款预案。②

1910 年 12 月 24 日，辛丑议和正式开始。那桐在赴西班牙公使署参加议和之前，于当日早上 8 点先行到达赫德驻地，并在那里与庆亲王会合，一同前往议和现场。赫德对中国议和代表的影响由此可见一斑。赫德出于避嫌，并未应庆亲王之邀参加各国公使举行的会谈，他本人的解释是"那样将造成一种英国在谈判里操纵的气氛，而且容易引起反对，不过会议进行的一切情况，和中国所采取的每一步骤，他都应当让我知道"。③ 学界曾经认为这是赫德故意在幕后牵制谈判，认为"谈判完全落在总税务司掌握中"。④ 客观上，赫德的确全盘参与了谈判，并对议和的重大原则多有建树，但如果即此认为赫德完全掌控了谈判，则或许有不实之嫌。赫德索要所有的文件，如果抛除其个人的动机，出于全面了解谈判进程而言，当然为必要。事实上，当时清政府已经失去应对全局的方略，亟盼能有人出来与列强沟通，赫德居于幕后的筹划，并无大的不妥。

此时英德之间已经就赔款方式开始私下接触，时任德国首相布洛夫伯爵致电德国驻伦敦大使，催促与英商谈赔款问题，"现在看来，澜斯当勋爵希望对执行方法的细则，尤其是采用什么方式来得到必要的金钱的交换意见的时期，不容再缓了"。布洛夫赞赏赫德治下的海关，"我们不特承认他有卓越的专门知识，而且他是大公无私的对于我们的经济利益予以公平考虑"，建议应得到赫德所领导的海关的支持，将"海关系统之适当改组，赫德爵士职权之扩大，及其职员制充分增加"作为解决财政问题的目标。在讨论赔款问题上，布洛夫认为应该关注以下两点：第一，"债务之偿付愈稳定，则中国政府所需用款将更便宜和更容易得到"；第二，"旧债权人决不应因新债之发行，致其有价证券贬值而遭受任何损失"。德国向英国表达了反对"建立一个欧洲人领导，或者只用欧洲人管理中国全国的财政

---

① 《外交大臣李福芬男爵致驻伦敦大使哈慈菲尔德伯爵电》，柏林，1900 年 11 月 23 日，孙瑞芹译《德国外交文件有关中国交涉史料选译》第 2 卷，商务印书馆 1960 年版，第 327 页。
② 《驻伦敦大使哈慈菲尔德伯爵致外部电》，伦敦，1900 年 11 月 29 日，《德国外交文件有关中国交涉史料选译》第 2 卷，第 328 页。
③ 《1900 年 10 月 28 日北京去函》，《中国海关与义和团运动》，第 14—15 页。
④ 陈诗启：《中国海关史》，第 350 页。

制度",反对共管中国财政。① 德国此时并未决定采取何种方式获取赔款。

关于赔款方式虽然赫德尚未向各国提出建议,但其已经向中国政府提出,并征询意见。在 26 日致张之洞电文中,袁世凯提及赔款问题时认为"付款必须借债,可缓者应商分期,关税盐厘均可担保,谓地丁一项须慎重"。建议张之洞"入枢府",盛宣怀"入农部",这样才能找到办法。② 盛宣怀在十一月初七日(12 月 28 日)寄给张之洞、袁世凯的函件中指出"赫德前拟四五十年内每年须筹三千万,系指分期四五十年本利一并在内,如能不借银行之款,即与各国商定担保之法,分年归还,免出利息,数目不必商减,便宜实多"。③ 由此可推断,在辛丑和议开始前,清政府已经就赔款方式有了探讨,赫德的建议显然在考虑之中。盛宣怀亦于此时成为清政府选中的处理赔款问题的人选,"款成,正思藏拙,恩擢一阶,又须看大局为进退之据",并征询袁世凯的意见。十一月初八日(12 月 29 日)袁世凯回复盛宣怀,"各电悉,大纲已允,可望就绪,担保赔款,惟有公任司农,香入枢府,弟等竭力奉行,或可取信于人",劝盛担当此任。袁世凯亦认识到,各国可能重用赫德。④ 刘坤一此时亦支持分期偿还的办法,在劝盛宣怀出面的同时,提出自己的担忧,"新政势在必行,弟人才不易,仓猝间亦难骤得,巨款担保,须有切实凭据,或以新议加税及各省地丁做保何如,若办到,则四五十年中所省不下千兆,诚补救大端",刘坤一还担心"未知外人肯允否耳"。⑤ 透过这些督抚之间的函电,可以确认的是清政府所倾向的赔款方式是分期摊还,但在以何种办法作保方面仍然未有明确的选择。

赫德与盛宣怀二者谁是分期摊还的首先提出者或许是一个问题,但这并不影响这样一个论断:辛丑和议正式开始前,分期摊还已经成为清政府内部的选择,如果考虑到赫德所治下的海关仍然属于清政府所辖,则赫德

---

① 《帝国首相布洛芬伯爵致驻伦敦大使哈慈菲尔德伯爵》,柏林,1900 年 12 月 29 日,《德国外交文件有关中国交涉史料选译》第 2 卷,第 331—333 页。
② 《袁抚台来电》,光绪二十六年十一月初六日,吴剑杰编著《张之洞年谱长编》,上海交通大学出版社 2009 年版,第 665—666 页。
③ 《寄江鄂督帅山东抚帅》,光绪二十六年十一月初七日,夏东元编《盛宣怀年谱长编》,第 709 页。
④ 《袁尉帅来电》,光绪二十六年十一月初八日,夏东元编《盛宣怀年谱长编》,第 709 页。
⑤ 《刘岘帅来电》,光绪二十六年十一月初九日,夏东元编《盛宣怀年谱长编》,第 709—710 页。

的建议亦应属于清政府内部的范围。不同的是，鉴于赫德在当时国际社会的影响力，他的建议较容易得到各国重视。1901年1月2日，张之洞致电庆亲王奕劻、商务大臣李鸿章，赞同盛宣怀所提议的赔款办法，"与盛京堂商议赔款事，盛拟不借款而以他事他物担保，既省息又免扣，可省数万万，极为善策"。① 1月3日，袁世凯发电赞成盛宣怀，"杏公立论尤为透彻。再无实政，何能自立"。② 张之洞此时建议，自借国债还款，"筹赔款之法，拟自借国债，不借洋债"，其办法是"借之民间，各省派定借数，照英国国债办法，每年付息三厘，与国同休、永不还本"。此议遭到各省反对，认为不可行。③

盛宣怀于1901年1月5日被任命为会办商务大臣，处理赔款问题。1月13日，盛宣怀上奏清政府，陈述其预筹赔款办法。该奏折分析了赫德所拟的《围攻使臣始末》节略中的赔款问题，"庆邸、李相前示赫德节略内称：无论何项办法，四十五年，每年须筹出三千万两，彼盖连借款利息计算在内，共需十数万万之谱"，如此巨额赔款使得"四五十年内，只能还债，断无发展余地"。盛宣怀虽然认为赔款为数过巨，但并未对赫德所提议的赔款方式提出异议，而只是希望在减免赔款数额上提出办法。④

1月16日，赫德在其所拟《围攻使臣始末节略七》中已经提出了致各国照会的草稿，在赔款问题上提出了两个要点，一是如何筹备款项；二是如何按时交出。在要求各国将各自所要求赔款总额先行开列单据的同时，要求各国"不以富国看待，不然担荷太重，必致多年与民气商情两有妨损"。照会向各国承诺"此事中国既允，自系中国必能办之事"。⑤

1月29日，德国内部已经开始讨论赔款方式问题。认为可以考虑三种办法：（1）每年分期付款；（2）接受一笔由各国担保的借款并整理一切旧债；（3）中国接受一笔新借款，以个别可靠税收为抵押品。德国倾向于第三种办法，中国以税收作抵，接受一笔新借款。此种办法显然系沿袭甲午战后赔款的路数。而或许此时德国并不清楚，德国所倚重的赫德并不希

---

① 夏东元编：《盛宣怀年谱长编》，第711页。
② 同上。
③ 《为筹赔款事电商江宁刘制台，上海盛京堂及各督抚》，1901年1月4日，《张之洞年谱长编》，第666页。
④ 《预筹赔款办法电奏》，夏东元编《盛宣怀年谱长编》，第715页。
⑤ 《赫德围攻使臣始末节略七》，1901年1月16日，《中国海关与义和团运动》，第43页。

望以此办法进行赔款。①

在 2 月初与李鸿章会谈时，李告诉赫德，惩办祸首容易，但赔款困难。2 月 11 日写给金登干的函件中，赫德明白讲明了他已经成熟于胸的赔款方案，"各银行都准备发一笔大财，但是我们希望各国同意分年摊还，避免由银行承办"。这是目前所见赫德关于赔款偿还方式的最早记载。赫德经手过英德借款及续借款，并为其居间的成功表示得意，此时断然表达了拒绝各银行提供贷款的偿还方式。至于国际共管中国委员会，赫德亦不赞成，这一点与其和议谈判前的筹划一致。赫德认为，有些国家在中国并无利益存在，他们之所以要求成立国际管理委员会，就是要插手中国的事务。②

2 月 10 日，英国外交部曾致电赫德，要其提交一个"最有益"的偿还方式，"英国外交部约我以非官方方式提供资料以协助他们确定中国力能支付的赔款数额和有利于一般利益的最好筹款方法。希望我的建议能减低赔款数目，并防止国际共管财政"。③ 显然英国外交部亦未首选由银行提供贷款的方式，而这一点与赫德已经筹议中的借款方式存在共通之处。对于英国政府的询问，赫德除表示接受外，还建议英国外交部应事先与中国沟通，"请即协助外交部，在决定数额前，最好先问中国有何计划"。④

德国于 1901 年 2 月 21 日向英国提出备忘录，主张以中国增加关税为担保而借债，目的在于急于获得现金。但英国对于德国的提议迟迟未予答复。1901 年 3 月 24 日，德国首相布洛夫伯爵上文德皇威廉二世，指出赔款问题进展缓慢，"主要应由英国政府负责，它对陛下驻伦敦大使馆提出的种种申述与提议，到现在为止有时全无答复，有时得到规避的，或一般性的答复"，建议德皇派遣一名熟悉中国事务的专家到伦敦，磋商赔款事宜。德国前驻上海总领事施妥博博士被选中。⑤ 布洛夫在其第二日的记录中写道，"陛下提议在赔款问题上取得俄、法、日的支持"，德国的公使是

---

① 《帝国首相布洛夫伯爵致驻北京公使穆默电》，柏林，1901 年 1 月 29 日，《德国外交文件有关中国交涉史料选译》第 2 卷，第 343 页。
② 《1901 年 2 月 6 日北京去函 Z 字第 881 号》，《中国海关与义和团运动》，中华书局 1983 年版，第 17—18 页。
③ 《1901 年 2 月 10 日伦敦来电新字第 402 号》，《中国海关与义和团运动》，第 18 页。
④ 《1901 年 2 月 11 日北京去电新字第 621 号》，《中国海关与义和团运动》，第 18 页。
⑤ 《帝国首相布洛夫伯爵奏威廉二世公文》，柏林，1901 年 3 月 24 日，《德国外交文件有关中国交涉史料选译》，第 361 页。

唯一被害的，所以"它可以强制赔偿，例如通过夺取海关的方法"。此时的德国，显然将英国视为实现其问题上的主要障碍。①

事实上，英国国内仍然有人担心中国的信用问题，实质上倾向于采取借款方式。3月18日，赫德致函金登干，再次表达赔款的偿还方式"可能采用向各国政府按年摊付而不用借款的办法"，"因此没有议论中国信用的必要"，采取此种还款方式的优点在于"所有债款将以量入为出的办法拨付，可能有稽延，但决不会赖债"。②此时，四国公使组成的赔款委员会已经成立，分别由美国公使柔克义、德国公使穆默、比国公使姚士登和荷兰公使罗伯担任，委员会正讨论赔款的原则。

赫德在《围攻使臣始末节略八》中详细分析了赔款问题，关于赔款方式，认为只有两项办法："一系中国商借洋款；一系与各国约定按年付银若干，由各该国凭此分行借银归款"，如果中国自行借债"所费之银，约较各国分借多至五分之一"，因此最好的办法莫过于"中国不借洋款，只按年付银若干，如此办理约须定为五十年，还本带利每年少则二千万两，多则三千万两"。③

3月25日，赫德向北京公使团赔款偿付委员会提交了一份关于赔款问题的意见书，阐述他本人关于偿付方式和担保方式的意见，主要分为四个方面：（1）中国究竟能偿付多少；（2）用什么方式支付赔款最为恰当；（3）哪些税收容易取得并且是可靠的担保财源；（4）怎样监督赔款交付办法为适当。④赫德认为在当时情况下，只有两种办法可供选择，"或者由中国借款一次付清，或者各国答应分期摊还"。在这份意见书中，赫德极力反对举借外债，如果举债，从银行方面而言，"必将收取高额佣金，发行折扣要大，以吸引投资者。同时在担保和条件上很难使公众满意"，这种方式不但对中国不经济，而且"讨论担保和条件，一定会拖延时间，越拖延困难越多"。对中国而言，如果不采取举债而采取若干年摊付的办法，是"比较便宜的，而且细节能比较迅速地解决"。⑤赫德强调，第二种方式

---

① 《帝国首相布洛夫的记录》，柏林，1901年3月25日，《德国外交文件有关中国交涉史料选译》，第362页。
② 《1901年3月18日北京去函Z字第885号》，《中国海关与义和团运动》，第18页。
③ 《赫德围攻使臣始末节略八》，《中国海关与义和团运动》，第45页。
④ 参见《中国海关与义和团运动》，第64—69页。
⑤ 《中国海关与义和团运动》，第66页。

对中国人而言比较合适。

3月27日，德国赔款问题专使施妥博奉命到英，随即与英国商讨赔款办法。他提出，由英国"（允）许中国为借一笔债而增加海关税超过百分之五到百分之十"，而且"施用一切压力使其改革（厘金、内河航行）"，之所以要由英国提出，在德国看来是因为英国占据中国全部贸易的百分之六十。① 而英国则坚持，如果没有得到相当的报偿，不会赞成提高进口税至百分之五以上的意见。"赫德提议的发行五千万镑借款，每年还本百分之五，三十年还清"，以及"汇丰银行提议发行五千万镑债券，年息五厘，每年还百分之点五"都提议避免增加关税。② 3月29日，布洛夫致电德国驻伦敦大使哈慈菲尔德，认为德国在赔款谈判中居于孤立地位，为改变状况，要求其"让步并准备与英、日一齐向中国要求取消有损贸易的厘金"，"我们并不关心英、日所期望的关税改革，将来在实施上是否遭到内部困难，只要我们现在能得到关税的增加，或其他税源的开放作为我们合作取消厘金的代价"。③ 德国表露出愿与英国合作的意向后，30日，德国副外相再次表明立场，愿与英国在赔款问题上达成一个合理协议，德国只是希望尽快解决问题，"我们认为首要之点，只是赔款的偿付，而不是方式，我们因之要想尽可能地迎合英国的愿望"。④ 因此，至1901年3月下旬，德国已经决定在赔款问题上与英国妥协，其目的只是希望拿到赔款，而不论其方式如何。这也就为英国选择抵押方式分期还款铺平了道路。

（二）抵押方式：清政府内部的不同声音及最终之确定

有研究认为，中国偿付赔款的方式不外四种：（1）中国政府一次付清；（2）借债，中国自行担保；（3）借债由各国担保；（4）中国发行债券，分年付偿本息，按赔额分配各国。上列四种方式只有后两种有可能

---

① 《外交部殖民局长施妥博致外部电258号》，伦敦，1901年3月27日，《德国外交文件有关中国交涉史料选译》，第363页。

② 《外交部殖民局长施妥博士致外部电262号》，伦敦，1901年3月28日，《德国外交文件有关中国交涉史料选译》，第364页。

③ 《帝国首相布洛夫伯爵致驻伦敦大使哈慈菲尔德伯爵电》，柏林，1901年3月29日，《德国外交文件有关中国交涉史料选译》，第364—365页。

④ 《外交副大臣米尔堡致殖民局长施妥博》，柏林，1901年3月30日，《德国外交文件有关中国交涉史料选译》，第365页。

性。① 各国所争议的亦在后两种方式。

在清政府内部,除直接谈判人员外,其他重要官员亦在关注赔款问题,张之洞、刘坤一即其中代表。张之洞等一些重要大员除认为赔款过于巨大外,对于赔款方式仍然缺少实际可行的操作办法。4月26日,张之洞致电军机处,要求再行与各国商讨,务求分年摊还:"英萨使电,此次赔款,各国索银四百五十兆两,中国借票只能售六七折,须向银行借六百兆,方得此数",建议"极力磋商,尤望勿允现银,切商分年摊还"。② 在具体的筹措方式上,张之洞反对"将现有之盐课、常税、折漕并另由部拨凑三千万以抵洋债,而另筹新法以补国用",虽然自认没有妥当的办法,但应"与各国切商先定分年摊还之议"。③

1901年4月,谈判继续进行,各国仍没有达成最后协议,"据信可能的结果将是法国管理邮政、德国管理盐务、而英国管理海关。但另一传说是可能成立国际管理委员会来代替或管理这三个机构",赫德认为这样的结果当然于英国不利。④ 赫德一直建议采取分期摊还方案,但到5月还未被接受,"我正尽力劝说各国使馆接受分期摊还赔款的方案,采用借款方式包括发行折扣和银行佣金等,太不经济,并且增加中国负担。但是参加讨论的十几位代表们各有一套方案,这就使谈判工作拖延不决了",然而赫德并不担心,他认为在意见不一的时候,最后还要听取他的建议。⑤

俄国极力主张现款交付,于是发起由德、法、俄三国担保,其他若干国家参加的借款案,并于5月1日正式向各国提出,理由是为中国节省费用。⑥ 英国坚决反对共同担保借款,理由有四点:(1)过去的共同担保,曾产生极不良的后果;(2)英国的信用比他国高,共同担保对英不利;(3)英国所得之赔款约占全数的百分之十一,英国参加共同担保,国会将难同意;(4)各国可自行考虑是否接受中国所发行之债券或其他保证。同时任何一个国家如需要相当于债券之款项,亦可自行担保出售,不必共同担保。美国政府认为,"这样不可避免会导致建立某种形式的国际财政管

---

① 参见王树槐《庚子赔款》,台北中研院近代史研究所1985年版,第87—88页。
② 《致电西安行在军机处转奏朝廷赔款太巨,须极力磋磨,分年摊还》,1901年4月26日,吴剑杰编著《张之洞年谱长编》,第680页。
③ 《又致电奏陈筹拨赔款办法》,1901年4月28日,《张之洞年谱长编》,第680页。
④ 《1901年4月8日北京去函Z字第887号》,《中国海关与义和团运动》,第19页。
⑤ 《1901年5月7日北京去函Z字第889号》,《中国海关与义和团运动》,第19页。
⑥ 参见王树槐《庚子赔款》,第90—91页。

制，从而影响中国行政主权的完整"，从而与美国推行的门户开放政策相抵触。① 由于英、美反对，德国也改变立场，不再支持共同担保借款"若各国接受俄国提议后与中国协议不同支付的方式——这似乎是不可能的——则分配难以控制的收入来源，作为不同支付方式的抵押，势属不易实行"。德国另一个担心或许是促使它改变立场的主要因素，"俄国也许害怕陷了进去，如果在一般性的借款中每一国必须按照它要求赔偿的数目来担负借款的数目"。② 亦即，各国需贷款付给其本身，所分得赔款愈多，则付出的贷款愈多，而这对德国并不有利。③

此时张之洞仍然坚持反对以盐、漕等税收作为抵押，"赔款竟以盐、漕、常关税全数备抵，焦急万状"，"事定以后，谁肯筹款"。张之洞希望能"趁此时另筹新款以作抵押还债之需，而留出旧款以归旧日国用，另以加税、印税等事为开办自强各事之用，中国或尚有生机"。张的建议当然不无道理，但他与李鸿章等所处位置不同，李处于谈判一线，如不能尽快就赔款达成协议，谈判旷日持久，不利于中国。而张正在筹议变法新政，所考虑多为实际发展。西安行在军机处在回复张之洞时，表明了其中原因，"据奕劻、李鸿章电奏，此时若不预筹的款，俟四月底会议时，往返筹商，多延时日，恐又增数千万巨款"。④ 第二天又致电张之洞，"昨因赔款亟待指实，以便定议撤兵，是以拟将洋税作抵"，但海关已经历次借款抵押，所剩无几，"不得已，只好将盐课、盐厘、漕折、漕项及各关常税全数备抵，实可得银两千万两"。⑤ 军机处同时对张之洞屡次对借款抵押的反对给出评论，表面勖勉之词，实含无奈之举，"刘坤一、张之洞本有会商之责，迭次来电筹虑亦颇周详。此项究应如何筹出的款，俾敷抵偿，著即悉心擘画，彼此电商，妥筹定议，迅速具奏"。⑥ 对此种解释，张之洞并不满意，"此时总宜另筹新款以应新债"。行在军机处的"定议撤兵"之说，远非所声称的那样紧急，"前英萨使来电所言四百五十兆之数，声明系截至中历五月十六日为止，为期尚宽，断不易汲汲遽允"。"早撤兵一两

---

① 转引自许毅编《清代外债史论》，第460页。
② 《驻北京公使穆默致外部电》，北京，1901年4月24日，《德国外交文件有关中国交涉史料选译》，第381页。
③ 参见王树槐《庚子赔款》，第91—92页。
④ 《行在军机处来电》，1901年5月4日，《张之洞年谱长编》，第682页。
⑤ 《行在军机处来电》，1901年5月5日，《张之洞年谱长编》，第682页。
⑥ 《行在军机处来电》，1901年5月4日，《张之洞年谱长编》，第682页。

旬，仅省一两千万，而抵款不慎，则贻患不可胜言"。①

张之洞将对借款抵押方式的不满，归咎于李鸿章。5月14日，他在致刘坤一电中指出，"合肥成见太深，办法太谬，本息如何能支。至盐务抵债之害，无论其他，盐枭尽化为票匪，长江危矣"，虽然反对盐务作抵，但此时他仍未能想出办法，"此非江、鄂合力，不能挽救，但须商定一筹款办法"。②

英、德等在与奕劻、李鸿章于北京谈判的同时，派人赴地方，听取地方大员对赔款的意见。英国驻华参赞杰弥逊两次赴武汉，与张之洞商讨此事。张之洞希望将利息减为三厘三毫，或三厘半，杰弥逊以英国可商，但他国未知为由，加以搪塞。在加税问题上，张之洞同意免掉出口土厘及进口洋厘，在此基础上将进口税提高至值百抽十，杰弥逊未给予确定答复。"洋关抽十免厘一节，管见以为此是善政，彼此有益，但不知各省意见如何"，如果盐务由中国自办，"似可作抵"。③ 此时张之洞仍未得赫德所拟筹款办法的消息，认为李鸿章所拟还款办法显系赫德影响。"顷盛电，四厘息，分四十八年，本息共还一千一百七十三兆，仍是算错"，在张看来，这是为了迎合李鸿章原来的每年还三千万、共四五十年之议。此议的来源则是赫德。赫德无非是"本欲借此照顾银行从中多分行用巨款，故以三十年、九百兆之说要挟，并欲揽办盐务"。至于盛宣怀，则是"盛袒合肥，必欲成其每年三千万之谬说"。④

时至6月，张之洞仍在多方联络赔款办法，以期改变李鸿章所定原议。9日，张之洞致电刘坤一，"合肥意，总愿岁筹少而总数多，不肯照江、鄂原议耳"。并以赌气的方式批评李鸿章"筹现款诚难，然六百万故难筹，二千万又在何处"，对李鸿章以每年少还600万为由而将期限延长至40年深为不满。⑤ 在稍后的电文中，更是指出"全权向不愿人参议，偏执成见"，对李鸿章的不满进一步加剧。⑥ 其实早在3月李鸿章就与盛宣怀

---

① 《就赔款事电西安行在军机处并江宁刘制台》，1901年5月7日，《张之洞年谱长编》，第682页。
② 《致电江宁刘制台》，1901年5月14日，《张之洞年谱长编》，第684页。
③ 《致电西安行在军机处转奏朝廷陈与英参赞杰弥逊商赔款、加税免厘诸事》，1901年5月24日，《张之洞年谱长编》，第685页。
④ 《致电西安鹿尚书》，1901年5月29日，《张之洞年谱长编》，第686页。
⑤ 《就赔款办法致电江宁刘制台》，1901年6月9日，《张之洞年谱长编》，第687页。
⑥ 《就赔款办法再电江宁刘制台》，1901年6月15日，《张之洞年谱长编》，第688页。

有电文谈及此次对外交涉的分歧，虽不是专指赔款，但足可表露其心迹，"南皮倡言效尤，各款若与英日通谋，执事乃杨其波而逐其流，都喜为隔壁谈，奉劝稍安勿躁"。①

1901年6月25日，张之洞再电军机处，希望按30年期限归还，而不是李鸿章等所商议的40年，"昨江、鄂会奏赔款酌中办法，恐全权以每年多还数兆即须多指抵款，不肯商议"。并特别提出，"今既取息四厘，是中国若照全数四百五十兆，每年还利息十八兆，便不亏负各国，其还本若干乃随我之便，量力办理"。②6月28日，李鸿章等致电军机处，认为张之洞等所拟办法"总算省息良多，惟最难在抵款"。③7月1日，军机处又收到不同的解释，指出张之洞所言债款是寻常债，而此次则有所不同，"此次赔款与借款不同，各使每言所用之银已由各国设法借垫，中国每年能付若干，彼即作为岁入之款，以备支用"，不论是利息还是本金，"皆须指明抵款"。④同日，刘坤一致电张之洞，劝其"此事恐无济，若枢无来电，似可听之"。⑤至此，以张之洞为代表的异议官员已承认了分期偿还的现实。

（三）庚子赔款偿付方式之评价

在英国的坚持下，庚子赔款最终确定了以抵押的方式分期偿付。就政治性贷款而言，义和团及庚子赔款背景下的晚清准条约，并未沿着甲午以来的趋势进一步发展。英、美等国无论是出于自身的利益考虑，还是别有用意，分期付款的方式对当时的清政府而言都是可行的选择。虽然扩大了抵押的范围，但考虑到甲午后列强借政治贷款强行划分势力范围的前车之鉴，这或许是一个两害相权取其轻的选择。维持住清政府的统治，是辛丑议和谈判的前提，如果所制定的条款有违于这个总原则，则很难在谈判各国中达成共识。各国内心虽然清楚此点，但并不公开点破。

赫德首倡的意义。赫德作为海关的总税务司幕后全程跟踪了有关庚子赔款的数额及赔偿方式的讨论，他一开始就建议应该由清政府分年摊还，而不是向银行借款。或许其关于赔款方式的考虑在1900年10月写作中国

---

① 《李中堂来电》，《盛宣怀年谱长编》，第725页。
② 《致电西安行在军机处筹款办法》，1901年6月25日，《张之洞年谱长编》，第688页。
③ 《全权大臣致行在军机处电》，1901年6月28日，《张之洞年谱长编》，第689页。
④ 《全权大臣致行在军机处电》，1901年7月1日，《张之洞年谱长编》，第689页。
⑤ 《刘制台来电》，1901年7月1日，《张之洞年谱长编》，第689页。

问题论集时就已经成形。赫德自己解释不向银行借款偿付的原因，是因为太不划算。其所认为的太不划算的原因显然来自其经手甲午战后赔款的经验，而其在总结甲午后借款时，只是提及了两个不关主旨的问题，即外行人的指手画脚。以赫德一贯的个性，他并不在乎别人的异议，他自经手海关以来，此种状况已经是见怪不怪。赫德在考虑甲午战后借款时，一定会注意到各国为争夺借款权而展开的外交斗争，以及借借款而对中国划分势力范围的事实，这对英国而言究竟是否是一件有益的事情呢，答案是否定的。由于德国在赔款方面对赫德的信任及适宜的对英国政府的妥协，使得赫德所建议的偿还方式极具竞争力。在拒绝俄国所建议的共同担保借款时，德国已经意识到分头各自担保的风险所在，自己担保借款，然后借给自己，这显然存在很多的风险。只要能拿到赔款，德国并不在意方式如何。有了德国的合作，俄、日、美等国的态度就不那么重要了。

张之洞反对李鸿章所支持的赫德方案，无疑是出于中国自身利益的考虑。但除反对态度值得赞赏外，其所提缩短还款年限的提议其实意义不大。无论如何，从整体而言，作为清政府内部不同声音的存在，张之洞的反对声音有利于中国作出慎重选择。

庚子赔款筹议过程中，赫德最为后人所诟病的是其对海关权势的扩张，认为赫德将赔款与海关紧密结合在一起，是为了维护列强的利益，把海关沦为债权国的代理机构。① 更为明确的观点，则指出赫德及英国反对举债还款，就是为了把海关控制在英国人手中，而不是所有债权国之手。无论如何，海关、盐税等抵押均属损害主权之举，赫德本人难以摆脱这种嫌疑。对于研究者而言，问题在于，除抵押外，清政府还能以什么方式归还巨额的战争赔款？如果借款偿还，中国所受的损失绝对不止于此，甲午赔款的教训犹未为远。赫德在谈判中的作用是通过其所提的议案显现出来的，而不是直接的操纵。由于最终的结果是在赫德的建议范围之内，给人以控制谈判的印象，但并不意味着赫德主导了谈判。真正起决定作用的仍然是英、德两国政府。形象化的说法，赫德是以一个谋士的角色出现的，而不是一个指挥者。分期摊还是否意味着对甲午战后借债赔款的否定，目前的议论并未提及此点。在某种程度上分期摊还对债权国而言，存在较少

---

① 学界多持此议。参见薛鹏志《中国海关与庚子赔款》，《近代史研究》1998 年第 1 期，陈诗启《中国海关史》第十六章第三节。

的利益风险。各国能为赫德所说动，接受此种还款方式，如果说更多的是为了考虑自身利益或许并不为过。他们希望在维持住清政府统治的前提下，使得自身的利益得以长久保持，如果因赔款问题，而逼迫中国政府出借外债，从而导致清政府的垮台，则与整个谈判原则不相符。

经历过甲午战后三次大借款的你争我夺，各国政府或许已经感到疲倦。甲午赔款系借四国款归还一国，而此次则属归还十一国，具有讽刺意味的是，如果强求清政府借款，很可能出现自己借款还给自身的局面。因甲午战后赔款问题而引起的各国之间的政治争夺，并未给各国以想要的结果，他们之间政治关系的分化组合已经逐渐显现出复杂化的状态，为了应对这种状态，各国已经逐渐走到危险的边沿，战争的因素正超越在中国的争夺，而逐渐积累。

三 商部建立前后准条约的变化

商部是义和团运动后清政府主动设立的主管路矿等实业的政府机构，是继中国铁路总公司、路矿总局后清政府频繁抛出的制度性设计之一。光绪二十六年十二月初十日（1901年1月29日），清廷颁布改革上谕，一般认为，该道改革上谕一是清政府对庚子政局的回应，即缓解各方面的压力，一改政府本身顽固守旧的形象；二是为了使慈禧太后脱离顽固派的控制。由于列强对清政府顽固守旧的极端不满，上谕的发布"在此意义上可以说是向西方列强表示一个政府开明而不顽固守旧的姿态"。① 在更广阔的层面上，商部是晚清政府中央机构改革的一部分。而这种机构改革与《辛丑各国和约》有着直接的关联，条约第十二款规定，将总理衙门改为外务部，班列六部之首。② 商部在其筹划过程中与已经存在的北洋大臣、南洋大臣、商约大臣、商务大臣、铁路大臣存在权力重叠之处，经过长时间酝酿，1903年9月26日，商部正式成立。首任尚书载振，左侍郎伍廷芳、右侍郎陈璧。③

学界一般认为，义和团运动及其稍后订立的《辛丑各国和约》标志着

---

① 李细珠：《张之洞与清末新政研究》，上海书店出版社2003年版，第81页。
② 参见王铁崖编《中外旧约章汇编》第1册，第1008页。
③ 商部具体成立过程见朱锴《清末农工商部研究》，硕士学位论文，首都师范大学，2004年，第5页。

近代中国半封建半殖民地社会的最低谷，但甲午战后所形成的准条约发展趋势并未因而中断。如果将视野追溯到洋务运动，将甲午战后准条约的发展与义和团运动后准条约的发展作一个比较，这其中的差别就比较明显了。洋务运动时期，准条约主要集中于电信类，甲午战后近代中国准条约出现了政治贷款类、铁路类以及矿务类几个大的类别，这些新形式的准条约的出现，并不一定意味着近代中国社会的进步，有些类别反而证明了近代中国主权的逐步丧失。作为晚清十年准条约的主要类别，路矿类合同一直是清政府关注的重点，其试图从制度上控制路权、矿权的努力从未停止，这种趋势一直持续到清政府灭亡。

（一）甲午战前的矿务政策①

中国近代矿务企业发端于洋务运动。洋务运动深入发展是近代工业的建立，而近代化的军事工业、轮船运输业、纺织业均需使用蒸汽动力，因此煤炭的需要日益增加。然而由于中国自身煤炭开采业的落后状态，所产之煤很难满足需要，转而从国外进口。但进口煤炭不仅价格昂贵，而且受别人牵制，"一遇煤炭缺乏，往往洋煤进口故意居奇"。② 采购机器，开办新式采煤企业成为需要。19 世纪 70 年代中期，清政府开始兴办新式采矿业。开平煤矿是其中比较成功的一个。如同军事企业一样，在经营形式上，新式采矿业主要采取了官办或官督商办的形式。

1867 年，各国欲借修改《天津条约》之机，向清政府提出内地开矿的要求，"贩盐、挖煤、各省传教，而横生枝节等事，皆其处心积虑，志在必遂者"，"比来各国骎骎乎于条约外多方要索，臣衙门但可据理辩驳，无论如何晓渎，总不轻易允许"，总理衙门此时将开矿与传教等事并列，认为是条约外的索求。③ 总理衙门认识到，中国抵制的理由将越来越弱，各国势必逐渐"互相要约、群起交争"。但直到甲午战前，外国始终未取得在中国开采矿产的权利。

煤炭属于能源，属必需品，为近代工业发展提供动力，除煤炭外，其

---

① 为了集中探讨矿务政策的发展，本节的时间段追溯到甲午战前。
② 中研院近代史研究所编：《海防档·机器局》，台湾中研院近代史研究所 1957 年版，第 107 页。
③ 《同治六年九月十五日，总理各国事务衙门恭亲王等奏》，孙毓堂编《中国近代工业史资料》第 1 辑，上册，科学出版社 1957 年版，第 207 页。

他工业发展的必需品，如铁、铅等亦随着洋务运动的开展而需求渐增。1877年8月29日，李鸿章奏请清廷批准开办张家口科尔沁山铅矿。李鸿章在开矿理由中认为，"津沪机器各局制造枪炮子弹及各项军器所需物料，以青白铅为大宗，中国矿产未开，历皆购自西洋，价值运费、岁縻巨款"，一旦缺乏"往往抬价居奇，费至数倍"。在开矿的形式上并未提出商办等建议，而是采用官办。初期开办资金"拟先由各局采购铅价内匀拨银五千两，以为工本，派周世澂等会商成锦，妥为试办"。①

随着洋务运动的深入，采矿业远不敷近代工业发展的需要，要求官督商办的呼声渐起。1884年8月，军机处将锡珍等要求商办开矿的意见转发总理衙门，锡珍认为"近年行驶轮船，设制造局厂，煤铁之需益多，顾历年试办开矿，率少成效，何也？盖由官办而不由商办也"，将矿产低下的原因归咎于官办的开矿组织模式。锡珍等历数官办形式的之低效、利弊，呼吁能够"变通其法，择矿苗旺处，招商承领"，具体办法是挑选"一人能具数万资本者"为总头，由政府给予印单，暂不课税，同时，以当地殷实商人相扶助，或当地人筹集入股，地方官予以保护。锡珍所建议的办法可总结为"商任其事，而官考其成"。②

从体制上而言，此时能够负责此事的属于户部，总理衙门希望户部能够拿出办法，制定相关章程，然而户部在回复总理衙门时称"近年外省试办开矿，均未据该省咨知本部，从前一切开采章程本部无从查悉"，因此究竟是官办还是商办，利弊如何，"无从核议"。但，几经反复，仍建议由户部主稿，会同总理衙门拟定奏稿。③

1884年11月，由户部牵头起草的官督商办开矿奏稿拟定。1884年12月26日，将改稿上奏清廷，1885年1月13日，户部主稿的矿务奏稿得到了清廷批准。

甲午战前的矿务政策虽无具体明确的国家规划，但总体而言，清政府有意抵制外国侵略者的渗透，就准条约而言，甲午战前的矿务准条约几成空白，清政府在保护本国矿权方面是成功的。当然，这种成功是以低水平

---

① 《总署收北洋大臣李鸿章文，附奏片》，1877年8月29日，《矿务档·一般矿政·直隶》，第179页。

② 《总署收军机处交出锡珍等抄片》，1884年8月22日，《矿务档·一般矿政·直隶》，台湾中研院近代史所，第1—2页。

③ 《总署收户部文》，1884年9月18日，《矿务档·一般矿政·直隶》，第4页。

开发矿藏为代价的。学界的现有研究认为,"清政府在19世纪70年代中期发展新式矿业的政策本身并无可指责,相反还应给予肯定,只是一味注重官办和官督商办的具体办法和措施存在种种弊端,加上压抑商办矿业的产生,因而这一时期中国的新式采矿业虽得以出现,但发展并不十分顺利"。[①]

甲午战前,清政府不仅不允许外国势力染指矿务,同样严格限制中国民间资本投资矿务。"清政府对待商人自办新式矿业基本上是采取禁止和限制的政策,谈不上鼓励扶植",在官办新式煤矿出现之前,"民间曾有商人试图开办,但由于无法得到政府支持而失败"。[②] 对于清政府为何控制民间开矿,有学者认为原因有三:一是担心矿工聚集闹事;二是开矿损害坟茔和风水;三是担心与官办矿业争利。这些原因一方面是基于错误的片面认识,另一方面是出于经济利益的考虑。[③] 虽然得不到政府支持,但个别民间新式采矿业还是出现了。

甲午战后,清政府的矿务政策发生改变。由禁止和限制民间开矿,转为一定程度地鼓励发展民间采矿业。此种状况出现的原因,一是由于甲午战后外国侵略者依据不平等条约得以直接在中国投资设厂,矿产、铁路等面临着外资的侵夺,二是为了增加财源,缓解财政危机。[④] 而对于外资的利用,则有研究认为从甲午战后到日俄战争爆发的一段时间内,中国对于外资办矿的政策有两次转变:"首先自排斥外资变为接纳外资,这一步又从自主性的接纳外资变为给与各国承办中国各矿的特权。而且此项特权与领事裁判权、内河航行权及协定关税权一样,载明在中英、中美间正式缔结的条约内",这种矿务政策转变的主要动力在于"各国所给予的压力"。[⑤]

在商部成立之前,矿务类准条约已经出现,典型的如1898年中英《南票矿务合同》。该合同系督办津榆铁路大臣胡燏棻与英国汇丰银行订立,"督办大臣向朝阳县之南票地方购买上、中、下三票煤矿,现与公司

---

① 朱英:《晚清经济政策与改革措施》,第102页。
② 同上书,第102—103页。
③ 参见朱英《晚清经济政策与改革措施》,第106—107页。
④ 同上书,第116页。
⑤ 李恩涵:《晚清的收回矿权运动》,第20页。

商订合同，合伙开办"。① 对于该项矿务的具体中外合作事项，合同规定是设华、洋董事各一员，其分工"洋员管矿工，归公司委派，华员理交涉，归督办大臣委派"。② 胡燏棻在甲午战后即上疏请办矿务，并提及办矿应注意的四点事项：（1）应重聘外洋矿师；（2）应慎选矿地；（3）当细考矿质；（4）当厚集矿本。在资金筹集问题上主张"招散股不如招大股，招商股不如招官股，而其大要尤在办理之得人，必须正大光明，赤心为国，绝无一毫私见"。③ 此次南票矿务合同的订立，可谓是胡一直以来所倡导矿务的一次实践。

义和团运动后，中外之间主要的矿务交涉系以条约的面目出现，由各外国政府出面，为其本国公司取得勘矿、开采特权，然后再以非条约的合同和章程予以实施。如俄国在东三省仅1901年就取得了3个矿务类条约，分别是1901年3月的《新订吉林开办金矿条约》、5月的《续订吉林开办金矿条约》、7月的《黑龙江省采勘矿苗草约》。这些条约均包含对中国主权的侵犯，是俄国国家为其公司开采中国矿藏订立的条约。在《黑龙江省采勘矿苗草约》中规定"此约一经画押后，即准俄人在江省地界内采办金、铁、煤各矿苗"。④ 该条约非但允许俄人可以采勘矿藏，而且允许其自行保护。除俄国外，日本、德国等也订立有矿务类条约。矿务类条约的出现直接影响了此一时期的准条约的数量，很多事项均由条约加以规定，然后由具体的公司去执行。义和团运动后，一直到清政府覆亡，矿务类准条约并未大量涌现。依据《中外旧约章汇编》，此一时期的矿务准条约主要有：《改定吉林开采煤斤合同》（1901年7月4日订于哈尔滨）、《黑龙江开挖煤斤合同》（1902年1月14日订于哈尔滨）、《直隶顺德内邱临城矿务合同》（1902年3月订于北京）、《云南隆兴公司承办七属矿务章程》（1902年6月21日）、《江西萍乡煤矿商借礼和洋款合同》（1902年8月7日订于汉阳）、《江西萍乡煤矿续借礼和洋款合同》（1902年8月7日订于汉阳）、《井陉煤矿合同》（1908年4月14日于天津）。

在矿务方面，清政府主要应对的问题是如何保护矿权。在清政府的护矿政策面前，外资银行和企业如果抛开其各自背后的政府，而单独与清政

---

① 王铁崖编：《中外旧约章汇编》第1册，第840页。
② 王铁崖编：《中外旧约章汇编》第1册，第841页。
③ 李恩涵：《晚清收回矿权运动》，第4页。
④ 王铁崖编：《中外旧约章汇编》第1册，第1001页。

府交涉，难以有所作为，这也是此一时期矿务类条约出现的背景。庚子事变后，俄国借口侵占东三省，中俄之间的交涉围绕撤军、开矿等事务展开，因此庚子事变后东三省的矿务条约主要是在中、俄之间。湖广总督张之洞反对向俄国让步，主张让各国共同开发东三省的矿藏和铁路。在《江楚会奏变法三折》中，张之洞、刘坤一所列举的措施之一即"定矿律、路律、商律、交涉刑律"。他们分析认为"中国矿产富饶蕴蓄而未开，铁路权利兼擅迟疑而未办，二事久为外人垂涎"，"此次和议成后，各国公司更必接踵而来，各省利权将为尽夺，中国无从振矣"，鉴于此种情势，主张制定专门的矿律，应对列强的侵夺。"此必须访聘著名律师，采取各国办法，秉公妥订矿路画一章程。无论已经允开允修之矿路，未经议开议修之矿路，统行核定，务使界址有限，赀本有据，兴办有期，国家应享权利有著，地方弹压保护有资，华洋商人一律均沾。洋人有范围则稍知敛戢，平民免欺侮则渐泯猜疑。至滋生事端，公司受累，亦须预定限制。庶中国自然之大利，不至为无穷之大害，尤今日之急务也"。① 张之洞等的奏议，目的是将矿务集中于政府的监管之下，以国内规定限制外来的侵夺。光绪二十八年二月初八日（1902年3月17日），在王文韶等主持下，新的矿务章程制定出来。由于章程主要是防范外人而订立，因此，其中对外商的规定颇引起人们注意，"开办者，或华人自办，或洋人承办，或华洋人合办，均无不可"，并同时规定"均应遵守中国定章，倘出有事端，应由中国按照自主之权自定"。程序上的设定亦体现此点，批准办矿的权利首推外务部，如果外务部认为可以办理，再执照路矿总局批准。但章程对于外人办理矿务的权限，仍然模糊，流弊很大。"矿路不应入商约。《开矿章程》浑言'洋人可开矿'，必应改。沪、宁所言，均极切当。"②

此时正处于中英商约谈判期，英国代表马凯要求清政府修订铁路、矿务章程，并通过条约条款予以体现。在上海谈判时中方代表吕海寰指出矿务章程事涉中国主权，不是一个商务问题，因此通商条约不应包含矿务章程条款，双方最终同意延迟讨论该条款。英方同时提出的谈判要点还有改良中国邮政和电报制度。③ 这两条均与准条约问题相关。虽然清政府代表

---

① 《遵旨筹议变法谨拟采用西法十一条折》，《张之洞全集》第2册，第1441—1443页。
② 《致外务部上海吕大臣、盛大臣，江宁刘制台》，光绪二十八年四月十四日，《张之洞全集》第11册，第8792—8794页。
③ 《辛丑条约订立以后的商约谈判》，第19、40页。

力图回避谈判矿务章程问题，但英国代表马凯坚持己见，并在武昌谈判时将修订矿务章程作为"免厘加税"的附加条件。张之洞接手谈判后，仍然以矿务不是商务问题来婉拒英方的要求，但马凯坚持"开矿是一个商务问题，你们必须提供一些这类的东西，才能劝诱在英国的人们答应加税百分之一百五十"，而且批评中方谈判代表相互推诿，"盛宫保叫我把矿务章程放在张制军肩膀上，现在张制军又推回给盛宫保去了"。张之洞初以矿务非议和条约所规定，继以矿务非其分内之事拒绝马凯要求，但在马凯以增加进口税百分之一百五十的要挟下，张之洞最终答应了英方的要求，即以条约的形式保证中国将修改现行矿务章程。① 张之洞事后指出："洞等再四密商，马使交来之款，系欲中国允照英国指出之意修改章程，如此自然不可与议。莫若由我自出一办法与之商订，须由我采取各国章程，酌量仿效修改。改定后令各国开矿洋商一律照办，则于我主权、利权必无所损，且不致为一国独擅其利。"②

1902 年 8 月 11 日，张之洞、刘坤一电奏清政府，要求参考各国矿务章程，修订本国章程，清廷于 8 月 12 日颁布谕旨，同意二人所奏，称"所见甚是，即著该督等将各国办理矿务情形悉心采择，会同妥议章程，奏明请旨，务期通行无弊，以保利权而昭慎重"。③ 不久，刘坤一去世，张之洞一人实际负责起修订矿务章程的工作。1905 年 12 月 24 日，张之洞将修订后的矿务章程上奏清廷。由于矿务总局业务已经划归商部，因此建议由商部设立专司，各省设立矿务总局，"开采之权，属之国家，无论官办、民办或华、洋商人合办，均以奉官局批准为度"。章程同意洋人参与开采矿藏，但必须"遵守中国法律乃准其承充矿商，又洋商非与华商合股，断不准其独自开采"，"其合股之法，则无论官地、民地、华商、洋商，业主以矿地作股，矿商以银作股"。④

商部自其 1903 年成立至 1906 年归并于农工商部，其间并未有矿务类准条约订立。此种现象并不意味着商部在办理矿务中的无所作为，事实上，此一时期的矿务企业是在逐步增加的。可以从两个角度来分析此种现

---

① 《辛丑条约订立以后的商约谈判》，第 94—95 页。
② 《致外部》，光绪二十八年六月十六日，《张之洞全集》第 11 册，第 8851 页。
③ 《光绪二十八年七月初九日内阁奉上谕》，《光绪宣统两朝上谕档》第 28 册，第 177 页。
④ 《进程拟定矿务章程折》，光绪三十一年十一月十八日，《张之洞全集》第 3 册，第 1687 页。

象：一是中国国家出面订立的条约系双方政府直接出面，外资公司、银行是条约的受益者，能否通过条约保护中国矿权，已经不是商业行为；二是具体的办矿开采合同系两国之间的商人订立，均在商部管辖之内，而不再通过外务部办理，就对外交涉而言，这是一种形式上的进步。

（二）商部的成立与铁路类准条约

从铁路总公司以至路矿总局，清政府的目的在于修建有重大意义的铁路而"权自我操"，本研究在前文曾论及此点。甲午战后，清政府关于铁路的政策一直未能成形。但是，不应全面否定路矿总局在铁路问题上所起到的积极作用，学界对此已有认识，"路矿总局的政策在当时对遏制西方列强对中国路权的占夺还是起了积极作用，纵观有清一代借款筑路的规模，基本上仅限于总局规定的范围，再没有盲目扩大"。① 义和团运动后全面展开的中央官制改革，再次将目光关注于开矿、铁路等近代化事业。商部在进呈其所拟章程折中，已经对商办铁路的修建模式有了新的规定，认为原先所讨论的官督商办等形式已经不再必要，"以上各公司如一时官本筹集不易，全系商股承办者，应由臣部随时维持保护。所有商股，获利或亏损等事，臣部除奖励及饬追逋欠外，其余概不与闻。并不用官督商办名目，亦不另派监督总办等员"。② 商部于1903年12月颁布《铁路简明章程》24条，第一条规定："本部钦奉上谕，饬将矿务、铁路、归并办理。钦遵在案。除矿务另订专章外，其业经开办之铁路档案，均由路矿局移交到部"，正式接管铁路。③

商部力图代表清政府行使对铁路的监督权和管理权，为了达到这一目的，自成立后即采取了相应行动。1904年7月，商部奏请清廷批准，令督办铁路大臣、关内外铁路大臣、云贵总督、江苏巡抚、办理潮汕铁路候补京堂、两湖总督、云南巡抚等，要求将历年办理铁路情形等详细上报，"以期有利与兴，有弊与革，其最要者莫如铁路公司早一日清偿路款，即中国早一日收回路权"，但现实情形"乃查矿路总局移交旧卷，大概因变，缺佚不全，而各铁路公司于经年办理情形，如已造之路若干里，已堪之路

---

① 崔志海：《论清末铁路政策的演变》，《近代史研究》1993年第3期，第68页。
② 宓汝成编：《中国近代铁路史资料》第3册，第925页。
③ 同上。

若干里凡工程起止与所占之为官地、为民地及购地价值、行车脚价，接收借款，付息数目、日期，各项出入用费等等各项均无案可稽"。① 为督促进度，商部于两个月后再次上奏，令请各相关官员将铁道相关图册上报，并同时从铁路总公司开始着手调查。② 1906 年 4 月，商部颁布《路务议员办事章程》12 条，加强对铁路具体修建、经营方面的管理。商部还统一规定了路轨的规格。1905 年底，因铁路商办之风大兴，商部上奏要求厘定铁路轨道，指出有关钢轨距离之尺寸，桥梁承受之能力，开凿山洞之大小，造作车辆之高宽，以及车底挂钩之形式，均宜各路一律，以免轨辙不一，不相衔接。次年 5 月，商部又要求各省配合制作本省路线全图，分别缓急，次第兴办，避免乱建。③ 很明显，"商部的铁路政策，无论是加强中央对铁路的监督和管理，还是提倡商办，目的都是要收回路权，促进路政的统一，同时推动铁路事业的发展。但在清末封建政治体制下，商部的这些政策，也没有得到很好的贯彻"。④ 法国公使吕班（Dubail）在评价商部的成立时认为，"这不是根本的改变，但是它反映了（朝廷）希望中国资本家参与铁路建设的投资"、"我们的国民最好事先与中国商人谈妥。初步商谈时肯定要做出努力和妥协，这对于欧洲人来说几乎是不可能办到的，而没有这些妥协，我们的要求注定不可能实现"。⑤

就铁路类准条约的整体发展而言，商部成立前、后准条约的订立数量并未出现大量增长，从《辛丑各国和约》订立至 1903 年 9 月商部正式成立，清政府订立的准条约主要集中于矿务、电信和铁路三类。其中涉及铁路类别的准条约有五个，分别是《奉天省铁路交涉总局章程》（1902 年 4 月 20 日）、《东省铁路公司接修吉长支路合同》（1902 年 7 月 11 日）、《正太铁路借款详细合同》（1902 年 10 月 15 日）、《正太铁路行车详细合同》（1902 年 10 月 15 日）及《沪宁铁路借款合同》（1903 年 7 月 9 日）。

将《奉天省铁路交涉总局章程》列为铁路类准条约，是有一些疑问的。与该章程类似的还有吉林、黑龙江两省铁路交涉总局章程。准条约主要是关于路、矿、电信等实业类合同和章程，而上述三个章程虽然有铁路

---

① 《商部奏请饬铁路大臣将历办情形报部折》，《东方杂志》1904 年第 10 期，第 105 页。
② 参见崔志海《论清末铁路政策的演变》，《近代史研究》1993 年第 3 期，第 70 页。
③ 同上书，第 71—72 页。
④ 崔志海：《论清末铁路政策的演变》，《近代史研究》1993 年第 3 期，第 73 页。
⑤ [法] 约瑟夫·马纪樵：《中国铁路金融与外交（1860—1914）》，第 151 页。

二字的出现，但显非铁路问题，而是司法问题。由于交涉局处理的是铁路附属地的司法问题，因此本书不再单独设立司法类准条约，而将其归入铁路类别。与政治类贷款合同类似，交涉总局章程亦属准条约中的另类，是中国近代化发展的畸形产物。章程规定："在奉天省辽阳车站设立铁路交涉总局一处，派专任局员数员，专驻辽阳，另设分局一处，派会办一员、局员数员，驻哈尔滨。"设立该局的目的专为"定办奉天省所有各事件，或正关涉铁路公司，或连涉铁路公司，再或正关涉或连涉东省铁路做工之人、并承办各种料件之各承包人、各匠人、又所有居住铁路界内或暂住、或久住之华人，如买卖人、手艺人、或服役、或闲居诸色人等，虽不涉铁路差使，亦均归总局定断办理"。①《东省铁路公司接修吉长枝路合同》是清政府与大清东省铁路公司订立，负责全国路矿事务的矿务总局被排除在外。合同第一条规定"与中国政府所订建修东省干路及南满洲支路合同内章程，于此次建修吉林支路，截然两事，不能仿照办理"。②

然而，路矿总局的努力并非毫无成果，在山西，盛宣怀主持下的铁路总公司取得了正太铁路的借款和行车合同。同样作为与华俄道胜银行的准条约，清政府力图获得的铁路管控权虽然未能实现，但相较于东省铁路的系列合同，取得订立合同的权限本身已经是一种进步。《正太铁路借款详细合同》规定："督办大臣准照前因，定计为中国国家外借五厘金款，计总数四千万佛朗克，名曰一千九百二年中国国家铁路五厘借款。"③行车合同把铁路的经理权交与华俄银行，"中国铁路总公司奉中国国家允准，委派华俄银行，由华俄银行妥派人员，将正定府至太原府铁路代为调度经理、行车生利"。④沪宁铁路借款合同亦以清政府为合同一方而订立，"此合同于光绪二十九年五月十五日，即西历一千九百三年七月九日，在上海订立，一系中国督办铁路总公司大臣盛钦奉谕旨办理，一系英国怡和洋行及汇丰银行"。⑤

商办铁路的兴起。路矿总局在其设立之初就曾规定，铁路可以官办、商办、官商合办，但以商办为主，由于最初民间资本筹集存在困境，商办

---

① 王铁崖编：《中外旧约章汇编》第2册，第42页。
② 同上书，第56—57页。
③ 同上书，第119页。
④ 同上书，第127页。
⑤ 同上书，第165页。

铁路一直未有起色，清政府被迫由幕后走向台前，担当铁路借款和修筑的直接责任方。商部成立后，这种状况有所改善，真正民间意义上的自办铁路开始出现。其实，如果商办铁路能真正涌现，清政府退回到监督者身份，则铁路类准条约必将大幅减少，让位于铁路类合同。潮汕铁路的修建，或许是商办铁路的真正开始。

光绪二十九年（1903）九月，盛宣怀批准张煜南修建潮汕铁路的呈文，并表示将咨商两广总督部堂、广东巡抚部院暨外务部、商务部。盛宣怀指出，修铁路所借洋款，因"中国商力微弱，风气初开，各省铁路不得不筹借洋款以为之倡"，如果华商能集股兴办，"亦足为保持利权之助"。① 光绪二十九年十月二十四日，商务部尚书载振上折，请办潮汕路："臣部创设伊始，首以顺商情、保商利为宗旨。现在铁路由华商承办者，潮汕一路，实为嚆矢，自应切实维护，树之风声"，"将来路成之后，仍责成地方官认真保护，不得以事属商办，稍存漠视之意，致弗舆情"。清廷在上谕中写道，"著岑春煊、张人骏饬令地方官出示晓谕居民，俾知为与商便民之举。所有该绅办理勘路购地运料兴工一切事宜，妥为照料，毋得稍存膜视"。② 潮汕铁路公司在其创办章程中规定，"本公司所集股银，如有不敷用处，由公司承办人自行筹足。商借商还，不请官款，以归划一"，而且规定"本公司资本全属内地商人、华人及入洋藉商人所集，无论将来利益如何，应准专归商办，俾永远得享国家保护之益，以顺商情。"该规定，一方面是为了杜绝在拆解洋款时国家作保的可能，另一方面也防止清政府官办的可能。③

大约稍晚于潮汕铁路，晚清的另一条商办铁路——新宁铁路亦在筹议之中。光绪三十一年九月，旅美商人陈宜禧面见商部右丞王清穆，陈述修建铁路之意。王清穆认为"该商向在美国包办路工，垂数十年，深知利弊，为旧金山各埠华商所信服。今兹眷念祖国，竭意组织此举，殊堪嘉尚"，力请商部批准。④ 光绪三十二年正月二十一日，商部上折清廷，请求批准商办新宁路。同年四月二日，《新宁铁路章程》经商部奏定，内有"公司将来办有成效，核算余利，每一万元报效公家五百元，即将此款呈

---

① 宓汝成编：《中国近代铁路史资料》第3册，第930页。
② 同上书，第931页。
③ 同上书，第932页。
④ 同上书，第946页。

交商部。其余按股均派，悉遵商部奏定公司律办理"的规定。①

除上述潮汕铁路和新宁铁路外，商办其他铁路也在筹划，如张振勋的广厦铁路计划。岑春煊在致相关局的文札中指出，"查广厦铁路，前准张京堂来咨，拟由省城直达黄埔，先行筑路一段，并在黄埔建筑码头，作为自辟商场"，"跨连闽粤两省，绵亘甚长，将来如何次第接造，及与粤汉铁路能否接轨，亦应统筹全局，详核咨商。其厦门地方应筑铁路，尤应会同闽省商办"。② 该项铁路修建计划曾引起美国方面的外交干预，因美国合兴公司曾获得独办粤路的特许。为此，驻华美使照会外务部，要求"暂不开工"。外务部以查无案据为由，请商部回复。商部在最终致外务部的咨文中指出，"张弼士侍郎拟由广州府至黄埔口建造铁路，为合兴公司所阻。外务部即因咨查商部，旋准复称：谓该公司请将此项工程暂缓之处，查与原约不符，碍难照准"。③

虽然广厦铁路最终查无下文，但其计划修建过程中的外交交涉耐人回味。无意之中，清政府所设计的避免路矿事务外交化的政策进行了一次实践。而在商部成立之前，这种因具体路矿事务而展开的交涉一般集中于总路衙门或外务部，甚至是清廷，而这无疑是对中国不利之举。每路一议的管理模式，迫使外交部门直接面对外国投资方，清政府缺少一个缓冲的环节，在政策的制定中往往面临被动局面。广厦铁路修建筹议过程中，合兴公司通过其驻华公使向外务部提出外交交涉，外务部以无案可据的理由推给商部，这其中看似简单的公务处理过程，实际上将外交事务转化为中国国内事务，避免给外国人以干涉的借口。不经意间，涉及铁路的外交交涉，因商部的存在而多了一个中间环节，为清政府的外交提供了多种选择。

四 准条约的弱化趋势与邮传部、农工商部的成立

从理论上讲，随着清政府外交事务的专门化和经济管理职能的专门化，准条约尤其是经济类准条约应该是逐步弱化的。外国人在中国国内

---

① 宓汝成编：《中国近代铁路史资料》第 3 册，第 949 页。
② 同上书，第 957 页。
③ 同上书，第 956 页。

的投资修路，本质上属于中国国内章程的管辖范围，而动辄以国家的名义订立此类的合同，显然并非正常。无论是邮电还是铁路，最初的办理机构都不是专门的国内业务机关，而是总理衙门，海内外学界早已有研究明确指出此点。"电信铁道均创设于光绪初年，其事务概归总理衙门管辖"，总理衙门下设考工司，掌理铁路、矿务、电机、制造军火船政、聘用洋将洋员等。① 具有内政外交双重机能的总理衙门，很难将本应属于国内事务的经济管理职能严格区别于涉外交涉职能，这也是早期准条约产生的制度性原因之一。正如邮传部统计处在概略中所言，"我国交通向无最高之专辖机关，如船政之招商局属于北洋大臣，内地商船附属于旧时之工部，邮政附属于总税务司，路电两项虽特派大臣督办，而未设专官，视同差使"。②

透过甲午以后清政府的铁路管理部门的变化，可以清楚地看出实业专门化的发展趋势。路矿总局成立后，意在将铁路、开矿等事务统一管理，作为一个职能机构，总局的目的在于将路矿作为实业而不是外交来办理。总局的此种政策设计本身是值得赞赏的。事实上，如果总局能够如其章程中所宣称的那样有力而高效地运行，准条约的数量必定是要缩减的，上文所探讨的不具有准条约性质的铁路类合同的出现，即为一个明显的例证。因为中国国家不会直接出面作为合同的承担者，而只是一个监管者。总局之后的商部，亦属秉此宗旨而立。

1903年意大利公司获得的《堪矿合同》已经不再具有准条约的性质。1903年7月5日，安徽商务总局与意大利某公司订立合同，勘探矿苗，并明确"如在限期内，义公司愿报开办，商务总局应与该公司另立详细合同，有商务总局详请安徽巡抚部院，咨请外务部路矿总局给予执照，始能开办。所有一切事宜均遵照中国现行矿务章程办理"。③

商部成立后铁路类准条约数量的减少与清政府铁路政策的转变存在直接关联，商部的政策是加强铁路监管，而非直接经营铁路，虽然路矿总局亦提倡监管职能，但显然并未实现，或许主要的原因不在总局的章程而在

---

① 包遵彭、李定一、吴相湘：《自强运动》第1辑第5册，台北正中书局1956年版，第19—20页。
② 《邮传部总务沿革概略》，邮传部全宗，第47卷，中国第一历史档案馆藏，转引自苏全有《清末邮传部研究》，第37页。
③ 王铁崖编：《中外旧约章汇编》第2册，第164页。

清政府面临的复杂的外交形势。

这里所讨论的准条约的弱化趋势，并不意味着准条约签约数量的急剧减少，而是说明从制度上所具有的这种可能性。

商部路矿兼管的职权范围本身设置并不合理，此种做法主要是沿袭路矿总局的管理思路。自洋务运动以来，影响国民经济命脉的路、矿、邮政、航运等近代工业企业终于建立起专门的管理机构。针对铁路等机构的混乱管理状况，戴鸿慈等奏请设立邮传部，"自轮船、铁路、电报盛行，而交通行政浸以繁多，各国无不特设专部以领之者"，"臣等谓宜合此数项，仿日本递信省例，特设一交通部"。① 甚至有研究者直接指出，邮传部的设立就是为了收回铁路管理权。② 从邮传部成立，直至清政府覆亡，中间大约有5年的时间，在这短短的5年期间，邮传部对清末经济、外交的发展起到了重要作用。

依据《中外旧约章汇编》，从1906年至1911年，清政府在这最后5年订立的准条约总数在30个左右，类别涉及了原有的电信类、铁路类、矿务类，这些类别主要涉及了邮传部的管理权限。除上述三个类别的准条约之外，在其最后覆亡的关头，清政府还筹集了几笔财政性借款。邮传部成立之后发生的财政性借款不同于甲午战后的政治性借款，借款并非为归还外债，而是用于国内实业。

（一）铁路政策的调整与邮传部时期的铁路类准条约

"邮传部之创设也，首先接办路政"，至此，由铁路总公司始，历经路矿总局、商务部，几经转手的铁路事务终于由邮传部来接办。③ 在邮传部接手路政之前，商部已经并入农工商部，因此此时铁路实际上是在农工商部的管辖下。"是年（1906年）十一月十八日，准农工商部咨开，本日奏准移交铁路档卷，分装三箱暨督办铁路大臣盛宣怀原送京汉路图两箱、帐册一箱，一并咨送前来"，在移交铁路案卷之前，农工商部已经不再管辖铁路事务。④ 邮传部在部内设立管理官办铁路的专门机构，先是于1907年

---

① 《清末筹备立宪档案史料》，中华书局1979年版，第372—373页。
② 参见安明子《盛宣怀与铁路建设》，第154页。
③ 《邮传部总务沿革概略》，邮传部档案全宗，第47卷，转引自苏全有《清末邮传部研究》，第44页。
④ 《接收铁路档卷折》，邮传部编《邮传部奏议类编·续编》，载沈云龙主编《近代中国史料丛刊》第14辑，第519页。

3月设立提调处，以梁士诒为提调，作为综理借款官办铁路的临时机构；12月，撤销提调处，改设铁路总局，梁士诒任局长，由铁路总局局长执行借款合同上督办的职权。①

邮传部成立后，仍接续订立了有关铁路的准条约借款合同，虽然邮传部强调其自身对铁路的管辖权，但在订立借款类合同时，其与外务部的职权划分并不明确。1907年3月7日，清政府外务部与中英有限公司订立的《广九铁路借款合同》即其中一例。该合同是清政府以国家名义向中英公司借款，修建广九铁路，即"广州省城至英租地九龙边界之铁路"，其议定合同之人，"一系钦奉上谕简派之外务部，一系中英公司"。② 在合同署名时，唐绍仪将其身份标注为邮传部左侍郎兼署外务部右侍郎。学界在涉及邮传部与外务部的关系时，一般认为两部之间权限不清，情形不明。③ 尤其是在清末铁路收回国有运动中，邮传部与外务部之间存在诸多认识上的分歧，当时就引发了国内舆论的不满。

从沿革上讲，外务部系秉承总理衙门而来，在清末列强环伺的情形下，很多事情都涉及外务部。列强对华路矿等主权的侵夺，初始多以不平等条约形式加以限定，因此从根本上，只要不平等条约存在，只要片面治外法权及其他不平等条约特权存在，路矿等事务很难完全排除外务部的参与。邮传部初设，虽然接收了路、运、电信等事业，但由于这些事业的早期运作与总理衙门有着千丝万缕的联系，很难断然分清。究其根本，铁路问题绝非是一个单纯的内政问题，甲午以来的很多铁路修建与外资有着密切联系，而外资的进入势必牵涉外交事务，在很多情形下，不是清政府非要经过外务部办理，而是外资要求通过外务部办理，以确保其投资权限。时人虽然意识到二者之间的矛盾之处，但并未提出解救良方。或许由唐绍仪身兼两部要职是一个不得已的解决办法。《广九铁路借款合同》的订立，很好地说明了当时外务部与邮传部之间的关系。这种关系体现了晚清准条约的发展过程中的体制性矛盾。在清政府内部并未出现专门化的官制划分时，铁路、电信、矿产类等具有近代性质的实业管理虽然具有模糊性质，但因其涉外性与近代性，一般均由总理衙门参与其中，由于缺乏专职管理

---

① 参见崔志海《论清末铁路政策的演变》，《近代史研究》1993年，第74页。
② 王铁崖编：《中外旧约章汇编》第2册，第366页。
③ 参见苏全有《清末邮传部研究》，第175—180页。

部门，谈不上各部门之间的职权划分问题。随着清政府官制逐渐完善，开始适应近代性质的管理模式，各部之间的管辖权限就开始出现模糊和重叠，矛盾也就在所难免。

《广九铁路借款合同》订立背后尚有邮传部的影子，而在稍后的《天津浦口铁路借款合同》中则见不到了。1908年1月13日，清政府与德华银行、伦敦华中铁路公司订立《天津浦口铁路借款合同》，此借款"指明系为建造官铁路之资本，其路由天津或附近天津接连津榆官铁路，经过德州、济南府至附近山东南界之峄县"，"再由峄县至、或附近扬子江南京对岸之浦口"，全路约2170里。① 中国国家担保合同的本利偿还，"此借款本利，中国国家承认全还。若铁路进项及、或借款进款不敷全还本利之数，督办大臣奏明由中国国家设法以别项款项补足，按期交付银行，清还本利"。② 合同载明订立之人系"署外务部右侍郎梁敦彦，已奉旨允准订立合同"。该项准条约之所以绕开邮传部订立，其最主要的原因或许在于"遵光绪三十三年十二月初十日上谕签定"。③ 虽然清廷是最高权力部门，但通过天津浦口借款合同的订立方式来看，其不经邮传部而直接由负责交涉的外务部来签订合同，说明在政府部门权限划分方面，清廷本身并未很好地遵守。既然邮传部专管铁路，而外务部负责交涉，最理想的组合莫过于由外务部参与交涉，而邮传部订立合同。广九铁路合同由于签订者身兼二职，唐绍仪既是邮传部左侍郎，又系外务部右侍郎，因此，表面而言，尚不至于明显感觉邮传部游离于合同签订过程之外。天津浦口铁路合同体现得比较明显。合同签订后，具体执行部门仍然是邮传部。曾任邮传部尚书的徐世昌曾怨言："邮传部事，难办在权限不一，即用人犹如此掣肘，况兼交涉更须与外务部会办，无怪历任尚书无久任者。"④

邮传部不参加铁路类准条约的制定，并不正常。更多的情形是，外务部与邮传部共同参与涉外铁路准条约类合同的订立。《沪杭甬铁路借款合同》可谓清政府在处理铁路类准条约时政府部门之间合作的一个例子。1908年3月6日，外务部与邮传部共同作为合同订立人，与中英公司订立

---

① 王铁崖编：《中外旧约章汇编》第2册，第456页。
② 同上书，第456页。
③ 同上书，第461页。
④ 《盛尚一朝权在手》，《民立报》1911年2月4日，第2页，转引自苏全有《清末邮传部研究》，第60页。

合同,"中国国家准公司办五厘利息金镑借款,数目系英金一百五十万镑。此借款自出售债票之日起算,名为:中国国家沪杭甬铁路五厘利息借款"。① 在此合同中,外务部只是一个形式上的参与者,出于对涉外交涉的监管而挂名,业务条款均由邮传部负责。如果将其与天津浦口铁路相比较,邮传部与外务部之间的责任划分就比较明显。从制度设计而言,沪杭甬铁路的借款模式当为理想。

在实际运作中,外务部与邮传部并未达到理想中的状态,即"外部顾全邦交,邮部保持利权",外务部的作用应当在于"商办之权,既有专责,则虽遇两造坚执各不相下之时,外部犹得置身局外,作调人而取仲裁",然而事实上是"职任则各不相谋,其权界则浑而不画"。② 事实上,不仅在铁路问题上,而且在邮政问题上,两部之间的意见也不一致。

虽然邮传部在执行其制定的铁路政策上面临许多困难,需要处理与外务部等部门之间的矛盾,但无可否认,邮传部在铁路方面的整顿是取得了相当成效的。邮传部采取了很多管理措施,提高铁路效率。一是归并职掌,裁汰冗员,培植本国铁路人才;二是完善铁路规章制度,打击营私舞弊行为;三是加强铁路的经营管理,提高服务质量,增加铁路收益;四是注意全国铁路线的规划和轨制的统一,重申轨距以四英尺八寸半为统一标准。③

体现在准条约上的一个例子是《新民府至法库门铁路工程草合同》。1907 年 11 月 6 日,东三省总督与奉天巡抚欲展筑京奉铁路,将铁路由新民府筑至法库门,并决定由英国保龄公司承修。合同条款第十七条载明:"现在所定者系草合同,俟邮传部核定及奉旨批准后,再定详细合同。"④ 该准条约体现了邮传部成立后统一全国铁路建设的成效,虽然东三省总督代国家订立该合同,但邮传部的监督权得以明文规定,从程序上而言,这无疑有助于防止丧失利权。

(二) 收回路权的准条约

邮传部成立后,清政府在铁路政策上有一个转变,经历了由鼓励商办

---

① 王铁崖编:《中外旧约章汇编》第 2 册,第 468 页。
② 《论苏杭甬路事当上下调和以图补救》,《外交报》第 193 期,第 3 页。
③ 参见崔志海《论清末铁路政策的演变》,第 74—79 页。
④ 王铁崖编:《中外旧约章汇编》第 2 册,第 443 页。

到收回国有的转变过程。邮传部在 1908 年之前是极力鼓励商办铁路的，甚至当张之洞提议商办铁路运营 30 年后应一半收归国有时，亦予以反对，认为不应打击绅商兴办铁路的爱国热情。邮传部将商办铁路作为"路政发达之基础"，认为在国家财力困难的情形下，不宜将商办铁路收归国有。在铁路材料免税问题上，坚持保护商办铁路公司，反对向华商自办铁路材料征税。① 在邮传部的提倡和保护下，商办铁路公司相继成立，如山西同蒲、河南、京兆房山、广东粤汉、湖北兴国、广东佛江、惠潮、江苏仪泰、山东寿光、奉天开海、河南禹州、江苏蒲宁、黑龙江齐昂等公司。1908 年后，邮传部转变了对商办铁路的支持态度，"由积极扶持到消极否定，直至最后宣布收归国有"。② 邮传部为何在商办铁路政策上发生大的转折？现有研究指出，促使邮传部政策发生转变的原因是多方面的，列强的鼓动和施压只是其中一个因素，主要的原因在于清政府对国内情形的实际考虑，是铁路政策的一个逻辑发展。邮传部最后回到借款官办的政策道路，并非要出卖国家利益，投靠列强，而是出于发展中国铁路的实际需要。③

政策的转变，导致了收回路权准条约的出现。此类准条约的出现无疑是晚清准条约中的一个特殊类别，见证了晚清中国收回利权的历史过程。1908 年的《沪宁铁路总管理处续订办事新章》，即其中之一。签订于 1903 年 7 月的《沪宁铁路借款合同》，是铁路督办大臣盛宣怀与英国银公司订立的，当时商部尚未成立，铁路总局仍是名义上的铁路监管机构。该合同第六款规定，"此铁路预备开筑之时，督办大臣即设立管理铁路行车事务处，名之曰沪宁铁路总管理处，其总局设在上海"，总管理处设办事人员 5 名，其中华人 2 名，英方 3 名，包括总工程司在内。总工程司"职任止能管理、建造行车以及办理铁路相干之事"。该规定，实际上将沪宁铁路管理权交与了银公司。④《办事新章》系邮传部铁路总局与银公司订立，新章第一款规定："钟文耀业经邮传部派定为总管理处总办，及经银公司认可，当公举为总管理处主席。"新章对原来管理铁路的总工程司规定如下："总工程司系充本路总管，应认总办为总管

---

① 参见崔志海《论清末铁路政策的演变》，第 80 页。
② 参见崔志海《论清末铁路政策的演变》，《近代史研究》1993 年第 3 期，第 80 页。
③ 同上书，第 82 页。
④ 王铁崖编：《中外旧约章汇编》第 2 册，第 169 页。

理处代表，受总办节制。"① 将铁路管理权收归邮传部。

邮传部另一个收回路权的案例——芦汉铁路的收回，并非是通过合同直接体现，而是通过签订一个新的铁路类借款准条约而实现的。1908年10月8日，邮传部与汇丰、汇理银行订立《英法汇丰、汇理银行借款合同》。合同第一款规定："该项借款，中国国家以八成在欧洲预备补足还铁路借款之用，其余二成为邮传部自办工艺、实业之用。"② 细观合同条款，并未涉及路权问题。有研究指出，"不能简单地将收回芦汉铁路说成是只不过是债主国的转移"。③ 类似该合同的还有《邮传部借款合同》。1911年3月24日，邮传部与日本横滨正金银行订立《邮传部借款合同》，清还铁路官款。"其订立之人：一面为邮传部，代中国国家订立合同；一面为横滨正金银行"，"中国国家准银行承办五厘利息金币借款，数目日本金币一千万元"。④ 虽然名义上是邮传部的借款，但由于其用途指明是归还铁路官款，因此将其归入铁路类准条约。

邮传部成立后，从公开鼓励商办铁路到最终宣布铁路国有，经历了一个较大的政策转变过程。从现有的研究成果而言，学界对邮传部铁路国有的努力并不是一味否定。有研究指出，"在邮传部的努力下，借款筑路政策毕竟朝着愈来愈有利于中国的方面发展"。⑤

从甲午战后清政府决定兴修铁路起，中国的铁路事业就在晚清激进的政治变化中逐步发展壮大，从海军衙门到邮传部，主管部门几乎三年一变，但清政府的铁路政策的目的始终是抵制西方列强的侵夺，收回路权。铁路建设从最初的铁路总公司到最后的邮传部，所订立的准条约除铁路借款外，还有司法和关税方面的内容，这种典型的条约性质的规定主要体现在与中东铁路公司订立的几个章程之中。如果仔细分析铁路总公司成立以来的历次路矿章程，客观而言，清政府的铁路建设并非逐渐走向反动，而是在不断吸收和借鉴西方经验，朝着专业化、合理化、制度化和自主性的方向迈进。⑥ 铁路管理机构的逐步建立和职权的明确划分，是铁路建设走向近代化的标志。

---

① 王铁崖编：《中外旧约章汇编》第2册，第483页。
② 同上书，第540页。
③ 崔志海：《论清末铁路政策的演变》，《近代史研究》1993年第3期，第85页。
④ 王铁崖编：《中外旧约章汇编》第2册，第695页。
⑤ 崔志海：《论清末铁路政策的演变》，《近代史研究》1993年第3期，第86页。
⑥ 崔志海在《论清末铁路政策的演变》一文结语中客观评价了晚清的铁路政策，本书采用其观点。

五 邮传部成立前后的晚清电信类财政类等准条约

电信类准条约是近代中国出现的第一批准条约，与洋务运动的开展存在密切关系。甲午战争之后，电信类准条约并未随着洋务运动的结束而结束，而是进入一个新的发展阶段。电报局在发展业务的同时，其官督商办的形式也遭遇质疑，要求官办的呼声渐起。在本书第二章中，曾简短提及电报收归国有的过程，但未及详细讨论准条约在此时段的发展。

电信类准条约的订立情形。邮传部正式接手电信事业之前，中国电报局是晚清电信经营部门和主管部门，甲午战后的两年内，中国电报总局与大北公司、大东公司先后就具体的电信业务订立有三个电信类准条约：1896年7月11日的《电报合同》、1897年5月13日的《电报合同》及同日的《续订电报合同》。上述三个准条约并未开创新的电信线路，而是关于电报收发的具体事项。中间虽有人事方面的规定，但并未有重大改变。"中国电报局，丹国京城古本海根之大北电线公司以及英国大东电报公司，今电局与公司愿将办理外洋来往电务并电局与公司交涉各事尽善尽美，特订以下各条"，表明合同的主要内容。[①] 合同详细规定，中国与欧洲（俄国除外）及美国来往电报，以及路过欧洲电报的来往路线，如果经由中国与亚细亚之俄国接线处或由公司之印度线，亚细亚之俄国线传递者，电报价目一律按照合同办理。由于俄国电线是中国电信必须经过的线路，因此1897年的合同中，中国与大北公司专门就此协议价目。"中俄往来电报，由公司现有之水线以及将来在亚细亚所设接连中、俄水线传递，勿论公司自有或与该公司相连者，所收本线报费，应与电局在亚细亚与俄国相接之陆线所收本线报价一律"，"俄国与香港往来电报，所收本线报价，应照此条第一节办理"。[②]《续订电报合同》并未涉及电信收发事宜，而是由中国收回两公司在厦门、南台安设的电线。[③] 该合同相比之下，属于收回利权的准条约。

日本割占台湾，影响了此时的电信类准条约。1898年12月7日，盛

---

① 王铁崖编：《中外旧约章汇编》第1册，第654页。
② 同上书，第698页。
③ 参见王铁崖编《中外旧约章汇编》第1册，第702页。

宣怀代表清政府与日本驻上海领事小田切订立《订购淡水海线合同》，该合同是两国政府订立，属于中日两国间的条约，已经超出了准条约的范围。通过该条约，日本取得淡水海线的所有权及经营权，"所有台湾淡水口至福建省川石山头海中电线一条，自立此约之后，即归日本政府作为自主之业"，中国电报局获得价格是"英洋十万元"，于订约后1个月内，由日本驻沪领事交付中国电报总局。淡水线归日本以后，川石山及南台的电信报价，照中国电报总局与英国大东公司所订合同规定收取。①

为了应对甲午战后新的电信交涉局面，主要是来自日本电信的竞争，大东、大北公司与中国电报局于1899年1月29日订立《续议电报条款》，强调10年之内，不准他人在中国沿海一带，或洲岛各处，安设电报水线；亦不准将水线与中国电线相接，或传递电报。该准条约特别强调，"而福州、台湾水线既归日本，自不应阻其台湾与各处来往电报；此外所有电报，非经中国电报局与大东、大北两水线公司允准，该水线不得传递"。② 同年3月6日，大北公司与盛宣怀订立《电报合同续约》，为保护大北水线利益，要求10年之内，不准在中国沿海安设水线，或另设法传递电报。日本所有的台湾、福州水线只准传递台湾来往各处电报。③

20世纪之交的这几个电信类准条约，完全系中国战败而引起的后续反应，是各国在华争夺经济利益的一个方面。中国电报局不但面临来自日本海线的争夺，在其传统电报区域，亦面临着德国方面的竞争。

1897年，德国占领胶州湾后，安设青岛至烟台水线；1900年，德国在北京至大沽间设立行军电线、电话，私自将烟台海线设至上海。上述线路均收发商电。中国电报局经外务部向德国发出照会，抗议收发商电。经中国照会抗议后，1904年10月6日，德国公使穆默表示"本大臣已嘱驻津德国提督，将行军电务，照贵国电政大臣之意办理"，"自今以后，德国行军电线不过收发德国官报，严禁违章"。④ 德国的实际行动并未按照照会中的规定进行。1905年6月17日，中国电报局黄开文与德国参赞拉德威

---

① 参见王铁崖编《中外旧约章汇编》第1册，第846—847页。
② 王铁崖编：《中外旧约章汇编》第1册，第848—849页。
③ 参见王铁崖编《中外旧约章汇编》第1册，第861页。
④ 《收德使穆德照会》光绪三十年八月二十七日，中研院近代史研究所编《海防档·电线》，第2505页。

商讨相关电信事宜。德国公使表示，德国不但行军电线已经停发商报，即使山东铁路电报亦不侵占中国电局权利，鉴于上述状况，希望"准照水线公司借线之例，由德国自行与东北公司商订，将烟台至大沽水线，每日借用若干时刻，一俟德荷水线抵沪，德国官报，即可自行传递，俾与英国一律"。中国——据以驳复，拒绝德国借用水线的要求。① 中德电信交涉日趋紧张，为了协调双方态度，1907年5月31日，中德双方订立《会定电报事宜合同》，以国家间正式条约的方式结束了两国之间关于电信问题的争论。此合同明确载明，"彼此皆奉本国政府委派"，表明了条约缔结双方的国家身份。合同承认德国所有之吴淞、青岛、烟台水线，但仅限于上述三地，"若非先由中国电局允许，德国电局不再将水线扩充，亦不建造陆线或无线电报"。此合同为了强调上述权限的适用范围，专门解释了当时已经存在的政府、电局、公司之间电信所有权的关系。对于辨别电信类准条约而言，此合同的第一款颇有启发意义。合同原文规定："总之，凡以上情事，德国电局较之别政府（指他国政府所设之电线）、别电局（指他国官商合办之电局）、别公司（指他国商家所设之电线公司）所享之利益，无论为事实（指中国允许他国电报已经施行之利益），为定例（指中国电局定章所给应得之利益）皆不能减少。"②

该合同对政府、电局、公司所作的区别，显然并非中国电报局单方面的解释，而是获得了德国方面的认可。在一定程度上，这也代表了当时社会各界对电信经营机构的划分。在中国境内，不但存在着政府经营的电线，也存在着官商合办和商办电线。这三种经营形式，在客观上意味着条约、准条约以及非条约的存在。

邮传部成立前后，中国电报局与山东德国铁路公司订立《山东路电交接办法合同》，以准条约的形式将两国间电信条约规定的事项加以具体实施，这也是晚清时期中德之间为数不多的电信准条约。③ 晚清十年，电信类准条约的数量屈指可数，但这并不意味着此时中外电信交涉活动的停止。除上述德国、大东、大北公司与中国电报局的交涉外，还有中日、中俄之间在中国东北地区的电信交涉。

---

① 《晚清中外电信交涉》，第45页。
② 王铁崖编：《中外旧约章汇编》第2册，第398页。
③ 同上书，第438—441页。

中俄之间的电政交涉，主要是具体的电报事务，交涉主体是中俄两国政府。1902年11月27日，中俄订立《续订接线展限合同》，将1892年、1896年及1897年的中俄电信条约期限延长至1925年12月31日。如果中国电报局与大北公司的合同延长至1930年12月31日，则中俄之间亦展限至1930年12月31日。① 邮传部成立后，中俄之间的电信交涉主要是北满军线、京恰线及博家店电报房等问题上。上述交涉主要是以外务部为主体进行，邮传部提供具体的业务建议。②

除政府层面的交涉之外，亦有与俄国公司的交涉。该种性质的交涉，形成了中俄之间的电信类准条约。1907年10月7日，中国电报局与俄国东清铁路局订立的《东清铁路电报合同》即其中之一。铁路电信类准条约的出现，是在铁路主权丢失的背景下发生的。与传统意义上的电报局不同，铁路电报的经营者是铁路局。对于近代中国的电信类条约而言，这种附属于铁路的电信线路的出现，亦属一个新的特色。在晚清最后十年，铁路电线随着各国对中国路权的侵夺，逐步发展，成为一个普遍现象。

中日之间此时的电信交涉，不仅限于烟台水线，还有东三省陆线，这其中包括日本擅自在华设立的军用电线问题。1906年2月20日，中国电报局代表黄开文与日本军方订立《暂立奉新电线借用合同》，清政府"借用"日本政府所立奉天至新民府电线，"所借之电线由日本政府通信所至清国电报局，其接线工程以及保线皆归清国政府担任"。③ 邮传部于1907年咨文外务部，要求外务部照会日本公使，要其撤去日本设立的军用电信线路。邮传部还努力整顿东三省官电局，与日本电信线路争夺利权。④ 1908年10月12日，邮传部电政局代表清政府与日本订立《中日电约》，以国家间条约的形式将纷争多年的两国电信问题予以解决。电约开头载明："本约签押之员系奉中、日两国政府委派，将关东省至烟台水线及日本在满洲陆线事宜彼此通融和平议商。"⑤

此时中美之间的电信交涉形成了准条约文件。1906年8月，中国电报局收回美国太平洋商务水线公司的岸上陆线部分，"准将自上海附近公司

---

① 合同条文见《中外旧约章汇编》第2册，第145页。
② 邮传部成立后的中俄电信交涉见《清末邮传部研究》，第334—337页。
③ 王铁崖编：《中外旧约章汇编》第2册，第344页。
④ 中日之间的电信交涉见《清末邮传部研究》，第337—340页。
⑤ 王铁崖编：《中外旧约章汇编》第2册，第549页。

之水线登岸处至上海租界中报房其间所接之线移让交割，永远归入电局及其接办者名下"。①

在邮传部成立后，电信类准条约的数量并未大量出现。在订立趋势上，正如同铁路类、矿务类准条约，渐显弱化。晚清十年间的中外电信交涉，是伴随着中国电信管理部门的专门化而进行的。在邮传部接管电政之前，随着电信国有呼声的高涨，中国电报局所具有的政策制定和业务经营于一体的身份遇到挑战。

盛宣怀作为电局的实际主持人，对甲午之后兴起的电报局收归国有的呼声屡有异议，并着力强调电局在保护中国国家利权方面的功能，"船电两局华商合众与洋商争利之创举，聚亿万人之商力，可以兴天地自然之利，可以夺中外互市之利，可以养民生，可以培元气，故觇国势者，以商务之兴衰定邦家之强弱"。但电报局收归国有的趋势已经非盛宣怀个人之力所能阻挡。1907年4月，邮传部奏派杨文骏前往上海接收电报总局，改电报总局为电政局，设于上海。电政局成为邮传部下辖部门之一。② 在电信国有的过程中，随着各政府部门之间职能的专门化，事关对外交涉的事项并非电报局或邮传部所能独立解决。此时东三省所发生的中日、中俄之间的电信交涉均属国家交涉，具体交涉事项是由外务部执行的。

甲午战后，清政府为偿还日本勒索的赔款，被迫举借外债，产生了第一批政治类借款准条约。虽然列强通过《辛丑各国和约》强取了巨额款项，但在归还方式上并未采取举借外债方式，而是同意清政府以抵押的方式逐年归还，因此并未形成新的政治借款类准条约。晚清十年间，财政借款类准条约并不多见，只是在清政府穷途末路之时，才又出现了财政借款类准条约的身影。1911年4月15日订立的《币制实业借款合同》是财政类准条约的一个典型。该合同由度支部"奉旨代大清政府"与"纽约磨植公司、昆勒贝公司、第一国立银行、国立城市银行，合称美国资本家，汇丰银行、德华银行、东方汇理银行"订立。合同强调"此借款系大清政府所直接担任，是以大清政府以其信实及其还债之权为保使该借款本利一准届期清还，并按照本

---

① 王铁崖编：《中外旧约章汇编》第2册，第351页。
② 参见《晚清中国电报局研究》，第151—152页。

合同所开大清政府应行各节办理"。①清政府希望借币制改革的机会，统一全国各不相同的银两，撤销各地官钱局，集中发行货币。合同对借款的用途进行了明确规定："为大清国整顿画一币制用款""为兴办扩充东三省实业事务用款"。②币制实业借款合同签订后，清政府并非一分未得就垮台，而是拿到了其中很少的一部分。东三省总督赵尔巽于5月6日请求先交付40万镑以应东三省之需，银行团在5月13日交付了这笔款项。③

　　清政府执政的最后1年，为支撑危局，集中订立了数个财政借款类准条约，1911年是甲午战后的又一个政治类借款准条约集中订约高峰。这其中包括地方政府的对外贷款。依据准条约的定义，这些地方财政借款属于准条约范畴。1911年8月14日的《湖北省七厘银借款合同》、30日的《广东省七厘银借款合同》均属地方借款。这些地方政府借款，用途并不相同。湖北省的借款，其目的在合同中载明是归还"条件苛刻之现有债务"。④广东省的借款，则说明其目的是"改善广东银市现况"。⑤即使是在武昌起义爆发后，清政府为应对危局，仍在努力筹借款项，曾与法国资本家订立了《整理各项新财政借款合同》。

　　清政府在行将覆亡之际所订立的这些借款准条约，对其继承者中华民国政府而言，将要面临一个是否继承的问题。事实证明，辛亥革命期间列强在承认中华民国问题上的久拖不决，不只是为了继承旧有条约权利，许多准条约性质的贷款、私人贷款都是列强担心出现违约的问题。

　　1911年10月21日，清政府与美国贝里咸钢铁公司订立《某种海军建筑合同》，拟出资2500万两白银，建造兵工厂、船坞、海军舰船等。该项合同或许是清政府在日暮途穷之际的最后努力，希望通过贷款，在美国的帮助下建设强大的海军。该合同虽然涉及了清政府与美国之间的军事交流，但美国政府并非合同的订立者，中美之间的军事合作，系由美国贝里咸钢铁公司出面，作为中间人，代为疏通美国政府。该合同是首次出现的军事类准条约，将晚清准条约的种类进一步扩大。

---

① 王铁崖编：《中外旧约章汇编》第2册，第703—704页。
② 同上书，第704页。
③ 参见许毅等《清代外债史论》，第624页。
④ 王铁崖编：《中外旧约章汇编》第2册，第743页。
⑤ 同上书，第748页。

六 经济管理专门化与近代企业社会责任的演化：晚清十年准条约的特点

（一）准条约的弱化趋势

真正意义上的商办企业的出现是考察近代中国企业社会责任的基础，当企业不再具有官督商办或官办的外衣，企业的社会责任形式就逐渐清晰，原有的国家责任不再是压倒一切的任务。洋务运动以来创办了众多的占据支配性地位的近代企业，由于这类企业具有的国家背景，对其所进行的社会责任的考察总难以绕过政府的政治职能。

甲午战后准条约的发展与政治形势紧密相关。伴随着划分势力范围的争夺，各国掀起了争夺路、矿特权的高潮。为了应对新的政治和外交形势，清政府尝试着进行了一些变革。义和团运动、官制改革等一系列政治事件对晚清社会经济的影响是直接而深刻的。晚清的经济发展与近代工矿业的引进存在密切的关系，虽然准条约范畴内的工矿、路、电信合同并不是晚清经济发展的全部内容，但显然是主要内容，其对经济现代化的影响是显而易见的。此一时期，准条约的发展集中于路、矿等类别。在原有的基础上，电信类准条约随着国有政策的实施，仍然有所发展。在清王朝的最后时刻，签订了一系列财政借款类准条约，包括币制借款和军事借款。

与此前准条约的发展变化相比，义和团运动后，随着清政府政治体制改革的进行，准条约的发展趋势出现了新的特征。先是随着经济管理机构的专门化，准条约的签订有弱化的趋势，就中国近代化的进程而言，这种准条约的弱化趋势是一种进步；然后是中国社会内部对路、矿类准条约的否定。这种否定是伴随着国民外交运动兴起而展开的，其典型的表现当属收回利权运动。

（二）国民外交运动

国民外交运动作为外交史研究领域的一个特别方向，早已为学界瞩目。从时间上考虑，"国民外交"一词在中国的出现大致可以追溯到1903年。[①]

[①] 参见王立诚《中国近代外交制度史》，第167页；曾荣《1903年中国"国民外交"的出现》，《学术研究》2011年第3期。

随着拒俄运动的深入开展,中国知识界将"国民外交"的概念引入国内,并将其用于排外斗争。在1903年9月6日的《外交报》上,登载了译自日本的《论外交不可专主秘密》一文,该文中首次出现了国民外交一词:"今世之国民外交,与中古之君主外交,命意迥异。立宪之国,外交全权,属诸君主,然非谓外交为君主私事,谓君主有代表国民指导外交之权力耳。国民外交云者,为国家之本旨而谋之,假国家之能力以达之"。① 新近的研究指出,通俗而言,清末对"国民外交"概念的认识,大致可以概括为:人们对于国民为什么要参与外交,以及如何参与外交这两方面的认识。② 至于具体的参加者,主要是绅商、新式学堂的学生和教师及小部分工人。"20世纪初期是中国国民外交运动广泛兴起的时代。清末抵制美货运动、拒俄运动、抵制日货运动、收回利权运动以及民初抵制二十一条运动,都是国民外交运动的生动展示"。③ 正如研究者所言,"广泛的收回路矿利权运动是国民外交运动的一个组成部分"。④

如果仔细考虑学界现有对国民外交定义的阐释,如何把上述诸运动统入国民外交运动的范畴,需要分别作出合理的分析。新近的研究总结"国民外交"一词的定义,并列举出历史上出现过的六种观点,并将其大致划分为不同的专业领域。由外交专门人士总结的定义,如周鲠生的主张,强调"外交的民主化",认为国民外交的主旨只在使一国的外交政策受国民直接的或间接的支配,发挥国会的监督作用。《外交大辞典》则主张以国民舆论监督外交当局,使外交方针与国民意志一致。由舆论界总结的国民外交,其定义相对宽泛,主张分两个层次理解,更多强调民间感情的联络等民间自主性的对外交往行为。如1920年《民心周报》强调人民公意当为外交政策的基础,而1926年4月的《醒狮周报》强调国民外交的两种含义,一是政府外交要斟酌民众的思潮;二是民众离开政府的形式,去与他国民众联络感情。⑤

亦有学者给出一个自己理解的定义,"国民外交,是国民对国家外交

---

① 《论外交不可专主秘密》,《外交报》第55期,1903年9月6日。目前研究均以该文为首次出现的标志。
② 参见周斌《舆论运动与外交——20世纪20年代民间外交研究》,第3页。
③ 印少云:《近代史上的"国民外交"》,《甘肃社会科学》2003年第3期,第132页。
④ 王立诚:《中国近代外交制度史》,第168页。
⑤ 参见周斌《舆论、运动与外交——20世纪20年代民间外交外交》,前言,第4—5页。

行为的参与，是指国民以一定的组织形式，通过舆论、运动等压力手段，来表现自己的意志和实力，从而影响政府的外交决策，左右对外关系的趋向"，并将其视为政治民主化的一个方面，体现了民族主义与民主主义的结合。①《外交大辞典》特别强调，误以为国民外交即由国民自己参加外交是不对的。②

将清末出现的国民外交问题的研究引入到准条约问题上来，主要是鉴于国民外交运动的内容与准条约问题密切相关。拒俄运动和抵制美货运动尚不能充分体现二者之间的关联，因为二者是因政治或外交事项而起，与已经存在的准条约关系不大。收回利权运动是促使笔者决定考察二者之间关系的主要原因。何谓收回利权运动？"其最初者，为争粤汉铁路之事，其次为浙江衢严温处矿山之事，再次为争皖省矿山之事，其后各省之争路矿者，相缘而起，云合响应，若一省无之，则其人引以为辱，遂至并已成之沪宁铁路而亦争之。"③体现清末准条约主要类别的铁路、开矿、电信等事关国家主权的经济事项，构成晚清收回利权运动的主要内容。在这个意义上，国民外交与准条约问题联系起来，如果非要给这样的一种形式以一种相对抽象的定义，或许可以称为清末的废除准条约运动。准条约视野下的收回利权运动，其本质是抵制外来的经济扩张，与20世纪20年代兴起的废除不平等条约运动有着根本的不同，无论是运动的主体还是客体都存在巨大差别。研究者认为"这是一场较为特殊的废约斗争，它没有提出废除正式条约，只是要求废除那些属于国际私法性质的'准条约'"。④

收回利权运动始于粤汉路权的收回。1898年4月14日，督办铁路大臣盛宣怀与美国合兴公司定立《粤汉铁路借款合同》，1900年7月13日，又立《粤汉铁路借款续约》，以准条约的形式规定了粤汉铁路的建造办法及双方的权利及义务。根据这两个准条约，美国合兴公司需于核准合同后的12个月内开工建设，并于5年内全部完工。合兴公司并未按约定执行合同，并将股权转卖给比利时商人。对于合兴公司违反的合同举动，引起了湘、粤、鄂三省绅商的反对，要求收回自办之声渐起。在国内的压力下，1905年9月9日，清政府为了赎回粤汉铁路，与香港政府订立《香港

---

① 王立诚：《中国近代外交制度史》，第162页。
② 参见外交学会编《外交大辞典》，第733页。
③ 《论排外当有预备》，《辛亥革命前十年间时论选集》第2卷上册，第8页。
④ 李育民：《中国废约史》，第215页。

政府粤汉铁路借款合同》，向港英政府借款110万英镑。需要特别注意的是，借款虽然是张之洞奉谕旨订立，但实际承担还款责任的是粤汉铁路经过的广东、湖南、湖北三省，"此项借款以湖北、湖南、广东三省烟土之税捐作保，作为抵押，此项烟土税捐总以此次借款本利尽先偿还"。为了确保三省按期还款，合同明确规定"英国国家可请湖广总督部堂商明湘、粤，核明系何省还款不敷，即由何省另拨他项妥当税厘，归海关管理，以保此次借款"。① 以订立一个新的借款条约的形式，废除了原有的准条约。

将粤汉铁路的收回作为收回利权运动开始的标志性事件之一，一直未有疑问存在。就事实而言，清政府以借款的方式收回已经出让的粤汉铁路，的确是利权的收回。即使借款的利息或抵押不够优惠，一般亦认为此次借款利大于弊。但如果以准条约的视角深入探究，其中仍有很多问题需要加以解释。粤汉铁路的修建合同是通过两个准条约实现的，美国政府并未成为形式上的责任人。三省士绅所作的一切努力，并不是为了促使清政府与美国国家这一外交主体进行外交谈判，由美国政府放弃合同，而是要求清政府的铁路管理者与合兴公司交涉。合兴公司显然不是一个国际法主体，能否作为一个外交对手，是存在疑问的。如果合兴公司不是外交方，则收回粤汉铁路的行为是否还可以成为国民外交运动的一环，就需要存疑。

粤汉铁路交涉大员并未以美国政府为交涉对象，而是希望在废除合同方面得到美国政府的支持，这在当时的文献中有明白说明。光绪三十四年（1908）四月初二日，张之洞、赵尔巽致电外务部，转达与美国领事马墩的会谈内容。马墩告诉张之洞，"美公司原主财力甚富，本不致有此举；自其人故后，家财分散，接办者遂有转售他国之事，言之甚觉可羞。中国尽可将此约作废等语"。盛宣怀也在致伍廷芳的电文中指出，为了废除与美国公司的合同，希望能得到美国政府的帮助。② 在光绪三十四年四月十九日的电文中，盛宣怀甚至提出这样的要求，"美政府能否谕令美公司即行了结？"希望美国政府以行政命令的方式让合兴公司解除合同。上述事实表明，清政府同废除合围绕方面的外交活动，并不是与美国公司的商谈，而是与美国政府的交涉，但与美国政府的交涉并不是国民外交运动的

---

① 王铁崖编：《中外旧约章汇编》第2册，第322页。
② 参见宓汝成编《中国近代铁路史资料》第2册，第758—759页。

组成部分。简而言之，废除合同本身并不是国际法意义上的外交行为。

既然美国合兴公司并非美国政府代表，作为国家背景的铁路总公司为何不能直接宣布废约，一如三省绅商所要求的那样？驻美公使梁诚在致盛宣怀的电文中透露出了个中原因。梁诚分析了合兴公司与美国政府之间的关系，认为"美政府只有权认合兴为美公司，合兴办事一切，除关系国际交涉事件外，均有律例限明，美政府不得过问"。在法律形式上，由于合兴公司与美国政府行为并不存在关联，因此"合同废否，由我自主，应由督办与合兴直接（交涉）"。唯一需要考虑的问题是，"惟废后合兴诉讼，美必干预"，干预的后果难以预料，估计中国不利。①

对美交涉，事牵多头，张之洞与盛宣怀之间关于如何废除合同存在分歧。二人的分歧可以通对交涉责任理解的不同表现出来。

在一份盛宣怀致张之洞的电文中，曾论及外交交涉与美方态度，从中可以窥探收回粤汉铁路过程中中国政府、美国政府、中国铁路总公司、美国合兴公司及三省绅商之间的关系。"数月来总公司屡将三省官绅之电转美，美不承认，此次尊处领首，美即承认照复，语意婉转。彼盖知总督有代表三省之权，不能不承认，非比总公司，只能就合同言合同也。"盛宣怀对其以总公司名义单发的电文并不抱有信心，"尊处锡、吻两电，注重舆情，若仍仅列宣名，与前电不符，美又必不承认"。至于美国合兴公司的电文，"则可由总公司单复"，"并非推诿，外交最重分际，乞原谅"。②盛宣怀对于以总公司的名义与美国政府打交道并不看好，而是希望由张之洞代表政府出面，而自己则只负责与美国公司的交涉。

张之洞并不同意盛宣怀关于交涉职责的划分，不愿承担与美国政府的交涉，"至与美政府理论，应如何措词，方中窾要，此责自在台端"。张之洞认为，"废约自办，当分两截"，合兴公司违背合同，只有当事人，即中国铁路总公司亲自交涉，才能全局掌握，"合兴违背合同之事，惟总公司身亲其境，瞭彻始终，此时据约责言，援律争办，非原议之人不能吃紧"；"自办则在联合三省，力任筹款，期于废约后应付之款确有着落，此则敝处所当担承也"。张之洞希望盛宣怀"熟筹深虑，切电梁使，与美政府开

---

① 参见宓汝成编《中国近代铁路史资料》第 2 册，第 761 页。
② 同上书，第 770 页。

诚布公，商废此约"。① 在催促盛宣怀继续与美方联系的同时，张之洞亦与驻美公使梁诚多次电报来往，亲自筹划收回办法。

合兴公司并不愿意以废除的方式结束合同，接下来采取的应对办法是抛出摩根公司，收回已经售出的股份。"顷又接梁使支电：摩根收比股两千，美不认废约。"② 事实上，美国政府也不同意以废除合同的方式结束合兴公司的在华投资协议。

经过张之洞及梁诚的努力，美国合兴公司最终同意出售粤汉铁路股票给中国政府。几经周折的粤汉铁路收回一事终于尘埃落定。从整个交涉过程来看，中国铁路总公司并不是最有力的幕后推动者，在前期，尚有盛宣怀与美方的交涉，后期则基本上由张之洞主持。张之洞在致外务部、军机处的电文中并不讳言他与盛宣怀的分歧，"因盛大臣与湘绅意见不洽，在东西洋各国中国留学生又纷电敝处，虑盛大臣回护前约，公请敝处独力担承。迫不得已，始定计由洞一人径电梁使，切实筹商办法"。③

如果将此次粤汉铁路收回运动视为收回利权运动的开始，并视为国民外交运动的重要组成部分，则有几个特别的地方需要加以说明：三省士绅并未直接与美国政府接触，亦未参与对合兴公司的交涉。他们将舆论压力通过张之洞展现出来，由张之洞与梁诚之间的电报来往组成整个收回利权的谈判。废约过程中，张之洞等政府人士的意见，多大程度上受到了民间绅商的影响，是决定此次运动是否是国民外交运动一环的关键所在。如果张之洞等人并非是在民间舆论的压力下决定收回粤汉铁路，而是出于其个人意志，则事情就复杂了。粤汉铁路原有的准条约合同并非通过正式声明而废除，而是由中国政府出资购买股票，以接管股权的形式实现的。本应领衔谈判的中国铁路总公司，因盛宣怀个人意见的不同，并未全程参与交涉。合同由中国铁路总公司订立，废除者则是湖广总督张之洞，美国合兴公司在交涉过程中竟然未对张之洞的权限问题提出质疑，其中的根本正可从准条约的性质得以解释：粤汉铁路合同系铁路总公司代表清政府订立，无论是盛宣怀还是张之洞，其代表的都是清政府。

---

① 宓汝成编：《中国近代铁路史资料》第 2 册，第 770 页。
② 同上书，第 768 页。
③ 同上书，第 777 页。

由收回粤汉铁路的研究扩散开来，将目光定位于整个收回利权运动的主导力量身份的研究，对于探究收回利权运动与国民外交之间的关系是非常重要的。由于历次运动的特殊性，下面的讨论并不专门针对某一次运动，而是一种概括后的抽象。

诉诸学界一直以来收回利权运动的研究，可以发现，对该运动的主导者存在不同的认识。20世纪90年代以前，一般认为资产阶级是收回利权运动的主导者。该种认识在20世纪90年代末开始遭遇怀疑。有研究认为，收回利权运动是"全民族面对国权、生存权丧失殆尽而奋起救亡的民族斗争"，并非某一阶级利益和意愿的集中表现。发起该运动的主要社会力量是绅士或绅商集团。① 有研究者进一步将发起者的范围缩小，指出绅商是收回利权运动的中坚力量。但在对绅商的组成和身份认同问题上存在分歧，"由于近代绅商业已开始从事相当规模的实业投资，同近代经济发生了千丝万缕的联系，并开始接触和使用新的资本主义运营方式，其生活方式和思想意识也开始出现了带有近代趋向的微变"，因此，可以将绅商定性为"中国民族资产阶级的早期形态"。② 但亦有人认为绅商并不具备资本家集团或者资产阶级的特征，"绅商没有属于自己的雄厚的资本，它只是动员或组织社会资金的主要社会力量"。③ 由于对绅商一词本身的定义亦存在分歧，对于其究竟是"绅"还是"商"，难有统一认识。鉴于此，有学者提出用另一个概念来指代收回利权运动中的主导力量，"在收回利权运动中起主导作用的可以说是新兴的工商业者"，"不管他们原来是绅士的身份，或者原本即是商人，抑或是所谓的绅商，在投资参与商办铁路和开矿之后，都可以说是新兴的近代工商业者"。④

如果抛除运动参与者的其他社会身份，即不论是绅还是商，而将其定位于新兴的近代工商业者，则收回利权运动的参与者显然都非政府当局，这一点与国民外交的参与主体是相一致的。但是，国民外交与收回利权运动之间的交集并不限于参与者的组成，还包括其他若干方面，其中重要的一点就是收回利权是否涉及了外交问题。粤汉铁路的收回是涉及了外交问

---

① 参见王先明《近代绅士：一个封建阶层的历史命运》，第212、216—217页。
② 马敏：《官商之间：社会巨变中的近代绅商》，天津人民出版社1995年版，第205—206页。
③ 王先明：《近代绅士：一个封建阶层的历史命运》，第238页。
④ 朱英：《晚清收回利权运动新论》，《史学集刊》2013年第3期，第49页。

题的。如果收回利权运动与已经存在的准条约合同有关，是为了废除或改进这些准条约，则其当然要涉及外交。在这一点上，收回利权运动与国民外交运动是合二为一的。

第六章　中华民国成立初期的准条约问题

一　民国肇造与政府继承问题

辛亥革命推翻了清政府的统治，结束了其在国际上代表中国的资格，因此发生了一系列国际法问题，其中之一即条约、准条约的继承问题。自洋务运动以来出现的准条约，在辛亥革命后遭遇到前所未有的局面。列强在开具的承认中华民国的条件中，承认其既得的准条约权利是其中之一，其具体表现就是要求中华民国政府承认晚清政府订立的外债和对外特许。

辛亥革命期间发生的继承是政府继承，并不涉及条约转移问题，清政府遗留所有的条约将由民国政府继续执行。由于中华民国政府的成立与获得列强的承认并非发生于同一时间，而这二者均对承认问题产生决定性的影响，尤其是对条约继承产生决定性的影响，因此可以从两个层面理解辛亥革命期间所发生的继承问题。首先，在列强承认中华民国之前，晚清的条约义务等已经事实上由中华民国临时政府继承，此时的继承是法理继承；其次，在未承认中华民国之前，有关各国与晚清政府的条约暂时处于冻结状态，某一国的条约何时发生效力，取决于该国何时正式承认中华民国政府。由于各国承认的时间并不一致，因此中华民国条约继承完成的时间也有区别。中华民国对晚清政府的继承过程及时机与当时复杂的国内外形势息息相关，难以给出一个戛然而止的节点。中华民国完全意义上的继承发生在列强承认民国之后。辛亥革命中的继承本是历史提供给中华民国修改不平等条约及建立新型国际关系的机遇，但由于中国国内政治斗争的严峻形势，孙中山及袁世凯政府都未能充分利用上述机遇。在帝国主义各国以承认为要挟的情形下，民国政府未加选择地继承了清政府所有的条约、外债及对外特许，而这使民初的外交局面更加被动。

中华民国的成立是否发生了国家或政府的继承？近代史学界对此并未

予以认真的对待。在进入讨论该问题之前，本研究在前文关注了法学界的相关理论。有国际法学者指出，政府的变更如果是采取通常的和合法的方法，则此变更不影响政府的连续性，不影响政府的对外关系，也就不发生继承问题。发生政府继承的情形一般是以武力或革命的方法变更政府，这包括两种情形：一是以革命的手段成立新政府或恢复原来政府；二是未成功的反叛。① 鉴于上述理论探讨，是否可为辛亥革命中的继承问题给出明确的答案，即明确辛亥革命中有无发生继承问题，发生了何种继承问题，下文将以相关史实予以探讨。

（一）辛亥革命中的政府继承

在中华民国成立过程中，就其国体及对外关系而言，有两个文件具有基础性作用，一是"中华民国临时大总统对外宣言书"，二是"清帝逊位诏书"。对外宣言书昭告了共和政府的成立，预示了一个新时代的开始，而逊位诏书则给临时政府继承清政府以合法的外衣，标志着中国新旧政权的交接。围绕这两个基础性文件而展开的分析，可以澄清辛亥革命过程中一些有关继承问题的基础性国际法概念。

1912年1月1日，南京临时政府成立。临时政府发表对外宣言，其中第一条宣布："凡革命以前所有满清政府与各国缔结之条约，民国均认为有效，至于条约期满而止。其缔结于革命起事以后者，则否"，明确表明对晚清条约的继承态度。第二条宣布："革命以前满政府所借之外债及所承认之赔款，民国亦承认偿还之责，不变更其条件。其在革命军兴以后者，则否。其前泾（经）订借、事后过付者亦否认"，明确继承晚清政府的外债及赔款。第三条宣布："凡革命以前满清政府所让与各国国家或各国个人种种之权利，民国政府亦照旧尊重之。其在革命军与（兴）以后者，则否。"② 对外宣言的这三条，不但明确了对条约的继承，亦表明了对非条约特权的继续保留。

南京临时政府的宣言，不排除具有争取列强承认，孤立晚清政府的目的。就法理而言，此时的南京临时政府尚不具备继承晚清政府条约义务的

---

① 参见王铁崖《国家继承与条约》，邓正来编《王铁崖文选》，中国政法大学出版社1993年版，第520页。
② 黄彦编《孙文选集》（中），广东人民出版社2006年版，第250—251页。

资格，亦无从担负各种外债及赔款的偿付。问题的根本在于这样一个明显的事实：清政府仍然是名义上的全国性政权，驻外机构仍然在代表清政府与各国交涉，继承尚未发生。

1912年2月12日，清帝逊位，"特率皇帝将统治权公诸全国，定为立宪共和国体……即由袁世凯以全权组织临时共和政府，与民军协商统一办法"。① 正是在清帝逊位后，袁世凯当选为临时大总统，南北双方暂时达成一致，中华民国完成了表面上的统一。

该诏书的意义就国际法层面而言，意味着民国政府系由合法方式成立。这里是否属于采取了"通常的和合法的方法"，因而不影响政府的连续性？如果承认此点，则意味着从晚清政府到中华民国政府没有发生继承问题。中华民国的成立是辛亥革命的结果，从武昌首义至各省响应，从各地军政府的建立，到南京临时政府的成立，这背后是革命的武装力量在起主导作用。清政府在这一时期是不断调动军队来围攻起义军的，军事斗争在南京临时政府成立的过程中是不可或缺的推动力量，这是显然的事实。

国内新近出版的国际法教科书认为，一国出现政府继承的原因是，"该国内爆发了革命或叛乱推翻了原政府建立了新政府"，"新政府不仅是通过非宪法程序产生的，而且选择了与前政府全然不同的社会制度、政治制度、经济制度和法律制度，并采取了与前政府不同的外交政策"。②

虽然诏书在形式上将国家政权交与民国政府，但这并非意味着民国政府是晚清政府的自然继续，二者在性质上完全不同，中国的对外关系也因而发生了变化。在当时与中国有外交关系的国家中，就其对中华民国的态度而言，也并不认可由晚清政府到中华民国政府的变动未曾发生政府继承问题，也因而产生了承认中华民国的问题。

基于上述的理论探讨，可以明确，辛亥革命过程中的继承属于政府继承，因此依据一般的国际惯例，临时政府当然是晚清政府既有条约的继承者，这一点已经通过大总统对外宣言书得以明确。在民国初年的外交关系中，承认问题是最重大的外交问题之一，帝国主义列强对新生的中华民国迟迟不予承认，这其中固然有中华民国的自身的因素，但各国冀图从中获利，也是重要的原因之一。由于承认问题迟迟未能予以解决，条约继承问

---

① 《清史稿》，本纪第二十五。
② 邵津主编：《国际法》，高等教育出版社、北京大学出版社2008年版，第60页。

题也呈现出诸多疑点与困惑。

辛亥革命的实质是中华民国政府代替满清政府，这里发生的是政府继承，而非国家继承。正如有国际法学者所宣称的那样，固然政府变动也是国家变动的一种，如朝代的更迭、政府形式的改变；固然学者把国家继承与政府继承并在一起讨论；但是政府变动并不发生国家继承问题，后继的政府对于先前政府的行为担负责任，这是政府之间的继承，与国家继承是两种不同的法律现象，应该适用不同的规则。①

列强对民国的承认，当然也会影响到继承，因为一般来说，"承认一个国家表示接受它在国际社会中的地位以及它具有作为一个国家通常特征的全部权利和义务；承认一个政府，使承认的国家能够与新政府处理全部国际关系，并且表示它接受新政府在其国际关系中代表该国，而且新政府的行为可以被认为在国际法上对该国有拘束力"。② 1913年4月8日，巴西率先承认中华民国，此后美国等国相继宣布承认。承认与否并不影响中国国家权利的继承。

武昌首义后，湖北军政府照会各国领事，表示承认所有清政府与各国所缔结之条约、赔款与外债，各国在华权利及外人在华财产一体保护。但同时表示，如有帮助清政府者，概以敌人视之。③ 该照会明确表示了革命党人对晚清外交遗产的继承态度，以及所准备采取的外交原则。通过该照会，湖北军政府虽然争取到了列强的中立，但此时的军政府只是一个交战团体，继承问题尚未真正发生。

继承发生的时机。中华民国对晚清政府的继承，因继承对象不同，发生的时机并不一致。就国际法意义上的一般权利和义务而言，中华民国对晚清的继承应该发生于列强承认民国之前，清帝逊位之后，将其定位于临时政府迁都北京这样一个节点相对是比较合适的。此时的中华民国已经具有完全意义的国际人格。临时政府迁都北京，表面上完成了对国家的统一，并再三确认对所有晚清条约及列强在华特权的继承。国家实践中，民国政府并未因未被承认而中止对中外现有条约的实施，而这当然是继承的直接表现。为学界广为引用的一个案例是1912年的即墨事件，临时政府

---

① 参见王铁崖《国家继承与条约》，邓正来编《王铁崖文选》，第520页。
② ［英］詹宁斯·瓦茨修订：《奥本海国际法》第1卷第1分册，第111页。
③ 参见曹亚伯《武昌起义》，中国史学会编《辛亥革命》（五），第152—153页。

最终宣布革命军退出即墨地区，其理由即对旧有条约的遵守。① 该事例一方面体现了民国政府对帝国主义的妥协和退让，另一方面也是主动继承晚清政府国际义务的一个典型事例。但除一般的国际法权利和义务之外，条约和其他债务的继承则应发生于列强承认中华民国之后，各国条约继承发生的时间因承认的早晚而有所区别。

（二）承认中华民国与条约、准条约的继承

既然辛亥革命过程中发生的是政府继承，因此晚清政府所有的国际权利和义务，均将由中华民国政府所取代。相比较于清政府，中华民国政府是一个完全不同的政权，在组织形式和对外关系上均有重大的变化。有国际法学者指出，就法理而言，新政府"当然可能愿意离开前政府为该国所订下的道路"，"如退出条约或退出国际组织的规则"。② 具体到中华民国政府而言，则完全可以限制或废除列强在华不平等条约特权。在辛亥革命前，以孙中山为首的革命者对不平等条约有着深刻的认识，并有倡议废除之意。③ 1906 年，汪精卫在孙中山口授下撰写《驳革命可以瓜分说》一文，提出"满洲政府，外交丑劣，与各国结种种不平等之条约，宜筹撤改者，则固新政府之责任"，显然将废除不平等条约的希望寄托到筹划建立的共和政府身上。④ 但在 1908 年的同盟会革命方略中，却宣布继承晚清条约遗产，对外人既得之权利一体保护。同盟会的宣言固然是为了争取帝国主义各国对革命的支持，最大限度地孤立晚清政府，但这显然违背了孙中山等革命者的初衷。张国淦曾著文指出，"孙中山在辛亥革命时所注意的中心问题是推翻清朝。这一点在当时一般人的看法更是这样"，"只觉得推翻清朝是主要的，帝国主义对半殖民地的中国，控制得那样厉害，取消不平等条约更不是简单的事情"。⑤ 孙中山就任临时大总统后的对外宣言秉承了同盟会的外交方略，并未就旧有条约问题提出废除。虽然孙中山的就任临时大总统的对外宣言书对帝国注意采取了妥协态度，但并非完全无条件

---

① 参见《临时政府公报》第 12 号，1912 年 2 月 10 日。
② 詹宁斯、瓦茨修订：《奥本海国际法》第 1 卷第 1 分册，第 150 页。
③ 有学者指出，孙中山最早提出不平等条约概念，"据笔者目力所及，1918 年之前的中国，惟有孙中山使用过不平等条约概念"。参见张建华《孙中山与不平等条约概念》，《北京大学学报》2002 年第 2 期，第 120 页。
④ 精卫：《驳革命可以召瓜分说》，《民报》第 6 号。
⑤ 张国淦：《孙中山与袁世凯的斗争》，《北洋军阀史料选辑》上册，第 144 页。

承认，胡汉民曾对该宣言书作出评价，认为第一条"认为有效，至于条约期满而止"以及第五、六条都含有不是完全承认的意旨。①

据张国淦回忆，在对待旧有条约问题上，胡汉民、汪精卫、魏宸组等曾有过具体讨论。胡汉民说，"北京政府和各国有几十年关系，我们这次新政府刚才成立，他们还没有承认，虽说中山在外多年，同英、法各国感情不错，但是个人不是国家，各国在中国既经夺取的权利，北京政府尚在继续，我们倘宣布取消，他就完全帮助北方，我们恐怕站不住了"。胡汉民的担心得到汪精卫赞同。汪精卫指出，武昌首义以后各国严守中立，系因军政府对外照会中表示继承清政府既有条约。张国淦提出了不同看法，认为"对于以往条约不外：一、承认；一、废除；一、修正。新政府成立，为何不表示修正？"胡汉民的意见是"承认或废除是我一方面的事，修正是两方面的事。彼没有承认我们，我们就没有资格正式提出，就是提出，彼亦未必接受或不作答复，中山尤其注意到此"。汪精卫认为，"我们此时没有真实力量，所以对于北方政府以及对于各国外交，不得不容忍迁就，正在于此"。②

虽然张国淦的提议更为有利，但显然当时的形势并不允许南京临时政府提出修改不平等条约的要求，汪精卫的分析或许说出了临时政府的顾虑。应该承认，辛亥革命期间中国国内政治形势的发展也的确没有给革命党人留下太多的外交活动空间，依据清帝逊位诏书，袁世凯在形式上继承了清政府的各种权利，而帝国主义各国基本上支持袁世凯治下的民国政府，在这样的内外环境下，临时政府显然还顾不上修改不平等条约，正如邵力子后来回忆的那样，"本来我们在推翻满清的时候，我们很可以乘机把不平等条约完全废了的，但是在民国元年的时候，不但是袁世凯丧心病狂承认不平等条约，就是我们革命党同志，也没有看到这一点"。③后来的回忆虽然表达了未能提出废除的遗憾，但考诸史实，从同盟会革命方略的对外宣言，到中华民国临时大总统对外宣言书，都已经宣布了对旧约的继承态度，在对外关系上并未留出更多的活动空间。当时的革命领导者并非没有意识到中国仍受着不平等条约的束缚，而是没有决心提出解决的办

---

① 张国淦：《孙中山与袁世凯的斗争》，《北洋军阀史料选辑》上册，第144页。
② 同上书，第146页。
③ 邵力子：《非"条约神圣"》，《民国日报》1928年9月13日。

法。或许正如新近的研究所指出的那样，"民国初年进行修约交涉的条件尚未成熟，而当时南京政府和袁世凯政府也均无提出这一要求的勇气"。①

一般认为，"在拖延承认问题上，日本扮演了主要角色"，日本拖延承认的本质当然是要获取更多的特权，而其所采用的借口，则是要求民国政府完全继承清政府所有的外国在华特权。② 在正式承认民国政府之前，日本先后抛出了两个有关承认问题的备忘录和一个附有具体说明的细目，第一次倡议书及其随后的细目与辛亥革命中的继承问题存在重要关联。

1912年2月21日，日本抛出了与条约继承有关的第一个外交备忘录，把承认问题与条约继承予以概括性说明，"在新制度下，各外国人仍继续保持其在中国所享有之一切权利、特权及豁免权，至为重要。此等权利、特权及豁免权，其主要者均有条约可为依据，但以中国及各外国之国法规定或过去之惯例为依据者亦复不少。故各国在宣布承认时，为慎重起见，应使新政府对此等权利、特权及豁免权等明确表示正式承认"。③ 该备忘录显然并非仅强调民国政府必须继承清政府所有的条约，而且要求民国政府承认一系列条约之外的特权，这些特权或为准条约所规定，或为清政府内部规章所要求，而这些要求并不符合当时的国际惯例。

为了详细罗列中华民国政府必须保证继续给予各国的特权，1912年3月23日，日本内田外务大臣向驻英、美、俄、法、德、奥、意大使及驻北京公使提出了一个关于承认民国的条件细目，共有四条，第一条是关于清政府与各国政府间条约及协定的继承事项，这一点其实意义不大，因为从南京临时政府建立起，直到袁世凯当选大总统，民国政府一直宣称要继承所有的前清条约。该细目其余三条规定则跳出了条约的范围，其中第二条规定："关于旧政府或事实上曾经存在之临时政府以及各地方政府所借之外债，其中现实存在者，新政府一律继续承担其完全之责任与义务，并约定诚实履行上列政府为负担此等外债而缔结之各项契约及合同。"该项规定，将本应予以废除的恶债包括在内。第三条规定："凡各届旧政府或

---

① 李育民：《中国废约史》，中华书局2005年版，第236页。
② 中国社会科学院近代史研究所编：《日本侵华七十年史》，中国社会科学出版社1992年版，第137页。
③ 《内田外务大臣致本野驻俄大使电》，1912年2月21日，中国社会科学院近代史研究所中华民国研究室主编、邹念之编译《日本外交文书选译——关于辛亥革命》，中国社会科学出版社1980年版，第397页。

地方政府与外国政府、团体或个人间缔结或设定之上列债务以外的一切契约、合同、义务、特惠与转让等之现实有效者,新政府一律继续履行。"该项条款把个人和地方政府的外债包括在内,将个人之间的借贷要求由民国政府来担保履行。第四条规定:"各国在中国已被公众所理解且正在实行的治外法权或领事裁判权制度,以及外国政府、团体或个人在中国所现实享有的权利、特权及豁免权等,新政府一律继续承认。"①

当美国已经确认要承认中华民国后,日、英两国为了尽可能从承认问题上得到更多利益,协谋筹划了袁世凯政府的对外宣言书。1913年5月,巴西、美国、墨西哥等已经承认了中华民国政府,尚未承认的各国在承认中国临时政府问题上也已经达成大致意见,唯有德、英两国在承认的条件上存在不同解释。德国政府在回复日本政府的建议时提出,"中国政府履行其以往所承担之国际义务乃属理所当然,完全不必作为条件提出",而英国的见解则与德国不同,英国认为"应置重点于取得中国新政府关于履行上述国际义务之保证",日本为了协调德、英之间的不同意见,建议英国可否"不坚持中国在承认之前主动向各国公使提出适当之书面声明,以使各国得到满足",日本向英国表示,如果英国同意日本的提议,则日英两国政府"即可分头电示其本国驻北京公使就声明内容进行磋商,然后向中国政府征询意见"。②袁世凯政府很快同意了日本政府的提议,5月31日,英国驻华公使将中国政府的决定电告英国政府,"中国政府已决定在向各国驻北京公使通告大总统选举结果之同时发一声明,言明中国政府将严格尊重其所承担之一切条约义务以及外国人根据既成惯例所享有之一切在华特权与豁免权等",英国政府对袁世凯的声明果然表示大体满意。③

依据日本外交档案,袁世凯"大总统声明"的最初起草人是日本时任驻华公使伊集院彦吉。"五月十六日,本职与英国公使就承认问题交换意见时,曾事先备妥《大总统声明》文稿一份,于晤谈时当面出示英公使,并向其言明该文稿纯属本职个人之设想,仅为备忘而存录,并非定稿",

---

① 《关于承认中国新政府之条件细目(草案)》,《日本外交文书选译——关于辛亥革命》,第410页。
② 《牧野外务大臣致小池驻英临时代理大使电》,1913年5月6日,《日本外交文书选译——关于辛亥革命》,第445页。
③ 《小池驻英临时代理大使致牧野外务大臣电》,1913年6月4日,《日本外交文书选译——关于辛亥革命》,第446页。

英国公使阅读后，表示该草稿内容已十分完备，等其加以研究后双方再行商谈。5月17日，英国公使馆派人往访日本公使，称日本公使所拟的稿本已无再行起草的必要，英国只对其中二三处进行修改，"即原文稿中之'Foreign Countries'（诸外国）一语，拟改为'Foreign Governments, Companies and individuals'（各外国政府、公司及个人）；'rights'（权利）之前，拟加'all'一词；'Shall be faithfully respected'（应予确实尊重）一语，拟改为'are hereby confirmed'（特予确认）"。在与日本公使确定袁世凯声明内容的同日，英国约请梁士诒前往公使馆，将文稿大意告诉了梁士诒。①

或许是为了获得各国承认，抑或是为了得到筹备中的政治贷款，袁世凯对日、英起草的声明基本表示赞同。5月28日，梁士诒往访英国公使馆，将袁世凯的意见转告英国，"对于声明文稿所述之原则精神，袁世凯大体上已无异议，但对词句愿作少许修改，尤其'既成惯例'一词应限定为有明文记载之成例，等等"。梁士诒坚持袁世凯的修改意见，英国公使在未能迫使梁让步的情形下，表示其个人同意修改，但最终还要等收到中国的修改文稿后再商讨。梁士诒提交给英国公使的对案内容如下："所有前清政府及民国临时政府与各外国所订条约、协约暨前清政府及民国临时政府与各外国人民及公司所订契约，必应遵守；至外国人民在中国按国际契约及国内法律以及各项有公文之成例已享之权利及先经享有特权，豁免者，均切实承认。"② 该文本已经非常接近最后的发表内容了，非但明确继承了各项不平等条约，准条约及非条约特权也都将予以保持。

可以认为，孙中山为首的革命派与袁系政治力量的国内较量，影响了民国政府对待晚清条约的方针，内争影响了御外。上述张国淦与胡汉民等人之间的谈话，明确指出了南京临时政府在对待旧有条约问题上的顾虑，如果因条约问题而进一步将帝国主义各国与袁世凯推向一边，显然对革命不利。反过来，是否也可这样推论：湖北军政府及南京临时政府所宣布的对条约的态度，在客观上也影响到了袁世凯继任大总统后对晚清条约的态度。在面临孙中山等革命党人的压力下，袁世凯力求取得帝国主义的支

---

① 《伊集院驻华公使致牧野外务大臣函》，1913年6月10日，《日本外交文书选译——关于辛亥革命》，第447页。

② 《五月三十日梁士诒手交英国驻华公使之对案》，《日本外交文书选译——关于辛亥革命》，第450页。

持，因宋教仁案而爆发的二次革命无疑影响了袁世凯在承认问题上的态度及策略。据颜惠庆回忆，袁世凯对国内一直有人反对他非常不满，当有人在讨论外交事务的高层会上提及各国迟迟不承认中华民国时，袁世凯顿时便显出不耐烦，用带情绪的语言说，既然国内都有这么多人不赞成他，还指望什么洋人。颜惠庆的回忆或可从一个侧面揭示出，革命派对袁政府的反对在客观上影响了袁的对外政策。如果如学界一直认识的那样，袁是一个为了保住自身权利而无所不用其极的政客，那么其为了压倒国内反对力量，获得帝国主义的支持，而在继承方面屈从帝国主义的意志也在情理之中。不论袁本身怎么考虑继承问题，其实际行动并未跳出日、英等国所设下的预案。

1913年10月6日，英、俄、法、日等13国宣布承认中华民国，10月10日，袁世凯发表了宣言书："本大总统声明，所有前清政府及中华民国临时政府与各外国政府所订条约、协约、公约必应遵守，及前政府与外国公司、人民所订之正当契约亦当恪守。又各国人民在中国按国际契约及国内法律并各项成案、成例已享之权利并特权豁免各事，亦切实承认，以联友谊而保和平。"① 至此，延宕日久的承认问题终获解决。辛亥革命期间的继承问题也进入尾声。正如后来评论者所指出的那样，袁世凯在对待帝国主义在华特权方面走的比南京临时政府还要远。相比于孙中山的对外宣言，袁世凯的声明已经完全超出了条约继承的范畴，更大程度上迎合了日本所提出的关于承认中华民国政府条件的细目。事实上，这个宣言就是日、英等国的反复商讨后才得以确定的，文本的最初提出者是日本而非袁世凯政府当局。

（三）中华民国准条约继承的主要内容及相关探讨

辛亥革命过程中发生的是政府继承，因而所有的清政府的条约将由民国政府继续执行。在前面关于理论探讨中已经对此有充分的说明。这些条约的涵盖范围是广阔的，不但包括不平等的割地、赔款条款、片面最惠国待遇条款、治外法权条款、租界及租借地条款，也包括了平等的正常交往的协议及晚清政府参加的国际公约。传统国际法认为，按照一国宪法程序发生的继承，除新政府与有关外国另有协议外，一般会自动接受旧政府代

---

① 《政府公报》第516号，1913年10月11日。

表本国参加的国际条约所设定的权利义务，以及以其名义拥有的国家财产或负担的国家债务，但因革命或政变而发生的继承是个例外。因革命而政变发生的政府继承，新政府可以根据有关权利义务的性质及其自身政策和利益的需要而决定对有关权利义务的态度，民国政府显然并未依照自身的利益而作出相应的调整。

周鲠生曾考察了中华人民共和国的国家继承问题。周鲠生教授认为，中华人民共和国作为一个国际法主体，是新中国成立前中国的延续，不是一个新国家，因而单从传统的国际法理论说，根本不存在着国家继承问题。但从阶级本质而言，中国已经变成了一个新的历史类型的国家，因此，把中华人民共和国政府对有关新中国成立前中国的国际权利义务的处理问题作为一种新的历史类型国家继承问题提出是适当的。① 虽然中华民国的继承问题不同于中华人民共和国的国家继承，但在很多方面二者仍然具有可比性。同样地，中华民国是清朝中国的延续，不是一个新国家，亦不存在国家继承问题，但中国已经变成一个不同于以往皇朝的新型国家，因此就继承问题提出不同的解决方案并无不可。显然孙中山为首的革命者和袁世凯治下的民国政府均未能有所突破。

事实上，关于条约继承是由中国主动向各国作出的承诺，并不关乎是否受到了来自有约国的压力，透过辛亥革命期间一些重要的国家涉外文件，可以很清楚地看到这一点。从同盟会的革命方略，到孙中山临时大总统宣言，再至袁世凯的大总统声明，并未对不平等条约提出废除或修改。1913年7月，袁世凯颁发信守条约令，指出"方今万国并峙，所赖以保持和平者，唯在信守条约"，"凡我国人，各宜履薄临深，互相告诫，著各省都督、各地方长官督率所属文武军民，讲究约章，切实遵守，勿得稍有违犯"。② 条约当然是应该遵守的，但应有所区别。

准条约及非条约特权继承。回顾民国政府的历次对外宣言及日本政府所拟的承认民国照会，可以发现，双方在条约继承问题上是一致的，所不同者在于准条约及非条约的权利，而这些权利主要表现为侵犯中国主权的路、矿及各种债务，恶债当然也在其中。袁世凯就任正式大总统后的声明系日本和英国所起草，只在个别词语上有所改动，如坚持将"既成惯例"

---

① 参见周鲠生《国际法》上，商务印书馆1976年版，第155页。
② 《外交部概况》，《中华民国史档案资料汇编》第三辑外交，第6页。

改为有明文记载之成例。最后的表述则是"按国际契约及国内法律并各项成案成例已享之权利及特权",上文已经就该声明的出笼过程有所探讨,这里要强调的是袁世凯所坚持的词语调整并非毫无意义。事实证明,上海会审公廨收回交涉即与改词语的改动存在关联。

　　武昌起义后,上海领事团乘机控制了会审公廨,将其变成外国领事管辖的司法机构,不仅扩大了在华的领事裁判权,而且扩展延伸了租界特权。领事团所攫取的这些特权并无条约根据,亦无任何国内法律上的规定,不属于应该继承的内容。1912年外交部条约研究会曾计划收回会审公廨,并拟定章程17条,限于当时的形势,并未向各国提出。1913年12月,袁世凯政府获得各国承认后,外交次长曹汝霖向外交团领袖公使朱尔典提交要求收回公廨的照会:"现在中国正式政府成立,已经各国承认,所有公共租界公廨承审人员自应规复旧制,由本国自行遴员接充办理。"①外交部在1914年审查特派江苏交涉员陈贻范关于会审公廨的报告时,进一步提出"此次审定拟改各节,以审查条约上与主权上有无窒碍为第一要义",力争将非条约依据的侵权行为予以废除。② 经数次与公使团交涉,会审公廨问题终因列强不愿放弃特权,未能在民国初期予以收回。

　　虽然袁世凯一再表示遵守晚清以来的约章,而不论这些约章是否存在对华不平等的条款,但在实际的操作过程中袁世凯治下的民国政府并未放弃可以利用的修约机会。袁世凯政府对修订税则的交涉即为一例。1912年8月14日,民国政府外交总长照会英、德、俄、法、美、日等13国驻华公使,要求修改1902年签订的通商进口税则,最后虽然未有实际成效,但也反映了袁世凯政府在对待不平等条款态度上并非一成不变。

　　民国政府对晚清外债的继承。外债继承是有约各国比较关心的问题,除各项实业借款外,晚清政府因战败而被迫赔偿的款项均属于继承的范围之内,如甲午战后签订的政治借款、庚子赔款等。除有条约规定的赔款之外,尚有众多的非条约依据的贷款,这些贷款中有相当多的部分是依据侵犯中国主权的不平等合同实现的,或者说在性质上属于恶债的范畴。依据国际法,民国政府可以废除这些恶债。这其中典型的如"湖广铁路债券

---

① 《上海会审公廨之史的回顾》(四),《大公报》1926年10月4日。
② 《外交部关于拟改特派江苏交涉员陈贻范呈送上海会审公堂章程的报告》,《中华民国史档案资料汇编》第三辑外交,第82页。

案"。1979年11月，美国公民杰克逊等9人在美国地方法院阿拉巴马州北区东部分庭控告中华人民共和国。其诉讼事由是：中国清朝政府于1911年发行"湖广铁路五厘利息递还金镑借款债券"（简称"湖广铁路债券"）600万英镑，该债券利息从1938年起停付，本金1951年到期未付。原告杰克逊等并代表所有持券人要求赔偿债券本利1亿美元外加利息和诉讼费。陈体强指出，这些债务属于恶债的范围，是不予以继承的。①

二 民国初年准条约的扩展与变化

袁世凯以大总统宣言的形式宣布继承所有前清政府的准条约，使得准条约的发展并未因清政府的垮台而发生根本性的转变。第一次世界大战爆发前，中华民国政府所订立的准条约种类和数量都有新的发展。

（一）军事类准条约的发展

依据《中外旧约章汇编》，即使是在民国未获承认的1912年，仍然订立了15个准条约，这一数字在1913年得到了较大增长，达到了22个。虽然民国政府在1912年1月1日正式宣告成立，但在1912年2月12日清帝逊位前，准条约的订立方仍然是清政府，而非中华民国政府。1912年2月5日，清政府陆军部、度支部与日本大仓洋行订立《兵器代金支付延期契约》，该契约或许是清政府覆灭之前的最后一个准条约。

依据原立契约，清政府尚拖欠日本大仓洋行购买军火的1821760日元，因无力偿还，决定延期1年支付，"缓付1个年间，至西历1912年12月15日支付"。② 1912年2月12日，清政府退出历史舞台，中华民国政府在尚未获得列强承认的前提下，主动继承了清政府的准条约。该延期契约很快到期，但此时清政府陆军部与度支部已经不复存在，中华民国陆军总长代表罗开榜、财政总长代表陈威与大仓洋行订立该项再次延期的准条约，"前清陆军部、度支部于宣统三年十二月十八日与日本泰平组合订立兵器代金支付延期契约，于民国元年十二月十五日已届付款期限，双方议

---

① 陈体强：《国家主权豁免与国际法——评湖广铁路债券案》，《中国国际法年刊1983年卷》，第47页

② 王铁崖编：《中外旧约章汇编》第2册，第797页。

定再行延期",将上次延期金额的半数 910880 日元再次延期 3 个月。不同于上次延期,此次延期追加了条件,首先是泰平组合获得了优先制造兵器的特权,"倘民国不自造,托别国制造,其制造费与别国相同时,可托泰平组合制造"。① 3 个月的时间到期后,民国政府未能偿还款项,为此再次订立延期契约。1913 年 3 月 18 日,财政部、陆军部与泰平组合订立《兵器代金支付第三次延期契约》,再次将归还日期延期至当年 5 月 31 日。如果善后大借款成立,当按原合同归还全部借款。② 然而,此次延期并非最后一次,1913 年 7 月 10 日,双方再次订立《兵器代金支付第四次延期契约》,"自五月起每月平均拨还五万元,其余转至本年十一月底为止,计延期六个月再行付清"。③

军事借款类准条约是民国初年准条约的一大类别。除上述一再延期的契约外,还有与奥地利订立的订购军舰合同。1913 年 4 月 10 日,海军部与北京瑞记洋行订立《一百二十万英镑订购军舰合同》,民国政府向瑞记洋行借款 120 万英镑,用于订购 6 艘水雷驱逐舰。④ 同年 4 月 10 日,海军部再次向瑞记洋行借款 200 万镑,订购 12 艘水雷驱逐舰,并于 1916 年之前全部交付中国海军使用。⑤

1913 年 10 月 14 日,中华民国国务总理兼财政总长熊希龄与比利时人汉斯·赫尔费德订立《军事债票借款合同》。通过该准条约,民国政府向赫尔费德借款 50 万英镑,用于订购军事装备及机器。民国政府以发行军需债票的形式作为还清贷款的担保。⑥

民国初年,军事类准条约的出现是该时期准条约发展的一大特点,或许该类条约的集中出现与混乱的时局有直接的关系。

(二)财政借款类准条约

辛亥革命爆发后,南北双方均感财政窘迫,为维持政府各项行政费用,被迫向各外国银行举借外债,这些外债大多是以准条约的面目出现

---

① 王铁崖编:《中外旧约章汇编》第 2 册,第 856 页。
② 同上书,第 863 页。
③ 同上书,第 902 页。
④ 同上书,第 863 页。
⑤ 同上书,第 865 页。
⑥ 同上书,第 944 页。

的。为了全盘掌控国外债情形,民国政府曾下令所有外债必须经中央政府政府允准,而不论该外债是否属于准条约的范围。此时,民国北京政府尚未获得各国承认,由于各国有意将承认问题与中国外债挂钩,民国北京政府出于谨慎考虑,于1912年3月向各国公使发出一特别照会:"现在中华民国已经南北统一,凡各处官商民人等,如与外国商民订立关系民国主权及地方公产之契约等项,若未经中央政府允准,本部概不承认,特此声明。"① 由于北京政府实际控制力有限,为了防止各省绕过中央,北京政府又于12月再次照会驻华各使,强调外债必须经过财政总长签押:"现中国政府拟嗣后无论何项借款及一切关于财政交涉,统由财政总长一手经理签押;如未经财政总长签押者,中国政府概不承认。"②

中央政府包揽所有外债的通令,就具体行为而言,是将所有的外债列为国家债务,或者视为国家应当承担的债务。此举本身,从趋势上而言似乎是增加订立准条约的概率,但在事实上,并非如此。中央政府包揽外债,主要是为了统一全国财政,目的是加强中央政府权威,抑制地方势力。从实际发生数量而言,应该是减少的。虽然有中央的命令,但各省在财政压力下,曾有意举借地方债务,财政部为防范地方债务,曾多次通过外交部致函相关国家,强调外债必须经过中央批准。1912年12月,财政部致电南宁陆荣廷,要求暂缓借债,"借款事,前奉大总统令,合同非经本部长签字,不能有效"。③ 1913年6月,汉口民主党致电国务院,称湖南地方政府急于向日本旭公司借款1000万元,并已经签订了草约。6月20日,财政部为此函达外交部指出:"此次民主党所称,湘省向日本旭公司擅借外债一千万元一节,未据该省报告,虽事之确否,尚难臆断,然事关大局,亟应详切调查,以明真相。"④

满清政府在1911年4月15日曾与英、法、德、美四国银行团订立币制借款合同,在先期曾得到很少的一部分后,辛亥革命爆发,各国以中立

---

① 《财政部为与外商订立契约必经中央政府允准致各使照会稿》,1912年3月28日,李增寿主编《民国外债档案史料》(一),档案出版社1990年版,第63页。
② 《财政部为借款及财政交涉统由财政总长签押事致各使照会稿》,1912年12月2日,《民国外债档案史料》(一),第71—72页。
③ 《财政部为桂省借债暂从缓致南宁陆荣廷电》,1912年12月20日,《民国外债档案史料》(一),第72页。
④ 《财政部为湘省借日债事致外交部信》,1913年6月20日,《民国外债档案史料》(一),第74页。

故，暂停借款交涉。美国政府在暂停借款态度上最为坚决，当四国银行团于1911年11月17日表示愿意借款与袁世凯时，美国国务卿表示"除列强已有整个计划，援助中国应付到期之外债及一般行政费用外，美政府不赞成于此时借款中国"。随后，各国又商定了借款给北京政府的原则，但招致南方政府的反对。在南北议和成立前，北京政府的借款交涉成效甚微。清帝退位后，四国政府始同意各自银行借款给统一临时政府，于是四国银行团开始与北京政府进行借款交涉，在交涉大借款的同时，北京政府希望银行团先行垫付部分款项，以解急需。① 银行团与北京政府之间谈判并不单纯，虽然资金系银行出具，但真正在背后起决定作用的是四国政府。这也决定了此类贷款的准条约性质。

在袁世凯当选临时大总统后的3月9日，中华民国政府与四国银行代表订立《货币借款垫付函约》，由四国银行暂时垫付民国临时政府110万两海关银，并约定"如条件与其他同样有利，银行团等有决定承担大规模改革借款与否之权，此项借款已经提出即将发行，并将尽先用于偿还上述金镑库券"。② 袁世凯署名于该函约之后。在此之前，四国银行团已经于2月28日垫付了200万两。

垫付款项合约所规定的四国银行团的垄断借款权，很快遭遇到挑战。3月14日，中华民国政府代表陆宗舆与比利时华比银行订立《一千九百十二年中国政府五厘息金镑借款合同》，向比利时财团借款100万镑，合同载明："中国中央政府对此项借款有直接偿还义务。"③ 此次比利时财团借款适逢袁世凯承诺给四国银行团垄断权之后，立即引起四国的不满。"英、法、德、美四国政府遂向中国政府提出抗议，指斥中国政府不遵守诺言"，并威胁要停止银行团与中国政府的借款交涉。民国政府面对四国的压力，不得已表示"遵守袁世凯三月九日之承诺，取消与比国财团之借款合同"。④

此时，四国银行团面临是否允许日、俄两国加入的问题。早在1911年《币制实业借款》合同订立后，日俄两国就以合同干涉了两国在东三省的利益为由，提出反对，展开与四国银行团的交涉。因辛亥革命的爆发，

---

① 参见张忠绂《中华民国外交史（1911—1921）》，第51页。
② 王铁崖编：《中外旧约章汇编》第2册，第805页。
③ 同上书，第806页。
④ 张忠绂：《中华民国外交史（1911—1921）》，第53页。

交涉随之终止。南北议和后,四国银行团启动对华借款交涉。垫款议定后,四国银行获得各自政府同意,于 1912 年 3 月 31 日邀请日、俄银行参加对华借款,两国政府应允参加借款,并指派银行代表参与银行团协商对华贷款办法。日、俄两国驻华公使于 5 月 6 日起参加四国北京驻使会议,商讨对华借款问题。①

由于受到银行团的压力,民国政府还被迫取消了已经订立的克利司浦借款。1912 年 7 月 12 日,财政总长熊希龄与英国万国财政社代表沙尔订立《克利司浦借款原合同》,向英国银行借款 1000 万镑。合同载明,其担保"以政府举办之盐课羡余作为尽先之抵押"。② 8 月 30 日,中国驻英公使刘玉麟与克利司浦公司正式订立《五厘金镑借款合同》,规定借款为"用以备还从前借款并整顿政务以及兴办实业之用"。③ 中国政府取消克利司浦借款的另一个原因,在于该借款难以及时筹措到位,"此项借款既为本国政府所反对,故应募者寥寥",民国政府嗣后表示将再借款 1000 万镑,意在使该公司知难而退。该公司果然因无力承担,谢绝了此次借款。中国政府借此宣布合同失效,另觅借款。1912 年 12 月 23 日,财政总长周自齐与克利司浦公司代表巴纳斯订立《取消 1912 年五厘金榜借款合同》,废除了原合同。④

1912 年 11 月 11 日,民国政府内阁总理、外交部长及财政总长联合致函六国银行团,表示中国政府愿与六国银行团交涉借款,不另借他款。1913 年 2 月,经往复协商,借款合同大致确定,复又因雇用洋员问题发生波折。中国原本拟雇用 3 名洋人,一名丹麦人为盐务稽核总所总办,一名德国人为外债室稽核,一名意大利人为审计处顾问。该计划为俄、法反对。俄国公使要求至少雇用一名俄国人;法国主张中国应雇用 6 名外国人,参加银行团的国家各一人。经协商,六国于 2 月 4 日议定,中国雇用 4 人,其中"管理外债之人应选为德籍,盐务总稽核应为英籍,审计二人,一应为法籍、一应为俄籍"。德国政府坚持由德国人任盐务总稽核,不得已,增加一名盐务副稽核。如此一来,中国政府须雇用 5 名外国人。当六

---

① 参见张忠绂《中华民国外交史(1911—1921)》,第 54—55 页。
② 王铁崖编:《中外旧约章汇编》第 2 册,第 823 页。
③ 同上书,第 828 页。
④ 合同原文见王铁崖《中外旧约章汇编》第 2 册,第 855 页。

国政府将此结果通知中国政府后，被中国拒绝。①

美国政府最初积极赞同借款，目的在于防止中国因借款不当而陷入破产，但未曾料到"自四国银行团改组为六国银行团后，野心之国家竟利用银行团之组织，胁迫中国，以达其政治上之目的"。在1913年2月，美国因自身政治与经济状况不佳，便考虑美国财团退出借款的可能。在六国银行团为贷款条件讨价还价之时，美国政府表达了对干涉中国内政的不满，威尔逊总统于3月18日向外界表达了美国政府的意见，认为六国银行团的借款条件，有害于中国行政独立，近乎干涉中国财政与政治，美国不能赞同。3月19日，美国财团退出善后借款交涉。②

美国财团的退出，使得六国银行团变为五国银行团。因美国退出的影响，一方面，五国对借款条件表示让步，愿与中国政府速订善后借款合同；另一方面，中国国内需款孔急，多省都督催要饷款，袁世凯亦愿大借款早日成立。1913年4月26日，中国政府代表国务总理赵秉钧、外交总长陆征祥、财政总长周学熙，与五国银行代表订立合同，名为《中国政府一千九百十三年善后五厘金币借款》，一般称之为《善后借款合同》。合同借款总数为2500万英镑，借款期限为47年，自第11年起开始还本。③

《善后借款合同》成立后，民国政府并未停止再次寻求财政类借款的行动。1913年10月9日，国务总理兼财政总长熊希龄代表民国政府与中法实业银行订立《中国政府一千九百十四年实业五厘金币借款》，一般称之为《实业五厘金币借款合同》，向法国银行借款15000万法郎。第四款规定，借款目的在于"专为兴办国家实业与建造公共工程之用"；第六款规定还款日期，"本借款合同，由售票日起，以五十年为期。第十六年三月一号为还本始期"。④

善后借款由于其用途限制，并未完全缓解民国政府的财政困难。熊希龄在致黎元洪及各省通电中强调"至善后借款拨交之时，制限用途，尤为严酷。既无通融之余地，复无灌注之巨金"，"无如综其附件所开能由中央开支者，仅此限至九月之行政费五千五百二十余万元，现已如数领讫。所余之备偿外人革命损失暨整顿盐务，约各两千万元，裁遣军队费约一千余

---

① 关于人选之争，请见张忠绂《中华民国外交史（1911—1921）》，第57—58页。
② 美国退出过程见张忠绂《中华民国外交史（1911—1921）》，第58—59页。
③ 合同具体内容见王铁崖编《中外旧约章汇编》第2册，第867—874页。
④ 王铁崖编：《中外旧约章汇编》第2册，第930—931页。

万元，均系不能挪拨之款"，在此种情形下，"以后中央政费及军警饷项，悉属茫然无着"。①

由于北京政府实际控制力有限，地方纷借外债的情形并未能杜绝。1913年6月25日，法国公使康悌亲自到外交部，声称"前者各国借款与中央政府，实为防乱起见。今借款已成，乱机亦断，而中央财政不见清理，各省税捐并未解京。数月以往，中央实有不能不再借款之势"，"倘现在任各省自借，与将来中央政府之信用实有大不利。如安徽、湖南已向日本人借入巨款，闻直隶都督有向比国银行借二百万元之说，以矿产作抵，东三省亦有借债之事"。②

民国初年的财政类准条约沿承了清末财政借款的某些特点，《善后借款合同》实际上是一个跨越清政府和民国政府的借款。该合同起始于清政府的《币制实业借款》，但最终用途是清还已到期的外债及行政经费，于近代实业建设贡献甚微。由于英、法、德、俄等国试图把持民国政府的外债借款，因此反对清政府向银行团之外的银行借款，民国政府因此被迫废除了几个已经签订的借款类准条约。克利司浦借款合同及比利时财团借款合同的废除，从另一个层面揭示了此一时期准条约特权废除的复杂性。在具体研究某一项准条约之前，很难将其废除的行为定义为废除不平等条约运动的一环。

（三）民国初年的铁路类准条约

辛亥革命前的铁路国有化运动，并未随着清政府的垮台而终止。袁世凯任中华民国临时大总统后，宣布"统一路政"，继续前清铁路国有的政策。比较晚清政府而言，袁世凯在铁路国有方面取得了成功，"从1912年8月到1915年1月两年多的时间里，把各省在此之前十年间为保卫路权而艰苦创设的铁路公司，除了江西的南浔铁路因有日债关系和广东的粤汉路段因远在岭南为它的势力所不及外，全部解散"。③ 在努力收归现有商办铁

---

① 《财政部关于财政困难及维持办法致黎元洪及各省通电》，《民国外债档案史料》（一），第9—10页。

② 《外交部关于法使为各省不应举借外债事致财政总长公函》，1913年6月28日，《民国外债档案史料》（一），第75页。

③ 宓汝成：《帝国主义与中国铁路（1847—1949）》，第173页。

路的同时，民初政府极力阻止民间修路，并最终宣布取缔铁路民办。① 民国初年的铁路类准条约正是在此种背景下出现的。

铁路是民初外债问题的主要组成部分之一。民国建立后，在铁路统一国有化的同时，明令全国：所有铁路借债务必报请中央政府批准。财政部在照会各国公使函稿中指出：晚清时期，各省官员如因公需要，借用洋款，都须先行奏明，并照会各国驻京大臣立案，而"近闻各省商办铁路，颇有借用外款，并未禀请中央政府允准，径向外国商民私自订借情事，自应申明旧章，以防流弊"，"嗣后，凡各省铁路，虽系商办者，如借用外款，非经中央政府核准，不能有效。各国商人，亦应于订借之先，禀请本国驻京大臣，询明确系已经政府允准，方可借给，以期妥慎"。② 该照会的出台，一方面是为了统一铁路，另一方面亦为了防止因外债而产生纠纷。

1912年8月28日，交通总长朱启钤与英国华中铁路有限公司订立《华中铁路有限公司临时垫款凭函》，向华中公司借款30万镑。借款合同为款项用途作了专门规定，"支付南段所欠未付各债以及预备必须之车辆，并宁浦间轮渡等项"和"继续南段之工程"。③ 学界曾认为袁世凯主政民国时的铁路借款被用于他途，以铁路借款的之名，行政治借款之实。④ 或许考虑到民初民国政府的财政状况，袁世凯有挪用铁路借款的充分动机，但并非每一个借款都被挪用。从程序上考虑，袁世凯挪用款项需要突破诸多借款本身的限制。本次借款明确规定："此项临时垫款，应存放汇丰银行"，支取时"须由南段总局洋总收支签字，再由总办或总办之代表允准签字"。⑤ 对于收支进项的管理更加严格。在借款未还清之前，"所有南段行车进款，应视同工程之款，或为付给借款利息之用"，"此项进款均应存放于汇丰银行，并由洋总收支将行车各进款，每十天报告总办，转知总工程司知之"。在此种监督之下，如挪用他途，似非易事。

比利时在民初铁路建设中获得了陇海铁路的建造权。先是1912年9月1日与民国政府订立《比京电车铁路公司合同条件简章》，"展造由汴洛铁

---

① 参见宓汝成《帝国主义与中国铁路（1847—1949）》，第174—175页。
② 《财政部为商办铁路借用外款必经中央政府核准致各使照会稿》，1912年7月25日，《民国外债档案史料》（一），第65页。
③ 王铁崖编：《中外旧约章汇编》第2册，第826页。
④ 参见宓汝成《帝国主义与中国铁路（1847—1949）》，第175页。
⑤ 王铁崖编：《中外旧约章汇编》第2册，第826页。

路东至扬子江北之水口，西至甘肃之兰州府"段铁路。合同给予比利时电车铁路公司以优先建造延长路线的特权①；继之于9月24日订立《陇秦豫海铁路借款合同》，给予比利时公司西起兰州东至海边的东西干线建造权。合同规定，此项借款为"法金二万五千万佛朗克"，其用途一为建造"东西干路"，一为"提前还汴洛一千九百零三年十一月十二号合同所订借款，计法金四千一百万佛朗克"。对于借款的使用，相比于华中铁路公司而言相对宽松，"此项售票之款，照本合同所定应付、应扣之款外，其余之款以及回息悉数听候中国督办提用"。② 12月12日，双方又订立《修正陇秦豫海铁路借款合同专条》，将计价货币改为英镑。

1913年3月3日，民国政府交通部与汇丰银行、汇理银行、德华银行、美国资本家代表订立《关于粤汉川汉铁路开工提款等四项办法来往函》，催促四国银行团迅速拨款，以完成铁路国有后的建筑计划。这些铁路是保路运动的成果之一，但最终皆收归国有，"四川商办铁路已商定收归国家办理，湖南商办粤汉铁路业经黄督办在湘接收"。为尽快动工，去函强调"湖北粤汉路线业已测绘将峻，且在武昌起点处布置动工，其应用德国总工程司及美国总工程司，业已聘定"。③ 四国银行团在复函中表示"兹声明该路工程进行时应需款项若干，业已预备，由借款内拨汇中国，以便测勘及、或建筑之用"。④ 在陆续开建湖广四路的同时，民国政府亦在筹备其他重要铁路干线。英国宝林公司与中国铁路总公司订立的《筹办建筑广州重庆铁路及将来接展至兰州铁路简明合同》，是民初比较特别的一个铁路类准条约，具有自己的一些特点。这是自清政府覆灭后，中国铁路总公司再次出现并订立铁路类准条约。该简明合同开头部分载明，铁路总公司系奉大总统令成立，并已得到大总统批准办理此项借款合同。总公司并不是一个政府部门，之所以将该合同定位为准条约，是鉴于其合同开头的关于政府授权的说明。合同第一款亦明确说明："建筑人或其承续人允许代中华民国政府募集英金镑借款，每年五厘利息"，民国政府担负借款责任。⑤ 在民初的铁路类准条约中，大

---

① 王铁崖编：《中外旧约章汇编》第2册，第832—833页。
② 同上书，第836—841页。
③ 同上书，第859页。
④ 同上书，第862页。
⑤ 同上书，第897页。

多系交通部、财政部等政府部门出面订立，铁路总公司订立的准条约不多见，该合同即其一。

7月22日，交通、财政两部与法、比公司订立《同成铁路借款合同》，"中国政府允准公司承办发售五厘利息英金借款一千万镑"，借款专为"建造、敷设同成干路"。① 合同许以法比公司，中国将把商办同浦路并入将要修建之路内。9月18日，民国政府又与公司订立《同成铁路垫款条件》及《关于修正同成铁路借款合同中国政府致法比公司函》，与原合同一起，构成同成铁路相关的准条约。

沪宁路于此时亦有新的业务变动。据1903年《沪宁铁路借款合同》第7条，购地债票经督办核准，在总价不过15万镑的情形下，可予以出售："各地购完后，查明共用过款项若干，则另续出小票，连此款上文所言之英金十五万镑，合计不逾英金二十五万镑。"② 交通总长周自齐于10月30日与中英公司订立《沪宁铁路出售购地债票凭函》，允准中英公司准备总额虚数15万镑购地债票，式样、数目由伦敦中国公使与公司会商确定。1899年的中英《浦信铁路草合同》被新的《浦信铁路借款合同》代替，原合同予以废止。合同第一款载明："中国政府准公司承办发售五厘利息金镑借款，数目系英金三百万镑。此借款日期即售票之日，订定名为：中华民国五厘利息浦信铁路借款。"③

第一次世界大战爆发之前，民初的铁路类准条约大多因承清末的铁路合同，铁路建设并未因民国政府的成立而发生根本性转变。清末的铁路国有政策，亦于此时期得到彻底贯彻。此时，已经很少见到由铁路公司直接出面的准条约，交通部、财政部大多担负起交涉的重任，外交部并未牵涉进铁路类准条约之内。

相比于清末十年，民国初年有关铁路问题的条约数量大大减少。民国政府与公司或银行接触，而非其背后的政府。经验证明，列强以政府名义出面与中国订立的铁路类条约，大多涉及侵夺中国路权的内容。民初此类条约数量的减少，当为一种进步。

1913年10月5日，中国政府与日本政府以照会的形式确立《铁路借

---

① 王铁崖编：《中外旧约章汇编》第2册，第904页。
② 同上书，第171页。
③ 同上书，第950页。

款预约办法大纲》，日本获得 5 段铁路的建造权，"由四平街起经郑家屯至洮南府"，"由开原起至海龙城"，"由长春之吉长铁路车站起，贯越南满铁路至洮南府"，"中国政府允将来如修造由洮南府至承德府城及由海龙府起至吉林省城之两铁路时，倘须借用外债，尽先向日本资本家商议"。① 因此，该大纲又名"满蒙五路秘密换文"。另外一个铁路类条约是 1913 年 12 月 31 日中德之间的《高密韩庄及济南顺德铁道照会》："中国政府应承认，经过山东筑一铁路，为中国官路。此路线由高密为起点，兴筑过沂州府及峄县，到韩庄，接连津浦铁路"，"自济南府往京汉铁路方向。以济南府定为此铁路之起点，至此铁路末点将择顺德府、新乡县间之一处"。照会要求铁路修建须委托德国公司，用德国资本及德国材料，并用德国总工程司监修。②

（四）民政类准条约

民国初年的准条约发展，还体现在民政类准条约的出现。该类别的准条约是自电信类准条约诞生以来，历经财政、铁路、矿务、军事等种类后出现的一个全新类别。1914 年 1 月 30 日，美国红十字会与中华民国政府订立《导淮借款草议》，由美国红十字会代为筹款，办理导淮工程。借款草议第二条："故中华民国政府承认，允许美国红十字会，或其代表，或其承续人，自本草议签字之日起一年之时期，以便筹集导淮借款"，借款数目为"美金二千万元"。③ 学界在涉及此借款时，一般将其视为水利借款。疏理淮河毕竟不同于路、矿等实业型项目，其所具有的公益性质是显而易见的，因此而进行的借款也具有相应的性质。

在清政府覆亡之前，张謇曾经倡议疏导淮河，并做了一些基础性的测量工作。随着清政府的垮台，张謇的计划未能付诸实施。民国政府成立后，张謇出任全国水利局总裁，导淮工程再次成为可能。美国政府对该项工程表示了浓厚兴趣，并于 1911 年淮河水灾时由美国红十字会发放了 40 万美元的赈灾款，同时建议疏导淮河，防止再次发生大规模水灾。1911 年夏季，美国红十字会全国委员会与国务院合作，派遣工程师詹姆士考察这

---

① 王铁崖编：《中外旧约章汇编》第 2 册，第 929 页。
② 同上书，第 981 页。
③ 同上书，第 1003 页。

个区域，以便实施控制水灾的可能性计划，稍后，美国驻华公使嘉乐恒向中国政府转达了这一意图，受到清政府欢迎。7月16日，詹姆士抵达北京，开始了在皖北和苏北一带的考察，1912年6月14日，结束考察，撰写了《导淮视察报告书》，提出综合治理淮河的建议。①

民国成立后，芮恩施出任美国驻华公使。他支持美国参与导淮工程建设，并与北京政府进行了多方交涉，北京政府最终选择了向美国贷款导淮，并由美国红十字会负责遴选公司参与建设。1914年1月30日，《导淮借款草议》订立。协议订立后，时任红十字会国际赈灾委员会的国务院顾问穆尔，要求美国政府给予此次工程及借款外交上的支持。威尔逊明确表示保证给予美国承包商帮助和外交上的支持，并希望用各种方式援助红十字会为保全中国而进行的值得赞赏的工程。② 虽然美国红十字会于草约签字后曾派人到中国，并预先拨付了5万元的垫款，但双方一直未能签订正式合同。

（五）矿务类准条约的发展：美孚公司来华

民国政府成立后，工商部接管了前清商部的矿政，鉴于私借私押情形严重，为了统一矿务，特致函政府"华商所办之矿，无论用何名目押借洋款，非经部批准，不能发生效力"，鉴于借洋款牵涉中外全局，民国政府特于1912年8月3日致各国驻华公使，强调办矿借洋款，必须经中央政府批准，"嗣后，各处矿商如有借用洋款，须经中央政府允准，方为有效。其出借之外国商人，亦必先行禀请本国公使询明中国政府，果系批准有案，方可借给，以期妥慎"。③ 此条规定并非针对矿务本身，而是外债。民国初年，矿务类准条约的发展主要是美孚公司来华。

美孚石油公司是美国老牌石油工业托拉斯，早在19世纪70年代，就将煤油运销到中国，该公司长期垄断美国对华石油产品贸易，这种状况一直持续到民国初年。④ 清末，美孚公司试图在中国寻找油矿，开采原油，

---

① 参见李琛、马陵合《中美导淮借款的评析》，《承德民族师专学报》2011年3月，第41页。
② 参见秦珊《美国威尔逊政府对华政策研究》，中国社会科学出版社2005年版，第165页。
③ 《财政部为矿商借用洋款必经中央政府允准致各使照会稿》，1912年8月3日，《民国外债档案史料》（一），第66页。
④ 美孚公司在华状况请参见吴翎君《美孚石油公司在中国（1870—1933）》，台北稻乡出版社2001年版。

但限于清政府在矿务政策上的严格限制，一直未能寻找到合适的机会。1911 年海军大臣载洵访美，美孚公司提出借给清政府 5000 万美元贷款，以此垄断中国石油市场，但遭到拒绝，清政府希望中美合办煤油开采，而非由美国垄断。民国成立后，袁世凯政府财政窘迫，急需资金，遂由熊希龄向美国提出，如果美孚公司能提供 1500 万美元贷款，中国可将陕西石油开采权给予该公司。在此种背景下，中国政府开始了与美孚石油公司的谈判。①

《美孚推广事业合同》是中国政府与美孚公司订立的矿务类准条约。合同双方代表是"代表中华民国政府农商总长张謇、国务总理熊希龄、财政总长周自齐、交通总之朱启钤，代表美国纽约士丹达油公司艾文澜订立"，合同规格之高极为罕见。② 此合同的签订，开启了近代中国石油开采业的序幕，为甲午战后兴起的矿务类条约增加了新的内容。中国政府是合同的直接责任人，合同对中国政府在勘探期间及以后的权利和义务进行了详细规定。美孚公司在探查油矿期间，中国政府担任派遣护导、翻译及保卫用的军队；组织中美合资公司开发油矿，中国政府派代表与美孚公司商定公司名称及章程；中国政府同意将延安府及直隶省相关油矿交与中美合资公司开采，并同意在 60 年内不将上述地区让与其他外国人开采石油及其副产品。③ 合同签订后引起国内舆论的批评和质疑，怀疑政府出卖国家利权，美孚公司方面亦心存疑虑。美孚公司通过合同所获得的优惠特许虽然很大，但在面临合同所涉及的外交纠纷时，一度打算退却。"除政治借款的因素外，日本强烈抗议中国政府给予美国这项特许开采协定，美孚公司意识到，中国政府似乎正设法拉抬美孚作为抵挡日本要求的一颗棋子，一度犹豫是否有必要卷入这样的外交风波"，"即便与中国合办油田的开采可能获利更多，但也可能因日本的态度，反而对远东市场的整体利益投下新的变数，这使得美孚公司犹豫不决"。④ 在驻华公使芮恩施的协调下，美孚公司才最终签下合同。

合同第八条规定，"如中国政府欲在美国办理债项，美孚公司应允暗

---

① 参见吴翎君《美国大企业与近代中国的国际化》，台湾联经出版公司 2012 年版，第 113—115 页。
② 王铁崖：《中外旧约章汇编》第 2 册，第 1006 页。
③ 同上书，第 1006—1007 页。
④ 吴翎君：《美国大企业与近代中国的国际化》，第 114—115 页。

中帮助",表明中国政府欲借此进行政治贷款的目的。① 然而,在以后的交涉过程中,北京政府徒劳无获。美孚签订合同后即开始着手勘探,但进展缓慢。在此期间,日本则不断抗议中美合同有违中日之间已有的条约规定,向北京政府提起交涉。日本驻华公使山座圆次郎要求中国将承德、建昌的油矿开采权授予日本。《日本时报》批评美国政府出面支持美孚公司垄断在华石油开采权,在对华门户开放政策上自相矛盾。②

石油类准条约的出现丰富了矿务类准条约的内容,虽然美国美孚公司在最初的几年并未发现理想的油矿,在日本的干扰下,中美合作亦并非如合同中所载那样顺利,但其引发的石油开采业成为中国近代化的一部分。

三 发展中的乱象：民初准条约的历史考察

继承问题曾经困扰急于求得列强承认的民初政府,虽然伍廷芳等外交人员并不建议急于求得列强的承认,但事实上民国政府对获得承认的迫切程度远超一线外交人员的认识。在伍廷芳看来,"成立在我,承认在人",关键在于做好自身的准备。③ 承认问题并不取决于民国政府自身,在日本主导下,列强对民国的承认一再迁延。一方急于求得承认,而另一方迟迟不予承认,其中准条约所涉及的内容即为双方谈判的重点之一。1913年10月6日,中华民国正式获得各国承认,在袁世凯的宣言书中,未加区别地继承了所有晚清遗留的债务和合同,晚清政府的准条约由民国政府来继承。

清末到民初的过渡是中国近代史上一个极其重要的节点,中华民国的成立使得晚清以来的历史发展有了一个新的框架和概念,虽然在实质性内容上改变有限,但新的因素仍然很明显。对准条约研究而言,此种改变或许另有一番意义。透过准条约的种类,可以很直观地发现,民国以后的准条约在类别上有了新的内容。军事类条约进一步发展,出现了民政类别,铁路和借款类准条约仍然存在。如何透过这些具体事实揭示其背后存在的发展规律,答案仍需从晚清追溯。

---

① 王铁崖:《中外旧约章汇编》第2册,第1007页。
② 参见吴翎君《美国大企业与近代中国的国际化》,第126—129页。
③ 关于伍廷芳和外交部门的建议参见侯中军《"成立在我,承认在人"——辛亥革命期间中华民国承认问题再研究》,《近代史研究》2012年第5期。

前文论及，晚清十年间，准条约的缔结已经出现了弱化的趋势，这种趋势是政府职能部门的逐步建立和近代化的具体表现之一。铁路类条约是这种趋势中的另类。由于民国政府对铁路国有化的成功改造，使得有关铁路的借款和建造合同更容易具有准条约的性质。相比于晚清，此时的铁路类准条约大多属于继生性的，属于对原有铁路合同的继续或枝节修改，主要内容当属借款。如果将目光扩大，不局限于准条约类铁路借款，而是整个北洋时期的铁路外资，总体而言，民国初年是铁路建设的低潮。这一点，与民国初年的财政困难有莫大的关系。此时，很多铁路类准条约并不属于建造类，而是为了维持既有铁路的运转或完工。垫款凭函是此类准条约的主要形式。但是仍有例外，建造铁路的合同仍有出现。就实质内容而言，铁路类准条约在民国初期的发展并无特别之处。如果侧重于外交史方面的考察，则日本对中国东北的积极经营，已经于此时开始起步，日本开始通过借款、筑路特许等方式营造在东北的铁路网。在此一时期的准条约中，铁路类是与近代化最为贴近的准条约类别，然而由于日本企业投资中国东北铁路的目的并非仅在于经济利益，而是对东北地区主权的觊觎，因此其积极意义无疑是存在极大疑问的。虽然晚清十年间的铁路建造同样存在丧失路权之虞，而且某些铁路的确并不在中国人的手中，但与此时期的日资铁路仍然存在区别。在晚清，除沙俄控制下的东省铁路外，其他路段的投资国，尚未有控制铁路所在地区主权的政治计划，他们在各自势力范围内的铁路修建，基本上是基于经济利益考量的。即使存在政治上的影响，也没有整体吞并整个势力范围的计划。而日本则不同，日本目的在于东北的主权，第一次世界大战以后的历史时段内，日本对东北的企图逐渐暴露无遗。

民初政府曾订立借款合同，用于购买武器，这些合同在准条约的发展历程中属于特殊的类别，从经济方面而言，对于中国的近代化难以看出积极的意义；就政治性而言，这些合同是政府当局订立，用来做了什么，效果如何，对于近代中国进步的影响难以评判。而民政类条约则不同，虽然在动机及性质上仍存争议，但引进外来资金修建民政工程实际上促进了中国社会的进步。晚清以来，这是第一次以国家的名义向外国银行借款修建基础工程。以上所述类别，在民初并未成为主流，至少在政府当局看来，并不是最需要关注的类别，如果稍微浏览此时的外交史，就可以发现，财政困难是民初政府急于解决的问题之一，查中国财政自共和成立以来，诚如资问书所称："困难倍于曩昔，然尤以筹还内外债款为最棘手"，"旧债既难照付，新债又复繁生；而且所生新债，无不息重期短，指日满限"。①梁士诒在告国人书中疾呼："民国存亡，以财政为最大关键，稍有常识者所知。"② 地方政府同样面临紧迫的财政压力，为了缓解压力，请求中央代为偿还，甚至绕开中央直接向他国借款，"安徽、湖南已向日本人借入巨款，闻直隶都督有向比国银行借二百万元之说，以矿产作抵，东三省亦有借债之事"。法国公使康悌为此曾质问民国政府外交部，"倘现在任各省自借，与将来中央政府之信用实有大不利"，北京政府外交部认为，"尚属忠告之言"。③ 财政部为此专门致电各省，核实有无自借外债情况，"究竟有无其事，应请贵都督、民政长查照"，并要求"嗣后，无论京外各处，何项借款，非由财政总长签字不能有效"。④ 事实上，银行团的款项迟迟未能兑现。民国政府一方面试图禁止地方政府随意举债，另一方面尝试向国际银行团之外的公司借款，这其中即有著名的英国克利斯浦公司借款合同。严格限制地方自借外债及另辟国外举债渠道，对于民初的准条约都有相关的影响。从理论上而言，财政总长签字的意义在于所有的地方政府借款均属国家行为，中央政府要担负偿还之责，这显然具有准条约的性质。北京政府试图从银行团之外的系统借款，说明出借方得到了政府的支持，但并非政府之间的借款，因而属于准条约的范畴。

虽然有法国公使的质问，在紧迫的财政压力下，北京政府不得不放宽对地方政府自借款项的限制。国务院于1913年底致电各省，"至于各省现议借款，苟能有成，均请作为草约签字，饬令该代表到京，改由财政部换定正式合同，以示统一，而免各国外交团之借口"，并强调，"此为万不得已之办法"。⑤ 形势至此，财政准条约对促进近代化的意义已经远超了经济

---

① 《财政部关于筹付外债情形答众议员质问稿》，1913年8月，《民国外债档案史料》（一），第76页。
② 《梁士诒关于拯救目前财政告国人书》，1913年5月16日，《民国外债档案史料》（一），第5页。
③ 《外交部关于法使为各省不应举借外债事致财政总长公函》，1913年6月28日，《民国外债档案史料》（一），第75页。
④ 《财政部为查询有无未经允准自借外债致各省电》，1913年7月17日，《民国外债档案史料》（一），第76页。
⑤ 《国务院关于地方自议借债事致各省电》，1913年12月13日，《民国外债档案史料》（一），第79—80页。

层面，而上升到了民国政府的存亡。急于获得借款的北京政府给民初的准条约发展增添了不可预知的变数。

　　此一时期的准条约远不能代表近代工业企业的发展状况，如果将目光扩大到所有的工业投资和活动，情形并非如此窘迫，然而由于论题的限制，本节不再展开论述。第一次世界大战爆发前，民国政府内政、外交无不焦头烂额，准条约在此时期不可避免地受制于形势影响，地方借款的增加，而用途多非建设目的，因此可谓乱象纷呈。唯一的起色，可能是铁路国有的初步告成，但外资铁路早已存在，国有系对内的限制，而非对外的争权。

第七章　第一次世界大战及战后中国的准条约

第一次世界大战爆发后，为避免战火延及中国国内，袁世凯于1914年8月6日颁布大总统令，宣布中国"对于此次欧洲各国战事，决意严守中立"。①该中立提议无论是从中国的处境、实力还是历史经验而言，似乎都是合理的选择，但这一对策因中国特殊的处境而很难真正贯彻。一是欧战双方在中国皆有租界和租借地，并有驻军；二是日本因英日同盟的存在必然会相机而动。②几乎同时，北京政府又提出限制战区的设想，并希望美、日政府出面"主张限制战区，保全东方。劝告交战各国，勿及远东"。③但此举招致日本反对，未能成功。④日本很快参加战团，出兵山东，夺取德国在山东的权益，并驻扎大批军队于中国。山东问题成为当时中国外交最重要的问题之一，其核心当是设法收回被日本侵占的胶州湾、胶济铁路及相应的权益。达到此一目的的最佳外交途径，莫过于参加战后和会，于会上伸张自身的权利及主张。为了获得参会资格，一是参加战团，成为交战国；二是出面调停，因而得以参加和会。

一　参战前的准条约状况

外交部为中国加入和会曾作了种种外交准备，其准备前提是中国以中

---

① 《大总统袁世凯关于严守中立令》，1914年8月6日，中国第二历史档案馆编《中华民国史档案资料汇编》第三辑外交，江苏古籍出版社1991年版，第383页。
② 关于中立的分析，参见王建朗《北京政府参战问题再考察》，王建朗、金光耀主编《北洋时期的中国外交》，第2—3页。
③ 《外交部致陆宗舆电》，1914年8月6日，王芸生编著《六十年来中国与日本》第6卷，三联书店1980年版，第39页。
④ 限制战区提议交涉经过，参见黄嘉谟《中国对欧战的初步反应》，《中央研究院近代史研究所辑刊》1969年第1期，第4—7页。

立国身份加入会议，但形势发展并未按外交部的预定路线进行。随着美国对德绝交与宣战，民国政府亦抛弃了形式上的中立，步美国之后尘，对德宣战，正式加入协约国集团。一直存在的参战之议，得以实现。中国以参战国身份当然得加入战后和会，自此以后，中国的参战外交主攻方向不再是如何参会，而是如何确保通过参会收回被日本侵占的山东权益。至于学界所倡导的提高中国国际地位，或许并未列入外交议程之内，而是一种隐性的外交收益。

准条约视角下的中国参战，主要考虑的是中国政府为参战而进行的各种对外交涉，但对方并非是外国政府，而是法人机构或个人。该类准条约的发生，因签订方之一国政府故意避免政府出面，或双方政府避免政府出面。前一种情况，较典型的事例发生于中日之间为参战而举借的银行贷款；后一种状况，则以华工赴欧为标志。

参战背景下的准条约借款，主要与日本有关，这也符合当时中国的政治与外交形势。除日本外，尚未有其他国家的准条约合同出现。从时间段上而言，与日本有关的准条约主要发生在 1917 年至 1918 年，而在第一次世界大战爆发后的 1914 年至中国对德绝交的 1916 年，日本并未成为准条约的主角。

与英国签订的铁路类准条约借款。1914 年 7 月 25 日，交通总长梁敦彦、财长总长周自齐代表中华民国政府与英国宝林公司订立《沙兴铁路借款合同》。宝林公司承允代中国政府募集 1000 万镑资金，修建"沙市对面之一地点至贵州省内之兴义府铁路，并接联常德至长沙府枝路"，发行"一千九百十四年中国国家铁路五厘金镑借款"。① 中华民国政府担保借款本息的偿还，并以铁路为抵押。同日，双方订立《沙兴铁路借款附合同》，取消 1913 年 12 月 18 日的草合同。同年 9 月 19 日，交通部向上海汇丰银行借款 800 万两白银，收回沪杭甬浙江段铁路。事实上，由于民国政府的财政困难，其推行的铁路国有政策势必遭遇资金短缺，为了归还前期所借铁路贷款，交通部只有再次举债清还贷款利息，以为维持。1915 年 12 月 4 日，交通总长梁敦彦与中英公司订立《中英公司二百十万两短期借款凭函》，借款归还津浦、宁湘、浦信等铁路垫款的利息，借款以京奉路余利

---

① 王铁崖编：《中外旧约章汇编》第 2 册，第 1043 页。

担保。此次借款本利"交通部代表中国政府完全担任按期归还"。①

陇海铁路借款亦有新合同订立。1916年2月19日，民国政府与比利时公司订立《关于陇海铁路发行第一次七厘国库券来往函》，允许比利时公司以中国政府名义发行1000万法郎国库券，年息7厘。

此时中国政府的铁路借款仍体现为多国参与的特征，除英、日、比利时外，尚有俄国的贷款。1916年3月27日，民国政府与俄国俄亚银行订立《滨黑铁路借款合同》，借款5000万卢布，延长东清铁路，并购回齐齐哈尔至东清铁路支线。

由于威尔逊总统认为善后借款之条件有干涉中国内政之嫌疑，故令美国财团退出了六国银行团。退出善后大借款的美国，在1916年同民国政府签订了数笔贷款合同。

顾维钧出任驻美公使后，代表民国政府向美国利益坚顺公司借款500万美元，缓解政府财政困境。此项借款于1916年4月7日成立，年息6厘，由美国利益坚顺公司在美国发售500万美元的国库券。② 这是美国推出善后大借款后，首次向中国提供的大笔财政借款。4月19日，美国财团广益公司再次向中国提供300万美元的借款，用以改良山东境内南运河。此次改良运河借款"应由政府签字，呈明中国大总统批准，方生效力"。③山东改良南运河的同时，江苏则通过准条约借款办理疏导淮河工程，由美国广益公司提供300万美元，名称为"一九一六年导淮改良运河七厘金币借款"，合同由"中华民国政府直接担任之债务，并担任将本借款及利息按期归还"。江苏借款，以运河征收税款作保。④ 5月17日，美国裕中公司承造中国政府所允许1500英里铁路，筹办铁路经费"自签订合同之日起，每年一百万元，至前项规定铁路造成为度"，但总数不得超过1000万美元。⑤ 9月29日，双方订立增订合同，将原1500英里修改为1100英里。11月16日，顾维钧代表民国政府与美国芝加哥大陆商业托辣斯银行订立《大陆商业托辣斯银行美金五百万元借款合同》，借款500万美元。借款以中国政府国库券为证，定名为"一千九百十六年中华民国担保三年六厘金

---

① 王铁崖编：《中外旧约章汇编》第2册，第1127页。
② 同上书，第1173页。
③ 同上书，第1183页。
④ 同上书，第1189页。
⑤ 同上书，第1195页。

币借款国库券"。合同还意向规定了续借 2500 万美元的后续合同。①

作为一个插曲，1916 年 12 月 15 日，德华银行因津浦路垫款问题与民国政府交通部订立《德华银行津浦铁路北段垫款凭函》，交通部按新的偿还计划分期摊还所借款项及利息。此凭函就实际意义而言，无非是延期还贷，相比美、英等的投资修路合同，影响不大。

此时的铁路类借款内仍然有日本正金银行的身影，即 1915 年 12 月 17 日的《四郑铁路借款合同》。民国政府向正金银行借款 500 万日元，利息 5 厘。合同签押后 6 个月内，开工建造。这是西原龟三借款之前正金银行提供的最大一笔实业借款。在日本政府的筹划下，1917 年后，正金银行负责政治性质的贷款，而实业贷款则由兴业银行、台湾银行、朝鲜银行等银行实施。但由于 1915 年四郑铁路借款由正金银行承担，所以当 1918 年再次就四郑铁路借款时，仍由正金银行出面。

合办福中公司或许是中国参战前最大的一笔矿山投资合同，外交部特派河南交涉员许沅及河南巡按使特派代表等参与了合同的签订。合同虽然有中国公司的参与，但只是一个名义上的合作者，政府仍然担负着合同的中国责任方。合同第二章第二条要求获得所属地区的 50 年的煤矿开采权，只有政府才可能给予这种权利。

1914 年 8 月，交通部邮传司与大北公司、大东公司订立《淞沪宝地缆合同》，允许两公司发展吴淞、宝山海线与上海已有电局间建立陆线联络，邮传司使用公司的二心子电缆，并完全归中国政府支配。此时第一次世界大战尚未波及英国与德国在远东的关系，此合同仍然允许德国使用地缆。"惟德国政府欲在此项地缆内需用二心，以为连接吴淞、青岛水线之用，所有德国与公司关于此项需用心子契约应由邮传司核准认可"。②

1914 年 9 月 17 日的《汉口修建借款合同》是一个特别的借款，名义上是为了修建汉口市的基础城市设施。内务总长朱启钤、财政总长周自齐代表民国政府向萨穆尔公司借款 1000 万英镑，由后者发行债券。包括建造桥梁、建筑船坞、兴办电车、疏通下水道等都在合同的条款内有规定。借款抵押以借款基金所购置产业及创办企业的收入为主。③

---

① 王铁崖编：《中外旧约章汇编》第 2 册，第 1236—1237 页。
② 同上书，第 1069 页。
③ 同上书，第 1073 页。

二 参战与准条约

（一）华工赴欧

第一次世界大战进行当中，法国政府深感自身劳动力的缺乏，为支持长久战争，有意引进国外工人。在欧洲诸国招募的同时，亦希望开辟新的工人来源地。经法国驻华公使康悌的介绍，法国政府将目光转向中国，希望招募中国工人至法国战场服务。华工只是法国工人来源的一个重要组成部分，并非唯一来源。法国确定招募华工的政策后，即由驻华公使康悌与梁士诒接洽。

梁士诒早有参加战争的构想。在1914年8月中旬的一次与袁世凯彻夜长谈中，梁提出"不妨明白对德绝交宣战，将来于和议中取得地位，于国家前途深有裨补"。① 此议未被接受，但在梁士诒内心，参战构想并未因此而作罢。康悌主动约谈招工赴法之事，无疑给梁以灵感，为实现参战计划提供了另外一条途径。梁士诒逐步产生了"以工代兵"的构想。该构想从中国自身而言，"财力兵备，不足以遣兵赴欧，如以工代兵，则不独国家可以省海陆运输饷械之巨额费用，而参战工人反得列国所给工资，中国政府不费分文，可获战胜之种种权利"。② 而且华工赴欧参加协约国阵营，是一种战略选择，因为德国"一德而抗全世界，战争经年，恐终为协约国所击败"，所以应助协约国。协约国阵营中，法国是最前线，所需最急，应先与法国签订派工条约。③

梁士诒所设计的"以工代兵"强调"只可由商人出名，代政府负责，于契约上亦不能有片言只字以工代兵"。之所以如此安排，因为"中国尚在中立时期，既不袒德，亦不应袒法，断不能由我政府与法政府直接交涉"。④ 研究者指出，"这是梁士诒基于国家立场，从政治观点出发，为使中国脱离孤立状态，并提高战后中国之国际地位"而拟定的原则，可以视为"中国参战之议屡遭日本压制后的一种变相参战行动"，用心良苦。⑤

---

① 凤冈及门弟子编印：《三水梁燕孙先生年谱》上册，1946年，第196页。
② 颜惠庆：《颜惠庆自传》，姚崧龄译，《传记文学》1973年第29期，第112页。
③ 凤冈及门弟子编印：《三水梁燕孙先生年谱》上册，1946年，第300页。
④ 颜惠庆：《颜惠庆自传》，姚崧龄译，《传记文学》1973年第29期，第112页。
⑤ 陈三井：《华工与欧战》，第10页。

1915年1月17日，法国派出军部代表陶履德上校来华①，改称农学技师，代表法国与中国商洽订定招工合同事宜。梁士诒与陶履德会商后，派出李兼善、王世祺二人为中国订约代表，与法国接洽订立合同事。② 为维护中国欧战中立形象，梁士诒与交通部次长叶恭绰商议，由交通银行组织惠民公司，交通银行经理梁汝成兼任公司经理，与法国方面接洽。

中法双方代表经两个月谈判，至1915年5月初，已经大体议定条款。1919年5月4日，惠民公司将合约全文呈报外交部，请求核准。在禀文中，惠民公司称，"彼此磋商两月，订定合同二十八条，举凡工人在工作期内应享法律上之自由，与应得之权利，及夫作工期满后回国个人之生计，无不为之预先筹划"。为了避免德国方面的抗议，以及不违背中国此时的中立性质，禀文特别指出，虽然现正处于欧战"招工之事，恐滋民间猜疑"，但是中立国人民自由前往交战国经商做工，"实不能谓为违犯中立"，"即按照中立条规，亦不相被"。为突出合同不违背中国中立的事实，第一条内容载明"此次招得之工人，一经公司交付与彼之后，决不干预现下各交战国之何项战事，职务仅系为在法国或摩洛哥及亚劳智理各工厂及农务之用"，法国驻北京公使担保此项。③

1916年5月14日，双方代表正式订立招工合同。自此，惠民公司开始在华招募工人。与法人招工相关之公司，非唯惠民公司一家，前后有12家公司从事此项业务。但在所有招工公司中，唯有惠民公司一家"具有官督商办性质"，其余皆为"商人牟利性质，甚少抱有服务观念者"。④

华工出国赴欧虽不是以准条约形式派出，但这是民国政府刻意避免的结果。商务招工的外衣下，难掩其所担负的国家任务。

（二）参战与借款：与日本的接触

在近代中国的约章中，以"参战借款"为名的借款合同只有1个，即1918年9月28日中日《参战借款合同》。合同由中国驻日公使章宗祥与日

---

① 陈三井考证后指出，陶履德在法国档案中的记载是中校军衔。参见《华工与欧战》，第15页，注释46。
② 参见凤冈及门弟子编印《三水梁燕孙先生年谱》上册，1946年，第299页。
③ 《收惠民公司禀》，1916年5月4日，中研院近代史研究所编《欧战华工史料》，第184页。
④ 陈三井：《华工与欧战》，第29页。

本朝鲜银行总裁美浓部俊吉订立。在此之前，中国曾与日本签订有为数众多的借款，虽与参战没有直接关系，但因其发生于第一次世界大战的大背景之下，因此均可作为参战背景下的借款。在这总计达 2 亿日元的借款中，西原龟三所经手者占相当重要的比例，因此谈及此时期的日本对华借款时，一般统称西原借款。

西原借款的主要倡导者是寺内正毅和胜田主计，前者时为内阁首相，而后者为大藏大臣。寺内正毅原任朝鲜总督，在朝鲜任内，他结识了日本商人西原龟三。"西原龟三有一套殖民统治术，给寺内上过许多条陈，深得赏识，二人成为知己。"西原借款的另一个主谋胜田主计亦是西原龟三推荐给寺内，担任朝鲜银行总裁。三人因此有密切的合作关系，"人称为'朝鲜三人帮'"。① 在设计对华投资方式时，政府不便出面，又"因恐敌党反对，且避国际视听，遂以朝鲜、台湾、兴业三银行为主体，组织一特殊银团，以非正式之方式，对华进行秘密借款"，这种借款方式显然避开了国家间直接出面的借款，因而具有了准条约的方式。② 日本所采取的方式，其考虑初衷是希望避开与国际银行团之间的关系，所以不再由参与国际银行团对华贷款的正金银行出面，而选择了其他三家银行。

事实上，不唯日本方面有意避开国家形式的贷款，中国方面亦有此意。章宗祥曾自述对西原借款的个人态度，作为具体的借款接洽人，章宗祥希望避免由其经手，理由在于"从前中国经手借款者，大都有收受回扣之嫌；为自好计，不欲因此贻人口实"。西原龟三进而提议，既然两国政府间借款易生误会，"不如使两国实业家彼此通融之善"，"假如中国之某银行，需款若干，日政府可令日本银行团承借"。这种政府背后支持，而由银行出面的借款合同，性质特殊。如果严格以准条约的标准要求，此类合同不具备准条约的形式。但是，中日两国所力图避免的国家出面的形式，并未为后人所认可，这一矛盾在 20 世纪 30 年代讨论外债时就出现了。所谓西原借款"指日本银行家们在第一次世界大战后期和战后向北京政府提供的一组借款。没有多久这些债款就停止交付，并在中国与日本双方都成为一项政治性的争论"，这里仍然强调西原借款的出借方是日本银

---

① 张振鹍等：《日本侵华七十年史》，第 170 页。
② 王芸生编著：《六十年来中国与日本》第 7 卷，第 111—112 页。

行家，而承受方系中国国家。①

本质上，在中国正式参战之前的多数日本借款，是日本政府希望通过大量投资，使中国殖民地化的一种手段。西原借款的基本设想就是从经济上变中国为日本的附庸，在其设计的借款基本构想中，包括：退还庚子赔款，发展日本所必需的棉花、羊毛等原料；贷款给中国，成立国营铁厂，向日本提供生铁和矿砂；合组"中国铁路公债资本团"，垄断中国铁路投资；改革币制，中国发行与日本一样的货币，使中国成为日本货币的流通圈。② 按照西原本人的说法，就是希望"帝国各种工业所需原料均可仰给于中国，其制成品亦可以中国为市场。融合日化经济为一体，显然是我帝国确立自给自足之策"。③

从当时日本政府外交政策而言，西原借款是日本改变对华外交的一个途径。由于日本强行向中国提出"二十一条"要求，引起中国举国反抗，并在国际上为美国等所猜忌。1915 年 3 月 1 日，驻华公使朱尔典（Jordan）致电英国外交大臣葛雷（Edward Grey），"日本对华所提要求，整体上将把中国置于日本的保护国地位，并且将在南满、东部内蒙、山东和福建享有优先特权。如果借助一张地图，可以清楚地看出日本所提要求的目的在于获取具有极端重要性的战略和政治利益"。中国北方，日本将提供政治运作模式，并掌控政府机构，以便强化日本在满洲的地位，为最终吞并该地区铺平了道路。该模式还被原版复制到东部内蒙古，日本在北京周边圈出了日本统治的领土范围。对位于直隶湾对面的旅大和胶州的控制，伴以日资铁路控制下的深入中国腹地的交通，将给予日本以完全的制海权，北京政府只有任其摆布。在中国南方，日本扩张的影响比较滞后，但采取的政策是一样的。台湾被作为前进的基地，这使得日本处于控制福建和浙江沿海的有利地位，连接沿海港口和具有巨大商业利益的长江中心区域的铁路网已经规划完毕。该区域内，从潮州到武昌、南昌到汉口，潮州和杭州之间东边到海为界，均在日本的规划之内。随着铁路的深入以及各种和平手段的渗透，在过去的 15 年内，日本已经成功地将朝鲜和满洲变成自己的统治下的省份，上述广阔地区变成日本的势力范围只是一个时间

---

① ［美］阿瑟·恩·杨格：《中国财政经济状况（1927—1937）》，陈泽宪、陈霞飞译，中国社会科学出版社 1981 年版，第 133 页。
② ［日］多波野善大：《西原借款的基本设想》，《国外中国近代史研究》第 1 辑，第 132 页。
③ ［日］西原龟三：《日华亲善及其事业》，《近代史资料》1981 年第 2 期，第 211 页。

问题，届时英国的商业利益难以再有立足之地，正如今天在满洲的情形那样。① 英国对二十一条要求有清楚的认识，并不愿过意纵容日方的要求。

英方认为，二十一条要求第五号内容，对中英之间现有准条约构成一定的威胁。日本在第五号第5款提出"允将接连武昌与九江南昌路线之铁路，及南昌杭州、南昌潮州各路线铁路之建造权，许与日本国"，一看到这些路线，就能看出他们与英国已经与中国达成的修建合同有冲突。依据1914年3月31日《宁湘铁路借款合同》第2条、第19条，1908年3月6日的《沪杭甬铁路借款合同》的第2条和第19条，中英公司拥有上述铁路的修建权和优先借款权。通过上述两个合同，中国政府已经许与英国公司连接南昌、杭州之间的铁路，该铁路将使武昌与九江铁路对中国而言不再具有经济价值；南昌至潮州的铁路事实上亦与已经存在的英国规划路线相重合。②

面对"二十一条"后中国的国内反日形势及国际上反日声浪，日本"寺内首相组阁匆匆，夙夜焦思，务扫去此种误解，而缓和列国之空气"。胜田主计力荐向华借款，"干涉中国主权，虽宜避免，惟中国之经济的开发，不特为中国之利益，亦为列国及日本的利益，日本对此不可不着先鞭"。又经本野一郎外相的推动，最终确立了对华借款的方针。③

西原借款从借债本身而言，"大体上犹不失为差强人意者。即以西原借款开端之交通银行借款而言，利息低，无回扣，无切实抵押，诚借债条件之优者矣。其后各种借款，亦大率类此"。问题在于，此类借款，大都拿来内争，"未尝用于利国福民之途"。④ 在清理此项借款时，被批评"进款借款中有些是供铁路和交通使用的，大笔款项还是作了行政费用，军事开支和偿还债款之用了"。⑤

交通银行500万日元借款是西原借款的第一笔借款。1917年1月20日，交通银行与日本银团代表兴业银行、台湾银行及朝鲜银行订立借款合同，"此项借款日本金五百万元"，"此项借款全部实数借款，并无折扣及

---

① Sir J. Jordan to Sir Edward Grey, Peking, March 1, 1915, FO371/2322/24272.
② Memorandum Communicated to Japanese Ambassador, March 10, 1915, FO371/2322/23208.
③ 王芸生编著：《六十年来中国与日本》第7卷，第112页。
④ 同上书，第110页。
⑤ [美] 阿瑟·恩·杨格：《中国财政经济状况（1927—1937）》，陈泽宪、陈霞飞译，中国社会科学出版社1981年版，第133页。

佣费"。① 时任交通银行总理曹汝霖、协理任凤苞为中方代表，日本银团代表是兴业银行总裁志立铁次郎。交通银行500万元借款成立不久，中日之间又成立了中华汇业银行，一般认为，该银行是经理西原借款的主要机构。"六年秋，陆宗舆为交通银行借款事赴日本，与胜田主计论及中日合办银行之事，彼此均感有此必要，遂决定设立中华汇业银行，经营中日间之汇兑事业，不啻西原借款之收款机关"。② 1917年8月10日，中日两国股东代表订立合同。该银行形式上是一个企业法人，"本银行以中日两国人合办为股份有限公司"。华商股东代表陆宗舆签字于合同之上。③

交通银行第二次借款时数额增加至2000万元，双方于1917年9月28日订立借款合同。第二次借款合同仍然以双方银行出面，且中国方面未获形式上的国家正式授权。章宗祥述及第二次借款时，曾提及合同订立过程之波折。"此项借款由西原先生在北京接洽，林使报告本野，谓有政治性质，外务省遂有异议"，日本政府仍然刻意避免给贷款以政治性质，因担心"各国疑日本为单独行动，日政府颇难置辩"。章宗祥致电曹汝霖，将日本外相本野一郎之担心告之，要求曹切实证明"此项借款确系为整理交通银行之用"。曹汝霖回复章宗祥"此次交通借款，弟以银行总理资格商借，纯系整理银行之用，绝无政治关系"，并特别指出，政府借款，自有银行商办，与交通银行决无关系。但是日本外务省仍然主张先行调查交通银行，待调查清楚后，再承借。虽然西原龟三不赞成调查交行，但调查仍然进行了，只不过其调查状况并非账目，"不过视察交行现在营业状况，如出入盈亏总额，各省分行总数及已未兑现情形"。④

交通银行首笔借款合同与中华汇业银行成立合同，就合同双方订立身份而言，大体一致。借贷双方皆刻意避免国家出面，而是假企业之手进行。虽然这两个合同属于参战借款大背景之下的文件，但其准条约特质并不明显。将其纳入到本章节之内，主要是从另一个侧面来说明参战借款准条约的复杂性。

正金银行借款的准条约特性。前文提及，日本刻意组织兴业等三家银行负责对华贷款，而将正金银行排除在外，目的在于避免国际干涉。正金

---

① 王铁崖编：《中外旧约章汇编》第2册，第1246页。
② 王芸生编著《六十年来中国与日本》第7册，第123—124页。
③ 合同全文参见王芸生编著《六十年来中国与日本》第7册，第124页。
④ 章宗祥：《东京之三年》，《近代史资料》1979年第1期，第22页。

银行是日本参与国际银行团对华贷款的代表银行，专门负责政治性质的贷款，尤其是善后大借款。由于欧战爆发，五国银行团已不复为一个整体，当日本提议第二次善后借款1亿元时，各国意见难以达成一致。正在进行对华贷款的日本政府以此为借口，单独提出善后借款垫款项目，由日本单独出资1000万元借与中国政府。1917年8月28日，中国政府代表财政总长梁启超与日本正金银行订立《日币一千万元垫款合同》，该合同相比交通银行的第一次借款，中国政府是合同的直接责任人。合同开头载明："中华民国政府现愿借款一千万元，作为拟与四国银行团商借善后借款之垫款，议由日本银行团承办"，表明此次借款的原委及其政治性质。至于此次借款的提用方法，"财政总长提用本国库券进款，所有一切手续、条件均照中华民国二年签订善后借款合同第十四条所开办法办理"。为强调中国国家的直接责任，合同特别在第八款规定，"财政总长代表中国政府应于照本合同第一款在日本发行本国库券之日暂发中国政府日币一千万元国库大券一张，交存在北京之银行作证据"。① 1918年1月6日，财政总长王克敏代表中国政府与日本正金银行代表武内金平签订《日币一千万元第二次垫款合同》。7月5日，双方订立善后借款第三次垫款合同，再次向正金银行借款1000万日元。

铁路类准条约借款。在第一次世界大战时期日本的对华贷款中，以投资中国铁路为名义的贷款亦占相当比例。1917年10月12日，中日订立《吉长铁路借款合同》。中华民国财政总长梁启超、交通总长曹汝霖代表中国政府与日本南满洲铁路公司代表理事龙居赖三订立。因订立者之一中国方面所具有的政府身份，因此该合同具有典型的准条约性质。同日，中日两国代表还订立了《吉长铁路借款细目合同》。

依据1915年"中日民四条约"之《关于南满洲及东部内蒙古之条约》第7条，中国政府允诺"以向来中国与各外国资本家所订之铁路借款合同规定事项为标准，速行从根本上改订吉长铁路借款合同"，并附加一定的条件，即"关于铁路借款事项，将较现在各铁路借款合同为有利之条件给与外国资本家时，依日本国之希望再行改订前合同"。②《吉长铁路借款合同》及《吉长铁路借款细目合同》正是因上述条款而来，就性质而言，属

---

① 王铁崖编：《中外旧约章汇编》第2册，第1280页。
② 同上书，第1101页。

于因国家间正式条约所规定的条款而产生。合同特别关注了对将来相关铁路修建权的垄断,"政府如将来必须建造联络本铁路之支线或延长线,应由政府以中国款项自行修造,如须用外国资本,除契约别有规定外,先尽与公司商办,其支线或延长线路里数长短,由政府自行订定"。①

1918年2月12日,交通总长兼财政总长曹汝霖代表民国政府与日本正金银行订立《四郑铁路短期借款》,向日本借款260万日元。6月18日,曹汝霖与日本兴业银行代表真川孝彦订立《吉会铁路垫款》,向日本借款1000万日元,建设经过延吉南境及图们江以至会宁之铁路。

9月28日,中华民国驻日公使章宗祥代表政府向日本兴业银行借款2000万日元,订立《满蒙四铁路借款预备合同》。同日,章宗祥与兴业银行订立《济顺高徐二铁路借款预备合同》,借款2000万日元。

电信类借款。第一次世界大战时期电信类借款的发展,以无线电为主,借款途径亦未限于某一国别或公司。随着日本对华经济控制的加强,日资的引进当为一大特点。

1918年2月21日,中华民国海军部代表政府与日本三井洋行订立《无线电台借款正合同》,借款536267镑,建设大功率无线电台。"承办人得中国政府许可,建设一大无线电台,其发报电力及收报机械,可直接与日本欧美通报",其代价是,中国政府将电台三十年管理权付与承办人"惟中国政府于三十年内须付承办人以管理之全权"。合同提出了公司的报效责任问题,"电台在承办人管理期内,中国政府应得有该台全年营业收入百分之十报效金,系照阳历全年计算,准定年终缴纳,设该台全年营业收入不敷开支时,则中国政府仍应得有该台全年营业百分之十之报效金。"②

中日之间的有线电报借款准条约亦于同年4月订立。有线电报借款的不同之处在于,出借方为中华汇业银行,此机构虽然在日本方面的实际控制之下,但其组织机构实属于一个跨国银行。由于陆宗舆为汇业银行总经理,因此合同由交通兼财政总长曹汝霖与陆订立。银行日本理事柿内常次郎亦同署名于合同之后。汇业银行成立的目的在于方便日本银团向中国提供贷款,其作为中间机构的身份此次得以充分体现。合同附件一是中华民

---

① 王芸生编著:《六十年来中国与日本》第7卷,第139页。
② 同上书,第147页。

国政府致汇业银行的承认书,中国政府承认"股份公司中华汇业银行对于日本银行团代表股份公司日本兴业银行,提供中华民国七年四月三十日中华民国政府与股份公司中华汇业银行订定之中华民国政府改良及扩充有线电报借款合同为担保"。①

1918年10月25日,交通部与中日实业有限公司订立《扩充电话借款合同》,向日方借款1000万日元。合同提及系为交通部续借"民国五年短期电话借款并改革电话事业需用资金"。②但在此之前的约章汇编中并未见到该短期电话借款合同。

英国马可尼无线电报公司亦于此时获得中国政府的无线电借款项目。1918年8月27日,中华民国政府陆军部与英国马可尼公司订立《马可尼无线电话借款合同》,向英国马可尼公司借款英金60万镑,"政府即以此项英金六十万镑之一部分,照下开价目向公司订购马可尼最新式行军无线电话机二百架"。③除获得向中国提供无线电话机之外,马可尼公司还获得了建设喀什葛尔到西安的无线电台特许。1918年10月9日,交通部代表中华民国政府与马可尼公司订立《马可尼无线电垫款合同》,向公司借款20万镑,用于建设无线电台及购买相应机器。

矿务借款类准条约。民国成立以来,很少有涉及矿务事项的借款合同,并未能延承清末以来的矿务借款趋势。在前面分析矿务政策的演变时,曾提及个中原因,政府有意使矿务开采成为中国内政,不涉外交。应该说,此类借款合同的减少,体现了中国将矿务主权收归国有的成效。1918年8月的吉黑两省金矿及森林借款是民国初期少有的一个矿务类准条约借款。是年8月2日,农商总长田文烈、财政总长曹汝霖代表民国政府与中华汇业银行订立《吉黑两省及森林借款合同》,向日本借款3000万日元,但需抵押物为下列两项:一是吉黑两省之金矿及国有森林;二是前项金矿及国有森林所生之政府收入。④

财政类准条约。1917年8月28日,民国政府从日本正金银行取得第一次1000万元借款后,以财政部证券的形式发行债券,定于1918年9月1日偿还借款。至1918年8月,民国政府归还无望,而最后期限很快届

---

① 王铁崖编:《中外旧约章汇编》第2册,第1361页。
② 同上书,第1438页。
③ 同上书,第1400页。
④ 同上书,第1396页。

满。不得已，民国政府与正金银行订立《财政部证券改订借款契约》，将原有债券收回，发行新的财政部证券。新证券名称为"中国政府民国七年（即日本大正七年）乙号财政部证券"。该新证券须"自发行之日起满一个年间偿还之"。①

第一次世界大战期间中国政府与日本签订的准条约类借款，种类几乎涉及所有已知的准条约门类，除参战借款与善后垫款外，其余大体系实业类借款。交通银行借款因其缺乏明确的发展实业计划，因此其用途久为人所诟病。铁路借款系大宗，中国以丢失路权和相关主权为代价，订立了这些铁路类准条约。

第一次世界大战时期的准条约类合同，虽因具体用途不一致，但几乎全为借款性质。此一时期的借款，政治性借款并未成为主流。

（三）日军侵占胶济铁路及围绕胶济路的论争

日本曾于对德宣战后，在龙口登陆，侵入中国所划定之中立区域，要求将黄河以南划为中立区域。当日本驻华公使日置益于 25 日将日本政府的行军区域要求告知外交部时，北京政府外交部答以"黄河以南，几包山东全省，一有此议，必致中外惊疑"，拒绝了日本如此宽泛的行军区域要求。北京政府建议"行军路线宜限在潍县以东平度一带离华军较远地点"，"胶济路由中国尽力保全"。②

28 日，外交部向日方提议，中立区域西界自潍河口起，沿潍河南行，经过潍河、汶河合流点，至潍河东端高家庄为限；东界北自海庙口起，"南经掖县县城下齐浦平度州至环界颂白河折东经过古县蒋家庄夏家店金家……之线以西为限"。③

8 月 31 日，外交部照会协约国成员英、俄、法、日四国，强调中国在胶澳地区仍维持中立，对于四国即将与德国在胶澳地区开展的战争行为，"将来无论两国胜负如何，所有在该处中国之官商人民财产，各交战国均不得因战事之故，而损害其固有之权"。④

---

① 王铁崖编：《中外旧约章汇编》第 2 册，第 1391 页。
② 王芸生编著：《六十年来中国与日本》第 6 卷，第 46 页。
③ 同上书，第 47 页。
④ 《发英、俄、法、日本照会》，1914 年 8 月 1 日，中研院近代史研究所编《中日关系史料——欧战与山东问题》（下称《欧战与山东问题》）（上），第 114 页。

日本同时向北京政府试探对于日军登陆的态度，并要求撤退胶济铁路中国军队。北京政府指出，"交战国由中立地登岸，本系违犯中立"，中国"自当抗议，但不能有抵拒之举"。即使对于形式上的抗议，日本亦不满，要求中国政府不能抗议。北京政府指出："若无形式抗议，将来德国要求赔偿，其将何词已对？且为中立国体面计，万不可少。"① 双方在是否发表抗议问题上磋商数日未果。无奈之下，北京政府再作让步，表示将采取消极声明的方式，即不明确发表抗议声明，而是指出日本违犯中立系出于行军需要，如别国效仿日本而产生其他问题，应由日本政府负责。对于这种消极声明的方式，外交部认为中国已经"曲意通融，已至极点"。对于胶济铁路，"由我保护区域，宜于潍河以东，自潍至青路线，日人可任便布置，自潍至济当由我军"。② 9月1日，陆宗舆将中国方面的让步各点通知日本，日本表面表示满意。双方就中国划定行军区域事终于达成协议。

依据中日两国达成的协议，潍县至济南段胶济铁路由中国保护，日军不过潍县以西。日本无视刚刚达成的许诺，于1914年9月26日派遣日军400余人侵占潍县车站，在此过程中"拒捕小工10余人，戳伤华人1名，掳去德人4名"，引起地方震动。③ 外交部即日正式照会日本驻华公使日置益，抗议日本侵占之举乃有意破坏中立，"查胶澳在东，潍县在西，非行军必须之路，前经声明潍县不在行军区域之内，已经贵政府同意"。④ 27日，外交部照会日本驻华公使日置益，提出日军进驻潍县以西，违反了先前两国业已达成的协议。中国曾声明，潍县至济南铁路由中国加以保护，日军不过潍县以西，并经日本驻华公使转达日本政府。潍县车站系归中国保护，并无德国驻军，胶济铁路亦系中德公司所有，并非德国政府财产。日本侵占潍县车站，"显与声明不符，实属侵犯中国中立"，"迅即电令将此项军队撤退，并交还车站，嗣后不可再有此等举动，以重国信而维中立"。⑤

同日，德国领事向外交部山东特派员罗昌提出交涉，认为日军侵犯了

---

① 王芸生编著：《六十年来中国与日本》第6卷，第47—48页。
② 同上书，第48页。
③ 同上书，第52页。
④ 《东方杂志》第11卷，第5号。
⑤ 《外交部致日本日置益公使照会》1914年9月27日，章伯锋、李宗一主编《北洋军阀》二，武汉出版社1990年版，第705页。

中国中立,"今潍县非行军区域,而日本军队竟占据,敝国在黉山、博山之人民财产,甚为危险"。罗昌致电外交部,请决定处理办法。接山东地方电后,该抗议亦同时照会英国驻华公使朱尔典。

28日,日本向华提出交涉,要求占领胶济铁路全线及附属地。日本驻华公使日置益向孙宝琦提出:德国铺设胶济铁路之合同,系作为1898年中德《胶澳租借地条约》的附约而提出,应当将胶济铁路视为胶澳租借地的一部分;德国在宣战前后,经胶济铁路运输军队及粮饷,无视中国中立规定。鉴于上述理由,日本"此次攻击胶州,因军事之必要,势不得不占领该铁路全线以自卫"。日置益还提出,日本占领胶济铁路后,将一直持续到战争结束,这期间,铁路归日本军队保护、经营,要求中国军队"于日本军队到后,即行交付,不得故与为难"。孙宝琦请日置益不要忘记:划定行军区域之初,日本要求以黄河为界,后经中国抗议,改为以潍县为界,并声明日本军队不得至潍县以西,业经日本同意;胶济铁路公司为中、德合资公司,虽然青岛总公司被日军包围,各车站即使放弃其职务,亦应当由中国保护经营;胶济铁路沿途并无德军,日本行军必要地点均在潍县以东、潍县以西为中立地段,日本不具备任何侵占的理由。日置益虽承认当初日本曾表示不过潍县以西,但并未提及是否占据胶济铁路全线,而胶济铁路公司实权在德国人手中,中国仅有少量股票,不算中德合办。孙宝琦驳斥道:胶济铁路沿线由中国派遣军人守卫,并非德国国家所有,而是私产。对于私产之说,日置益虽表示认同,但提出德国在胶州一切经营费用,均有赖于该铁路公司接济,与国家所有无异,与其他私产不同,非占领不可。孙宝琦对日置益强调,日方所提要求,中国绝对不能承认。①

对于日军侵占潍县之举,外交部亦向英国提出抗议。顾维钧通知朱尔典,中国政府对日本侵占潍县行为"殊深诧异",朱尔典则称英国以为潍县在特别划定区域之内。顾维钧一方面强调日军事先已经承认不至潍县以西;另一方面强调胶济铁路公司系私人财产,由中国军队保护。朱尔典对日本的侵占举动予以辩护,称日本举动系进攻青岛之军事需要,并强调"此次日本用兵,已声明为交还青岛与中国起见,勿可授以口实,使其改

---

① 参见《孙总长会晤日置公使问答》1914年9月28日,《北洋军阀》二,第705—708页。

变初心也。"①

美国驻华代理公使马克谟于29日会晤外交总长孙宝琦，询问日本侵占潍县，并要求管理胶济铁路事。马克谟认为日本所提管理胶济铁路是"至为重要之事"，并询问日本是否已经明文要求接管铁路，是否亦要求接管德国在山东全省的矿产。孙宝琦称并未明文要求，矿产亦未提及。②

对于日置益所谈内容，外交部于29日致电驻日公使陆宗舆，要其向日本外务部提出抗议，并直接向大隈重信外相提出质问，要求日本将军队迅速撤回。30日，外交部再电陆宗舆，表明中国政府对于日本的所作所为认为是"违反协商，侵犯中立，破坏公法"，除口头向日本外部抗议外，应再正式行文抗议。③ 外交部同日正式照会日本驻华公使日置益，除抗议日本违反中立外，声明不承认日本所提各项要求和理由，胶济铁路"不惟是商人产业，且系中国商人有份之产业"，"夫交战国官产，在中立国领土，其他交战国尚且不能侵犯，何况此中、德商人合办之产业，贵国又安得占据乎？"④

日军罔顾先前的对华承诺，亦无视胶济铁路的法人性质，下定决心予以侵占。10月3日，日军潍县占领军照会山东交涉员高逸，声称奉命接管山东德人所有之铁路，将从潍县沿胶济铁路西进，并要求中国军队截至当日下午4点，无论是否答复，日本军队均保留自由行动的权利。此照会无异于最后通牒性质。无奈之下，中国军队撤离潍县车站，日军则乘火车直驱济南。⑤ 当日军已经继续沿路西侵的同时，陆宗舆致电外交部，有望通过日本内阁元老劝告外部勿侵占胶济铁路，希望不要与日军发生冲突。此种愿望极不现实。⑥

3日，北京政府派员赴德国驻华公使馆，向德国协商收回胶济铁路。中国政府提出两项理由：一是日本借口铁路为德国所管理，日本因而可占据；二是如果日军肆意占领全路，中国中立会进一步受到破坏，德国铁路

---

① 《参事顾维钧赴英馆晤朱使问答》（1914年9月28日），《北洋军阀》二，第708—711页。

② 参见《总长孙宝琦接见美馆马代使暨丁家立参赞问答》（1914年9月29日），《北洋军阀》二，第711—712页。

③ 《外交部致驻日公使陆宗舆电》（1914年9月30日），《北洋军阀》二，第712—713页。

④ 《外交部致日本日置公使照会》（1914年9月30日），《北洋军阀》二，第713—714页。

⑤ 参见《高逸委员致外交部电》（1914年10月3日），《北洋军阀》二，第716—717页。

⑥ 参见《驻日公使陆宗舆电》（1914年10月3日），《北洋军阀》二，第717页。

人员亦将遭受迫害。如果德国铁路公司将铁路交还中国管理，中国可与日本交涉，对于各方均属有利。德国方面立刻予以赞同，马尔参认为"胶济铁路公司本系中、德合办，今承贵部总长提议交还中国管理，以免日人借词侵占，用意甚善，本代办甚赞同"，建议速派员接洽。①

获得德国方面同意将铁路交还中国管理的消息后，外交部密电驻日公使陆宗舆，自认"日人注意在减弱德国在东方商务根据地，今德人既允让出此路，交我接管，候战后解决，在日本可以不必烦兵力，碍我中立，免彼此生出许多误会恶感"，如果日军非要强硬占领，难保德国不将站房、车辆、桥路毁坏，非中国所能拦阻，即使把路收回，亦属无用。要陆宗舆以此向日本方面交涉。②然日本方面对中国提议"由德人交中国接管手续，根本不能承认，实无再商余地"。③

日本既已派军沿路西进，决不会坐视中德之间交接铁路。10月4日，日本公使馆将收押胶济铁路节略送达北京政府，宣告日军对铁路的处理办法及目的：（1）押收山东铁路之目的，在于收其全线及附属设备之管理、经营；（2）日军至潍县以西，目的在于警备铁路沿线及转运军火，并配置少数兵力驻于车站；（3）现在胶济铁路所用之中国人，继续留用。④ 10月6日，日军先头接管铁路人员30人进驻济南车站，德国方面不得已将车站交出。山东地方仅要求日军不得涉及路外之事。至此，日军全面接管了胶济铁路全线。⑤在回答美国公使芮恩施询问时，外交总长表示，虽经中国政府再三抗议，终无效果，日本坚持占据改路，并派兵沿铁路沿线一带驻扎，中国政府为免起争端，只有默允。⑥ 10月7日，外交部将抗议照会送达日置益，"日军已实行以兵力占有在中国中立地域内之胶济路线，本国政府不能承认"。⑦

---

① 《金事程遵尧奉派赴德馆晤马代办问答》（1914年10月3日），《北洋军阀》二，第717—718页。
② 《外交部致驻日公使陆宗舆电》（1914年10月4日），《北洋军阀》二，第718页。
③ 《驻日公使陆宗舆电》（1914年10月5日），《北洋军阀》二，第719页。
④ 参见《日本公使馆节略》（1914年10月4日），《北洋军阀》二，第718—719页。
⑤ 参见《山东将军靳云鹏巡按使蔡儒楷电》（1914年10月6日），《北洋军阀》二，第719页。
⑥ 参见《总长会晤美公使芮恩施问答》（1914年10月7日），《北洋军阀》二，第719—721页。
⑦ 《外交部致日本日置公使照会》（1914年10月7日），《北洋军阀》二，第721页。

自日本侵占潍县车站后，即向中国强行提出占据胶济铁路全线，其理由一是胶济铁路为德国所掌控，为青岛德军提供援助；二是占领潍县为进攻青岛所必需。中国方面在指责日方违反最初达成的限制行军区域协议的同时，强调胶济铁路系中、德合办之产业，不能视为德产而予以侵占。这里所牵涉的国际法问题是指胶济铁路所属及其性质，关键在于如何理解1900年的《胶澳铁路章程》。

1900年3月21日，依据曹州教案条约规定，袁世凯、荫昌代表清政府与德国订立《胶济铁路章程》，开设胶济铁路公司。章程第一款载明："设立华商、德商胶济铁路公司，召集华人、德人各股份，先由德人暂时经理"，明确该公司系商人所有。章程还规定："此段铁路，将来中国国家可以收回，其如何购买之处，应俟将来再议"，"凡铁路在德国租界以外者，其原旧地主大权，仍操之于山东巡抚；在租界内者，权归德抚"。① 虽然华商资本在总资本中可能占有非常少的比例，但从国际法而言，章程既已明文载明公司由华、德两国商人合办，公司当为跨国公司。公司设立地既然在中国境内，要遵守中国的相关法规，尤其是相关路矿章程。胶济铁路章程所规定的是公司在建造铁路以及经营铁路过程中必须遵守的条规，这些条规是私法上之契约性质。以上种种，均证明公司的私法人性质。

日本政府无视胶济铁路公司所具有的这种法人性质，而强指其为德国政府所有。10月2日，日本照会外交部，转达日本政府训令，辩解其侵占胶济铁路为合法合理之举动。训令认为"此会社（胶济铁路公司）全属于独逸（德国）政府监督之下，有公的性质，纯然独逸国（德国）之会社，实质上与租借地为一体，可断定其延长"，在上述借口下，胶济铁路就不具备中立的性质。对于北京政府外交部的几次抗议照会，训令辩解称既然胶济铁路不适宜中立，则日军接收经营管理权，不算违反中国中立；交战区域划定不影响胶济铁路归德国政府所有的性质；虽然胶济铁路与青岛已经断绝联系，但对于将来作战存在危险；不承认已经许诺由中国政府保护潍县至济南之间的路段。②

日本政府的上述辩解，无视《胶济铁路章程》的各条款规定，以其所片面理解之事实，为己方侵占铁路的目的而服务。

---

① 王铁崖编：《中外旧约章汇编》第1册，三联书店1957年版，第944—948页。
② 参见《日本公使馆照会》（1914年10月2日），《北洋军阀》二，第714—716页。

《胶澳铁路章程》系清政府与德国公司订立的国家契约，亦可称之为准条约。此类条约的一个显著特点在于：缔结契约的双方中，有一方属于国际法主体，而另一方不具备国际法主体的资格。① 就形式上而言，清政府是章程的缔结方之一，另一方则是德国总办山东铁路事务锡乐巴。锡乐巴在此合同中并不代表德国国家，而是以德国驻华"铁路专员"身份出面，代为订立成立公司之合同。公司成立后，其所有权和经营权归属公司，德国领事只是对本国商业的进行监管和保护作用。这种监管和保护，与公司所有的法人性质并无直接的联系，更不能将其视为德国国家所有。即使德国政府在胶济铁路公司成立过程中起到了重要的推动作用，但此种作用并不能决定公司的所属性质。日本侵占胶济全路后，美国驻华公使芮恩施在询问外交总长时，曾问"日政府究有何理由占据该路。在日人眼中以该路为德政府之产业乎？抑或为德商之产业乎"，孙宝琦回答以：日政府以该路为青岛之延长租界地，应与青岛视同一律。在孙宝琦看来，由于胶济铁路曾允每年以一定款项捐助青岛政府，而德国政府又曾作出担保行为，这被日本视为该路属于德国的根据。②

山东将军靳云鹏等对日置益所提种种理由表示愤慨，认为日置益所提系信口开河，"将来借口德华银行接济战款，可收没之，借口德领刺探军情，可逮捕之，借口津浦路之德员暗助青岛，可并该路占领之，再进而借口中国官府袒助德人，可俘虏之矣"。③ 芮恩施感叹"如此大国，与别国交涉，每每强从人意，受人欺凌，终非计之所得"，建议中国不要与日本交涉，待日后和平大会，中国不致吃亏，公道自在人心。④

就学术层面而言，第一次世界大战时期，中日两国关于胶济铁路性质的争论颇具启发意义。中国出席巴黎和会代表在提交和会的山东问题说帖中，集中阐释了胶济铁路的相关情形，目的在于说明为何应将胶济铁路直接由德国归还中国。1898 年中德两国订立《胶澳租界条约》，规定准许德国在山东省建造两条铁路，并许可于铁路附近区域开挖矿产。说帖首先说明，胶济铁路之建造，即系根据此约而来。胶济铁路及所属矿业，由专设

---

① 关于准条约问题的讨论参见侯中军《近代中国的准条约问题》，《史学月刊》2009 年第 2 期。
② 《总长会晤美公使芮恩施问答》（1914 年 10 月 7 日），《北洋军阀》二，第 720 页。
③ 《山东将军靳云鹏巡按使蔡儒楷电》（1914 年 9 月 30 日），《北洋军阀》二，第 713 页。
④ 《总长会晤美公使芮恩施问答》（1914 年 10 月 7 日），《北洋军阀》二，第 720 页。

之德华公司承办，中国和德国商人均可投股，并被选为董事。中国还承允，如果在山东省内有开办各项事务，需外国帮助或用外国人、外国资本、外国料物时，先询问德国商人是否承办。1899年6月1日，山东铁路公司奉德国政府特许成立。1904年6月，铁路竣工通车，开车营业。山东矿务公司于1899年10月10日成立，经营淄川、坊子煤矿及金陵镇附近铁路。1913年2月5日，山东矿务公司将所有权利及债务让与山东铁路公司经营。依据《胶济铁路章程》第16款，胶济铁路保护权属于中国，不准派用外国军队。①

（四）对德奥宣战及对准条约的影响

在对德是否绝交及宣战的国内争论中，总体而言，主张对德绝交的力量超过了主张中立的力量，中国于1917年3月14日宣布与德国断交，继而于8月14日正式宣布两国进入战争状态。对德奥宣战，使得中国与德国、奥匈帝国处于战争法上的敌对状态，相应地，两国间的条约合同亦将受战争状态的影响。

当尚在讨论是否对德绝交之时，北京政府已经在预先准备绝交后应该处理的各种事项。在《预筹中德断交后各部应办事宜》中规定：宣布绝交不同于宣战，在政府尚未对德宣战前，不能以战时论，特别强调"一切战时法规均不能引用"，定下此宗旨后，一切事项皆有可依。中国对德绝交后并未加入协约国，法律上仍处于中立地位，已经颁布的中立条款亦并未下令取消，因此仍然适用。② 涉及准条约事项的合同、章程亦不会因此发生解释之不同。但如果合同涉及聘用德人事项，将因聘用部门的不同而产生不同的效果。

各部所聘用德籍人员的去留，区别不同的部门有所差别。纲要建议：在陆军部、海军部及其所属机关或兵工厂、船厂、军舰服务者，应令其停止职务；在海关、盐务署、铁路、邮局、电局、船舶等机构，以及没有危险的矿山、工厂等，可以照旧供职，遇必要时再停止职务。凡不停止职务之德人，一律照旧发给薪资。德籍雇员被停止职务后，由主管长官酌派其

---

① 《中华莫因果全权代表在巴黎和会关于山东问题的说帖》，1919年4月，中国第二历史档案馆编《中华民国史档案资料汇编》，第405页。

② 《预筹中德断交后各部应办事宜（收录总纲）》，1917年2月，《天津市历史博物馆馆藏北洋军阀史料》（黎元洪卷），第8册，第65—68页。

他洋员接任。北京政府对聘用德员所作出的单方解释,符合国际法规。考虑到准条约的性质,如德员之聘用确为准条约所规定,则将因此演绎出相关国际法准则。至于对德绝交后的正式条约的效力问题,《预筹中德断交后各部应办事宜》并未给出办法,仅声明"解释为条约有效、条约中止,抑解释为条约失效,此与关税及处置租界领事裁判权等事大有关系,应俟国务会议议决后遵循办理"。①

中德断交以后,农商部依据大纲规定致电各省,要求区别对待各厂矿的德籍雇员。在致湖北省电文中指出,所有汉阳铁厂、大冶铁矿雇用德人应要求地方官会同公司严密防范,必要时,可以勒令德人离职。在致热河都统电中,要求喀喇沁东旗青石岭地方与熙凌阿合办石棉矿的德籍人员以及滦平、丰宁等合办金矿聘用之德籍人员,应严重防范。致江西省电中,要求对萍乡煤矿所雇用德人加以严密防范。此外,还分电湖南、直隶、安徽等地,内容大致类似。在致电各省的同时,农商部还有一份特殊的电文,收发对象是汉冶萍公司,要求公司严密防范其所雇用德人。②

交通部收到对德断交后的命令后,表示将慎重收发所有居留中国的德国人的公私电报,请外交部、内务部将留居中国的德国人的姓名、住址等详细信息开单咨送交通部。虽然对各厂矿聘用德人要严密防范,但对留华德国侨民的保护工作亦同时着重加以强调。3月14日,国务院致电各省,要求"所有保护德国侨民及其他应办事宜,著各该管官署查照现行国际公法惯例迅筹办法,颁布施行"。③

从法理上而言,既然中德并未立于战争状态,所有中德之间的现有条约、合同,除非有单独的说明,仍将行之有效,但由于在具体的举措上会影响到已有条约、合同,因此国务院才下令对于既有条约单独制定办法。出于外交上的考虑,3月15日,外交部就具体事务答复如下:(1)现在只是与德国断绝外交关系;(2)德国驻华使馆参赞、领事及公使馆领事馆官员均发给护照,护送归国,公使馆内允许酌留人员管守档案;(3)德国在华租界由

---

① 《预筹中德断交后各部应办事宜(收录总纲)》,1917年2月,《天津市历史博物馆馆藏北洋军阀史料》(黎元洪卷),第8册,第69—72页。
② 《农商部致各省区处置各厂矿德人办法电》,1917年3月14日,《天津市历史博物馆馆藏北洋军阀史料》(黎元洪卷),第8册,第201—206页。
③ 《国务院致冯国璋等关于宣布对德绝交及保护德侨应办事宜电》,1917年3月14日,《天津市历史博物馆馆藏北洋军阀史料》(黎元洪卷),第8册,第217—221页。

政府派警卫保管，勒令解除德国在华军队的武装；（4）在中国口岸的德国船只，由海军部派员看管；（5）雇用的德籍人员，分别情形酌留；（6）在华德籍个人及个人之商业，依各国通例待遇。① 交通部在致上海招商局电文中亦强调，中德之间只是断绝外交关系，并未宣战，不存在商业风险，政府对于商业自应加意维持，希望各股东保持镇静，安心营业。②

8月14日，北京政府宣布对德处于战争状态后，照会相关参战国，明确"所有中国与德奥两国订立之条约，无论关于何种事项者均一律废止"。因《辛丑条约》系多边条约，签约国尚包括协约国，特别申明《辛丑条约》废止的仅涉及德奥两国。北京政府对于海牙保和会条约及其他一切关于战时文明行动的条款仍表示将遵守不渝。③

三 巴黎和会及20世纪20年代民国北京政府时期准条约

（一）巴黎和会与准条约

1918年底，欧战结束。第二年初，巴黎和会召开，中国作为战胜国之一，由陆征祥为代表团团长，出席该次战后和会。为筹备出席巴黎和会，中国各界曾预先做了多方探讨，为在会议中应提出何种对策提出了一些方案。这些提案，大多涉及了中国既有的准条约。

参议院议员黄锡铨等提出的四项方案中，其提案之一是要求将《辛丑条约》未经交付之赔款全部取消。辛丑条约的借款主要是采取了抵押偿还的方式，并未签订借款类准条约，该条建议对现有准条约影响不会涉及的借款合同。该提案并未区分协约国中享有权益的国家，其一体取消的建议很难有实际意义。其提案之二是请政府预筹处置德奥两国在华财产。该提案建议应参照协约国处置敌国财产办法，处理奥德两国在华财产。提案将两国在华财产分为动产和不动产两大类别，此案专议动

---

① 参见《外交部为对德绝交处理有关事务之答复》，1917年3月15日，《天津市历史博物馆馆藏北洋军阀史料》（黎元洪卷），第8册，第242—244页。
② 参见《交通部致上海招商局关于中国现仅对德断交商业自应维持电》，1917年3月19日，《天津市历史博物馆馆藏北洋军阀史料》（黎元洪卷），第8册，第282页。
③ 参见《外交部关于中国参战致各国公使照会》，1917年8月14日，中国第二历史档案馆编：《中华民国史档案资料汇编》第三辑（外交），第393页。

产，仅限于包括赔款和借款两种，并列出了中国应交付德奥两国的各种赔款和借款。提案将德奥在华赔款和借款分为5类，计为：中国应交德奥之赔款2款；中国应付德国与他国共同契约之借款3款；中国应付德奥单独契约之借款11款；德国应赔没收中国之款；奥国应赔未交军舰军械之款4款。其提案之三是要求解除战争期间对日贷款的抵押，撤销一切抵押之债券，因此等抵押共计32项"或关地方主权，或关政治利权，有清款即能回复者，有永远不能回复者"，"希望借此表示解除亲善之障碍，巩固比邻长久之交情"。① 对德奥两国既有借款合同的取消，意味着对借款类准条约的废除。

一般国人所设想之中国应在和平会议所提条件，其主要者亦是取消外国在华的各种特权，既有条约权利，亦有准条约权利。卢春芳在上外交部函件中提出"凡一切条约或合同规定，以在中国之势力范围有特权或特别权利许予任何外国者，皆取消之"，"中国全国之铁路，凡关涉外人利益者，均须中国赎回自理"。②

会前，外交委员会所拟定的议案中包含广泛的修约要求，"凡中国政府与各国政府，或私人，所订条约、或合同，有许一国、或一国以上、或私人之特别利益，特别专享之权利，以及各种势力范围，而为他最惠国所不能享者，提议修改之"。③ 该议案包含了所有中国已有的条约、合同非仅限于德奥两国。

此次和会上，中国代表向大会提出了若干废除列强在华特权的希望条件说帖，向各国提出了全面修改不平等条约的要求。在若干修约要求中，有一部分其实是各国通过准条约获得的特权。在中国代表向大会提供的希望条件说帖绪言中，称"自二十世纪之初，中国于政治、行（政）、经济咸有可称。而自帝制改革、民国肇兴以来，进步尤为卓著"，由于诸多国际障碍的存在妨碍了中国的自由发展，诸障碍中"有本为昔日从权待变之办法，今事过境迁而因循未改者，亦有为近日不合法律公道之举动所迫成者"，这种状况若长此不变，必将损害公道、平等、尊敬主权等原则。④ 呼

---

① 《收国务院来咨》，1918年12月18日，中研院近代史研究所编《巴黎和会与山东问题》，第10—12页。
② 《收卢春芳函》，1919年1月17日，《巴黎和会与山东问题》，第26页。
③ 刘彦：《帝国主义压迫中国史》下卷，第167页。
④ 天津市历史博物馆编：《密笈录存》，第154页。

吁大会解决中国所提出的若干问题。说帖由七个方面组成：舍弃势力范围；撤退外国军队巡警；裁撤外国邮局及有线、无线电报机关；裁撤领事裁判权；归还租借地；归还租界；关税自由权。

巴黎和会召开时，在中国境内驻扎有外国军警，其驻扎地点既有租借地和租界，也有除租借地和租界以外的其他地区，中国政府对这些外国军警一直极为顾虑。就驻华军警的来源而言，有一类系由准条约合同所规定，典型的如东省铁路公司所附带的护路军警。依据1896年中国与华俄道胜银行所订合同，中国政府应设法保护东清路及其职员，俄国政府即据此特许东清铁路公司在铁路及其附属地界内维持法律秩序，并责成该公司派出巡警人员。东清铁路公司还为此制定专门的巡警章程。东省铁路公司依据俄国政府特许及巡警章程，常设护路队。东清铁路修建期间，俄国政府还派出军队到满洲，借口是保护铁路。义和团运动时，俄国又借口增派军队，占据了牛庄、奉天及东清铁路沿线据点。1902年4月8日，中国与俄国订立合同，俄国承允将于约定时间内将军队撤退，然而一直未予兑现。

日本所派驻之南满铁路护路军队其最终来源亦是上项合同。日俄战争后，俄国将旅顺至奉天铁路移交日本，虽然两国均要求对方将军队完全撤出满洲，但都保留了在铁路沿线的驻军权。两国约定，每公里路线内所派护路军队不超过15人，在此基数内，两国军官可协商所用最少人数。究其根源，铁路沿线的驻军仍系依据已有的合同。中国政府虽然于1905年12月同意日俄两国所协议之事项，即将南满地区所有租借权利、铁路特权及矿产权利移交日本，但并未特许军队护路事项。俄国十月革命后，东清铁路及哈尔滨、长春铁路沿线之俄国军队已经撤去，而日本并未撤去在南满和东安两路的卫队。

说帖的第三条"裁撤外国邮局及有线、无线电报机关"与本书所讨论的准条约存在直接的关系。说帖明白指出，外国在华邮局并非条约许可，"自一八六零以后，中国通商各口渐次增设外国邮局，然非条约所准，亦未经特别许可，仅为中国政府所容忍而已"。[1] 至于有线、无线电报，"中国境内不应设立外国有线、无线电报机关。凡此业已设立之机关，亟应由中国政府给价收回"。[2]

---

[1] 天津市历史博物馆编：《密笈录存》，第161页。
[2] 同上书，第162页。

中国在巴黎和会上的合理要求，并未得到满足。为了平衡在远东主要是有关在中国的利益，1921年11月，相关各国在美国召开了华盛顿会议，答应中国于会后召开关税及法权会议。在巴黎和会上中国曾要求的收回各国自办邮局及限制在华有无线电的要求，此次会议亦有所起色。各国承认撤销在中国境内之外国邮局，并对在华之无线电台加以限制。20年代的准条约就是在这种大的外交背景下产生的。

（二）华盛顿会议与准条约

巴黎和会上，中国所提各种希望条件说帖未能实现。在接下来的华盛顿会议上，中国代表团在原有提议的基础上，再次提出。这些要求与中国现有的准条约存在密切关系。国民外交联合会在其所提议的中国参加华盛顿会议提案中，列出了应提出的紧要案件，其中之一是"各国未经中国同意，不得关（对）于中国有所协定，凡类似此项性质之协定（及条约或契约），中国概不承认"。该提案的意义在于，中国政府将不承认地方政府或军阀势力与国外所订立之契约合同，尤其是借款合同。该提议应该是基于民初以来的借款乱象而提出的，目的在于杜绝地方政府擅自借债，而由中央偿还的情形。国民外交协会在紧要案件中还列出了铁路议题，建议收回各国在中国境内单独经营之铁路，其中特别提及南满铁路。除上述两项提议外，国民外交协会还提议要将日本在山东境内占据之土地、铁路、矿山及一切财产，无条件交还中国。①

1922年2月6日，九国会议通过了《九国间关于中国事件应适用各原则及政策之条约》，声明缔约各国应"切实设立并维持各国在中国全境之商务、实业机会均等之原则"。对于缔约各国人民订立任何协定，其目的应仅在于"指定区域内设立势力范围，或设有互相独享之机会者，均不得予以赞助"。关于铁路问题，中国政府特别约定，中国铁路不施行或许可任何待遇不公之区别，除中国自身外，其他国所获得的铁路管理权亦应担负同样之义务。②

华盛顿会议通过了若干围绕中国问题的议决案，这些议决案与业已存

---

① 参见《国民外交联合会对于华盛顿会议中国提案之意见》，1921年11月7日，中国第二历史档案馆编《中华民国史档案资料汇编》第三辑（外交），第456—457页。

② 《九国间关于中国事件应适用各原则及政策之条约》，中国第二历史档案馆编《中华民国史档案资料汇编》第三辑（外交），第460—462页。

在的准条约存在密切关系。在通过的《关于中国及有关中国之现有成约议决案》中，其中第一条规定要求相关国家将与中国所订或与他国所订关涉中国的种种条约、盟约、换文及其他各项国际协约，仍属有效者，应提交大会总秘书厅存案，以便参与该协定各国周知。而且，以后再订类似上述性质之条约或国际协约，应由相关国家政府于订约后60天内，通告签署决议案各国。第二条规定专指契约，要求参与议决案各国，应将与中国订立种种契约向外公开：中国以外各国，应从速将本国人民与中国政府或所属之任何行政机关或地方官所订之一切契约，其中有关于建筑铁路、采矿、林业、航业、河工、港工、开垦、电气、交通或其他公共工作、公共事务或售卖军械、军火之任何让与权、特许权、选择权或优先权，或者其中有意中国政府或所属机关之国家税收或官产作抵押者，应力求完备，开列清单送交会议总秘书厅。以后，再订立类似契约，应由有关国家政府于接到订约报告后60日内，通告签署议决案各国。

议决案亦提出了对中国政府的要求。中国政府对于上述性质之契约，应就所了解之情形，将政府或地方官与任何外国或任何外国人民，不论其是否为本协定之一方，已订或以后所订上述性质之条约、协约或契约，向有关国家进行通报。[①]

在现有成约议决案通过之前，华盛顿会议已经先期通过了铁路、电台等决议，此类涉及实业问题的决议，均与准条约存在关联。1922年2月1日，会议通过《关于统一中国铁路决议案并附中国声明书》。声明书记录各国对中国将来统一铁路的希望：中国铁路之发展应与存在之合法权利极相符合，并使之成为由中国政府统一管理之铁路制度，必要时，可以外国经济及专门技术辅助之。中国参加华盛顿会议代表团对此希望表示接受，"中国之意本欲从速得有如此结果，并欲按照能合于中国经济、工业、商务所需要之总计划"。[②]

关于在华无线电台的决议亦于同日获得通过。决议第一条规定了在华无线电台的运营范围：无论电台是依据辛丑条约建立，还是并无条约依据，凡事实上存在于外国使馆内的电台，只准收发官电，不得收发私人电

[①] 参见《关于中国及有关中国之现有成约议决案》，1922年2月1日，中国第二历史档案馆编《中华民国史档案资料汇编》第三辑（外交），第470—471页。
[②] 《关于统一中国铁路决议案并附中国声明书》，1922年2月1日，中国第二历史档案馆编《中华民国史档案资料汇编》第三辑（外交），第469—470页。

报、商电等，新闻事项电文亦包括在内。如果其他电信渠道受阻，经正式向中国交通部知照，并提供相应的证据，该无线电台可以暂时收发上项电报。决议第二条规定：外国政府或个人在中国境内设立的有条约根据的电台，其收发电的范围应以条约的规定为限；若是中国政府允准办理的电台，则其收发范围应以中国政府的规定条件为限。所有未得中国政府允准而私设的电台，不论是外国政府设立还是外国个人设立，待交通部能接收电台用于公益时，将全部由交通部予以接管，同时按照电台的价值予以一定的补偿。决议特别就租借地及南满铁路、上海租界区内的电台作出特别规定，不论电台发生任何问题，均视为中国政府与有关系政府间的事件。亦即，即使电台系依据准条约设立，在具体处理与电台有关的事项时，中国政府将直接与该电台所有人的国家进行交涉。中国代表亦在会上发表声明：中国政府不承认亦不让与任何外国或其人民在使馆界、居留地、租界、租借地、铁路地界或其他同样地界内，未经中国政府明白许可而有安设或办理无线电台之权。[①] 中东路相关的合同系中国订立的典型准条约，1922年2月4日，华盛顿会议与会各国通过了一项关于中东铁路的议决案，要求中国政府担任对中东路债券所有人及债权人承担履行义务的监管责任。此种义务"各国认为自建筑铁路合同及中国照该合同之行动而发生者，各国并认一种代管性质之义务系从中国政府施行其权力于该铁路之执掌及行政而发生者"。[②]

华盛顿会议后，民国北京政府与相关各国开始进行修约交涉。首先是与日本签订《山东悬案细目协定》，收回胶澳租借地，并将第一次世界大战以来因日本侵占山东而发生的问题予以解决。中日双方协定，日本须于1922年12月10日正午将胶州租借地移交中国，一切行政权移交完毕后，"凡行政上一切权力及责任，均归中国政府"，但是又特别规定"但照各种约章成案应属日本领事馆者，不在此限"。因此，这种行政移交，并不影响中日之间既有的准条约文件，所影响的是12月10日以后将在山东境内将要签署的准条约。关于邮电项目，日本将青岛与佐世保间的海底电信的一半无偿交与中国；独占期满后，依照华盛顿会议决议，中国将取消所有

[①] 参见《关于在中国无线电台议决案并附声明书》，中国第二历史档案馆编《中华民国史档案资料汇编》第三编（外交），第471—472页。

[②] 《除中国外各国赞同关于中东铁路之议决案》，中国第二历史档案馆编《中华民国史档案资料汇编》第三编（外交），第474页。

外国公司电信之特许权,不再许与任何政府或公司及个人包办独占权;中国在接受青岛及济南的无线电台后,将设立相应的电局拍发一般公众电报。关于开矿事宜,由中日两国资本团选出创立委员,办理开设公司事宜。所设立公司须由中国政府颁发特许状,日本应在公司成立时将淄川、坊子及金岭镇各矿山及附属财产移交该公司。①

12月5日,中日双方订立胶济铁路接收细目协定。依据华盛顿会议所议决事项,成立铁路联合委员会,中方委员由督办鲁案善后事宜王正廷、交通次长劳之常、交通部参事陆梦熊、交通部技监颜德庆组成;日方委员由特命全权公使小幡酉吉、青岛守备军民政长官秋山雅之介、铁道技师大村卓一组成。日本政府在1923年1月1日正午前,将胶济铁路及其支线并一切附属财产移交中国。中国政府"允偿还日本政府铁路财产价值金4000万元",以国库券的形式付与日本政府,该项国库券票面总额为4000万日元,称为胶济铁路国库券。中德之间胶济铁路合同至此完结。②

(三)"凡尔赛—华盛顿体系"建立前后新订立的准条约

在巴黎和会召开的1919年,中国签订准条约的趋势并未停止,而是继续在铁路、电信及财政类上有所进展。铁路准条约中的第一个,是1919年3月民国交通部与英国福公司关于购买火车的借款,与此前的建筑铁路类相比,其影响已经很小。与此类同的还有1919年5月3日的《关于陇海铁路发行第二次七厘国库券来往函》,属于垫款性质的来往函件。这一年主要的铁路类准条约是与日本满铁订立的《四洮铁路借款合同》。中国政府准许满铁发行4500万日元的五厘利息债券,建设四郑至郑家屯干线,由郑家屯起至白音太来为止之支线。债票本利,"政府确保全还。若本铁路进项,及或本债票进款不敷付还本利之数,由政府设法以别项款项补足,按期十四日前交付会社"。③ 在附件中,以来往函的形式将原正金银行的权利转给满铁,通过原合同第二十三条,横滨正金银行将业务转与满铁

---

① 参见《外交部存"山东悬案细目协定"》,1922年11—12月,中国第二历史档案馆编《中华民国史档案资料汇编》第三编(外交),第179—185页。
② 《山东悬案铁路细目协定》,1922年12月5日,中国第二历史档案馆编《中华民国史档案资料汇编》第三编(外交),第195—197页。
③ 王铁崖编:《中外旧约章汇编》第3册,第3页。

接办,"中国政府付还四郑铁路五厘利息公债之本利及付还本利时之经理用费,亦由敝社代领"。①

无线电业务在中国此时已经有相当发展,大多为各国在华私自设立,中国原本希望在巴黎和会上取消各国在华私自设立的无线电报机关,但未能实现。中国在巴黎和会上的提议,说明对无线电等国家主权的维护意识已经很强。在巴黎和会前,各国已经开始在华争夺无线电报的建设权。此时中国并无统一的机关主持无线电建设,列强在华争夺无线电权,分别向相关军政当局寻求合作。1918 年 2 月,海军部与日本三井洋行订立无线电台合同,允许三井洋行建立无线电台及收发机械,以便与日本、欧美通报。8 月,中华民国政府陆军部与英国马可尼公司订立《马可尼无线电话借款合同》。海军部与日本订立无线电合同,陆军部则与英国订立合同,日、英双方责难中国政府有违条约。海军部与日本的电信合同引起英国的不满。英国公使朱尔典得知三井合约附件许给日本以电信垄断权后,向海军部提出抗议。中国政府则辩称,马可尼公司合约为国内无线电建设,三井洋行合同则为对国外联络用,双方利益各不相犯。② 海军部表示马可尼公司合同 1919 年订立的无线电合同属于中国政府与马可尼公司订立,该合同只是具体的器材购买协议,与主权无干。

在航空事业方面,民国政府向英国费克斯公司订购 100 架维梅式商用飞机,以发行 1803200 镑债券为作抵,发行国库券的名称为"中华民国八厘十年英镑国库券"。③ 1920 年,民国政府曾第二次向菲克斯公司借款,购置飞机相关器材。这些购买具体飞机的协议,具有准条约的特性,主要因其是通过发行债券募集资金,双方的权利与义务并非一次性终结而完成。

美国于 1919 年向中国提供了两笔为数达 1100 万美元的贷款,用途非为实业建设。美国于 10 月向中国提供了 550 万美元的借款,并通过 1919 年 10 月 11 日的《大陆商业托辣斯银行借款合同》予以确立。出借方为美国芝加哥大陆商业托辣斯银行。合同规定"此项 550 万元借款及

---

① 王铁崖编:《中外旧约章汇编》第 3 册,第 11 页。
② 参见《政府与英国马可尼公司合办无线电信事准陆军部函复各节照复查照由》,1921 年 1 月 8 日,国家图书馆藏《民国孤本外交档案》第 22 册,全国图书馆文献缩微复制中心 2003 年版,第 8397 页。
③ 王铁崖编:《中外旧约章汇编》第 3 册,第 21 页。

国库券系中国政府直接担任之债务，应照条款所规定，按期将本借款及利息全部如数清还"，"中国政府概应履践，以昭信义"。① 同日中国政府又与银行订立《大陆商业托辣斯银行借款附合同》，就原合同的抵押品问题另行规定，将原定的烟究公卖费改为河南、安徽、福建、陕西四省之货物税为直接抵押。② 11月，民国政府再次向美国太平洋拓业公司借款550万美元，用于补发军费及清还到期债务，合同载明"此项五百五十万元借款及国库券系中国政府直接担任之债务"。③

1919年，因巴黎和会而引发的五四运动是影响中国近代的重大事件，其对以后中国政治的走向产生了深远影响，但其在准条约的发展趋势上目前依然看不到明显的影响。清末以来的准条约弱化趋势并未改变。20世纪20年代的中国并未在准条约方面谱写出更多的特色，这反而说明近代外交的专业化及中国近代化程度的提高。

华盛顿会议后，列强在华势力与其本身实力相对应，美、日成为主要的竞争角色。准条约的订立数量亦从一个方面说明了这种状况。

1. 日本

1920年2月10日，交通部与日本东亚株式会社订立《扩充及改良有线电报工程费垫款合同》，以年利九厘的利息向日本借款1500万日元，扩充、改良现有之电报线路。垫款期限"由交款之日起满十三年为止，最初三年内只付利息不偿本，自第四年起本利匀分十年摊还"。附件中约定，除聘用日本顾问外，再聘用日方推荐之技师一人。④ 该合同拉开了20世纪20年代的准条约订立的序幕。

在20世纪20年代的日本准条约中，有一个特殊的个例，虽然合同本身并无特殊之处，但其在准条约的判定上有借鉴意义。1920年12月1日，财政部以准条约的形式继承原陕西省对日借款。1918年6月30日，陕西省曾向日本东亚公司借款300万日元，订购制造铜元的机器。此时财政部与东亚公司订立《财政部与日本东亚兴业株式会社缔结合同》，就具体接收权利事宜进行规定。"陕西订购之铜元机器及炼铜材料，均由东亚公司交于财政部接收，一切手续，按照关于购买机器之原合同办理"。该合同

---

① 王铁崖编：《中外旧约章汇编》第3册，第26页。
② 参见王铁崖编《中外旧约章汇编》第3册，第31页。
③ 同上书，第40页。
④ 同上书，第54—56页。

成立后，原合同立即取消。① 该合同说明一个现象，即相较于国家出面订立的合同，省政府订立的合同具有完全不同的意义，尤其是在涉及对外合同时。省政府订立的合同，国家并无当然继承的义务，正是出于这个方面的考虑，本书在处理地方政府订立的合同时，如果合同没有特殊的说明，一般不将其列为准条约类别。

铁路类准条约是日本在20世纪20年代对华订立的准条约的主要部分。1920年3月9日，满铁与民国政府订立《四洮铁路日金一千万元短期借款凭函》，对于原协议改变办法，暂不发行公债，而采取借款办法处理。500万日元用于归还1919年的垫款，另外500万日元用于铁路。期限为大正十年五月三十一日为止，"期限既满后，如尚不能发行贵国政府公债，本借款应为借换办法，另订合同，但其期限、利率及折扣应依当时情形另行协定之"。② 1921年5月13日，双方订立《四洮铁路日金一千二百五十万元短期借款凭函》，抵偿1920年合同所订款项。

借债还债成为部分铁路的维持办法，因此相关借款准条约每隔一定时期就要重新签订，虽无新的铁路修建，但借款的数目逐年增加。1922年5月31日，短期借款再次到期，双方订立《四洮铁路日金一千三百七十万元短期借款凭函》，借款数额增至1370万日元。③ 1923年5月31日订立《四洮铁路日金一千八百二十万元短期借款凭函》，1924年5月31日订立《四洮铁路日金二千八百四十万元短期借款凭函》，1925年5月31日订立《四洮铁路日金三千二百万元短期借款凭函》。

满铁在经营四洮铁路的同时，还与交通部签订有多个借款类准条约。其中吉敦铁路合同属于数额和影响较大的准条约。1925年满铁与中国交通部订立《吉敦铁路承造合同》，由满铁建造吉林至敦化铁路，"合同之承造工程及设备金额，作为日金一千八百万元，设用途有增减时，得由双方商订"。局长由民国交通部委派，由局长在满铁内部选日人一名为总工程司，日人一名为总会计。④ 1927年5月30日，该路增加工程费600万日元，并订立《吉敦铁路承造合同增加工程费日金六百万元凭函》。

---

① 参见王铁崖编《中外旧约章汇编》第3册，第136页。
② 王铁崖编：《中外旧约章汇编》第3册，第60页。
③ 同上书，第234页。
④ 同上书，第574页。

2. 美国

1920年2月26日，交通部与美国裕中公司订立《株钦裕中公司美金十五万元续垫款函约》，借款15万美元，年利7厘，用以测量株钦铁路。① 4月7日订立《办理运河初步测量续借美金十万元合同》，驻美代办容揆代表政府向美国广益公司借款10万美元，年利8厘，九九折扣。② 这种小规模的借款合同，对20世纪20年代的准条约影响不大，不构成主流。

此时中国无线电台的建设仍以准条约形式的出现。在此阶段，美国公司成为主要力量。1921年1月8日，中国政府与美国合众电信公司订立《无线电台协定》。民国政府拟于上海或附近建造无线电台。资金筹集通过发行美金债券施行，由交通部向公司发行2308750美元债券，年利8厘，半年付息1次。相比于第一批准条约有关有线电报的合同，此合同将电台的管理权委诸中美双方，"各电台全部之管理与各项事务等，中、美各派一督办及总工程师一人任之。业务之管理须向中国交通部及北京美使馆呈报"。要求总工程师必须是美籍，由公司任命。③ 有研究指出，该合同涉及美国企业对中国市场的投资及中美双方政府的关系，对美国而言，它关系到美国门户开放政策的在华落实情形。正如大东、大北公司具有极强的政府支持一样，美国合众电信公司亦非一般的电信企业。欧战时期，美国合众电信公司电信器材为海军部征用，其与政府关系可见一斑。④

"1915年4月美国国务卿蓝辛已要求驻华公使瑞恩施探询与中国建立无线电报网络的可能，瑞恩施随即秘密拜访邮传司司长周万鹏、交通部长梁士诒"，由此可见，美国在华设立无线电的交涉早已开始。⑤ 由于英国马可尼公司在美国合众公司之前已经先期订立了电信合同，即1918年8月的《马可尼无线电话借款合同》。由于合同中有排他性的条款，因此美国、日本等随后提出了抗议。美国援引1844年中美望厦条约第15款的内容，

---

① 王铁崖编：《中外旧约章汇编》第3册，第58页。
② 参见王铁崖编《中外旧约章汇编》第3册，第62页。
③ 同上书，第148页。
④ 参见吴翎君《民初中美合办无线电合同之交涉》，金光耀、王建朗主编《北洋时期的中国外交》，第461页。
⑤ 吴翎君：《民初中美合办无线电合同之交涉》，金光耀、王建朗主编《北洋时期的中国外交》，第464页。

认为马可尼合同有限制贸易自由之意,对马克尼合同提出反对。① 其后,美国又数次致函外交部,反对马可尼公司的垄断。1920年11月,合众电信公司任命商务代表莫尔思与中国电报局商谈,为签订中美电信合同先期准备。时任驻华公使柯兰(Crane)要求美国政府支持电信公司,"即便美国强有力的理由要求缔结无线电合同,但若无美国政府充分支持,并反对英国和日本,此一合同将无法发挥效力"。②

中美电信合同签订后,英、日等国向中国表示了不满,因其牵涉到了两国在此之前订立的电信合同。

但随后的债券筹集工作很不顺利,1921年9月19日,双方订立《无线电台修正协定》,就债券抵押、发行等问题重新协议。"双方同意,中国政府发行之债券票面价值定为美金六百五十万元","利息年定八厘,每半年付息一次"。③ 1923年2月,双方又订立《无线电台附加协定》,明确要求"中国政府应允许合众电信公司驻华机关得不受交通部之支配、主持安设电线,俾于全期间内有直接管理电台之便利"。④

1928年民国政府与美国无线电合组公司订立两个合同,购买机器及规定具体报务。

3. 英国

在美、日两国的激烈竞争下,英国福公司于1920年12月仍取得了清孟支路的借款合同,准予其修建自清化镇至河南省内黄河北岸之孟县支路,所经地方均在河南省内。总里程并不算长,大约65公里。合同并未确定借款的具体金额,只是指出应需35万镑,最后的数字要等测量完毕后才能清楚。"设使用款必须超过估计之数,其超过之数仍由福公司按本合同所定条款筹备,反而言之,倘借款用有剩余,则借款额亦即如数照减。"⑤ 1921年4月22日,交通总长张志潭与中英公司订立《京奉唐榆双轨借款中英公司函约》,将京奉路唐山至山海关段改为双轨路线。为此,中英公司借给交通部英金50万镑,天津通用银圆200万元。年息8厘,每

---

① 吴翎君:《民初中美合办无线电合同之交涉》,金光耀、王建朗主编《北洋时期的中国外交》,第466页。
② The Minister in China to the Acting Secretary of State, Dec. 8, 1920, FRUS, 1921, Vol. 1, p. 405,转引自吴翎君《民初中美合办无线电合同之交涉》,《北洋时期的中国外交》,第468页。
③ 王铁崖编:《中外旧约章汇编》第3册,第186—187页。
④ 同上书,第373页。
⑤ 同上书,第139页。

半年付一次。①

陇海铁路相关准条约。1920年5月1日，民国政府与比、荷订立《陇海比荷借款合同》，照1912年《陇秦豫海铁路借款合同》所订原议，修造铁路。铁路限于海口工程及由海口至陕州之一段铁路，或至陕州附近三门上游临河地方，作为西路暂时终点。黄河以西之路，不在本合同范围之内。借款分别向比利时和荷兰筹集，以发行公债的方式进行。其中比利时担负"发售票面一万五千万法郎之债票"，"至少以半数备供西路由观音堂至黄河工程及在此工程期内还借款利息之用"。荷兰担负"三期发售票面五千万荷币之债票，至少以半数供应海口工程及由徐至海路工之用"。②1922年6月20日，因陇海路息票到期及清偿所订材料价款，比利时公司垫借2500万法郎，为期6个月，年利1分。双方订立《陇秦豫海铁路垫款凭函》，并允许公司发行第三批国库券5000万法郎。③然至1924年，双方认识到陇海铁路建设困难仍大，意欲修改1912年所定原合同，于是以附件的形式对原合同予以修订。"今因确知履行1912年合同所订借款条件之困难，并知所有短期借款不敷完成筑路及设备行车之用，一方面亟愿接续展筑陕州以西之路工，不欲稍有间断，用特再与比国公司商定一九一二借款合同之附件如左"，允许公司分两期发行中国政府债券，一是用于在欧洲购买材料的7500万法郎，一是用于建筑工程的1000万华币。④1924年11月27日，再次订立《陇秦豫海铁路借款合同续订附件之附加条款》，将归还方式改为"自第六年起按照票面逐年还本十分之一"。⑤1925年2月18日，双方订立《陇海铁路一九二五年八厘借款债票议定书》，其起因是，1925年2月7日大总统命令公布1925年8厘借款，于是外交部正式通知驻北京法、比使馆，由比公司承受发行债票。"该借款用途，系抵换一九一九年七厘债票，因一九一九年七厘债票至一九二五年一月一日已过期也。"⑥同日，又以《陇海铁路换回一九一九年七厘债票通知书》加以具体规定。陇海铁路在1920年代的铁路类准条约中占有相当比重。

---

① 王铁崖编：《中外旧约章汇编》第3册，第163页。
② 同上书，第70页。
③ 同上书，第241页。
④ 同上书，第458页。
⑤ 同上书，第472页。
⑥ 同上书，第482页。

（四）修约运动对准条约的影响及对旧俄条约权益的清理

通过对德奥宣战，中国已经废除了与两国的既有条约，其中所涉及的准条约亦在废除之列。凡尔赛—华盛顿体系确立后，因国际关系的变动，中国的准条约亦随之发生了相关变动，既有一批新订立的准条约，也有一些或因而废除，或得到修订。

1925年6月24日，北京政府照会华盛顿会议与会各国，称旧有条约"在当时之意，特以应一时特殊时势之需要，不料继续有效以至于今"，造成"彼此均有不便不利之处"，因此"自近年以来，中国舆情及外国识者，佥谓为对于中国公道计，为关系各方利益计，亟宜将中外条约重加修正，俾适合于中国现状暨国际公理平允之原则"，正式提出修约要求。①

美国国务院远东司司长在与中国公使讨论修约照会时，表示美国愿意敦促有关国家加紧召开关税会议以及派遣法权委员会，但更为重大的全面修约将面临多种困难。②英国的回复亦相当消极，"在秩序完全恢复以及中国政府证明他们决心平息排外煽动并厉行尊重外国人生命财产安全之前，各国不准备讨论某些改革，更不用说重新考量他们与中国的条约关系"。③日本驻华公使芳泽则直接拒绝了中国的提议，"日政府对此将取若何态度，亦无从悬揣。鄙意以为此时议此，殊不得其时。且在京使团，现亦无此意志"。④经过两个月的商讨，列强内部终于协调了回复中国照会的内容。9月4日，公使团照会外交部，表示相关国家政府愿意考虑中国政府修改现有条约之提议，但"视中国当局表证愿意且能履行其义务（即对于现时保障条约特别规定之各外人权利而实行保护）之程度为标准"。⑤拖延日久的关税特别会议和法权调查会议先后召开。

---

① 《外交部致公使团》，1925年6月24日，王建朗主编《中华民国时期外交文献汇编（1911—1949）》第3卷（中），第511页。
② 参见《约翰逊所作备忘录》，王建朗主编《中华民国时期外交文献汇编（1911—1949）》第3卷（中），第513页。
③ 《奇尔顿致国务卿》，1925年7月3日，王建朗主编《中华民国时期外交文献汇编（1911—1949）》第3卷（中），第514页。
④ 《芳泽日使谓：使团现无办理修约意志》，1925年7月3日，王建朗主编《中华民国时期外交文献汇编（1911—1949）》第3卷（中），第515页。
⑤ 《公使团致外交部》，1925年9月4日，王建朗主编《中华民国时期外交文献汇编（1911—1949）》第3卷（中），第529页。

关税特别会议委员会所拟定的《关税自主办法大纲》共九条内容，其中有关规定对现有的准条约将产生相应影响："现行条约中有涉及内国税者，如出产、销场、出厂等税条文，应即声明废除，嗣后内国税法，概由中国政府自行订定"，"出口税应酌量出口货物之种类、品质及产销情形，照现行税率，分别增减，或全免，概由中国政府自定税则"。① 甲午战后，在签订的矿务类准条约中，有相当多的涉及出口纳税的事项，如该大纲得以施行，这些本属内国性质的税则必将随之改变。

十月革命后，沙皇政府被推翻，苏俄政府建立。新成立的苏俄政府在1919年7月25日发布第一次对华宣言，成为其对华政策的纲领性文件。加拉罕在致陆征祥的函件中表示：今日特致书于中国人民，望其明了广义政府曾宣明放弃从前俄皇政府向中国夺取之一切侵略品，如满洲及他种地方是也；广义政府愿将中国东部铁路及租让之一切矿产、森林、金产及他种产业，由沙皇政府与克伦斯基政府及霍尔瓦特、谢米诺夫、高尔恰克等贼徒与从前俄军官、商人及资本家等侵占得来者，一概无条件归还中国。② 该宣言无疑已经将所有的中俄之间准条约的特权部分予以放弃。宣言之目的，在于敦促中国与苏俄建立外交关系，以打破其被协约列强孤立的国际处境。

外交部在分析苏俄对华宣言后指出，该宣言只有放弃中东铁路及一切特权产业部分具有实际意义，其他各项或者难以付诸实施，或者为协约各国反对。③ 北京政府对于苏俄此举反应并不积极。1920年9月27日，苏俄政府发表第二次对华宣言，提出缔结中苏友好协定的八项要点，并派遣优林来华。优林在致北京政府外交部的正式宣言中明确提出：中俄两国应从速解决中东铁路问题，北京政府应拒绝与华俄道胜银行谈判。随后，又派遣越飞来华。

1922年12月，苏联成立。1923年7月，苏联再次派出以加拉罕为首的代表团访华，寻求解决中俄之间系列历史遗留问题，并缔结中俄协定。

---

① 《关税自主办法大纲》，1925年10月24日，王建朗主编《中华民国时期外交文献汇编（1911—1949）》第3卷（中），第539页。
② 参见《加拉罕致陆征祥》，1919年7月25日，王建朗主编《中华民国时期外交文献汇编（1911—1949）》第3卷（上），第3—5页。
③ 参见《外交部致顾维钧》，1920年4月7日，王建朗主编《中华民国时期外交文献汇编（1911—1949）》第3卷（上），第8页。

加拉罕在其声明书中称中国人为"最亲爱之同盟者","中俄两国宜协力一致,共登世界大舞台上"。声明再次提及中东铁路,并明确表示"该路问题,当由中俄两国解决,不许他国置喙"。① 在向中国新闻界发表声明时强调苏联对华政策是一致的,1919 年及 1920 年的两次宣言仍是苏联对华关系的基本原则,但中国政府并未给予两次宣言以积极反应,而且批评中国政府在外国怂恿下所采取的不友好行动。在此次声明中,加拉罕特别表明,苏俄不会放弃自身的在华利益,苏俄的在华利益并未侵犯中国主权,中国必须承认这些俄国在华的利益。② 这次声明,已经将所谓的"在华利益"列为必须坚持得到的部分,实际上就包含了与准条约相关的路矿等合同,主要是指中东铁路。

苏俄前两次宣言都承应允将中东路无条件交还中国,而此次竟要求中国以钱赎回,而且赎回条件等需等到中苏签订大纲协定之后。王正廷在与加拉罕会谈时向其指出,中国可以以金钱赎回该路,但不应拖延至签订大纲协定之后,而应即时解决。③

通过 1924 年 5 月 31 日的《中俄解决悬案大纲协定》第九条,中东铁路问题获得解决。中苏两国声明中东路系商业性质,除该路自身运营事务外,所有关于中国国家及地方主权之事项均归中国政府办理。该规定将附属于中东路的护路权、警察权、税收权等一并予以废除。苏联政府允诺中国政府以中国资本赎回中东路及该路所有财产,并允诺当路收回后将该路一切股票、债票移归中国。但是该协定确立了中苏共管中东铁路的体制,为以后的摩擦埋下了隐患。

同时两国政府声明:关于大纲协定第四条,双方了解中国政府对于俄国自苏俄政府以来,凡与第三者所订定之一切条约、协定等,其有妨碍中国主权及利益者,无论将来或现在均不承认有效。④

---

① 《加拉罕声明书》,1923 年 8 月 16 日,王建朗主编《中华民国时期外交文献汇编(1911—1949)》第 3 卷(上),第 103 页。
② 参见《加拉罕对报界的声明》,1923 年 9 月 4 日,王建朗主编《中华民国时期外交文献汇编(1911—1949)》第 3 卷(上),第 106 页。
③ 参见《王正廷与加拉罕谈话节略》,1923 年 9 月 3 日至 11 月 30 日,王建朗主编《中华民国时期外交文献汇编(1911—1949)》第 3 卷(上),第 117 页。
④ 参见《中俄解决悬案大纲协定》,1924 年 5 月 31 日,王建朗主编《中华民国时期外交文献汇编(1911—1949)》第 3 卷(上),第 140—145 页。

四　国民外交运动的发展

　　此时国民外交运动广泛兴起。从五四运动后的商人外交到华盛顿会议期间的国民外交，民众对中国外交问题的关心，从来没有如此热情。如果追溯到拒俄运动以来的国民外交，细致梳理该概念下的历史脉络，得出的结论足以令人深思。清末十年间的国民外交运动，大体上与拒俄运动、抵制美货运动等存在直接的关联，是在政府应对外交事件无方的情形下，民间力量的集体伸张，虽然有对内的不满，但对外的宗旨和目标是不变的。五四运动前后商人外交与国民外交并存，商人外交固然有很多足资借鉴的例证，说明这一群体对外交的影响及参与，但如果将参与运动的主体范围扩大，扩占至国民层面，考察国民所参与的外交运动，则可发现，原本对外的国民外交，已经有了对内的转向。① 曹汝霖、章宗祥、陆宗舆的罢免是这种转向的直接表现。此种转变的背后，是什么样的一种力量在起作用，该种力量竟能将本来对外御侮的矛头转变为对内变革的利剑？是否与研究者所设想的那般状况一致？

　　梁启超曾论及五四时期的国民运动，并在运动之前特意增加了"外交"二字，命题为"五四之外交的国民运动"。五四运动的"热烈性"和"普遍性"的确是"国民运动"的标本。这次运动从表面来看"性质完全是属于外交的"，并提出了"五四外交运动"的概念法。② 分析国际上其他各国的国民外交运动时，梁认为：别国的国民外交运动大率是政府先定有强硬的对外方针，国民起来做声援，运动是对外示威；而北京政府的国民外交运动完全不同，政府和国民分为两橛，这种外交运动也许全无效果，纵有也不能和别国的运动效果相比，运动的结果往往以对内反对北洋政府而结束。③ 五四运动可以总结为三种效果，一是把中日关系问题摆上了国际舞台，而不再是中日间单独交涉的问题；二是让日本人感到"中国民气和世界舆论可怕"，不得不稍加让步；三是运动"引起多数青年的自觉心，因此全国思想界忽呈活气"，这是最重要的效果。④ 论者对此种现象多以北京政府的

---

① 参见印少云《民初国民外交运动的对内转向分析》，《江汉论坛》2006 年第 11 期。
② 梁启超：《外交欤内政欤》，《饮冰室合集·文集之三十七》，中华书局 1989 年版，第 51 页。
③ 同上。
④ 同上。

腐败无能以及丧权为解说，北京政府的腐败以及对外丧权当然是重要原因之一，但除此之外必然还存在其他原因。有研究认为，以国民党为主的反对党的竞争以及其他重要社会群体的推动，将反帝反封建紧密结合起来，"打倒列强除军阀"的口号提出，发挥了无与伦比的社会动员力量，推动了国民外交运动的对内转向。① 梁启超认为五四运动"与其说是纯外交的"，"不如说是半内政的"，因为他进行的路向"含督责政府的意味很多"，这种趋势应该使运动有扩大的可能性，"应该跟着就把方向移到内政方面"，但是事情并未朝着这个方向发展。②

对大多数研究者而言，如果不是无意地忽略，至少是没能注意到国民运动的这种复合性质，而没有充分理解梁启超早就已经注意到了的现象。目前的研究似乎将国民运动与国民外交运动合二为一了，因而提出了国民外交的对内转向的议题。在考证国民外交概念的来源时，有研究认为，国民外交对应的西方概念是外交民主化，而非"national diplomacy"，中国知识分子使用这两个译词可能是受到贺长雄、信夫淳平的影响，将本意为国家外交的概念，译为国民外交。这些概念与今天的国民外交是不同的。③ 梁启超曾经用"外交的国民运动"和"内政的国民运动"来加以区分，并提出究竟当时的国民运动应该拿什么作主题的疑问。④ 对于国民外交运动的复杂表现形式，最新的研究将其推进到了新的高度。在论及华盛顿会议期间的国民外交运动时，论者认为这首先是一场复杂的民族运动，北京政府、广州政府、在野派系和精英团体都参与其中，全国国民外交大会竟然沦为政争的工具。这场运动不仅是南北之争的结果，也是北方派系斗争的产物，所争者既有"新旧之争"，亦有利益之争。南北双方的民族主义立场没有本质差异，但在政权问题上，彼此都想统一对方，因而在政治竞争中有意识地运用民族主义。⑤

---

① 参见印少云《民初国民外交运动的对内转向分析》，《江汉论坛》2006年第11期。
② 梁启超：《外交欤内政欤》，《饮冰室合集·文集之三十七》，中华书局1989年版，第51页。
③ 参见周斌《清末民初"国民外交"一词的形成及其含义述论》，《安徽史学》2008年第5期。
④ 参见梁启超《外交欤内政欤》，《饮冰室合集·文集之三十七》，中华书局1989年版，第51—57页。
⑤ 参见马建标《民族主义旗号下的对方政争：华盛顿会议期间的国民外交运动》，《历史研究》2012年第5期。

笔者的疑问，不在于将国民外交运动上升到民族主义运动是否合适，而在于如果国民外交运动的主要性质和表现形式已经成为政争的工具，那么是否还有必要保留外交的外衣。退一步而言，即使将这场运动称为国民运动，如果将我们的分析与梁启超所定义的国民运动相比较，二者之间仍然有很大的区别。自清末以来的国民外交显然已经远离其宗旨，而成了国内的政治斗争。由于参与双方都远非一般国民而言，因此将该运动称为国民运动都显得牵强了。但是无论如何，外交事件是这类运动的导火索和直接起因。梁启超说得明白："外交问题较简单，容易把多数人的感情烧起来，内政问题较复杂，要转几个弯才能了解，多数人看得不痛切，不着急。"①

梁希望今后的国民运动应该从外交转向内政，因为"内政上局面不转变，争外交绝无结果，外交主张是要政府去办的"。事实上，华盛顿会议期间的国民外交运动已经内转，但这种内转是否符合梁启超所称的内政的国民运动，还需要思考。论者认为，在华盛顿会议期间，国民外交大会相关的运动已经具有了政争的性质，但可惜的是这种政争并不是针对内政的改善，而是派系之争。果如分析，这里的派系政争是梁启超所希望的"内政的国民运动"吗？为了达成这种转变，梁启超一一列举内政的国民运动所需要的条件：要积极的不要消极的；要对事的不要对人的；要公开的不要秘密的；要在内地不在租界；问题要大要普遍；问题要简单明了；要分段落；运动主体要多方面；不要问目前的成败。就这10个条件而言，或许关于参与者的身份最具争议。现有研究认为，华盛顿会议期间国民外交运动的参与和组织者是政商学军各界的精英人士，劳工大众难觅身影。这里显然不是全民运动，如果是国民运动，那亦属精英运动的一种。此次运动的对内可以分为两个大的方向，一是北京政府内部的权力斗争，二是广州知府与北京政府的统治地位之争。这两个方向与梁启超希望的显然有差距。

围绕"国民外交"展开的活动，并不一定是国民外交运动，只能说是与国民外交有关的运动。依照我们前文的叙述，国民外交运动，到底还是一项针对外交的运动。虽然梁启超希望将其转变为内政的国民运动，但亦绝非对统治权的争夺，而是以内政促外交，当时的运动与该项愿望似乎仍有相当距离。"全国国民外交大会"所有的运作过程不能理所当然认为是国民外交运动，道理其实很显然：为筹备大会所作的政治运作与成立后的

---

① 梁启超：《外交欤内政欤》，《饮冰室合集·文集之三十七》，中华书局1989年版，第52页。

对外交往是两个不同层次的问题。如果仔细考察华盛顿会议前全国国民外交大会的成立过程,不难发现,大部分的政争和派系之争其实是对国民外交大会成立主导权之争,而非国民外交大会的对外交往之争。明了此点,对于认识纷繁复杂的国民外交运动有很大的帮助。华盛顿会议于1921年11月11日举行,同日全国国民外交大会在上海四川路青年会召开成立大会,在此之前虽然已经有了北京各团体国民外交联合会的成立,但各派系、各政治力量之间围绕此进行的是全国国民外交大会的筹备工作,而非外交工作,主要的矛盾也是围绕筹备过程中的主导权之争、人数之争。因此笔者以为,将华盛顿会议期间的国民外交运动分为三个层面是比较合适的:其一可以称为"国民外交的成立运动";其二称为"内政的国民运动";其三是国民外交运动。

1921年10月,为了增强对国民外交运动的领导,"旧交通系"开始对入会团体资格进行审查。10月11日,北京各团体国民外交联合会在中央公园召开第四次代表大会,根据李景龢的提议,成立了"资格审查委员会"。① 随着华盛顿会议举行日期的临近,中国社会内部加紧进行国民外交大会的筹备工作。10月下旬,北京推出以郑洪年及陈懋鼎、王毅等十余人为代表,赴沪接洽组织全国国民外交大会事宜。这些南下的北京代表中,既有旧交通系成员,也有安福系成员,显然以在野派系为主。②

如果梳理华盛顿会议前中国的外交准备,可以发现,北京政府有意征求民意,显然是要为政府的外交主张寻求支持。1921年7月10日,美国总统哈定宣告,将于美国举行有关远东及太平洋区域的相关国家会议。会议消息传来,中国国内舆论高度关注,政府和民间都认为此会议与中国命运具有极大关系。8月10日,身在美国的罗家伦以《东方杂志》特邀通信员的身份在该刊第15号发文,强调会议的重要性及中国应采取的应对方略。罗家伦认为选派代表最为重要,"因国家之命运大半托于代表之手,代表有力,当可为中国打开一条血路,谋将来之生存;代表而不能得力,则无异囚犯正法,弄几个亲人去祭杀场"。文章明白指出,北京政府不能代表全国,"美国华侨之激昂,若由北京专派代表,则不但无活动之余地,而且必定到出丑为止";广东政府未得各国承认,自然不能代表中国;除

---

① 《国民外交联合会之第四次会议》,《晨报》1921年10月13日第3版。
② 参见《各团体选出之国民外交大会代表》,《晨报》1921年10月20日第2版。

南北共派代表外，最好全国国民团体从速组织一"全国国民之大联合"，宣告国民的统一及其一致之主张。① 1921年8月初，北京政府宣布，中国将出席华盛顿会议，并向社会征求民意。② 罗家伦的提议与此后中国国民外交运动的基本方向是大致一致的，各地开始统和相关的团体，或者重新组织，或者成立新的团体，一时之间，各种势力纷纷出现。在北京，由政界人士发起的团体，大体上可以分为三种不同的政治势力，一是"旧交通系"，二是"研究系"，三是"安福系"。③ 笔者注意到，各政治势力组织的团体，并不自认为自己是"国民外交团体"，而是更为具体的名字。如叶恭绰等组织的"太平洋问题讨论会"、汪大燮等成立的"太平洋问题研究会"，钱能训等组织的"华盛顿会议中国后援会"。这些团体的成员相互之间多有重叠，并不专属于某一团体。如汪大燮本身还是"华盛顿会议中国后援会""太平洋会议后援同志会"的成员。虽然这些团体的出现是在舆论呼吁成立"国民联合团体"之后出现的，但其性质与动机并不完全一致，在声援中国出席华盛顿会议的这一口号下，不同的研究者可以有不同的解读。这些团体的成立，是否有政府的秘密授意不得而知，但绝对是得到了政府的公开允许。

与上述团体相比较的是学界、教育界、商界成立的团体。如北京的"太平洋问题研究会"，以北京国立八校教职员工为主体；上海的"太平洋会议协会"，以江浙资本家为主；上海马路商界联合会的"太平洋会议中国国民外交后援会"。这其中，用"国民外交"字样的显然并不多。不论其名字如何，这些团体进行粗略的划分是必要的，虽然皆为响应太平洋会议而起，但有些是否具有"国民外交团体"的性质是存有疑虑的。

北京政府虽然允许成立类似国民外交性质的社团，但并未放松暗中的监管。11月2日，北京步兵统领衙门侦察员载德撰写秘密报告，汇报其对北京国民外交联合会的观察结果。"默观本联合会之内容俱在野政客及第一二届无聊议员把持期间，藉端行动，其目的在召集国是会议分配政权创立第三政府，实非注重外交，乃关心内政也。查华府会议已近，而全国大

---

① 罗家伦：《华盛顿会议与中国之命运》，《东方杂志》第18卷第15号，1912年8月10日，第8—9页。
② 参见《专电》，《申报》1921年8月6日第8版。
③ 关于北京政界的组织国民外交团体的情形参见马建标《民族主义旗号下的多方政争：华盛顿会议期间的国民外交运动》，《历史研究》2012年第5期，第112—113页。

会尚未召集，则将来亦无从提出国民议案，所谓监督外交，民意为援，是或泡影也。"① 虽然有类似报告出现，但显然北京政府并未下定决心要阻止全国国民外交大会的成立，而所作的举动只是限于监管。"虽然国务总理靳云鹏的地位岌岌可危，但他对旧交通系为首的在野派系所组织的国民外交活动，也格外提防。"② 不只是北京政府接获此类批评的报告，即使同为准备成立国民外交大会的上海团体，亦对北京的国民外交联合会不时发出疑问。早在 10 月 12 日，全国商教联合会召开第一次会议时就已经有人提出了担心，江莘指出："北京团体多为人利用，本会应加注意，免为人所骗"；赵叔雍说："北京每发起一团体恒为官僚军阀所操纵，吾人对此须审慎从事"；张晓宋发言认为："北京近有一外交后援会，即含政治臭味，对于外交大会要详细调查。"③ 尽管如此，大会仍然通过了成立全国国民外交大会的提议。上海方面有此意向后，北京很快组织代表南下，准备在上海成立全国性的团体。对于上海团体的疑虑，由北京南下的罗正纬尽力解释，"北京团体本多，惟性质原极复杂，然此次之事，商学政团概行联络，实缘所受刺激至深，步调齐一，故对外完全统一"。④

虽然有言论否认北京团体专心对外的性质，但在上海各团体间仍然达成了一致的意向，决定成立全国国民外交大会。经过北京、上海各团体以及其他地方社会团体的准备，1921 年 11 月 11 日，全国国民外交大会召开成立大会，到会团体 118 个，到会者 300 余人，会议推举复旦大学校长李登辉为主席。李登辉发表了有关山东问题与世界和平关系的长篇演说，并组织讨论致美国哈定总统及华盛顿会议各国代表电文内容。

在 1912 年 11 月 11 日全国国民外交大会正式成立之前，各团体和政治派系之间的谈判与联络，并不属于真正意义上的国民外交。政争也好，争权也罢，这些活动均属于为国民外交大会成立所做的准备活动。即使考虑到梁启超所呼吁的对内的国民运动，这些前期的准备也很难与之相联系。成立之后的国民外交大会的活动是否全属国民外交运动，亦应区别对待，

---

① 《步军统领衙门侦察员载德关于北京各团体国民外交联合会国民财政大会集会活动情报》，北洋档案 1023（2）——81，中国第二历史档案馆藏，转引自马建标《民族主义旗号下的多方政争：华盛顿会议期间的国民外交运动》，《历史研究》2012 年第 5 期，第 122 页。
② 马建标：《民族主义旗号下的多方政争：华盛顿会议期间的国民外交运动》，《历史研究》2012 年第 5 期。
③ 《商教联席会议开会记》，《民国日报》1921 年 10 月 13 日第 10、11 版。
④ 《国民外交大会之发轫》，《申报》1921 年 10 月 27 日第 14 版。

不应一概而论。如某些研究所认为的那样,这些活动为政争或民族主义运动,都要比将其称为国民外交运动要合适一些。

全国国民外交大会成立的第三日,即1912年11月13日,召集代表谈话会。太平洋外交商榷会代表翁吉云发言:"吾人来此只本良心主张,但知一致否认北京卖国政府有代表中华民国之资格。"① 国民党在会内的代表呼吁尤烈,明确提出否认北京政府及其所派代表。12月6日,全国国民外交大会根据国民党人汤漪的提议,决定通电否认北京政府及其外交代表。② 国民外交大会内国民党代表的此种提议,能否作为国民外交运动呢,显然不是对外的国民外交运动,因为反对的理由只是因为出席和会的代表系北京政府派出,而非具体的外交政策和行为。

国民党代表的种种否认政府出席和会代表的行为,招致会内其他代表的不满。12月11日,全国商会联合会代表江湘浦、上海总商会代表赵锡恩、江苏省教育会代表贾丰臻、各省区代表李杰、毛云鹏、钟可讬等11人联名通电,宣布脱离国民外交大会,"六日上海全国国民外交大会,发表致大会电,否认我国出席代表,无异自己取消国际地位,授人以共管之柄。同人等对于前项通电,不能负此重责,除各自报告本团体辞去代表外,特此宣告脱离该会"。③ 国民外交大会代表之间的这种内部分歧,并不属于国民外交。国民党代表的行为,主要的考虑当为争权,凡北京政府的行为,一概加以否认。而这,当然不属于国民外交。

华盛顿会议召开前,无论是广州政府,还是在野派系以及各民众团体,他们之间不论斗争如何复杂、派系如何划分,对于外交的具体议题是较容易达成一致的,即要完全废除列强强加于中国的不平等条约,而这一点简单来说就是"废约",而北京政府正式外交行为主要是"修约",这显然与民众的呼声有较大差距的。孙中山为首的广州政府积极利用民众外交的心理,以民意的代表指向,将斗争的矛头引向北京政府,这个中的原因显然更多是政治斗争,而非外交问题。国民外交大会的主要领导人李登辉因而被舆论攻击为被党派利用,压力之下,被迫于1922年1月17日辞去全国国民外交大会主席委员职务。1月18日,李登辉在《申报》发表声

---

① 《纪昨日国民外交大会之状况》,《申报》1912年11月14日第14版。
② 关于国民党代表在会内否认北京政府代表的情形请见马建标《民族主义旗号下的多方政争:华盛顿会议期间的国民外交运动》。
③ 《国民外交会代表一部之退会》,《申报》1921年12月11日第14版。

明,解释辞职原因:"外间谣传,有本会被党派利用干涉内政之说,华侨联合会诸同志,均以与本会外交名义不符,不甚赞成。"①

国民外交大会到了如此地步,国民党难辞其咎。1922年2月6日,华盛顿会议闭幕,中日之间签署《解决山东悬案条约》,另外一个就是著名的《九国公约》。对此外交结果,当然引起国内的不满,2月25日,全国国民外交大会发表休会宣言,"同人再四思维,认为铲除外交上之旧障碍,非否认北庭不可。孕育外交上之新生命,非承认现以广州为首都之政府不可"。②

五四期间从事类似"国民外交"协会工作的还有很多其他的团体,如国际联盟联合会、协约国同志会等,这些都属于民众团体。对于这些团体,只有把名称与实际、政治背景、主事者的人际网络弄清楚,才能有确切的认识,事实上,很多团体只是个空壳。③到了华盛顿会议期间,这种状况仍然存在。

从第一次世界大战爆发及至整个20世纪20年代,准条约改变了民初所呈现出的乱象,与形势的发展相结合,具有了新的特征。第一次世界大战爆发后,日本将其侵吞中国的野心逐步实施,在强迫中国签订《中日民四条约》后,以银行借款的形式向北京政府提供了大批资金,其中著名的当属西原龟三借款。如果从准条约缔结的国别来看,日本成为战时最重要的准条约缔结国。

日本对华的准条约以贷款为主,承受方主要是北京政府内的段系政治力量,亦即皖系军阀。正因如此,学者在研究此项借款时,多不持积极评价,认为主要资金被用来军阀内战。如果这些借款主要并未用于实业建设,则其对近代化的意义有限。美国的作用虽然在战后凸显,但仍存在与日本的竞争问题。日、美两国在远东的争夺,亦可通过准条约这一线索有所呈现。战争期间另一个需要提及的就是华工问题。协约国因战争之故,亟须征召中国劳工入境,为战争后勤服务。为了避免德、奥等国的干涉,华工赴欧虽为政府出面,但在纸面文件上避免了条约的形式,而是以公司招募的名义进行。这种公司不具有国家的背景,似乎亦避免了准条约的形

---

① 《全国国民外交大会谈话会记》,《申报》1922年1月18日第10版。
② 《国民外交大会休会记》,《民国日报》1922年2月22日第10版。
③ 参见冯筱才《政争与五四:从外交斗争到五四运动》,《开放时代》2011年第4期。

式。招募华工之举能否完全视为公司行为，就如双方政府所希望的那样，笔者仍然存有疑问，招工合同的字面意义背后，是双方政府的意志，检视此时的外交往来，是不难发现招工背后的政治意义的。

从第一次世界大战开始，及至整个20世纪20年代，中国所面临的国际形势有了重大的变化：美国崛起为一流强国，日本开始在东亚国际政治舞台上充当重要角色，苏俄成立，德国战败。中国国内政治形势与晚清相比，亦有完全不同的变化。虽然20世纪20年代的国内外形势与准条约产生时的19世纪70—80年代存在千丝万缕的联系，但毕竟时间已经过了近半个世纪，准条约产生的土壤依然还在，但内容和影响已经不可同日而语了。在第一批准条约产生时，其对中国社会的影响，对中国人心里的冲击，都是巨大的。为了打造中国第一条电信路线、为了中国第一条铁路修建，晚清中国曾经走过了一段坎坷的道路。这些准条约在为中国带来近代的工业技术的同时，也给中国人的内心带来了屈辱的阴影。除少数直接从事路、矿等近代事业的人之外，绝大部分中国人视其为丧失利权，从未停止过要求国家废止国外企业特权的要求。在中国人心中，这些准条约所丧失的特权，不是某一个具体的国外公司所享有的，而是为所有洋人所拥有。他们的努力，终于在20世纪20年代有了更明显的体现，废除不平等条约运动蓬勃兴起。在准条约产生初期，电信、路、矿，无一不具有开风气之先的特色。然而，其所蕴含的近代化意涵，并未能延续下来。到了20世纪20年代，这种近代化的特质，已经被国际政治和国内政争所取代，如果说这个时期的准条约于中国近代化尚存有积极意义的话，那就是借款对已有铁路的维持和购买新式的西方技术产品。在宏观的层面上，与洋务运动时期已经无法相比拟。甚至有研究认为，北洋外债与封建复辟存有紧密关系。

第八章 尾声及结论

一 近代中国准条约的尾声：南京国民政府时期

南京国民政府成立后以迄1949年中华人民共和国成立，近代中国的准条约经历了一个急剧衰减的直线式下滑过程。20世纪30年代的准条约集中于无线电报务类别，占据绝大多数。20世纪40年代则全为无线电报电话类。这种数量的减少，并不意味着中国近代化的成功。中华人民共和国成立后，尤其是改革开放后，中国的准条约再次出现了高潮。现当今的准条约与近代史上的准条约相比，已经具有了完全不同的属性，是在中国主权完全独立下的对外经济、文化交往活动。

（一）准条约项目下现代电信技术的继续引进

1928—1929年，国民政府先后与美、德、法等国订立《无线电报务合同》，完善中国国际无线电报网络。1932年6月20日，国民政府与英国伦敦帝国国际交通有限公司订立《无线电报务合同》，协议中国与英国之间的无线电收发事宜。1936年6月5日，与意大利订立《无线电报务合同》，开放中国与意大利之间的直达无线电报。12月5日，与法国订立《报务合同》，建立中法之间的直达无线电报。

有线电报仍然有所发展。1933年4月5日，国民政府交通部电政司与美国太平洋商务水线公司订立《报务合同》，国民政府发给公司第五号海线登陆执照，允许公司在上海设立水线运营室，互递电报。执照有效期为14年，至1944年12月31日止，"凡中国各地间及中国与其他各国间往来之电报，经由该水线传递者，电政司应得之本线费，由电政司规定之"。如出现竞争，有比水线价目更低的无线电或其他水线电报时，电政司应准许公司照数递减费价。① 同日，国民政府与丹麦大北公司订立《报务合同》，内容与美国太平洋水线公司合同大体一致。交通部发给大北公司第一、二及三号海线登陆执照，准许在执照内所载地点登陆上岸，时间期限为 14 年。②

无线电通话技术亦于此时引入中国。1937 年 2 月 1 日，国民政府与美国电话电报公司订立《无线电通话合同》，规定了双方采用无线电通话的具体事宜。同年 8 月 14 日，美国无线电交通公司与国民政府订立《无线电通话合同》，就中国与菲律宾的无线电直接通话问题协议条文，"此项业务在中菲两国境内之开放地点，应由双方互相商定，至经由中菲两国展接至其他各国之通话，并得由双方随时洽商同意办治理之"。③

铁路类准条约在整个 20 世纪 30 年代并未完全绝迹，目前可以见到仍有关于京沪铁路、沪杭甬铁路的相关准条约。1930 年 1 月 27 日，国民政府铁道部与中英公司订立《改订京沪铁路购料酬劳金办法来往函》，铁道部每年付中英公司 3500 镑，作为经管铁路债权及经理人的酬劳，在每年 5 月 18 日至 11 月 17 日偿付债款利息时分次给予。④ 同日，双方订立《协议京沪铁路管理权限问题来往函》，"为推行铁道部直接管理京沪铁路之政策及执行借款合同第六款所载董事会之责任起见，应由铁道部派一代表为董事会主席，执行该会职务"，但该代表仍需与英国所派之工务处及会计处商办有关工程或财务事项。京沪工务处长兼任沪杭甬铁路工务处长，如因请假等因离职，由英籍人员代理。⑤ 目前可见到的最后一个铁路类准条约是 1936 年 5 月 8 日的《中华民国二十五年中国政府完成沪杭甬铁路六厘金镑借款合同》，国民政府向银团借款 110 万镑，完成闸口至百官段铁路，并修筑钱塘江大桥。银团发行年利 6 厘借款债券，每半年付息 1 次，自债券发行之日起算。成立借款基金保管委员会，由铁道部长委派，总办事处设在上海。⑥ 德国奥脱华尔夫公司则于 1934 年获得玉山南昌铁路建设合同，这是自巴黎和会以来，德国公司在中国获得的不多的铁路建设合同

---

① 王铁崖编：《中外旧约章汇编》第 3 册，第 926 页。
② 同上书，第 929 页。
③ 同上书，第 1100 页。
④ 同上书，第 761 页。
⑤ 同上书，第 762 页。
⑥ 同上书，第 1052—1057 页。

之一。

20世纪30年代以后，准条约类别的集中化和数量的衰减化，并不意味着此一时期的中国近代化步伐的倒退。在20世纪20年代较为突出的满铁与中国的准条约，在此后20年再未出现，究其原因，则与当时的国际政治局势息息相关。日本发动九一八事变，侵占中国东三省，成立伪满洲国，此时的东三省的铁路建设在日本的实际控制范围以内，因此，无须再与国民政府订立合同。此外，矿务、借款等合同的消失，一定程度上意味着国民政府的财政的确在逐渐好转，借债度日已经不是经常化的状态。但在抗日贯穿南京国民政府主要统治时期的外部环境之下，外债始终是一个复杂的问题。

（二）外债清理与准条约之处置

由于准条约问题在此时主要体现为外债问题，因此，本书拟专门讨论这一时期国民政府的外债政策。主要讨论其中与准条约相关的部分。

北洋时期地方外债与中央外债，名目繁多，为了维持政府信誉，外交部在民国初年曾要求所有地方借债必须经中央同意，但此条意见最终被变通执行。南京国民政府成立后，关于如何清理外债问题，一度引起国民政府的注意。已有研究指出，"南京国民政府把承认前政权遗留下来的外债，作为获得列强承认的重要手段。这在外交上固然取得了短期效果，但同时也承袭了无法摆脱的财政负担，并不得不对无法按期偿付本息的外债进行整理"，由于抗日战争的爆发，"对无法按期还本付息的外债进行整理，既是对有关债权国作出新的让步，又是当时历史条件下推行'联合欧美、抵御日本'的外交政策的需要，且对财政负担有所减轻"。事实上，"南京国民政府并未对全部无确实担保外债进行整理，以后也没有扩大整理范围，因此，我们不能简单地说南京国民政府承认了前政权的全部对外债务"。[①] 以往学界在民国外债史研究上的成果，为从准条约的角度切入该问题提供了线索。

当国民政府尝试清理外债时，中国民间曾将不平等条约的废除与之相联系，并特别针对个别国家提出不予承认的要求。在人们眼中，外债是与不平等条约联系在一起的，需要加以废除。1928年12月9日，上海各路

---

① 吴景平：《评南京国民政府的整理外债政策》，《近代史研究》1993年第6期，第233页。

商界总联合会致电国民政府主席蒋介石,要求政府拒绝承认日本非法债款。电文援引国民党对外政策第六条,即"中国境内不负责任之政府,如贿送潜窃之北京政府,其所借外债,非以增进人民之幸福,乃为维持军阀之地位,俾得行使贿买、侵吞、盗用此等债务,中国人民不负偿还之责任",要求处分非法外债。这其中,尤以日本为最,"妨害我国恢复国际平等、国家独立者,厥为日本","往为二十一条之威迫,承认南满铁路之任意扩张,姑且不论,近如两次出兵,名为保侨,实施侵略",甚至退回中国关税自主照会,要求政府对日交涉要单独处置。"至其非法债款,根本上不予承认为党既定政策,任何机关不得与之谈判,一以示党治,一以示外交统一"。①

国民政府为取得各国对自身及新税则的承认,表示将承认参战、西原借款,第一年还500万元,第二年还700万元。北平市特别党务指委会则特别通电中央党部,要求反对承认参战及西原借款。电文表示"不胜悲愤","不料宋财政部长竟于本党北伐完成之日,藉口日本承认我国关税自主,贸然承认,丧权辱国,莫此为甚"。呈请中央不要正式签字。②

需要说明的是,民国政府对外债问题的处理,并不等同于对准条约的态度,因为并非所有的外债均为准条约所规定。但在可以见到的借款合同中,重大的款项多为准条约所规定。这也是外债与准条约联系与区别之处。外债的处理在当时与内债几乎并无区别。1928年,财政部的整理债务案虽然区分了外债、内债的概念,但并未提出分别办理的方法,而是统归到整理国债的名义下,将内外债统称为国债。"我国外债向极紊乱,应遵国民党政纲领偿还,并保证外债以中国所借外债在政治上、实业上不受损失之范围为断","至于内债,其有确实抵押者,宜力予维持原案,无确实抵押品者,亦应设法整理,藉维信用",这种表述,只是一种原则,没有提及内外债的分别整理办法。③

然事实上,国民政府内部仍有不同声音的出现,要求将内外债分开处理,尤其认为,对于那些未经公众认可的外债,应当予以排除,不在整理

---

① 《上海各路商界总联合会为不承认日本非法债款致蒋介石代电》,1928年12月9日,《民国外债档案史料汇编》二,第152—153页。
② 《北平特别市党务指委会为反对承认参战及西原借款致南京中央党部等通电》,1928年12月12日,《民国外债档案史料汇编》二,第154页。
③ 《整理财政大纲》,1928年,《民国外债档案史料汇编》二,第4页。

范围之内。但真正促使将内外债分开对待，是在日本扩大对华侵略战争后。研究认为，在内外债的关系上，"南京国民政府从成立后到30年代中期，一直把举借新债的重点放在内债上，把绝大部分新征得的关税附加和关税征收部分都用作发行国内公债库券的担保，这样，整理积欠内债实际上就远比整理无确实担保外债更为迫切"，1932年"一·二八"事变爆发后，南京国民政府在关余项下每月拨860万元充作内债基金，并通过了"持票人会"宣言，"这标志着南京国民政府已正式把内外债分别加以整理了"。① 与此相对应的国际背景是国民政府希望得到欧美援助，抵制日本的侵略。

1929年1月23日，国民党上海市党部呈转国民政府文官处一封函件，要求对于未经民众认可之外债不予承认，"呈请中央咨行国府，凡未经民众认可之外债，一概不予承认"。7月，中央执行委员会召开政治会议，讨论整理内外公债问题。在第187次会议上，胡汉民提议，应该迅速订立标准，整理相关债务，"窃以为以往之债务纷乱如丝，财政信用至有关系，若不亟图整理或无正确之标准，则财政益陷于困难。兹提出整理公债标准草案，是否有当，敬乞公决"，并要求秘密商与外交部、财政部。外交部长王正廷被要求在最后决定前严守秘密。②

1月24日，财政部呈函行政院，建议设立整理内外债委员会，并草拟委员会章程。章程拟设委员7人，由行政院长、监察院长、外交部长、工商部长、铁道部长、交通部长、财政部长充任，委员长由各委员推定。章程自公布日施行。③ 自1929年成立，至1937年抗战爆发，国民政府整理内外债委员会共召开了7次会议。

中执委政治会议所议决的整理公债标准共有10条，主要内容包括：

（1）中国所借外债，当在使中国政治上、实业上不受损失范围内保证并偿还之；（2）凡从前北京伪政府所借外债，非以增人民之幸福，而为未维持军阀之地位，以行使其贿买、侵吞、盗用之实者，人民不负偿还之责任；（3）凡有确实担保，而向来还本付息有着落之内外债，应予照常继续

---

① 吴景平：《评南京国民政府的整理外债政策》，《近代史研究》1993年第6期，第220页。
② 《中央执行委员会政治会议致外交部函》，1929年7月17日，《民国外债档案史料》二，第74页。
③ 见《财政部为设立整理内外债委员会并拟具章程致行政院稿》，1929年1月24日，《民国外债档案史料》二，第34页。

办理。唯以前所订合同，如有干涉行政之条款，应即进行取消其条款。（4）凡原有确实担保之内外实业借款，其因历年政治关系，营业不振，以致本息欠付或无着落者，政府应即设法恢复其营业能力，俾得继续担任其债务。但以实业借款为名，而实际上并非用于实业者，不在此列。（5）凡无确实担保之对外借款，须整个审查。为非善意之政治运用，概予据理拒绝偿还。①

对于胡汉民所起草的整理公债标准，外交部将其总结为三点：一是"内外借款用途不当者概不承认"；二是"内外借款无债券在外流通者概不承认"；三是"内国公债库券本息无着落者概不追认"。对于胡所提议的用途不当的外债借款，外交部提出了不同的见解：借款事后变更用途"有非债权人所可预料者"，"夫债权人之投资，注在本息之有着，希望从中获利，我国如何运用款项，完全为内部行政问题，本可不问，否则反蹈干涉行政之嫌"。针对第二个标准，外交部认为有无债券在外流通，表示其债券是否为社会上一般投资者所购，与是否应该偿还没有关系。外交部建议，内外债整理应取同一标准。外交部特加注明，"我国债务有所谓实业借款、政治借款、金融借款等名，整理债务者，每主张视债务之性质而定整理之方针，此种办法似欠公允。一则前北京政府运用借款，每不能名实相符，有实业借款用于政治方面者，若欲一一分析之，事实上有所不能"。凡中国承认的债务，都是正当债务，应一律看待，不得歧视。② 外交部所拟意见，显然是基于避免外交纠纷而作出。大部分借款，都曾经北京政府承认，属于国家借款，具有准条约的性质，中国单方面宣布废除，势所不能。而国民党所奉行的革命外交，废除一切不平等条约的对外方针，显然未能完全贯彻。

外交部基于政治现实所提出的整理外债的意见，仍然回到了承认北京政府外债的老路。1929年12月10日，由于日本拒绝接受国民政府新定税则，引起中国国内的不满。在众多的准条约借款之中，由于西原借款名声最坏，全国商会联合会呈请政府不予承认。商会联合会致电国民政府，指出"西原借款不但供军阀内乱之用，且数目不明，弊窦孔多，于法、于

---

① 参见《整理公债标准密件》，《民国外债档案史料》二，第74—76页。
② 《外交部对于胡委员汉民所拟整理公债标准之意见》，《民国外债档案史料》二，第76—79页。

理、于党纲均不应承认"，"属会代表全国商会，一致为国府后盾，务请概予拒绝，无论公文收受与否，决定依期实行新税则"。①

中日之间的债务本来复杂，又适值日本拒绝承认中国新定税则，引来中国民间的反对，当在意料之中。此次反对，基本上限于商会，并未发展成全民性质。整理中日之间债务已经成为两国间的重要交涉事项。1930年9月3日，财政部致函财政整理会，商谈关于整理中日债务的原则。财政部认为，整理中日旧债须坚持国民党对外政策，其中第四、六条尤须注意，即"中国所借外债当在使中国政治上、实业上不受损失之范围内保证并偿还之"，第六条"中国境内不负责任之政府，如贿选窃僭之北京政府，其所借外债并非以增进人民之幸福，乃为维持军阀之地位，俾得行驶贿买、侵吞、盗用此等债款，中国人民不负偿还之责任"。对日本的无担保及担保不足借款，应照此原则办理。②此函是基于国民党对外政策而发出，但其实际内容，却与准条约及近代化的关系有关。前文曾提及，20世纪20年代以来，借款多为维持政府行政之用，虽有近代化建设的电信借款，购买通信机器，但大部分借款与近代化并无直接的促进作用。

此时发生了张瀚案。张瀚时任职于北京兑换流通券维持会，为驻京代表，他于1931年10月7日致函英国驻华公使，并以副本分别致函该债权国驻华公使，建议"或就南京、上海地方先行设立中外债权团联合会"。由于日本发动"九一八"事变，张瀚认为在日本军事压境面前，有必要联合在华拥有债权的各国，暨英、法、美、日、比、意大利、瑞典、荷兰、丹麦等应该联合处理该问题，"此时不待日本陈兵奉天要求解决悬案之举动，在各债权人自求生路，亦应不分国籍、不分界限，实有共筹合作之必要"。由于日本正侵略东三省，函件并未寄往日本驻华公使。③

在致国民政府的呈函中，要求国民政府迅速公布处理内外债办法，并将日本发动"九一八"事变的原因之一归结为中日外债悬案。"且闻此次日本陈兵奉天，要求解决悬案，惹起重大交涉，未始非内外债之拖延逼迫至此之一原因"，此点亦曾在致各国公使函中提及。函件表示"本会爱国

---

① 《全国商会为拒绝承认西原借款致国民政府等代电》，1929年12月10日，《民国外债档案史料汇编》二，第83页。

② 《财政部关于整理中日债务原则致财政整理会笺函》，1930年9月3日，《民国外债档案史料》二，第96页。

③ 《商榷书》，1931年10月4日，《民国外债档案史料》二，第101—103页。

情殷，迫不得已，业将筹划合作意见，分致英、法、美、比、意大利、瑞典、荷兰、丹麦各债权国驻华公使"，希望国民政府"在此内忧外患之中，委曲求全，先将内外债整理案偿还办法迅速公布，庶几有裨"。①

行政院在复国民政府文官处的密函中指出，"原具呈人以国内事而向国外各公使发商榷书，其言行殊属荒谬"。显然对张瀚擅自联络国外公使表达不满。事实上，张瀚在联络各国驻华公使之前，曾数次致函国民政府相关部门，"该维持会不顾成案，迭次呈请本部，并分呈国民政府、总司令部暨钧院，始则要求早日开兑，继复要求先为偿还一部分，并换给善后公债"，此事亦可在张瀚商榷书中得到确认，"本会今年又不自量，多次具文财政部，呈请确定内外债整理案实行偿还日期公布天下"，张得到的答复是"应俟并案办理"。在久等未果的情形下，又适逢国民政府提出内外债整理同时进行，于是致函八国驻华公使，希望成立"中外债权团联合会"。行政院斥责其"不惜甘心卖国，欲假外力以挟制政府，丧心病狂，莫此为甚"，对于其提出日本发动"九一八"事变亦有逼债之原因，则属"意存恫吓，尤为狂悖"。②

张瀚未经政府外交途径擅自致函各国公使，引起国民政府的不满，但从另一个角度而言，其行为亦属国民外交的另一个层面。不过此种国民外交无非是希望借外力以达成国内某部分人的目的，亦当属国民外交运动的内向化表现之一。如果将其与华盛顿会议期间的国民外交的内转相比较，可以发现一些有趣的现象。当时极力倡议否定北京政府外交的国民党人，此时已经成为掌权者，其对国民外交的态度值得另下一番功夫加以考察。华盛顿会议期间，国民外交的目的是支持政府收回山东权益，废除日本独霸中国的"二十一条"要求。如果将国民党政争的因素排除在外，尚属与政府一致。张瀚要求各国公使出面组织中外债全委员会则与华盛顿会议时期的行动不同，与当时的国民党相比，其目的不在否定国民政府；与当时的一般社团相比，其目的不在支持政府的外交方针。此时，由于张瀚将"九一八"事变的原因之一，暗指日本对于政府处理外债之不满，显然已经走向比较危险的境地，将比较单纯的涉外经济问题，掺杂了其他复杂的政治背景。张瀚事件有助于我

---

① 《张瀚原呈》，《民国外债档案史料》二，第100页。
② 《行政院关于查办张瀚要求公布内外债偿还办法及擅致债权国公使商榷书复国民政府文官处密函》，1931年11月7日，《民国外债档案史料汇编》二，第99页。

们更深层地去理解国民外交的含义。其实，张瀚的要求总的来讲并未超出国民政府的整理外债方案，只是其目的是利己的。相较于其他时期的国民外交运动，这种利己性削弱了其本身的正当性。

外债为准条约所规定，虽然政府内部有胡汉民的强硬要求，但在具体的操作上，无法摆脱债权国的干涉。由于日本将发动"九一八"事变的原因之一归为国民政府整理外债之不力，并在国联会议上恶人先告状，以外债诬蔑中国，因此国民政府不得不作出回应。国民政府驻国联代表颜惠庆、顾维钧等致电行政院、外交部，认为各国虽然多以善意对华，但在外债问题上各国内部均有袒护日本的势力，尤以"英、美、法、比金融界及在华投资受损或持有无确实担保债票者为甚"，他们的理由是"日本能维持秩序，尊重债务，易与经济合作，故主助之，冀收旧债、投新资"。日本侵占东三省后，已经开始着手整理旧债，以期获得有关债权人的好感。颜惠庆等建议政府"可从整理外债着手，决定方案，与各国债权者进行商议，清旧债以复信用，投新资以助我建设，以示我国对于合作一层，已定有具体计划"。行政院在举行的第七十五次会议上，决定吸取颜惠庆等的建议，与各国债权者商议外债问题，其主要目的在于对日外交，即"以转移一般袒日空气"。并将决议转请外交、财政、铁道三部注意。铁路外债自晚清出现以来，一直未曾中断。铁路借款类的准条约并未因南京国民政府的革命外交而予以废除。晚清以来所累积的铁路债务，终于在此一时期引起国民政府的关注。准条约之于外交的关系再次显现出来。铁道部初步整理后指出，历届铁路所负债务，截至 1931 年底，总数达 1217620000 元，大体可分为五个类别。一是无须整理的债务，总计约 10074000 元，属于有办法之债；二是财政部所借，向归该部负担者，共计 83260000 元。这部分系财政部以铁路名义所借，作为政治之用，拟仍由该部清理；三是应划归关税筹付者，包括津浦铁路原借款、津浦铁路续借款、湖广铁路借款，共计 233530000 元，各项担保均系厘金，裁厘后，应以关税抵补；四是须另案办理的债项，主要是东北沦陷区相关的铁路债务，计有 145313000 元，俟东北问题解决后再行办理；五是必须整理的债项，总共有 545443000 元，均属无法偿还本息之债。①

从 1935 年下半年起，南京国民政府加快了整理外债的步伐。来自英

---

① 《整理各铁路债务计划草案》，1932 年，《民国外债档案史料汇编》二，第 108—112 页。

美等国的外交压力是促使整理外债的重要原因。9月，英国政府代表李滋罗斯来华访问，告诉孔祥熙，只有对外债做出实际安排，英国才有可能提供对华新贷款。1935年10月17日，美、英、法驻华使馆就湖广铁路借款向南京国民政府提出联合照会，要求中方对该款积欠进行整理。12月，美国国务院催促中国整理芝加哥大陆商业银行的借款。①

南京国民政府把承认晚清政府、北洋政府遗留外债作为获得列强承认的手段，在外交上取得了短期效果。从整个条约体系而言，如果无法将准条约类的贷款合同从法理上进行阐释，将其剥离于应该继承的条约之外，则不承认旧政府的外债，很难从外交上予以合理解释。当时的探讨，显然更多地是基于政治因素，而非法理因素。国民政府在"九一八"事变后，已经把外交的重点转向获取英美支持以抵抗日本，对于从国际法上论证旧政府的不合理债务不予继承，显然心有余而力不足。胡汉民对北洋旧债按用途区分以决定是否继承的计划，全国商会联合会对西原借款债务的抵制，已经显示了这种区分债务合同与条约的趋向。能废止旧债，对于一直陷于债务困境的国民政府而言，当然是个理想的选择，但废止债务的外交后果显然是严重的，国民政府难以承受。虽然国民政府基于外交压力而继承了晚清和北洋的外债，但并非如全部继承，是"部分的、不彻底的"，"在履行偿付外债本息的义务上，南京国民政府更重视的是本政权所举的新债，而不是前政权留下的旧债，特别是在这两方面无法兼及的时候"。②果如研究者所言，则国民政府对准条约类外债的继承，更多地属于一种宣传政策，目的在于恢复自身的债务信用及外交支持。

（三）抗战废约与准条约的尾声

抗战废约总论。1937年7月7日，日本发动侵略中国的卢沟桥事变，中国全面抗战爆发。在战争爆发初期，中国集中精力应对日本的军事侵略，一时无法顾及废除不平等条约的问题。对于以往一直希望废除的领事裁判权等，此时的态度发生了变化。"一定程度上，中国倒需要西方列强将这一特权再保留一段时期"，"租界所拥有的独立地位，使它免遭日军的

---

① 参见吴景平《评南京国民政府的整理外债政策》，《近代史研究》1993年第6期，第222页。
② 吴景平：《评南京国民政府的整理外债政策》，《近代史研究》1993年第6期，第233页。

侵占，从而为庇护中国的抗日人士，为中方在日占区的情报、宣传活动都提供了一个难得的据点"。① 与此相对照，日本却要急于去除西方在中国的租界，日本扶植的傀儡政权都曾发出要废除列强特权的叫喊。日本对租界的侵犯随着战争的进行逐渐增多，英美等国在华人员的处境也越来越艰难。在此情形下，英美等有关人士和相关方面开始重新提出了废除在华特权的问题。②

抗战废约情形因具体属性不同，可分为两种大的类别：一是与德意日等法西斯国家之间的条约废止问题；二是反法西斯国家联盟内部之间条约的废止问题。这两种类别的区分，亦相应影响到有关准条约的废除问题，其中所关联的外债等问题亦呈现出不同的结果。

太平洋战争爆发后，中国随即于1941年12月9日对日本、德国、意大利宣战，在对德、意、日宣战的同时宣布"所有一切条约、协定、合同"，有涉及中德、中意及中日关系者一律废止。③ 该布告所废止的并不仅限于两国间的条约，中国与日、德、意之间的准条约随着不平等条约的废除，亦随即中止。中国此举，有关三国在华的准条约外债部分，亦从此一律废除。

1942年，中国向美国提出废除不平等条约的问题，美英随即予以回应，表示准备立即与中国政府就废约问题进行谈判。1943年1月11日，中国分别与美、英两国订立协定，废除两国在华的治外法权及相关特权。其他有约各国亦随之签署了类似协定，废除在华的各种特权。④

抗战废约的实现对于业已存在的准条约产生了重要影响，废除了相应的准条约，但并不意味着准条约一体废除。中国废约的宗旨是废除外国人在华的特权或不合理的特许，就准条约而言，此种废除不是要废除合同本身，即并非对已有铁路合同或借债合同的根本解除，而只是对合同的附加条件或不合理的部分予以废除。在处理对象上，亦区别盟国与敌国的不同。

外交部在拟定取消的其他特权及特种制度办法中，涉及准条约的部分主要是关于势力范围的条款、交通及财政方面的规定。在处理旧有各国势

---

① 王建朗：《中国废除不平等条约的历程》，江西人民出版社2000年版，第302页。
② 参见王建朗《中国废除不平等条约的历程》，第303页。
③ 陶文钊主编：《抗日战争》第4卷（上），四川大学出版社1997年版，第1038—1039页。
④ 参见王建朗《中国废除不平等条约的历史考察》，《历史研究》1997年第5期。

力范围时，办法要求"条约承认外国在某地享有之筑路开矿等特权或优先权"一律取消，"中国在某地不设某平行铁路之声明或类似之限制"一律作废。诸如筑路优先特权，不许设平行路线特权等，大多是通过铁路类准条约或借款类条约规定的，特权的废除并非取消原合同中的其他内容。关于铁路方面的规定强调区分是否属于敌产，"凡由敌方投资或经营者，准用清理敌产之规定"，"凡系友邦政府或人民投资经营者，由我方备价收回"，外人享有的铁路管理权，"完全改由中国政府管理，其原来任用之外籍人员，得由中国政府酌量分别去留"。电信类合同所授予的外人经营及收发权，包括陆上电信及海底电信，一律取消。①

废约主要是关于协定关税及治外法权、租界等事项，而此时期遗留的准条约主要是外债问题。虽然国民政府外交部尽可能提出了一个一揽子的解决方案，但在中美订立协定时，并未能充分体现。在中美《关于取消美国在华治外法权及处理有关问题之条约》中，第四条概括性地提出"为免除美利坚合众国人民（包括公司及社团）或政府在中华民国领土内现有关于不动产之权利发生任何问题，尤为免除各条约及协定之条款因本约第一条规定废止而可能发生之问题起见，双方同意上述现有之权利不得取消作废"，维护美国公司及个人获得的不动产，这其中有涉及准条约者。其他未经明确说明的准条约特权有待中美订立一个广泛的友好通商条约加以解决，在此之前，如果因此而发生问题，"应由两国政府代表会商，依照普通承认之国际公法原则及近代国际惯例解决之"。②

关于外债。抗战时期借款大多并未呈现为准条约的形式，主要是以国家间条约的面目出现的。在这些抗战借款中，鉴于中国加入反法西斯同盟大背景下，所借外债较为优惠。主要特点有五个：（1）多系易货性质，不需现款偿付；（2）不需提供担保，仅指定由中国运售某些货物以售价抵付；（3）借额按全额提供，无折扣；（4）利率低，以实际动用额计算利息；（5）随时可以偿还债本，并可提前全部偿清。③

在抗战初期的借款条约中，苏联给予中国的贷款最多。此时，英美等国尚在观望战局，苏联的贷款极大缓解了抗战初期中国的财政和物资困

---

① 中国第二历史档案馆编：《中华民国史档案资料汇编》第五辑第二编，第147—148页。
② 王铁崖编：《中外旧约章汇编》第3册，第1257—1258页。
③ 参见《民国外债档案史料》（十一），第6页。

难。1938年3月1日，中苏订立第一个贷款条约《关于使用五千万美元贷款之协定》，规定此项贷款目的是"向苏维埃社会主义共和国联盟购买工业品及设备之用"，"中华民国政府将以苏维埃社会主义共和国联盟所需要之商品及原料偿还本协定第二条中所规定之贷款及其利息"。① 1938年7月1日，苏联再次向中国提供5000万美元贷款，并允许中国以货易货。

关于电报合同。自抗战爆发至国民党败退台湾，国民政府在准条约的订立方面集中于无线电报务合同。这些报务合同，已经不同于北京政府时期的借款购买设备的条款，而是具体的业务规定。抗战胜利后，交通部曾拟具了一份签呈，针对美国国际电话电报公司的"战后中国及在中国境内之电信"备忘录提出建议。国民政府外交部于1945年6月2日转交通部该项备忘录，除说明该公司战前成就及战时蒙受之影响外，还提出了五点希望。第一点希望中国政府准予维持该公司下属四公司（上海电话公司、马凯无线电公司、太平洋水线公司、中国电气公司）在华的战前设施，并继续经营，该点希望归交通部主管；余下四点希望，"第二点希望各方平等优惠，第三点希望准许外人企业经营电信，第四点希望公平征税，第五点希望保障发明"，这些希望"皆属一般性质"，"中央当另有法令规定可依据办理"。

针对第一点希望，交通部认为鉴于美国对中国抗战主持正义、并予以物力、人力上之帮助，因此对于经由外交途径提出的国际电话电报公司的要求，自应予以充分考虑。美国公司在处理该问题时，有意借助政府力量而达到目的的意图是明显的，因为该备忘录本身已经属于要约的要求。交通部建议，总体而言，美国国际电话电报公司在华战前的设施应该加以合理调整，而不能如战前那样继续维持，否则"其他各国或将纷纷援例要求，不但我国感觉应付困难，抑且失去平等新约之精神"。此点，应请美国方面予以谅解。具体到四个公司的业务，分别有不同的情形。上海电话公司原在公共租界、法租界及越界筑路区域内经营的市内电话，情形复杂，一方面上海公共租界内的公共事业不仅包括电话；另一方面，日本投降后现正办理接收，应该根据实际情况再行确定。

马凯无线电公司与中国的电报合同于1945年6月26日满期，该公司在此期间的业务尚算令人满意。交通部曾于1944年通知该公司，将报费

---

① 王铁崖编：《中外旧约章汇编》第3册，第1115—1116页。

摊分办法酌加调整，以使其更加合理，但一直未能谈妥。6月26日原合同期满后，失去效力，交通部遂"另电公司通知暂时维持通报，一面仍继续商洽报费摊分等办法"。将来如果谈判顺利，马凯公司自然可与中国各地国际电台继续通报。交通部将太平洋水线公司的业务仅视作辅助性质，因中国主要发展国际无线电信，战后还将积极扩充无线通信设备。对于既有的水线业务，"凡水线两端均在国境内者，拟由我国政府自办。凡一端在他国者，我国政府拟至少保有该水线在国境登陆处至海中若干长度之所有权"。太平洋水线公司所持执照于1944年12月31日期满，在上述原则下，交通部遂于1944年6月通过外交部通知公司，不再续发执照。

至于中国电气公司，查原订合同条文，确有可取之处。至于执行结果未尽如人意，主要是中国方面未加重视。与中国电气公司的原合同已经取消，如果国际电话电报公司有合作诚意，交通部愿意另商合办方式，在遵照中国法令的前提下，重订合同。①

据《中外旧约章汇编》，南京国民政府的最后一个准条约是交通部电信局与美国马凯无线电报公司于1947年12月23日订立的《报务合同》，规定中国与菲律宾之间的无线电通信细则。② 近代中国的最后一个准条约仍是电信类合同。

二 准条约的发展脉络及对中国近代化的启示

准条约是在洋务运动的过程中出现的，伴随着中国近代化而蕴含于近代中国的条约体系之中。如果抛除其侵犯中国主权的政治性质，其主要特征是具有近代特质的路、矿、电信等实业。其最初的形式，是通过有线电报合同而展现出来的。虽然清政府最初同意创办电信，并非为民生，而是出于国防需要，但客观上的效果绝非当时执政者所能预料。近代中国电信事业的兴起，对于促进中国社会经济的近代化是一项基础性工程，影响深远。从19世纪70年代起，直至20世纪40年代，都可以在中国的条约体系中找到电信类条约的身影，在某些历史阶段，甚至是最主要的准条约类

---

① 《交通部拟具关于美国国际电话电报公司"战后与中国及在中国境内之电信"备忘录意见呈》，1945年8月12日，中国第二历史档案馆编《中华民国史档案资料汇编》第五辑第二编（外交），第418—420页。

② 合同见王铁崖编《中外旧约章汇编》第3册，第1566—1570页。

别。中国电信事业,从有线电报,到无线电报;从有线电话,到无线电话,大部分重要文件,多以准条约的形式而出现,国外公司的身影总是伴随左右。就此而言,近代化虽然主要是一个本土化过程,但外来的影响是至关重要的因素。官督商办形式作为洋务企业的主要经营形式,亦体现于中国电报局之组织形式上,但不同的是,虽然该形式遭受诟病,中国电报局却经营颇善,属于盈利企业之一。

即使有中国电报局这样较为成功的企业,洋务运动并未带来理想中的近代化,甲午战争的失败,打乱了中国近代化的历程,亦以残酷的现实证明洋务运动之路走不通。虽然电信类准条约并未因洋务运动的结束而终止,但此时准条约的发展趋势出现了不同的内容。为了赔偿日本通过《马关条约》获得的2亿两白银,政治性质的国家贷款出现了。在此之前虽然有贷款合同的出现,并不具备准条约性质,清政府并未成为贷款的主体。清政府先后向俄法、英德银行团举行了三次大规模的借款。各国借借款而展开的在华争夺,深刻影响了此后中国政治经济的走向。对中国近代化而言,政治性贷款并无促进作用,是一种反动。当然,清政府并非把借款全部用于赔款,但难以改变其整体性质。政治借款及争夺对中国的近代化产生了负面影响,但其却刺激了其后路、矿准条约类别的出现。

中国最早的铁路与准条约并无关联,除外商在华违法修建铁路外,中国自身也修建和购买了一些路段。规模虽小,但肇端已开。如果照此趋势,晚清中国的铁路建设走上一条独立发展的道路,亦未可知。或许清政府在修建铁路上的局限在于过于看重其具有的国防功能,而未能充分意识到铁路给社会经济发展将带来的巨大变化与影响,而这一点妨碍了晚清中国修建铁路的进程。甲午战败,清政府被迫订立《马关条约》,巨额赔款迫使清政府举借外债,各国视争夺在华铁路修筑权为利益所在,借赔款过程而展开的关于势力范围的争夺与铁路权争夺交织在一起。清政府终于改变思路,设立铁路总公司,开始吸收商业资本修建铁路,并将铁路与社会经济发展相联系。国内股本的筹集,极不理想,贷款修路,在内外交困中走上前台。准条约类别的贷款修路合同,成为此时期铁路修建的主流,并一直延续到清末。后来虽然出现了商办铁路的苗头,但未成气候。清政府最终在铁路问题上的处理不善,导致了反清革命的爆发。随着各国在华投资开矿的增加,清政府应时成立铁路矿务总局,将铁路、开矿统筹办理,意在保利权。铁路矿务总局的成立,从逻辑上而言应是一个主管实业的对内部门，然事实上却承担了对外交涉之功能。然而，晚清铁路并非仅凭清政府成立一个主管部门就能解决，游离于路矿总局之外的铁路一直存在。其中比较突出的如东省铁路公司，竟然突破经营铁路的范围，发展到司法、税收独立等极大损害中国主权的程度。

《辛丑条约》之后，近代中国的准条约继《马关条约》以来的发展趋势，向多样化进一步发展。铁路类、矿务类、电信类、财政类等主要类别的准条约都在此时期得以继续发展。但甲午战争之后出现的准条约类政治贷款并未出现于《辛丑条约》之后，庚子赔款还款方式的变化，固然避免了政治贷款的弊端，但抵押方式的增加，亦对洋务运动以来的近代化进程产生了复杂影响。随着晚清中国近代化程度的加深，即制度化的建立和专业化程度的提高，准条约的发展放缓，弱化趋势明显。清政府尝试极力避免将实业类的交涉上升到国家层面，避免由政府来承担各种投资和贷款的直接责任人，而是希望作为一个监管者，在保护主权的同时收获经济利益。为了挽救岌岌可危的统治，晚清政府在清末十年曾推出新政。新政的效果在经济领域的影响体现于准条约订立数量的减少，作为一项客观事实，这属于一种进步。

民国成立后，全面继承了晚清政府遗留下来的条约和外债，并宣布对所有外人既得利权一体保护，准条约当然在此范围之内。在民国政府寻求列强承认的过程中，就列强所提承认条件而言，准条约特权的继续维持是主要内容之一。然而双方在此问题上存在一定分歧，民国政府为了获得承认，基本上全盘接受了列强所开具的承认条件。民国初年的准条约在原有基础上出现了军事类、民政类等新的内容，而借款问题则和铁路问题成为主要内容。财政窘迫的民国政府为取得列强借款，曾做出过积极努力，几经周折的《善后借款合同》最终得以订立。该合同所借款项并未用于近代化的实业建设，而主要是行政费用。从民国成立到第一次世界大战爆发，短短的3年之中，民国政府订立的准条约并未有明显改变，在订立新的种类的准条约应对形势的同时，原有的类别并未因政府的更迭而有变化。日本借第一次世界大战之际，力图称霸东亚，独占中国。相比于此后的武力侵占，日本曾推出西原借款等经济侵华的方式，这些借款有些具有准条约的性质，而有些则属于商业性质的借贷，其在中国近代化路程中所起的作用甚微。从第一次世界大战后期，准条约的弱化趋势突然加剧，除无线电类准条约一枝独秀外，其他类别的准条约逐渐消失。这种状况一直维持到南京国民政府的最后时刻。

19世纪70年代是近代中国的准条约开始期，几乎全为有线电报类；20世纪40年代是近代中国准条约的结束期，几乎全为无线电报类。近代中国的准条约，始于有线电报，终于无线电报，历史似乎画了一个圆。然而这个过程给我们的启发，却很有意义。无论是电信、还是铁路，其最初的设想均属为国防而设立，因此在开办之初，难以独立兴办，政府背景浓厚，这些近代性质的事物引进中国主要是通过准条约而实现的。晚清政府本着趋利避害的本能，试图将具体业务与对外交涉分开办理，其具体表现就是设立专门的电信、铁路、矿务等专管部门，但局势的变化总是超出清政府的应对，在取得近代化成就的同时，晚清政府的统治隐藏着严重的危机。以寻求器物的近代化而开始的洋务运动，其最终结果是导致了清政府的垮台。如果将列强的侵权单独剥离，则至少在表面上，路、矿、电信等准条约对近代化是起到了积极的促进作用的。然而，政治赔款、财经借款等准条约仍然存在，而且占有相当大的比重，这些准条约与近代化并无直接关联，有些甚至起到了反面的作用。

参考文献

资料及外交档案

北京政府编:《政府公报》。
顾廷龙、叶亚廉编:《李鸿章全集》三,上海人民出版社1987年版。
黄彦编:《孙文选集》(中),广东人民出版社2006年版。
来新夏编:《林则徐年谱》,上海人民出版社1985年版。
宓汝成编:《中国近代铁路史料》,中华书局1963年版,1984年重印。
孙瑞芹译:《德国外交文件有关中国交涉史料选译》第2卷,商务印书馆1960年版。
天津市历史博物馆编:《秘笈录存》,中国社会科学出版社1984年版。
王建朗主编:《中华民国时期外交文献汇编(1911—1949)》,中华书局2015年版。
王尔敏、吴伦霓霞合编:《盛宣怀实业函电稿》(上),中研院近代史研究所1993年版。
王铁崖编:《中外旧约章汇编》第1、2、3册,三联书店1957年、1959年、1962年版。
王彦威纂辑、王亮编、王敬立校:《清季外交史料》,书目文献出版社1987年版。
吴剑杰编著:《张之洞年谱长编》,上海交通大学出版社2009年版。
夏东元编:《郑观应集》下,上海人民出版社1982年版。
夏东元编:《盛宣怀年谱长编》,上海交通大学出版社2004年版。
虞和平编:《经元善集》,华中师范大学出版社1988年版。
赵尔巽等撰:《清史稿》,中华书局,1977年重印。
中国第二历史档案馆编:《中华民国史档案资料汇编》第三辑,江苏古籍出版社 1991 年；第五辑第一编，外交，江苏古籍出版社 1994 年版。

中国第二历史档案馆等编：《中国海关密档》第 7 册，中华书局 1995 年版。

中国近代经济史资料丛刊编辑委员会：《中国海关与英德续借款》，科学出版社 1959 年版。

中国近代经济史资料丛刊编辑委员会：《中国海关与中日战争》，中华书局 1983 年版。

中国近代经济史资料丛刊编辑委员会编：《中国海关与庚子赔款》，中华书局 1983 年版。

中国近代经济史资料丛刊编辑委员会编：《中国海关与义和团运动》，中华书局 1983 年版。

中国史学会编：《洋务运动》第 1 册，上海人民出版社 1961 年版。

中国史学会编：《中日战争》第 4 册，上海人民出版社、上海书店出版社 2000 年版。

中研院近代史研究所编：《欧战华工史料》，中研院近代史研究所 1997 年版。

中研院近代史研究所编：《海防档·电线》，1957 年。

中研院近代史研究所编：《海防档·机器局》，1957 年。

邹念之编译：《日本外交文书选译——关于辛亥革命》，中国社会科学出版社 1980 年版。

外文档案及著作

British Foreign Office Files, 371 Series, China: General Correspondence, Fo371/2322.

Anthnoy Aust, *Modern Treaty Law and Practice*, Cambridge University Press 2007 (Second Edition).

Arthur N. Young, *China's National – Building Effort, 1927 – 1937, The Financial and Economic Record*, Hoover Institution Press Standford University, 1971.

E. W. Edwards, *British Diplomacy and Finance in China, 1895 – 1914*, Clarendon Press, 1987.

Steve May, George Cheney and Juliet Roper, *The Debate over Corporate Social Responsibility*, Oxford University Press, 2007.

中文译著

［法］A. 施阿兰：《使华记（1893—1897）》，商务印书馆1989年版。
［美］阿瑟·恩·杨格：《中国财政经济状况（1927—1937）》，陈泽宪、陈霞飞译，中国社会科学出版社1981年版。
［美］陈锦江：《清末现代企业与官商关系》，王迪等译，中国社会科学出版社1997年版。
［英］菲利浦·约瑟夫：《列强对华外交》，湖滨译，商务印书馆1959年版。
［美］惠顿：《万国公法》，丁韪良译，上海书店出版社2002年版。
［美］柯文：《历史三调：作为事件、经历和神话的义和团》，杜继东译，江苏人民出版社2000年版。
［美］雷麦：《外人在华投资》，蒋学模、赵康节译，商务印书馆1959年版。
［美］马士：《中华帝国对外关系史》第2卷，张汇文等译，上海书店出版社2000年版。
［美］欧弗莱区：《列强对华财政控制》，郭家麟译，上海人民出版社1959年版。
［美］威罗贝：《外人在华特权和利益》，王绍坊译，三联书店1957年版。
［美］亚尔莫林斯基：《维特伯爵回忆录》，傅正译，商务印书馆1976年版。
［英］杨国伦：《英国对华政策》，刘存宽、张俊义译，中国社会科学出版社1991年版。
［法］约瑟夫·马纪樵：《中国铁路：金融与外交（1860—1914）》，中国铁道出版社2009年版。

中文著述

陈旭麓主编：《中国近代史词典》，上海辞书出版社1982年版。

陈体强：《国际法论文集》，法律出版社1985年版。

邓正来编：《王铁崖文选》，中国政法大学出版社1993年版。

杜恂诚：《国家资本主义与旧中国政府（1840—1937）》，上海社会科学院出版社1991年版。

凤冈及门弟子编印：《三水梁燕孙先生年谱》上册，1946年。

黄晓鹏：《企业社会责任：理论与中国实践》，社会科学文献出版社2010年版。

李恩涵：《晚清的收回矿权运动》，中研院近代史研究所专刊，1978年6月再版。

李浩培：《条约法概论》，法律出版社2003年版。

李细珠：《张之洞与清末新政研究》，上海书店出版社2003年版。

李育民：《中国废约史》，中华书局2006年版。

刘长喜：《企业社会责任与可持续发展研究》，上海财经大学出版社2009年版。

马陵合：《清末民初铁路外债观研究》，复旦大学出版社2004年版。

马敏：《官商之间：社会巨变中的近代绅商》，天津人民出版社1995年版。

宓汝成：《帝国主义与中国铁路》，上海人民出版社1980年版。

慕亚平等编：《当代国际法论》，法律出版社1998年版。

容闳：《西学东渐记》，中州古籍出版社1998年版。

苏全有：《清末邮传部研究》，中华书局2005年版。

万鄂湘：《国际条约》，武汉大学出版社1998年版。

王建朗、金光耀主编：《北洋时期的中国外交》，复旦大学出版社2006年版。

王立诚：《中国近代外交制度史》，甘肃人民出版社1991年版。

王树槐：《庚子赔款》，台北中研院近代史研究所1985年版。

王铁崖主编：《国际法》，法律出版社1981年版。

王玺：《中英开平矿权交涉》，台北中研院近代史所1978年再版。

王芸生编著：《六十年来中国与日本》，三联书店1980年版。

吴翎君：《美国大企业与近代中国的国际化》，台北联经出版公司2012年版。

夏东元：《洋务运动史》，华东师范大学出版社1992年版。

夏维奇：《晚清电报建设与社会变迁》，人民出版社2012年版。

徐秀丽主编：《过去的经验与未来的可能走向》，社会科学文献出版社2011年版。

徐中约：《中国近代史》，世界图书出版公司2008年版。

许毅、金普森等：《清代外债史论》，中国财政经济出版社1996年版。

严中平主编：《中国近代经济史（1840—1894）》，人民出版社2001年版。

杨国强：《百年嬗蜕——中国近代的士与社会》，上海三联书店1997年版。

邮电史编辑室编：《中国近代邮电史》，人民邮电出版社1984年版。

张国辉：《洋务运动与中国企业》，中国社会科学出版社1979年版。

张后铨编：《招商局史（近代部分）》，人民交通出版社1988年版。

张忠绂：《中华民国外交史（1911—1921）》，华文出版社2012年版。

张仲礼、熊月之等主编：《中国近代城市发展与社会经济》，上海社会科学院出版社1999年版。

赵尔巽等编：《清史稿》，志126，交通3，电报。

郑起东、史建云主编：《晚清以降的经济与社会》，社会科学文献出版社2008年版。

中国社会科学院近代史研究所：《沙俄侵华史》第4卷，人民出版社1990年版。

中国社会科学院近代史研究所编：《日本侵华七十年史》，中国社会科学出版社1992年版。

周斌：《舆论运动与外交——20世纪20年代民间外交研究》，学苑出版社2010年版。

朱英：《晚清经济政策与改革措施》，华中师范大学出版社1996年版。

期刊论文

陈争平：《1895—1936年中国国际收支与近代化中的资金供给》，《中国经济史研究》1995年第4期。

崔志海：《论清末铁路政策的演变》，《近代史研究》1993年第3期。

冯峰：《"局"与晚清的近代化》，《安徽史学》2007年第2期。

关晓红：《晚清局所与清末政体变革》，《近代史研究》2011年第5期。

郭海燕：《从朝鲜电信线问题看甲午战前的中日关系》，《近代史研究》2008年第1期。

侯中军：《近代中国不平等条约研究中的准条约问题》，《史学月刊》2009年第2期。

姜铎：《洋务运动研究的回顾》，《历史研究》1997年第2期。

李雪：《大北公司与福建通商局在电报建设初期的合作》，《哈尔滨工业大学学报》（哲学社会科学版）第11卷第6期。

刘振民：《有待加强研究的若干国际法问题》，《法学研究》2004年第2期。

戚其章：《中日甲午战争史研究的世纪回顾》，《历史研究》2000年第1期。

吴景平：《评南京国民政府的整理外债政策》，《近代史研究》1993年第6期。印少云：《近代史上的"国民外交"》，《甘肃社会科学》2003年第3期。

学位论文

韩晶：《晚清中国电报局研究》，博士学位论文，上海师范大学，2010年。
马金华：《外债与晚清政局》，博士学位论文，中国人民大学，2004年。
王鹤亭：《晚清中外电信交涉》，硕士学位论文，苏州大学，2004年。
朱锴：《清末农工商部研究》，硕士学位论文，首都师范大学，2004年。